제3판

사회복지정책입문

김 태 성 저

청목출판사

제3판을 내면서

『사회복지정책입문』 초판이 2003년에 나왔으니 15년이 지났다. 그 동안 2007년에 개정판이, 2011년에 제2판이 나오는 동안 많은 독자들이 이 책에 꾸준히 관심을 보여주었다.

필자는 이번에 정년퇴임을 하는데 그 전에 마지막(?)으로 이 책을 수정・보완하고자 하여 이번에 제3판을 출판하게 되었다. 이번에는 크게 세 가지 측면에서 내용이 바뀌었다.

첫째는, 제2부 정책형상과정에서 1개의 장을 추가하였다. 지금까지는 정책형성과정을 설명하는 미시적 이론들을 소개하였는데 여기에 정책이 형성되는 배경에 관한 거시적 이론들을 새로이 추가한 것이다.

둘째는, 불필요하게 길게 설명한 부분들을 과감히 제거하였다. 예를 들면, 이전 책에서는 정책형성이 이루어지는 과정들을 길게 상세히 설명하였는데 이러한 것들은 사실 사회복지학을 전공하는 학생들에게는 불필요하다고 생각했기 때문이다.

마지막으로, 무수히 많은 통계자료들을 가장 최근 자료들로 바꾸었다. 사실 지금까지는 필자의 게으름으로 개정판을 낼 때 최신자료를 사용했어야 했는데 그렇지 못하였는데 이번에는 최대한 최신자료로 바꾸었다.

필자가 퇴임 후에 또 한 번 이 책을 개정할 가능성은 매우 희박하다는 판단 하에 이번에 최대한의 노력을 기울여 제3판을 낸 것이다.

이번 제3판이 나오는 데는 서울대 사회복지연구소 연구원인 함선유 양에게 감사를 드린다. 마지막으로 청목출판사의 유성열 사장님과 직원들에게 감사드린다.

2017년 12월

김태성

제2판을 내면서

『사회복지정책입문』 초판이 나온 지 8년이 지났고, 2007년에 개정판이 나온 지도 벌써 4년이 지났다. 그동안 많은 독자들이 이 책에 꾸준히 관심을 보여주었다. 그런데 얼마 전부터 이 책을 교과서로 채택하여 가르치는 교수들로부터 이 책이 한 학기용으로 가르치기에는 책의 분량이 조금 부족하다는 지적을 받아왔다. 사실 이 문제는 필자도 오래전부터 생각했던 것이기에 이번 기회에 책을 조금 확대하기로 결정하여 제2판을 출판하게 되었다.

제2판에는 "제3부 정책목표"에 3개의 장이 새로이 추가되었다. 사회복지정책의 내용을 이해하거나 분석하는 데 기준이 되는 정책목표 혹은 가치들은 다양하다. 그런데 지금까지는 평등과 효율이라는 두 가지 정책목표 혹은 가치에 관해서만 논의하였다. 물론 사회복지정책에서 평등과 효율의 가치가 중요하지만, 다른 가치들을 아예 소개도 하지 않은 것은 문제가 있다고 할 수 있다.

그래서 10장에서는 사회복지정책이 추구하는 또 하나의 중요한 가치인 필요(needs)에 관하여 논의하였다. 여기서는 필요의 개념, 필요의 차원(형태), 그리고 누구의 필요를 해결해야 하는가의 문제, 즉 자격에 관하여 논의한다.

이어서 11장에서는 사회복지정책을 비판하는 사람들이 중요하게 생각하는 가치인 자유를 다룬다. 여기서는 자유의 개념과 사회복지정책이 자유의 가치를 침해하는가의 문제를 논의한다.

마지막으로 12장에서는 평등과 효율의 가치의 대립이 현실세계에서 나타나는 대표적인 현상인 성장과 분배의 관계를 둘러싼 논쟁을 소개한다. 대표적으로, 경제성장만으로 분배문제가 해결될 수 있는지, 그리고 분배정책을 확대하면 경제성장에 해가 되는지를 논의한다. 이어서 경제성장에 해가 되지 않는 바람직한 분배정책이 무엇인가를 논의한다.

이번 제2판이 나오는 데 원고를 정리해 준 서울대 사회복지연구소 연구원 이원진 군에게 감사드린다. 마지막으로 청목출판사의 유성열 사장님과 직원들에게도 감사드린다.

2011년 6월

김태성

개정판을 내면서

『사회복지정책입문』 초판이 나온 지 벌써 3년이 지났다. 그동안 많은 독자들이 이 책에 관심을 보여주었다. 특히 이 책은 교과서로 채택하여 가르치는 교수들로부터는 이 책의 부족한 부분에 대하여 비판과 제안들을 받았다. 이번 개정판은 이러한 배경에서 나오게 되었는데 크게 세 가지 측면에서 개정이 이루어졌다.

첫째는, 사회복지정책의 주요 내용 가운데 하나인 사회복지전달체계에 관한 논의는 하나의 장(13장)으로 첨가하였다. 일반적으로 사회복지전달체계는 우리의 교과목 영역으로 볼 때 『사회복지행정』에서 많이 다루어지고 있다. 그래서 초판에서는 뺐는데, 사회복지정책 교과서에는 4대 정책내용(재원, 급여자격, 급여형태, 그리고 전달체계)이 모두 포함되어야 한다는 지적이 있어, 이번 개정판에는 전달체계를 포함하게 된 것이다.

둘째는, 일반적으로 사회복지정책 교과서들이 어렵다는 지적들이 있어 『사회복지정책입문』 초판을 가능한 한 쉽게 쓰려고 노력하였다. 그럼에도 불구하고 초판에 대하여도 여전히 많은 부분들이 어렵다는 지적이 있어, 이번 개정판에서는 이러한 부분들을 더 쉽게 쓰려고 노력하였다.

셋째는, 3년의 기간 동안에도 많은 정책들이 변하였다. 그래서 이번 개정판에서는 정책의 변화로 인한 각종의 통계자료의 변화를 최대한 반영하려고 노력하였다.

끝으로 이번 개정판이 나오는데 원고를 정리한 사회복지학과 TA인 김영민 군, 그리고 청목출판사의 유성열 사장님 이하 직원들에게 감사드린다.

2007. 3

김태성

머리말

필자는 지금까지 사회복지정책에 관한 교과서를 두 권을 집필하였다. 하나는 송근원 교수와 함께 저술한 학부생을 대상으로 하는 『사회복지정책론』이고, 다른 하나는 대학원생을 대상으로 한 「사회복지정책의 이해」이다. 이 가운데 『사회복지정책론』은 졸저임에도 불구하고 많은 독자들이 애독을 해 주고 있다. 그런데 한편으로는 이 책을 교과서로 하여 가르치는 교수들로부터는 이 책이 많은 학생들에게 너무 내용이 어렵다는 비판을 받고 있다. 그래서 필자는 몇 년 전부터 사회복지정책을 처음 접하는 사람들을 대상으로 좀더 이해하기가 쉬운 입문서를 쓰고자 하였다.

책이 어렵다는 것은 두 가지 이유에서다. 하나는 책에서 다루는 주제(내용) 자체가 어려워서이다. 다른 하나는 내용 자체는 그렇게 어렵지 않은데 필자가 내용에 대한 충분한 이해의 부족으로 불필요하게 어렵게 쓴 것 때문이다. 『사회복지정책론』은 이러한 두 가지 요소를 모두 갖고 있다고 할 수 있다.

그래서 이번의 책은 다루는 범위(내용)를 좁혀 중요하다고 생각되는 것들만 골라 쉽고 자세하게 설명하려고 노력하였다. 또한 『사회복지정책론』에서는 외국의 사례를 많이 소개하고, 우리나라의 사례를 등한시하였는데, 이번에는 우리의 다양한 정책들의 사례들을 자세히 설명하여 독자들로 하여금 이해를 쉽게 할 수 있도록 노력하였다.

이 책도 『사회복지정책론』을 비롯한 대부분의 사회복지 정책 교과서들이 따르는 기본적인 틀인 정책형성 과정, 정책목표(가치), 정책내용에 관하여 논의한다.

먼저 1부는 사회복지 정책의 개념과 성격으로 되어 있는데 1장에서는 사회복지정책의 개념을 둘러싼 혼란들을 정리하고 2장에서는 사회복지정책의 성격을 논하면서 왜 국가가 주도하여 사회복지정책을 시행해야 되는 이유를 설명한다.

2부는 정책형성과정에 관한 여러 모델들을 소개하는데, 먼저 3장에서는 제도주의 모델로 정책을 특정 사회의 특정 제도의 산물로 설명한다. 4장의 정책과정모델에서는 정책을 정치적 행위자들의 일련의 과정상의 행위의 산물로 설명한다. 5장의 이익집단정치 모델에서는 정책은 다양한 이익집단들의 정치적 권력의 경쟁에서 승자의 전리품으로 설명한다. 6장의 합리주의 모델에서는 정책은 정책결정자들이 사회전체에 가장 이득을 많이 주는 정책을 합리적으로 결정하는 것으로 본다. 7장에서는 점증주의 모델은 현재의 정책은 과거의 정책의 점증적인 변화에 지나지 않는다고 보고, 엘리트 모델에서는 정책은 사회의 소수의 지배계급의 가치가 반영되는 것으로 보고, 마지막으로 게임모델에서는 정책은 마치 게임처럼 상대방의 행위를 고려한 합리적인 선택의 결과로 본다.

3부는 사회복지정책의 가장 중요한 정책목표(가치)인 평등과 효율에 관하여 논의한다. 먼저, 8장의 평등에서는, 평등의 차원과 어떠한 평등을 어떻게 이룰 수 있는가를 논의하고, 9장의 효율에서는 평등을 추구하는 정책들이 효율을 해치는가, 만일 해친다면 어떠한 측면에서 그러한가를 논의한다.

4부는 사회복지정책의 내용을 논의하는데, 먼저 10장의 재원에서는 사회복지에 사용되는 재원들이 어떠한 것들이 있고 이러한 재원들이 평등과 효율의 측면에서 어떠한 장점과 단점을 갖고 있는지를 논의한다. 11장의 급여자격에서도 급여자격의 조건들이 평등과 효율의 측면에서 어떠한지를 논의한다. 마지막으로 12장의 급여형태에서는 급여형태를 소개하고, 서로 다른 형태들의 장점과 단점들을 논의한다.

이 책이 나오기까지 특별히 이윤성 선생님·이정원 사모님 내외분께 마음 깊숙이 감사를 드린다. 두 분은 필자가 1980년대 미국유학 시절부터 가족처럼 친하게 지내왔는데, 이번에 미국 Seattle 근처의 Camano Island에 바다가 바라보이고, 사슴이 뛰어노는 그림같이 아름다운 별장을 필자가 이 책을 집필하도록 내주셨다. 솔직히 두 분의 호의가 없었더라면 이 책이 금년에 출판되는 것은 불가능했다. 다시 한번 두 분께 감사드린다.

끝으로 글씨가 엉망인 원고를 타이핑하느라 고생한 서울대 사회복지학과 TA들에게, 그리고 청목출판사의 유성열 사장님 이하 직원들에게 감사드린다.

2003. 5.
김태성

차 례

제3부 정책목표: 가치

제4부 정책내용:재원, 급여자격, 급여형태, 전달체계

제 1 부

사회복지정책의 개념과 성격

1부에서는 사회복지정책이라는 용어를 둘러싼 개념상의 쟁점들과 사회복지정책의 성격에 관하여 논의한다.

먼저 1장에서의 '사회복지정책이란 무엇인가?'에서는 먼저 사회복지정책에 대한 정의의 혼란을 정리하고, 이어서 사회복지정책에 관한 정의들이 다를 수 있는 이유들을 7가지의 관점에서 설명한다.

2장의 '왜 국가에 의한 사회복지정책인가?'에서는 사회복지정책을 왜 국가가 주도하여 시행해야 하는지에 대하여 '시장의 실패(market failure)'를 중심으로 설명하였다.

제 1 장

사회복지정책이란 무엇인가?

1. 사회복지정책의 개념과 성격

일반적으로 사회과학에서 사용되는 많은 용어들은 대다수 사람들이 합의하는 그리고 보편적으로 통용되는 정의를 내리기 어렵기 때문에 사람들마다 서로 다른 정의를 내리는 경향이 있다. 예를 들면, 가장 많이 사용되는 사회과학의 용어 중의 하나인 '민주주의'에 대하여도 사람들은 서로 다른 정의를 내린다. 어떤 사람들은 자유민주주의(liberal democracy)만이 진정한 민주주의라고 주장하는 반면에, 다른 사람들은 사회민주주의(social democracy)가 오히려 더 '민주주의'라고 주장한다. 심지어 북한도 민주주의 국가라고 주장한다.

사회과학용어들 가운데 특히 '사회복지정책'에 관한 개념적 혼란은 더욱 심하여 '사회복지정책'의 정의는 국가에 따라 사람에 따라 크게 다르다. 유럽의 대부분의 국가에서는 '사회복지정책'이란 용어는 거의 사용 안 하는 대신 '사회정책'이란 용어를 사용하고 이 경우 매우 넓은 의미를 가져 '복지국가정책'의 핵심을 이룬다. 유럽의 대부분의 국가들의 대학들에서는 사회복지학과가 존재하지 않아 사회정책은 주로 경제학, 정치학, 사회학과 등에서 연구되고 있다. 미국에서는 사회복지정책이란 용어를 사용하나 대개의 경우 좁은 의미로 사용해서 개별적 사회서비스(personal social service)－우리나라에서는 이것은 최근에 사회복지서비스란 용어로 사용한다.－에 관한 정책(아동, 장애인, 노인복지정책 등)으로 제한하는 경향이 있다. 이 나라에서는 또한 많은 사람들이 사회복지정책의 약칭으로 사용하는 '복지정책(welfare policy)'은 좁은 의미로 사용해서 공공부조정책을 지칭하는 경향이 있다.

우리나라는 어떠한가? 우리나라에서는 사회복지라는 용어가 본격적으로 사용된 지가 얼마 되지 않고(대략 1970년대부터라 할 수 있다)[1], 사회복지 발전의 역사도 짧아 사회복지에 대한 개념적 논란이 많다.

오늘날 우리나라에서는 그 동안의 나름대로의 사회복지의 발전으로 과거에 비하여 사회복지라는 개념을 둘러싼 논란이 줄어든 것이 사실이다. 그럼에도 불구하고 여전히 몇 가지 측면에서 사회복지에 대한 개념정리가 혼란스럽다.

우선 사회복지와 사회보장의 개념적 차이를 둘러싼 논란이다. 많은 사람들은 사회복지와 사회보장을 동일한 개념으로 보는 경향이 있는 반면에, 어떤 사람들은 사회복지는 사회보장의 하위 개념으로 여긴다. 후자의 관점의 근거는 '사회보장기본법'에서 '사회보장'을 '사회보험, 공공부조, 사회복지서비스 및 관련 복지제도'로 정의하였기 때문이다. 여기서 '사회복지'라는 개념은 사회보험이나 공공부조를 뺀 사회복지사업만을 의미한다. 이것은 우리의 헌법에서의 '국가는 국민의 사회보장, 사회복지의 증진에 노력할 의무를 진다'는 규정에서도 볼 수 있다. 실제로 우리나라에서 많은 사람들은 '사회복지'라 하면 아동·노인·장애인 복지 등을 떠올리지 국민연금이나 건강보험을 연상하지는 않는다.

다른 하나는 사회복지정책과 사회정책의 개념적 혼란이다. 어떤 사람들(특히 유럽에서 공부한 사람들)은 사회복지정책을 사회정책의 하위

1) 1970년대 말까지 우리나라의 대학 내의 사회복지학과의 명칭은 사회사업학과였다. 이것은 미국의 영향을 받아 미국의 School of social work을 번역한 것이었기 때문이었다. 1970년대 말 서울대를 시작으로 학과의 이름을 사회복지학과로 바꾸면서 사회복지라는 용어가 본격적으로 널리 알려지게 되었다고 할 수 있다.

개념으로 보는 경향이 있다. 왜냐하면 유럽에서는 사회정책은 매우 광범위하여 몇 가지의 정책(예. 국방정책, 경제정책 등)을 제외하면 거의 모든 정책들(환경, 교통, 범죄들)을 사회정책에 포함시키기 때문이다.

그럼에도 불구하고 대다수의 사회복지를 전공하는 사람들은 사회복지정책, 사회보장정책, 사회정책을 상하위의 개념에 상관없이 동일 시하는 경향이 있다.

이렇게 사회복지정책이란 용어를 둘러싼 개념적 혼란들이 있어 여기서는 먼저 사회복지정책이라는 용어의 개념을 정리할 필요가 있다.

사회복지정책은 '사회복지'와 '정책'이라는 두 용어의 합성어이다. 이 가운데 '사회복지'라는 용어의 개념상의 혼란이 크고 '사회복지'의 개념의 정리가 중요하기 때문에 이것에 관하여 자세히 논의할 필요가 있다. 그래서 먼저 '정책'이라는 용어를 간단히 논의하고자 한다.

정책이란 용어는 매우 광범위하게 사용한다. 예를 들면, 최근 우리나라에서 논란이 많은 남·북한의 평화와 통일이라는 커다란 목표를 위한 '햇볕정책'이라는 국가정책이 있는 반면에, 작게는 '한번 입은 옷은 교환 안해 준다.'는 구멍가게(?) 정책도 있다. 또한 어떤 친목모임(동창회)의 '세 번 이상 결석하면 회원자격을 박탈한다'는 농장회의 정책(회칙)도 있다.

이렇게 정책이란 어떤 조직이던 조직의 목표를 이루기 위하여 필요한 행동들에 관한 원칙, 지침, 일정한 계획 등을 말한다. 그래서 사람들은 정책이란 용어를 생각할 때 다음의 5가지의 정책에 담겨 있는 요소들을 떠올린다(Jones, 1977).

첫째는 목표이다. 모든 정책은 목표를 갖고 있고, 목표가 없는 정책이란 있을 수가 없다. 그래서 사람들은 정책을 생각할 때 제일 먼저 목표를 떠올린다. 그런데 현실세계에서의 문제는 많은 사람들이 특정정책의 특정목표를 정확히 알지 못하는 데 있다. 그래서 결과적으로 많은 사람들이 정책 그 자체에 대하여도 혼란스러워 한다는 것이다.

둘째는 계획(plan) 혹은 제안(proposal)의 개념이다. 모든 정책은 또한 그것의 목표를 이루기 위한 계획 혹은 제안을 갖고 있다. 그래서 정책을 만들기 위해서는 기획 혹은 기안의 작업이 필요한 것이다.

셋째는 프로그램(program)이다. 이것은 정책의 목표를 이루기 위한 구체적이고 세부적인 방안을 말한다. 대개의 경우 정책의 목표는 추상적 혹은 광범위하기 때문에 정책의 목표를 이루기 위해서는 구체적인 수단들이 필요한데 프로그램이 이러한 역할을 한다.

넷째는 결정(decision)의 개념이다. 모든 정책은 누군가의 결정에 의하여 이루어진다. 흔히 '정책의지'라는 용어를 많이 쓰는데 이것은 정책에서의 결정이라는 의미가 얼마나 중요한가를 보여준다고 볼 수 있다.

마지막으로 효과(effects)이다. 사람들이 정책을 이야기할 때 그 정책을 통하여 무엇이 이루어지는지에 대하여도 생각한다. 즉 효과를 생각하지 않는 정책은 있을 수 없다.

이렇게 정책이라는 개념에는 여러 요소들이 포함되어 섞여 있기 때문에 정책이란 용어도 사람들에 따라 다르게 사용하는 경향이 있다. 대표적인 것이 정책과 프로그램 혹은 법과의 차이다.

어떤 사람들은 정책과 프로그램이란 용어들을 개념적으로 구분하지 않고 같이 사용하는 경향이 있다. 이 경우, 예를 들어, 사회보험정책은 곧 사회보험프로그램과 같은 것이다. 사회보험을 위한 수많은 프로그램들이 곧 정책들인 것이다. 현실세계에서, 다수의 사람들이 이런 식으로 두 용어를 같이 사용한다고 할 수 있다.

반면에 어떤 사람들은 정책과 프로그램을 개념적으로 구분해서 전자는 어떤 목표를 이루기 위한 원리·원칙만을 말하고, 후자는 이러한 원칙에 따라 정책목표를 이루기 위한 집행을 할 때의 구체적 수단들을 지칭할 때 사용한다. 즉 전자는 상위의 개념이고 후자는 하위의 개념인 것이다. 이 경우 사회보험 정책은 사회보험의 대상, 자격, 재원, 전달방법들에 관한 원칙들을 말하는 반면, 사회보험프로그램은 이러한 원칙에 따른 구체적인 수단들을 말한다. 그러나 이렇게 정책과 프로그램을 개념적으로는 구분할 수 있으나 현실세계에서는 대개의 경우 두 가지를 혼용해서 사용한다. 즉 프로그램이란 세부적인 정책에 지나지 않는다. 특히 우리나라처럼 정책을 아주 세부적으로 규정하는 경우는 더욱 그러하다.

다음으로는 정책과 법의 개념상의 차이이다. 앞에서 언급했듯이 정책이란 공공부문이건, 민간부문이건, 영리부문이건, 비영리부문이건 조직의 목표를 이루기 위한 원칙이라는 매우 광범위한 의미를 갖는다. 반면에 법이란 공공부문의 공식적이고 합법성이 부여되어 공적인 권위를 갖는 정책을 말한다. 이렇게 입법화된 정책은 모든 국민들을 대상으로 하여 공적인 권위(공권력)를 갖고 집행이 된다. 반면에 민간부문의 정책이란 국민으로부터 받은 합법성이 없기 때문에 그 정책을 반드시 따를 필요가 없다.

이렇게 볼 때 대부분의 국가정책들은 입법화가 되어 있기 때문에 이 경우에는 정책과 법이 같은 의미를 갖게 된다. 예를 들어, 국민기초생활보장법은 국민기초생활보장정책과 같은 의미를 지니게 되는 것이다. 그렇다고 모든 국가정책들이 입법화된 법들로만 되어 있는 것은 아니다. 입법화가 안된 비공식적인 국가정책들도 있다. 이른바 관행의 이름하에 정책집행자들의 임의적인 판단(discretion)에서 이루어지는 국가정책들도 있다. 예를 들어, 국민기초생활보장법에서도 근로능력이 있는 빈자들에 대한 처우의 규정이 애매하여 정책집행자들의 판단이라는 비공식적인 국가정책이 중요해질 수 있다.

또한 윤락행위방지법이라는 법이 있지만 윤락행위에 관한 비공식적인 국가정책은 이 법을 엄격하게 집행을 안 하는 것이다. 이러한 측면에서는 국가정책이라 하더라도 법과 정책에는 차이가 있고, 정책이 더 광범위한 의미를 갖는다 할 수 있다.

이렇게 정책을 어떤 목표를 이루기 위해 필요한 행동들에 관한 원칙이라고 정의한다면 사회복지정책이란 사회복지란 목표를 이루기 위해 필요한 행동들에 관한 원칙이다. 그렇다면 사회복지란 무엇인가? 아주 넓은 의미의 사회복지는 사회구성원들의 안녕(well-being) 혹은 효용

(utility)의 상태를 말한다. 이것은 경제학 용어인 사회복지함수(social welfare function)에서의 사회복지와 같은 의미다(우리나라에서는 이 경우 사회복지 대신 사회후생이라는 용어를 사용하는데 이것은 일본에서의 번역을 그대로 따랐기 때문이다).

그런데 사회에서 발생하는 모든 일(정책)들은 사회구성원들의 안녕 혹은 효용에 영향을 주기 때문에, 사회복지를 이런 식으로 넓게 생각하면 사회복지정책의 정의를 내리는 의미가 없게 된다. 왜냐하면 사회의 모든 정책은 사회복지정책이 되기 때문이다.

그래서 사회복지에 대한 정의를 좀더 좁힐 필요가 있다. 사회구성원들의 안녕의 상태를 사람들의 기본적인 필요(basic human needs)를 해결하는 것으로 보면, 사회복지정책이란 사람들의 기본적인 필요를 해결하는 정책이라 할 수 있다.

그런데 여기서 문제는 무엇이 기본적인 필요인가이다. 외국의 적의 침략으로부터의 보호나 국내의 범죄로부터의 보호는 모든 국민들의 가장 중요한 기본적인 필요이다. 그렇다면 국방정책이나 치안정책이 사회복지정책인가? 교통지옥(?)인 대도시에 거주하는 사람들에게는 교통문제 해결이 가장 중요한 기본적인 필요이다. 교통정책이 사회복지정책인가?

1) 사회복지정책의 성격

이렇게 볼 때 기본적인 필요 이외에 다른 기준이 있어야 사회복지정책을 다른 정책들과 구분할 수 있다. 그렇다면 사회복지정책을 다른 정책들과 구분할 수 있는 특성은 무엇인가? 여기서는 일곱 가지의 측면에서 논의하고자 한다(송근원 · 김태성, 1993).

① 사회복지정책은 사람들의 기본적인 필요를 개별적(배타적)으로 해결한다.

사회복지정책의 발전역사를 통해 볼 때 사회복지정책은 전통적으로 사람들의 개별적인 필요에 따라 서로 다르게 해결하는 것을 강조하였다. 이른바 '선별주의(selectivism)'의 이름하에 사람들의 필요의 차이에 따라 사회복지급여를 달리하였다. 대표적인 예가 소득과 자산조사에 의하여 개별적 필요를 판단하여 급여를 하는 공공부조정책이다.

반면에 외국의 적으로부터의 안전(national security)이라는 필요를 위한 국방정책이나 국민들의 쾌적한 환경이라는 필요를 해결하는 환경정책 등은 사람들의 필요를 개별적으로 해결하지 않고 집합적(비배타적)으로 해결한다.

즉 사회복지정책에는 특정한 수급자들이 존재하고, 이들 수급자들 사이에도 사회복지 재화나 서비스의 양과 질에 차이가 있어 배타적이다. 반면에 국방정책이나 환경정책은 특정한 수급자가 없고 또한 수급자가 받는 서비스의 양과 질에서 차이가 없다.[2)]

그러나 사회복지정책이 발전하여 이른바 '보편주의(universalism)'원칙이 강조되어 국민이면 누구나 급여를 받을 수 있는 사회복지정책들(대표적인 예가 모든 국민에게 의료서비스를 제공하는 영국의 National Health Service 제도)이 등장하여 전통적인 사회복지정책의 개별적인 성격을 약화시켰다. 그러나 이러한 보편적인 사회복지정책들에도 기본적으로는 개별적 수급자의 존재(NHS의 경우 질병이 발생한 사)가 있다고 볼 수 있기 때문에 상기의 국방정책이나 환경정책과는 구분이 된다.

② 사회복지정책은 사람들의 기본적 필요를 직접적으로 해결한다.

사회복지정책은 소득이 낮은 사람에게는 직접적으로 현금을 제공하거나, 질병이 발생한 사람들에게는 의료서비스를 제공하는 등 기본적 필요에 대하여 직접적으로 해결한다. 직접적으로 기본적 필요를 해결한다는 측면은 사회복지정책을 경제정책과 구분하는 데 특히 중요하다.

대부분의 경제정책은 사회복지정책이 추구하는 목표와 밀접한 관계

2) 외국의 적으로부터 침략을 당하면 부자가 빈자보다 잃을 것이 많기 때문에 어떻게 보면 부자가 빈자보다 국방서비스의 혜택을 더 많이 누린다고 볼 수 있다. 이것은 부자가 빈자보다 세금은 더 많이 부담해야 하는 여러 가지 이유 가운데 하나이다.

를 갖고 있다. 서구의 복지국가들 가운데 일부에서 경제정책과 사회복지정책을 통합한 모델을 추진하는 것도 이러한 이유에서이다(대표적인 예가, 스웨덴 모델). 정부의 경제정책, 특히 경제성장정책에 의한 이른바 낙수효과(trickle-down effect)에 의해서도 저소득계층의 소득이 향상되어 빈곤을 어느 정도 줄일 수 있다. 우리나라에서의 지난 30여년간의 지속적인 높은 경제성장률 때문에 빈곤－적어도 절대빈곤－이 어느 정도 줄어든 것이 대표적인 사례라 할 수 있다.

그러나 경제정책이 사회복지정책과 근본적으로 다른 점은 경제정책은 사람들의 기본적 필요를 간접적으로 해결한다는 점이다. 즉 사회복지정책이 특정한 가난한 사람들에게 현금을 제공해서 그들의 소득을 직접적으로 높이는 것과 달리, 경제성장정책은 경제성장을 통하여 실업률을 낮춘다든지 혹은 임금을 높이든지 해서 저소득계층의 소득이 높아질 가능성을 높일 뿐이지 특정한 가난한 사람들의 소득이 올라갔는지는 불확실한 것이다.

그러나 경제정책 가운데 노동시장정책이나 조세정책은 다른 경제정책, 예를 들면, 산업정책에 비하여 사회복지정책과 같이 직접적인 기본적 필요 해결의 성격이 강하다고 할 수 있다. 특히 조세정책 가운데 저소득층에 대한 조세감면정책이나 조세제도를 통한 소득보장급여 정책들은(예, 우리나라의 근로장려세제) 저소득층의 소득향상을 직접적으로 이룬다. 또한 노동시장정책도 저소득층을 대상으로 직접적으로 일을 제공한다든지 혹은 취업에 필요한 훈련을 시키거나 훈련수당을 지급함으로써 사회복지정책의 성격을 갖는다고 할 수 있다. 이러한 이유로 오늘날 많은 사람들이 조세정책이나 노동시장정책을 사회복지정책에 포함시키는 경향이 있다(Titmuss, 1969 : Rehn, 1985).

③ 사회복지정책은 기본적 필요를 비시장적으로 해결한다.

자본주의 사회에서 사람들이 점유하는 경제적 위치(economic status)는 일차적으로 시장(market)내에서 결정되고 이차적으로는 시장기제 밖에서 결정된다. 따라서 전자를 일차적 분배(primary distribution)

라 하고, 후자를 이차적 분배 혹은 재분배(secondary distribution or redistribution)라 한다.

전통적으로 사회복지정책은 경제정책과 구분하는 기준으로 사회복지정책은 주로 비시장적인 이차분배에 관여하는 정책으로 간주되는 경향이 있다. 그래서 시장의 효율성을 강조하는 사람들은 이러한 사회복지정책의 비시장적인 분배의 비효율성(예, 시장경제의 왜곡)을 비판한다.

그러나 시장적 혹은 비시장적이냐의 기준으로 사회복지정책을 구분하는 것은 논란이 많을 수 있다. 사회복지정책들 가운데는 사람들이 시장에 참여하기 이전에 개입해서 이들이 시장에서의 소득을 높이고자 하는 정책들이 있다. 대표적인 예가, 저소득계층의 아동들에 대하여 교육과 의료서비스를 제공해서 이들의 인적자본을 향상시켜 시장에서의 경쟁에서 불리하지 않도록 하게 하는 이른바 '기회평등정책' 등이다. 즉 이러한 정책들은 비록 간접적이지만(이들의 소득이 향상되는 가능성만을 높이지 확실한 것은 아니라는 의미에서), 시장에서의 일차분배 그 자체를 목표로 하고 있는 것이다.

또한 사회보험의 경우 대개의 경우 기여와 급여를 결정하는 데 있어 수급자들 사이에 존재하는 시장에서의 위치의 차이– 즉 소득이 높은 사람은 기여를 많이 하고 급여를 많이 받는다–를 고려하기 때문에 어느 정도 시장적이라 할 수 있다. 그러나 사회보험이 완전히 시장적이지 아닌 것은 대개의 경우 완전히 소득비례에 따르는 것은 아니어서 저소득층은 적게 기여했는데 급여는 상대적으로 많이 받기 때문이다.

반면에 누구에게나 급여하는 보편적 프로그램이나 공공부조는 개별 수급자들 사이에 존재하는 시장에서의 차이를 인정하지 않기 때문에 비시장적이라 할 수 있다. 정리한다면, 경제정책은 사람들이 처한 현재의 시장에서의 소득분배에 영향을 주는 정책이라면, 사회보험정책은 과거의 시장에서의 위치를 고려하는 것이고, 기회평등정책은 미래의 시장에서의 위치와 관련된 정책이라 할 수 있다.

④ 사회복지정책은 기본적 필요를 공식적인 조직이나 제도를 통해 해결한다.

전통적으로 많은 사람들은 사회복지정책을 사람들의 기본적 필요를 공식적(formal)으로 조직화된 기구나 제도를 통해서 해결하는 것만으로 간주하는 경향이 있다. 즉 정부의 각종의 사회복지제도나 민간부문의 다양한 공식적인 사회복지조직들만을 말한다. 따라서 이러한 정의에 따르면, 가족, 친척, 이웃 등을 통한 비공식적(informal)인 해결방안들은 사회복지에 포함이 안 된다.

그러나 현실적으로 사람들의 기본적 필요는 상당부분 비공식적으로 해결되고 있으며, 특히 공식적인 사회복지가 발전이 안된 국가들에서는 이러한 비공식적인 사회복지가 가족간 이전(inter-family transfer)의 형태로 중요한 역할을 한다. 예를 들면, 우리나라에서는 사회복지 분야에 따라 아직도 가족간 이전의 비공식적인 사회복지가 공식적인 사회복지보다 더 중요한 역할을 하고 있다. 예를 들면, 우리나라에서는 65세 이상의 은퇴한 노인들의 기본적 필요는 정부의 제도보다는 가족들에 의해서 해결되는 비중이 더 높다. 최근에는 서구의 복지국가들에서도 공식적인 사회복지의 한계(?)에 부딪혀 비공식적인 사회복지를 강조하는 경향이 있다.

특히 이러한 비공식적인 사회복지는 많은 경우 정부의 조세감면정책을 통하여 혜택을 받기 때문에 단지 비공식적인 기준만으로 사회복지정책에서 제외하는 것은 무리가 있다. 예를 들어 자녀들이 고령의 부모를 모시고 살면, 국가에서 자녀들이 내야 할 세금의 일부를 면제시켜주기 때문에, 이것은 실질적으로 국가에 의한 노인복지정책의 일종이라 할 수 있다. 이러한 조세감면정책을 흔히 조세지출(tax expenditure)이라 부르는 이유는 정부가 세금으로 거두어 지출할 비용의 일부라고 보기 때문이다.

이러한 이유로 오늘날 많은 사람들은 이러한 비공식적인 사회복지도 사회복지정책에 포함시키는 경향이 있다. 특히 우리나라의 지금까지의 정책결정자들은 공식적인 사회복지를 확대하기보다는 이러한 비공식적인 사회복지를 사회복지정책에서 우선순위를 두어 왔다고 할 수 있다.

⑤ 사회복지정책은 기본적 필요를 비영리적 부문에서 해결한다.

전통적인 사회복지의 정의는 또한 비영리성을 강조한다. 실제로 사회복지는 대부분 정부를 비롯한 비영리 공공부문과 민간부문의 비영리 사회복지조직들에 의하여 이루어지고 있다.

그러나 최근의 복지다원주의(welfare pluralism)의 추세하에 점차로 영리추구를 주된 목적으로 하는 민간부문의 조직이나 기구의 역할이 커지고 있다. 대표적인 예가 기업복지(occupational welfare)이다. 오늘날 많은 국가에서 기업들은 피고용자들의 은퇴 후의 소득보장을 위한 기업연금, 피고용자의 자녀들을 위한 탁아·교육비지원 등의 다양한 사회복지활동들을 하고 있다(사실 이러한 기업에 의한 사회복지는 상당부분 정부에 의해 세제상의 혜택을 보기 때문에 엄밀히 말한다면 이러한 기업복지도 부분적으로는 국가의 사회복지제도라 볼 수 있다.).

기업복지의 발전정도는 국가에 따라 크게 차이가 난다. 국가에 의한 사회복지가 발전한 유럽의 복지국가들에서는 기업복지가 상대적으로 큰 비중을 차지하지 않는 반면에, 민간부무(시장)의 효율성을 유달리 강조하는 미국에서는 이러한 기업복지의 비중이 크다. 그래서 미국에서는 기업연금 뿐만 아니라, 피고용자를 위한 의료보험도 기업에서 제공한다.

또한 전통적으로 비영리 사회복지기관들에서 일을 하던 많은 수의 사회복지사들도 영리를 목적으로 의사나 변호사처럼 개인 사무소를 개업하거나 영리추구의 기관(예, 병원)에서 일을 한다. 또한 정부의 사회복지지출 가운데 상당부분은 영리를 추구하는 기관에 주어지고 있다. 예를 들어 현재 미국에서 영리를 추구하는 노인요양원(nursing home)들의 수입원 가운데 약 2/3가 정부지출에서 비롯된다.

이렇게 오늘날 영리적인 조직에서의 사회복지활동이 커지게 되어 사회복지의 정의에서 영리적이냐 비영리적이냐의 기준은 점차 그 의미가 줄어들고 있다.

⑥ 사회복지정책은 기본적 필요를 일방적 이전(unilateral transfer)의 형태로 해결한다.

일방적 이전이란 재화나 서비스의 제공자가 그 재화의 수급자로부터 특정한 물질적 혹은 비물질적 대가를 받지 않고 주는 것을 말한다. 반면에 자본주의 사회의 시장에서의 교환은 쌍방적(bilateral)이어 특정한 이득을 받으면 반드시 그것에 대한 대가를 지불해야 하는 이전관계이다. 사회복지정책은 전통적으로 일방적 이전의 성격을 가졌다고 간주되는 경향이 있다.

그러나 사회복지정책이라 해서 모두 일방적 이전의 성격을 갖는다고 볼 수 없고, 또한 정책에 따라 일방적 이전의 성격이 다르게 나타난다.

예를 들면, 저소득 가정의 아동들에 대한 교육프로그램처럼 인적자본에 대한 투자의 성격을 갖고 있는 사회복지정책들은 일방적 이전의 성격이 약하다고 볼 수 있다. 왜냐하면 이러한 프로그램들의 수급자들이 나중에 성장해서 소득이 발생하여 세금을 낼 경우, 비록 오랜 시간이 지났지만, 수급에 대한 대가를 지불하는 것으로 볼 수 있기 때문이다.

한편 생산활동이 전혀 없는 노인들을 대상으로 공공부조를 통해서 소득보장을 해주는 것은 비교적 일방적 이전에 가깝다. 그러나 이 경우에도 노인들이 과거에 사회에 기여한 대가로서 급여를 제공하는 것으로 본다면 일방적 이전이 아니라 할 수 있다.

이러한 두 가지 예에서 보듯이 일방적 이전이냐 아니냐에는 시간의 개념이 중요할 수 있다. 그래서 장기간의 관점에서 보면 대부분의 사회복지정책은 일방적 이전의 성격이 약해진다. 그러나 일반적으로 대부분의 국가정책들은 1년 단위의 회계 연도를 갖고 있기 때문에, 1년 기간 내에 사회복지정책을 통해 수급을 받고 아무런 대가를 지불하지 않으면 일방적 이전이라 할 수 있다. 이렇게 볼 때 상기의 두 경우는 일방적 이전이라 할 수 있다.

이상은 물질적인 측면만 고려했는데, 만일 비물질적인 측면까지 고려한다면 순수한 일방적 이전은 더욱 감소한다. 예를 들어, 사회복지제공자가 수급자에게 급여를 하는 대가로 수급자로부터 충성, 고마움 등과 같은 비물질적인 보상을 받을 수도 있는 것이다. 대표적인 사례가 비스마르크의 '사회입법'으로 비스마르크는 노동자들에게 사회복지프로그램을 제공한 대가로 그들의 '충성'을 받은 것이다. 아주 넓게 본다면, 사회복지정책은 수급자로부터 사회적 안정을 사는 대가로 제공하는 것으로 볼 수 있다.

⑦ 사회복지정책은 기본적 필요 가운데 소비적인 필요만을 해결한다.

사회복지정책들 가운데 소득보장 프로그램들은 대부분 수급자들의 소비능력을 높이는데 주목적이 있다. 예를 들어, 가장 규모가 큰 소득보장 프로그램인 국민연금은 은퇴한 노인들의 소비에의 필요(consumption needs)를 해결하는 것이다. 소득보장 프로그램이 대부분의 복지국가에서 가장 큰 사회복지정책이기 때문에(대부분의 서구복지국가들에서 총 사회복지지출의 약 3/4을 차지한다), 사회복지정책은 주로 소비적인 필요를 해결한다고 볼 수 있다.

그러나 사회복지정책 가운데 많은 것들은 생산에의 필요를 해결한다. 대표적인 예가 인적자본 투자성격의 사회복지정책들인 저소득 아동 혹은 근로자들에 대한 교육·훈련·의료 서비스를 제공하는 '기회평등정책'들이다. 이러한 프로그램들은 수급자들의 소비보다는 생산활동의 능력을 높이는데 그 주요 목표가 있다.

반면에 어떤 정책들은 소비적인지 생산적인지의 구분이 애매하다. 예를 들면, 노동정책의 하나인 임금보조프로그램(wage rate subsidy)의 경우는 저임금 수급자들의 임금을 직접적으로 높일 수 있기 때문에 소비에의 필요를 해결한다고 볼 수 있지만, 다른 한편으로는 임금보조를 통하여 사용자는 통상임금(시장에서 결정된 임금)보다 싼 가격에 근로자를 고용할 수 있고, 이것은 기업의 경쟁력을 높일 수 있어 생산활동이 촉진된다. 즉 이 경우는 소비에의 필요를 해결하는지 아니면 생산에의 필요를 해결하는지 애매하다.

또한 소비적 대 생산적의 개념을 넓게 해석하면, 통상 소비적인 것으로 분류하는 소득보장프로그램도 '생산적'이라 할 수 있다. 예를 들어, 저소득가구(특히 근로능력이 있는 가구원이 있는 경우)에의 공공부조도 당장에는 이들의 소비에의 필요를 해결하는 것이지만 장기적인 관점에서 보면 수급자들의 생산능력이 높아질 수 있기 때문에 생산적이라 할 수 있다.

이렇게 볼 때, 사회복지정책은 소비와 생산에의 필요 둘 다를 해결한다고 볼 수 있어, 이들 가운데 어느 쪽에 우선순위를 두느냐는 국가들의 지배가치에 따라 다르다고 할 수 있다.

우리나라는 얼마 전부터 이른바 '생산적 복지'라는 구호하에 사회복지정책의 '생산적' 측면을 강조하고 있다. 이것은 우리나라에서 많은 사람들이 – 특히 정책결정자들 가운데 – 사회복지는 으레 '소비적'(특히 많은 사람들은 소비적을 '낭비적'인 것으로 생각하는 경향이 있다)인 것으로 생각하고 또한 '소비적'인 것은 사회에 바람직하지 않다고 생각하기 때문이다.

그러나 현재의 우리의 사회복지정책은 이미 지나치게 '생산적'이다. 왜냐하면 대표적인 '소비적'인 정책인 소득보장프로그램들이 아직 발전이 안 되었기 때문이다. 그래서 국민연금은 아직 충분히 성숙되지 않아 수급자들의 숫자가 미미하고, 질병이 발생할 때 소득급여를 하는 상병수당제도는 아직 도입도 안 했고, 고용보험의 소득보장급여의 기능은 약하고, 또한 전국민을 대상으로 하는 아동수당(가족수당)도 아직 도입이 안 되었다.

반면에 우리의 사회복지지출 가운데 대부분은 '생산적'인 부문에 사용되고 있다. 가장 규모가 큰 '생산적'인 프로그램인 건강보험(의료서비스만을 제공하는)과 교육 프로그램을 위시하여 각종의 노동시장정책들이 포함된다. 심지어 소득보장 프로그램의 성격이 강한 고용보험에서도 수급자들의 소득보장보다는 고용과 훈련을 더 강조하고 있다. 또한 근로능력이 있는 빈자에 대한 국민기초생활보장정책도 취업과 훈련이라는 '생산적'인 측면을 강조하고 있다.

사회복지정책이 소비와 생산에의 필요 둘 다를 해결한다고 볼 때, 우리의 경우는 현재 지나치게 '생산'쪽에 기울어졌다고 할 수 있다. 따라서 이 시점에 우리는 '생산적 복지'를 추구할 것이 아니라, '소비적 복지'를 확대하여 양자의 균형을 이루어야 한다.

지금까지 사회복지 혹은 사회복지정책의 개념을 둘러싼 다양한 관점들을 논의하였다. 그렇다면 무엇이 사회복지활동에 포함되는가? 이 질문에 대하여 대다수가 합의하는 답은 존재하기 어렵다. 이것은 사람들에 따라 다를 수밖에 없다.

그래서 사회복지를 넓게 정의하고자 하는 사람들은 사람들의 기본적 필요를 해결하는 방법을 넓게 보아, 집합적, 간접적, 시장적, 비공식적, 영리적, 쌍방적, 생산적인 방법들 모두를 사회복지의 개념에 포함시킬 수 있다. 물론 이 가운데서도 어느 것을 포함시키고 안 시키는 것은 사람들에 따라 다양할 수 있다.

반면에 사회복지를 좁게 정의하고자 하는 사람들은 개별적, 직접적, 비시장적, 공식적, 비영리적, 일방적, 소비적인 측면을 강조하는 경향이 있다.

당신의 사회복지에 대한 정의는?

2. 사회복지정책의 영역(분야)

이렇게 사회복지활동에 무엇을 포함시키느냐에 합의가 안 되는 상황에서 자연히 사회복지정책에서 다루어야 하는 영역도 사람들의 견해가 다를 수밖에 없다. 그럼에도 불구하고 여기서는 사회복지정책에서 다루어야 하는(실제로 다루고 있느냐와 별개로) 영역에 대하여 나름대로 정리하고자 한다.

앞에서 언급했듯이, 사회복지정책은 사람들의 기본적 필요(basic needs)를 해결하는 것이다. 여기서 문제는 기본적 필요를 어떻게 보느냐에 있다. 우선 가장 기본적인 필요는 육체적 생존에의 필요라는 것에는 대부분의 사람들이 동의한다. 따라서 음식, 옷 등을 비롯하여 육체적 생존에 필요한 기본적인 재화를 구입할 수 있도록 소득보장을 해주는 것, 질병이 발생했을 때의 의료서비스, 거주해야 할 주택의 제공 등은 육체적 생존에 가장 기본적이라 할 수 있다. 이렇게 볼 때 소득보장, 건강, 그리고 주택은 비교적 명확히 사회복지정책의 영역에 포함된다고 할 수 있다.

육체적 생존에의 필요 이외의 중요한 기본적 필요에는 인적자본 향상과 사회통합이라는 사회전체의 필요를 위한 교육이 포함되어야 한다. 이것은 많은 나라에서 일찍이 전 국민을 대상으로 한 공공의무교육을 실시하는 것에서 볼 수 있다.

또한 역사적으로 볼 때, 어느 나라에서나 사회적 약자들의 기본적 필요는 특별히 취급하여, 아동, 노인, 장애인 등의 사회적 약자들에 대하여는 다양한 형태의 물질적 혹은 비물질적 서비스에 대한 필요를 특별히 해결하는 개별사회서비스(personal social services)가 중요하다.

이렇게 볼 때, 사회복지정책의 주 영역은 일단, 소득보장, 건강, 주택, 교육, 그리고 개별사회서비스 등의 5가지 영역으로 제한할 수 있다. 실제로 많은 사람들은 사회복지정책을 이렇게 5대 영역으로 국한하는 경향이 있다.

반면에 사회복지정책의 영역을 넓게 보는 사람들은, 경제정책의 영역이라 할 수 있는 조세정책과 노동시장정책을 사회복지정책에 포함시키는 경향이 있다. 이것의 이유는 두 정책이 소득보장정책의 기능을 하기 때문이다(예를 들면, 현재 미국에서의 조세정책의 일종인 EITC가 가장 큰 현금급여 프로그램이다). 실제로 사회복지정책을 연구하는 많은 사람들이 조세정책과 노동시장정책에 큰 관심을 갖고 있다(Titmuss, 1966 ; Kahn, 1979 ; Hill, 1980).

한편 사회복지정책을 더 넓게 보아 넓은 의미의 사회정책과 동일시하는 사람들은 기본적 필요의 개념을 확대 해석하여 환경, 교통, 문화

등의 영역도 포함시키는 경향이 있다. 얼마 전 우리나라에서도 '삶의 질'의 개선정책이라는 이름 아래 기본적 필요의 개념을 확대하여 전통적인 사회복지정책 뿐만 아니라 환경, 교통, 문화 정책도 포함시켰다.

이상의 논의를 정리하여 사회복지정책의 영역을 그림으로 나타내면 다음과 같다.

〈그림 1-1〉 사회복지정책의 영역

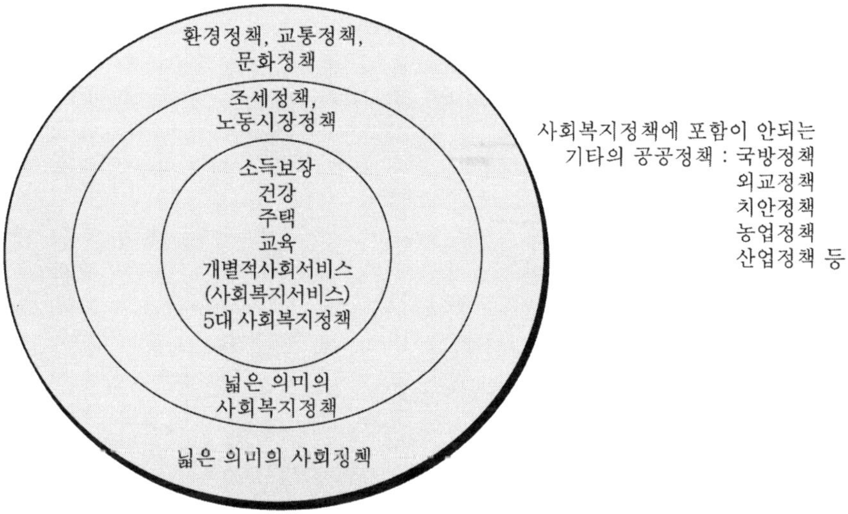

지금까지는 사회복지정책의 영역을 당위적인 측면에서 논의하였다. 그렇다면 현실적으로 사회복지정책에는 어떠한 영역들이 포함될 수 있는가? 이것은 국가에 따라 다른데, 우리나라의 경우는 어떠한가? 여기에는 사회복지정책에 누가 참여하는가가 중요하다. 사회복지정책은 다양한 전문가가 참여하는 응용분야인데, 이러한 전문가들은 사회복지정책의 영역을 서로 다르게 생각하는 경향이 있다.

그래서 교육이나 주택정책에 참여하는 교육전문가나 주택전문가들은 자신들의 영역을 사회복지정책의 영역으로 생각하지 않는 경향이 있다. 또한 조세정책이나 노동시장정책에 참여하는 경제전문가들도 이러한 영역은 사회복지정책이라 생각하지 않는다. 심지어는 사회복지정책의 핵심이라 할 수 있는 소득보장정책이나 의료정책에 참여하는 경제전문가나 의료전문가들은 이 영역을 사회복지정책에 포함되는 것을 꺼려한다(?). 이렇게 되면 사회복지전문가들의 고유영역은 크게 줄어 개별사회서비스 영역으로 제한될 수 있고, 실제로 대부분의 사회복지전문가들은 이 영역에서 일하고 있다.

제 2 장

왜 국가에 의한 사회복지정책인가?

오늘날 모든 서구의 복지국가들에서 사회복지쟁책들은 국가(공공부문)에 의하여 주도되고 있다. 뒤의 13장에서 보듯이 대부분의 유럽의 복지국가들에서 총 사회복지지출 가운데 공공부문의 사회복지지출이 차지하는 비율이 80%가 넘는다.

여기서 공공부문이라 함은 정부가 직접적인 재정을 부담하는 부문뿐만 아니라 재정부담을 안 하더라도 각종 규제가 있어 실질적으로 정부가 정책을 결정하는 부문을 포함한다. 예를 들면, 우리나라의 건강보험의 경우 정부가 재원의 일부분만을 부담하지만, 강제 가입, 보험료나 급여내용의 결정, 관리나 운영은 공공기관인 건상보험공난에서 하도록 정책을 국가가 결정하기 때문에 공공부문에 포함되는 것이다.

왜 사회복지정책은 국가에 의하여 제공되는가? 이것은 크게 보면 두 가지로 설명할 수 있다. 하나는, 규범적인 정치적인 설명이고, 다른 하나는 실증적인 경제적인 설명이다. 전자의 관점을 단순히 이야기하면 사회복지정책은 평등, 소득재분배, 인간의 존엄성 등의 가치를 구현할 수 있고, 이것을 위해서는 국가가 적극적으로 나서야 되는데, 이것은 민주주의 사회에서 이러한 가치를 원하는 사람들(대표적으로 노동계급)의 정치적 힘이 커져서 가능해졌다는 것이다.

흔히 사회민수수의 이론이나 권력자원 이론에서 이야기하듯이 유럽

복지국가들은 이러한 가치들을 강조하는 노동계급이나 사회주의 혹은 사회민주주의 정당의 정치적 세력이 커져서 이루어졌다.

그러나 이 관점만으로는 사회복지정책을 반드시 국가가 책임져야 한다는 이유를 충분히 설명한다고 볼 수 없다. 왜냐면 아무리 평등의 가치를 추구하는 정치적 세력이 크다 하더라도 이를 구현할 경제적 뒷받침이 없으면 이루기 어렵기 때문이다.

따라서 중요한 것은 두 번째 설명으로, 사회복지정책을 국가가 제공하는 것이 경제적 필요성이나 효율성의 측면에서 더 바람직하다는 것이다. 이것은 이해하기 위해서는 먼저 사회복지정책이 없는 (제대로 안 된) 상태에서 많은 수의 병들고 가난한 사람들이 있을 때 무엇이 문제인가를 알아볼 필요가 있다.

우선 노동생산성의 측면에서 경제 발전에 저해가 된다. 지속적인 경제발전을 이루기 위해서는 건강하고 잘 훈련된 노동력의 지속적인 공급이 필요하다. 그런데 가난하며 제대로 먹지 못해 영양상태가 나쁘거나, 질병을 제대로 치료를 받지 못하거나, 교육이나 훈련을 충분히 받지 못하면 많은 수의 가난한 사람들이 취업을 제대로 못하거나 노동생산성이 낮을 수밖에 없어 결국 국가의 총생산량은 줄어들 수밖에 없다.

또한 장기적인 측면에서 볼 때도 이렇게 가난한 사람들이 많으면 이러한 가정에서 자라나는 아이들의 인적자본도 낮을 수밖에 없어 미래의 경제발전도 낮아질 수밖에 없다.

가난한 사람들이 많아지면 또한 경제 안정의 측면에서도 국가경제에 해가 된다. 가난한 사람들은 구매력이 없기 때문에 규모가 커지게 되면 산업 활동이 위축되고, 불경기가 장기간 지속될 가능이 커서 총수요의 관리라는 측면에서 문제가 된다.

그래서 가난한 사람들에 대한 사회복지정책으로 이들의 구매력을 늘리게 되면 경제가 활성화될 수 있는 것이다. 예를 들면, 실업보험의 경우 실업률이 높아 많은 사람들이 실업자가 되었을 때 실업급여를 통해 이들의 구매력이 높아지게 되면 경기가 활성화되고, 반대로 호경기, 즉 실업률이 낮을 때에는 실업급여는 줄고 보험료는 늘어, 호경기에 나타날 수 있는 물가상승을 어느 정도 억제할 수 있는 것이다.

또한 제대로 된 사회복지정책이 없는 상태에서 가난한 사람들이 많으면 개별적인 범죄행위가 늘어나고 집단적으로 폭동행위가 많아지면 자본주의 사회의 가장 중요한 기본질서인 사유재산권에 커다란 위협이 되거나 사회가 불안정해짐으로서 국가발전에 여러 가지 이유로 해가 될 수 있다. 널리 알려진 사회통제론(social control theory)에 따르면, 사회복지정책은 사회안정화를 위해서 필요한 것이다.

적어도 상기의 세 가지의 경제적인 이유로도 사회복지정책은 필요하다. 그렇다고 해 국가가 반드시 해야 하는가? 왜 민간부문에서 하면 안 되는가? 사실 20세기에 본격적으로 국가에 의한 사회복지정책들이 등장하기 전에 이러한 사회복지의 문제는 대부분 민간부문에서 해결하였다. 이것의 이유는 단순하여 사회복지의 대상자의 숫자가 많지 않았기 때문이다. 산업사회 이전의 농경사회에서는 속성상 대규모의 실업이라는 현상이 없고, 노인이 되어도 은퇴의 개념이 없어 소득의 중단이라는 현상이 없고, 또한 아동들도 생산활동에 참여하였기 때문에 아동을 위한 사회복지의 문제도 적었다. 이렇게 사회복지의 대상자 숫자가 상대적으로 적기 때문에 대가족 제도나 친척, 이웃 등의 지역공동체에서 자연스럽게 해결이 가능했다.

그러나 산업사회가 되면서 사회복지 대상자의 숫자는 급격하게 증가한다. 산업화는 노동인구의 특성을 변화시켜 대규모의 피고용자 계급을 발생시켜 노동력을 팔아야만 생계를 유지할 수 있는 사람들의 숫자를 크게 증가시킨다. 그래서 이러한 사람들이 질병, 노령, 실업, 산업재해 등으로 소득이 중단되면 이들의 생계는 크게 위협을 받는다.

또한 경제활동을 하지 않는 노인들은 의학의 발달 등의 이유로 수명이 연장됨으로 숫자가 크게 늘어났고, 반면에 출산율의 감소로 노동인구가 주는 반면 아동들은 더 이상 생산활동에 참여하지 않고 오히려 교육 등의 사회복시서비스의 주 수급자가 되고, 도시화로 인한 대규모의 도시빈곤층의 발생으로 사회복지의 대상자는 크게 증가하였다.

반면에 대가족제도나 이웃, 친척 등의 상부상조체계는 붕괴되어, 크게 늘어난 사회복지대상자를 민간부문에서 해결할 능력은 크게 줄었다.

이렇게 사회복지를 해결한 민간부문의 능력이 크게 줄어든 것은 국가가 사회복지정책을 주도해야 할 부분적인 설명이 된다. 그렇다고 이것이 국가가 반드시 사회복지를 주도해야 할 충분조건은 아니다. 이것은 우리나라를 비롯한 많은 나라에서 보듯이 상당히 산업화가 되었는데도 불구하고 사회복지의 문제를 가능한 한 가족을 비롯한 민간부문에서 해결하려는 경향에서 볼 수 있다.

그렇다면 사회복지정책은 왜 반드시 국가가 제공해야 하는가? 이것의 가장 중요한 이유는 사회복지정책에서 제공하는 재화나 서비스는 민간부문에서 제공하게 되면 이른바 '시장의 실패(market failure)' 때문에 비효율적이 되기 때문이다.

일반적으로 시장에서는 재화나 서비스의 수요자와 공급자간의 합리적인 선택을 바탕으로 하는 자유경쟁의 기제에 의하여 그러한 재화나 서비스가 효율적으로 배분될 수 있는 큰 장점이 있다. 반면에 시장은 특정한 재화나 서비스를 특정한 조건하에서 효율적으로 배분하지 못하는 단점도 갖고 있다.

일반적으로 시장에서 재화나 서비스 등이 효율적으로 배분되기 위하여는 첫째, 그 재화가 공공재(public goods)가 아닌 사유재(private goods)이어야 하고, 둘째, 재화의 거래에서 외부효과(externality)가 발생하지 않아야 하고, 셋째, 재화의 거래에서 수요자와 공급자가 충분한 정보를 갖고 있어야 하고, 넷째, 역의 선택(adverse selection) 현상이 나타나지 말아야 하고, 다섯째, 도덕적 해이(moral hazard)의 문제가 심각하지 않아야 하고, 여섯째, 규모의 경제(economy of scale)의 효과가 적어야 한다.

이러한 조건들이 충족되지 않는 경우에는 시장에서의 재화의 배분은 비효율적이 되어 사회구성원들이 원하는 배분이 이루어지지 않는다. 따라서 이러한 상황에서는 국가가 나서서 이러한 '시장의 실패'를 해결하여야만 하고 결과적으로 사회적으로 바람직한(효율적인) 재화의 배분이 이루어질 수 있는 것이다.

사회복지정책을 국가가 반드시 주도해야 하는 이유는 바로 사회복지정책에서 제공하는 재화나 서비스가 시장에서 제공하면 비효율적이 될 수 있는 성격을 많이 갖고 있기 때문이다. 이것은 다음의 7가지의 측면에서 설명될 수 있다(김태성 · 성경륭, 2000).

1. 사회복지 재화나 서비스는 공공재적인 성격을 갖고 있다.

사회복지정책을 국가가 주도해야 하는 가장 중요한 이유는 사회복지정책을 통하여 제공되는 재화나 서비스가 공공재적인 성격을 많이 갖고 있기 때문이다. 순수한 의미의 공공재는 사유재와 달리 그 재화를 소비하는데 있어 비경쟁적이고 비배타적인 성격을 갖고 있다.

사유재를 사용하기 위해서는 사람들은 비용을 지불해야 하고(경쟁적), 비용을 지불하지 않은 사람들에게는 그것의 사용을 막을 수 있다(배타적). 반면에 공공재는 일단 제공되면 다른 사람들이 그 재화를 소비하는데 드는 추가비용이 없고(비경쟁적), 또한 다른 사람들이 그 재화를 사용하는 것을 막기도 어려운(비배타적) 재화를 말한다.

자주 인용되는 순수한 의미의 공공재의 대표적인 예가 등대이다. 일단 등대불이 켜지면 등대 주위를 지나가는 모든 배는 그것의 혜택을 받는다. 즉 등대서비스에 대한 요금을 지불하지 않아도 똑같은 서비스를 받을 수 있고, 또한 요금을 지불하지 않은 배는 그 서비스로부터 제외시키기도 어렵다(전자장치를 고안하여 그 장치를 구입한 배에게만 등대불이 비추어지게 하는 방법을 생각해 볼 수 있으나 이것은 비용이 많이 들고 현실적으로 비효율적이다).

공공재의 이러한 성격 때문에 시장기제에서는 이러한 재화의 공급이 비효율적으로 이루어진다. 일반적으로 공공재는 사회구성원들이 원하는 것이고 또한 이득을 준다. 그러나 개인들은 공공재에 대한 수요(욕구)가 있더라도, 이른바 '무임승차(free-rider)'의 현상으로, 이러한 수요를 숨겨 일단 공공재가 제공되면 비용은 지불하지 않고 혜택을 보려고 한다.

문제는 개인의 효용(utility)을 극대화하려는 합리적인 사람이라면 모두 이러한 '무임승차' 행위를 하려는 데 있다. 그래서 사회구성원들이 공공재에 대한 수요는 모두 갖고 있음에도 불구하고 그 재화에 대한 지불은 하지 않게 되고, 결과적으로 시장기제에만 맡겨두면 그 재화는 제공되지 않거나 제공되더라도 사회구성원들이 바라는 만큼 충분히 제공되지 않는다.

다시 말해서 시장기제는 공공재에 대한 사람들의 수요(욕구)를 나타나게 할 수 없고, 따라서 공공재에 대한 비용을 지불하도록 만들 수 없는 한계를 갖고 있다. 따라서 공공재가 사회구성원들이 원하는 수준으로 제공되기 위하여는 국가가 나서 사회구성원들에게 강제적으로 세금을 부과하여 공공재에 대한 사용을 지불하게 하여야 한다. 등대의 예의 경우, 시장에서의 어떤 민간기업도 등대서비스를 제공하여 이윤을 남기는 것이 불가능하기 때문에 국가가 국가예산으로 등대서비스를 제공할 수밖에 없는 것이다.

그렇다면 사회복지재화나 서비스가 공공재의 성격을 갖고 있는가? 일반적으로 어떤 재화나 서비스가 공공재인가를 판단하는 건 절대적인 것은 아니다. 그것은 공공재의 특성인 비경쟁성과 비배타성이 시장의 상황과 기술발전 수준에 따라 변할 수 있다. 예를 들면, 경찰서비스는 공공재의 성격을 많이 갖고 있어 전통적으로 국가에 의해서 제공되었으나 오늘날에는 비용을 지불하는 특정한 사람들을 위한 '경찰서비스'를 시장기제에서 많이 제공되고 있다(우리나라에서는 '청원경찰'이라는 이름하에 이러한 서비스가 제공된다).

또한 기술의 발전으로 공공재의 특성인 '비배타성'이 약화되어 비용을 지불하는 사람들에게만 그 재화를 제공할 수 있다. 예를 들면, 대표적(?)인 공공재인 '맑은 공기'가 오늘날에는 시장에서 판매되어 비용을 지불한 사람들만 '맑은 공기'를 마실 수 있게 되었다.

국가에서 제공하는 많은 재화나 서비스들은 순수한 의미의 공공재는 아니더라도 넓은 의미의 공공재적인 성격을 갖고 있다. 대표적인 것이 국방서비스이다. 이것은 외부의 적으로부터 국가와 국민을 보호하는 서비스다. 이것이 공공재인 이유는 이 서비스를 어떤 사람들이 받는다 해도 사람들이 이 서비스를 받는 데 영향을 안 주고(비경쟁적), 또한 어떤 사람도 이 서비스를 못 받도록 할 수도 없기 때문이다(비배타성). (물론 이러한 성격도 완전한 것은 아니다. 외부의 적으로부터 보호를 받기 위해서 어떤 사람들은 비용을 지불하여 용병과 같이 군인들을 고용할 수 있다.)

사회복지재화나 서비스도 국방서비스와 같은 성격을 갖고 있다. 즉 이러한 재화나 서비스가 제공되면 사람들 사이의 서비스의 혜택의 차이를 구분하기 어렵고(비경쟁적), 또한 어떤 사람도 이러한 혜택을 못 누리도록 할 수가 없기 때문이다(비배타적).

예를 들어, 국가의 사회복지정책을 통하여 모든 아동들의 건강과 교육수준들을 높이게 되면 그 아동들이 건전한 시민으로 성장하고 또한 생산성이 높아지는 경우 혜택은 비경쟁적이고 비배타적으로 사회구성원 모두에게 동일하게 돌아가는 것이다.

물론 사회복지 재화나 서비스가 순수한 의미의 완전한 공공재는 아니다. 이러한 재화나 서비스는 많은 경우 시장기제에서 제공되고 이때는 경쟁적이고 배타적으로 이루어진다. 그러나 위에서 언급했듯이, 사회복지 재화나 서비스는 사회구성원 모두에게 혜택을 주기 때문에 사회구성원들이 모두 그 재화나 서비스에 대한 수요(욕구)를 갖고 있다. 그러나 사회복지서비스의 공공재적인 성격 때문에 사람들이 이러한 수요를 숨겨도 서비스의 혜택을 볼 수 있기 때문에 시장기제에 맡겨두면 사회구성원들의 원하는 만큼의 서비스가 제공되기 어렵다.

이러한 이유로 사람들은 사회복지 재화나 서비스를 순수한 의미의 공공재는 아니더라도 흔히 가치재(merit goods) 혹은 준공공재(quasi-public goods)라 부른다. 이것은 이러한 재화나 서비스의 제공이 사회적으로 바람직하나 사람들이 그 재화에 대한 수요(욕구)를 숨기거나 혹은 무지하여 그 재화에 대한 필요성을 못 느낄 때, 시장기제에만 맡겨두지 않고 국가가 나서서 제공해야 하는 재화나 서비스를 말한다(Musgrave, 1959).

2. 사회복지의 재화나 서비스는 긍정적인 외부효과가 크다.

일반적으로 시장에서의 재화나 서비스를 거래할 때는 사람들의 행위는 다른 사람들의 복지에 시장가격의 변화라는 형태로 영향을 주게 된다. 즉 어떤 사람들의 행위들을 통하여 다른 사람들의 복지에 이득 혹은 해를 준다면 그들은 그 행위들에 대하여 대가를 받거나 지불해야 한다.

그러나 어떤 경우에는 사람들의 행위가 다른 사람들의 복지에 시장가격의 변화없이 영향을 줄 수 있다. 즉 외부효과(externality)라는 것은 어떤 사람의 행위가 다른 사람의 복지에 시장기제 밖에서 영향을 주는 것을 말한다. 그리고 이러한 외부효과가 존재하면 시장기제에서는 자원의 효율적인 배분이 이루어지기 어렵다.

예를 들면, 아무도 소유하지 않는 강 상류에 공장을 소유하고 있는 갑이란 사람이 공장폐기물을 그 강에 버린다면, 강 하류에 물고기를 잡아 살아가는 을이라는 사람의 복지에 시장가격의 변화없이 해를 준다. 즉 갑은 강을 오염시키는 것에 대한 가격을 을에게 지불하지 않아도 되기 때문에 강을 비효율적으로 과대하게 사용하게 되고 결과적으로 을은 피해를 입게 된다. 이 문제는 시장에 맡겨두면 해결이 안 된다. 그래서 국가가 갑에게 강을 오염시킨 대가를 지불하게 만들어 을을 보상하게 만들면, 강이라는 사회적 자원을 효율적으로 이용할 수 있게 되는 것이다.

우리 주위의 예를 들면, 도시 중심에 위치한 대규모 백화점에 대한 교통혼잡세(?)의 부과이다. 이러한 백화점에 방문하는 사람들이 많아지면 그 일대의 교통이 엄청나게 혼잡해짐으로 인해 지나다니는 많은 사람들이 피해를 입게 됨으로 혼잡세를 부과하여 억제를 하는 것이다.

외부효과는 흔히 긍정적인(positive) 외부효과와 부정적인(negative) 외부효과로 나눈다. 긍정적인 외부효과는 어떤 사람의 행위를 통해서 다른 사람들이 어떤 대가를 지불하지 않고도 이득을 볼 수 있는 것을 말한다. 예를 들면, 우리 이웃의 어떤 사람이 자선을 해서 이웃의 가난한 사람들을 줄인다면 자선을 안 한 사람도 이웃의 가난한 사람들이 줄어들어 발생하는 이득, 예를 들면, 범죄율의 감소, 집값의 상승 등을 볼 수 있는 것이다.

어떤 행위가 긍정적인 외부효과가 있는 경우는 일반적으로 그러한 행위를 자발적으로 하도록 하게 되면 그것이 가지고 있는 사회적으로 바람직한 파급효과(spillover effect)에 비하여 그러한 행위는 적게 이루어진다. 왜냐하면, 이러한 행위를 내가 안 해도 남이 하게 되면 나도 이익을 받을 수 있기 때문에 자신의 효용을 극대화하려는 사람이라면 누구나 자발적으로 그러한 행위를 하려고 하지 않기 때문이다. 이러한 의미에서 이러한 현상을 '이웃효과(neighborhood effect)'라 부르기도 한다(Friedman, 1962).

반면에 부정적인 외부효과는 앞의 오염된 강의 예처럼 한 사람의 행위가 그 행위에 대한 비용은 지불하지 않고 다른 사람들에게 해를 주는 것을 말한다. 이렇게 부정적인 외부효과가 있는 행위는 자발적으로 하게 하면 불필요하게 많이 이루어진다.

사회복지의 재화나 서비스를 국가가 제공해야 하는 또 하나의 이유는 바로 이러한 재화나 서비스들이 긍정적인 외부효과를 많이 만들어 내고, 또한 이러한 커다란 외부효과에 비하여 시장기제를 통하여 사람들이 자발적으로 이러한 재화나 서비스를 제공하게 하면 사회적으로 바람직한 수준의 공급이 이루어지지 않기 때문이다.

사회복지의 재화나 서비스는 이것들을 받는 사람들에게 직접적인 이득을 줄 뿐만 아니라 많은 경우 받지 않는 주위의 많은 사람들에게도 정신적 혹은 물질적인 이득을 준다. 예를 들어, 사회복지재화나 서비스를 통하여 우리 주위의 병들고 가난한 사람들이 줄어든다면, 이러한 재화를 받지 않는 사람들도 정신적으로는 이러한 사람들을 접촉 안 해서 불쾌감이나 부담감이 줄 수 있고, 물질적으로는 이러한 사람들의 범죄 행위가 줄거나 혹은 이러한 사람들이 건강해서 생산성이 높아지는 등의 다양한 이유로 이득을 볼 수 있는 것이다.

이렇게 사회복지재화나 서비스를 본인이 제공을 안 해도 다른 사람들이 제공하면 나도 그것의 이득을 볼 수 있기 때문에, 민간부문의 자발적인 자선행위에 맡겨두면 사회적으로 바람직한 수준의 공급이 안 된다. 실제로 사회복지의 역사로 볼 때 어느 국가에서나 민간부문의 자선을 통한 사회복지 재화나 서비스는 극히 제한되었다는 사실이 이것을 뒷받침해 준다. 예를 들면, 민간부문의 사회복지가 가장 큰 미국의 경우에도 민간부문의 자발적 기여를 통한 사회복지는 GDP의 1%가 안 되어 공공부문의 사회복지지출이 GDP의 20% 가까이 되는 것에 비추어 크게 적은 것이다. 우리나라의 예를 들면, 대표적인 자발적 기여를 통한 사회복지 조직인 사회복지공동모금회의 1년 모금액은 2016년의 경우 대략 4,000억원 정도인데, 이 해의 우리나라 공공부문 사회복지지출액은 대략 100조원 가까이 된다. 이러한 상황에서는 국가가 개입하여 사회복지재화나 서비스를 통하여 이득을 보는 사람들에게 그 대가를 지불하도록 강제할 수밖에 없는 것이다. 그래서 국가가 자발적 자선이 아닌 강제적(?) 자선인 세금을 거두어 사회복지재화나 서비스를 제공해야만 사회적으로 바람직(효율적)한 수준의 공급이 이루어지는 것이다.

특히 사회복지의 재화나 서비스 가운데 어떤 것들은(예, 의료서비스) 외부효과가 매우 커 한 나라의 국민 모두에게 영향을 준다면 이러한 재화는 공공재라 할 수 있다. 즉 이렇게 긍정적인 외부효과가 매우 큰 경우는 국가가 강제적으로 세금을 거두어 공공재로서 국민 모두에게 제공하는 것이 바람직한 것이다.

3. 사회복지 재화나 서비스의 선택에는 정보가 중요하다.

일반적으로 어떤 재화가 시장기제에서 효율적인 배분이 이루어지기 위해서는 그 재화의 공급자나 수요자 모두 그 재화의 질과 가격에 대한 충분한 정보를 근거로 각자의 효용을 극대화하려는 합리적인 선택이 있어야 한다. 따라서 재화에 대한 충분한 정보가 없는 경우에는, 시장에서의 수요자와 공급자 사이에 결정된 그 재화의 배분은 비효율적이 될 수 있다. 이러한 상황에서 재화의 소비자들보다 국가가 이러한 재화에 대한 정보를 더 많이 갖고 있다면 국가가 주도하여 이 재화를 제공하는 것이 더 효율적이 된다(Barr, 1998).

그렇다면, 어떠한 속성을 갖고 있는 재화들이 이러한 불완전한 정보로 인한 시장에서의 배분이 비효율적일 가능성이 높은가? 일반적으로 다음의 세 가지의 속성을 갖고 있는 재화들은 시장에서의 배분이 비효율적일 가능성이 높다. 첫째는, 재화에 대한 정보를 수집하거나 정보의 질을 높이는 데 비용이 많이 드는 경우다. 즉, 어떤 정보들은 소비자가 접근하기가 매우 어려울 수 있다. 둘째는, 재화에 대한 정보를 수집했다 하더라도 그러한 정보를 이해하는 것이 어려운 경우이다. 대개 전문적이고 세부적이고 기술적인 정보들이 이러한 속성을 갖고 있다. 대표적인 예가 의료 서비스에 대한 정보이다. 셋째는, 재화를 잘못 선택했을 때 발생하는 손해가 매우 큰 경우이다. 예를 들어, 잘못된 의료서비스를 선택했을 때 생명을 잃을 수 있는 것이다.

많은 사회복지의 재화나 서비스들이 이러한 속성을 갖고 있다. 대표적인 예가 사회보험, 의료서비스, 교육서비스 등이다. 이러한 재화나 서비스는 일반 소비자들의 자발적인 선택에 맡기기에는 어렵고 복잡한 정보가 많이 필요하기 때문에 시장에서의 소비자들의 선택에 의하여 이러한 재화의 배분이 이루어지면 비효율적이 될 가능성이 높다.

또한 이러한 재화나 서비스는 인간의 기본적인 삶의 측면에서 매우 중요하기 때문에 소비자들의 선택에 맡겨두어 잘못된 선택이 일어났을 경우 그 손실은 본인에게 뿐만 아니라 사회적으로도 크다. 두 가지의 예를 들어 보자.

하나는 미래에 발생할 수 있는 위험(노령, 질병, 실업, 산재 등)에 대비하여 강제로 가입하게 하는 사회보험의 경우이다. 흔히 사람들은 자신들의 미래에 대한 어떤 선택을 자기 스스로 결정하는 것이 가장 좋다고 생각한다. 그러나 어떤 경우에는 반드시 그렇지 않다. 특히 미래에 발생할 수 있는 사건들에 대한 정보가 충분하지 않을 경우 미래에 대한 자발적인 선택이 잘못될 가능성이 높다.

현대 산업사회에서 많은 사람들은 미래에 발생할 수 있는 위험에 대하여 충분한 정보를 갖고 있지 않기 때문에 그러한 위험발생을 과소평가하여 자발적인 선택에 맡겨두면 그러한 위험에 대한 대비를 안 하는 경향이 있다. 예를 들어 많은 사람들은 자신들이 미래에 실업자가 될 수 있는 가능성을 낮게 보거나 은퇴 후의 노령기간의 삶에 대하여도 충분한 정보가 없어 실업보험이나 노령연금의 필요성을 못 느끼고 현재의 높은 임금만을 선택하는 경향이 있다. 이 경우 국가가 개입하여 이러한 사람들을 강제적으로 실업보험이나 노령연금에 가입시키는 것이 본인들에게도 좋을 뿐만 아니라 사회적으로도 바람직하다. 왜냐하면, 이러한 사람들이 자발적인 선택에 의하여 보험에 가입하지 않은 상태에서 실업이나 노령에 부딪혀 가난해지면 결국 국가가 세금을 바탕으로 한 공공부조로 해결할 수밖에 없기 때문이다.

사회복지의 재화나 서비스 가운데 정보의 문제가 가장 심각한 것은 의료서비스이다. 의료서비스에 대한 정보는 일반적으로 매우 복잡하고 전문적·기술적이어서 시장기제에 맡겨두면 일반소비자들은 의료서비

하는 사람들이 위험에 대비하지 않고 소비만 한 사람들을 세금으로 도와주어야 하는 불공평(?)의 문제를 해결할 수 있어, 사회적으로 바람직할 수 있다.

5. '도덕적 해이'의 문제를 해결해야 한다.

위에서 논의한 역의 선택의 문제와 더불어, 불완전한 정보 때문에 민간시장에서 미래에 발생할 위험에 대비한 보험이 제공되기 어려운 또 하나의 이유는 이른바 '도덕적 해이' 현상 때문이다. 일반적으로 보험에서 보험의 대상이 되는 위험의 발생의 확률과 위험의 정도는 보험가입자들의 개별적인 행위와는 무관하게 외향적(exogenous)으로 결정이 되어야 한다. '도덕적 해이(moral hazard)'라는 것은 개인들의 행위에 의하여 보험의 대상이 되는 위험의 발생 가능성과 그것의 정도가 결정되는 현상을 말한다.

일반적으로 어떤 위험에 대비한 보험에 가입하면, 사람들은 그러한 위험의 발생에 대한 예방적인 행위를 적게 하는 경향이 있다. 예를 들어, 자동차보험의 경우 보험에 가입한 사람들은 그렇지 않은 사람들에 비하여 경미한 사고를 예방하기 위해서 조심스럽게 운전할 동기가 약해질 수 있다(대형사고의 경우는 심리적 부담이 크기 때문에 예방할 동기가 있다). 왜냐하면, 이러한 예방행위를 해 보아야 개인들의 입장에서 볼 때는 부담하는 보험료가 크게 줄지 않기 때문이다.

이렇게 보험가입자들의 도덕적 해이가 많아지면 결과적으로 위험발생의 확률은 높아지고 결국 가입자들의 보험료는 높아지게 된다. 이렇게 보험료가 높아지면, 앞에서 논의한 역의 선택의 문제가 발생하여, 위험발생 확률이 높은 사람만 가입하게 되어, 궁극적으로는 가입자 숫자가 크게 줄어 민간보험 상품으로 남기가 어렵게 되는 것이다.

도덕적 해이를 막기 위해서 민간 보험에서는 여러 가지 방법을 사용한다. 그래서 대상이 되는 위험이 자주 발생하는 경우에는 높은 보험료를 부과하거나, 일정 이하의 위험(경미한 위험)이 발생할 경우에는 보험금을 지불하지 않거나, 또한 위험이 발생했다 하더라도 보험금의 일부만을 지불하고 나머지는 본인이 부담하게 하는 방법 등이 있다. 그러나 이러한 방법에도 불구하고 도덕적 해이 현상이 만연하면 민간보험이 성립하기에는 한계가 있다.

'도덕적 해이'의 문제가 심각해질 수 있는 대표적인 예가 실업 보험이다. 우선 보험 가입자들이 자신들의 실업의 가능성에 영향(?)을 미칠 수 있다는 점이다. 물론 민간 보험 시장에서 판매되는 실업이란 비자발적 실업만 해당되나 현실적으로 자발적인 실업과의 구분이 쉽지 않다. 왜냐하면 자신의 실업 여부는 자신이 일을 할 때의 여러 행위에 상당 부분 달려 있기 때문이다(예를 들면, 실업을 원한다면 일을 태만히 하여 사용자로부터 해고를 유도할 수 있다). 설사 구분이 가능하더라도 그것을 위해서는 비용이 많이 들기 때문에 개별 보험 회사로서는 구분할 동기가 약해질 수 있다.

일단 실업이 된 이후에도, 즉 보험금을 받기 시작한 이후에도, 보험 가입자들은 실업 상태에서 벗어날 가능성에도 영향을 줄 수 있다. 즉, 본인이 실업기간을 결정할 수 있는 것이다. 이렇게 보험 가입자들이 적극적으로 구직을 안하고 장기간 실업 상태에 머무르려고 할 때 개별 보험자들이 이러한 보험 가입자들의 행위를 통제하는 것은 현실적으로 어렵다(비용이 많이 든다).

실업 보험이 이렇게 도덕적 해이 문제가 심각해질 수 있는 근본적인 이유는 실업이라는 위험이 다른 위험(예, 질병)에 비하여 실업 상태에 있을 때의 '심리적 비용(psychic costs)'이 적기 때문이다(질병 보험금을 받기 위하여 고통이 동반하는 질병을 의도적으로 걸리려고 행하는 사람들은 많지 않다).

실업 보험보다는 약하지만 질병 보험에서도 '도덕적 해이' 문제가 나타난다. 그래서 사람들이 일단 질병 보험에 가입하면 질병에 대한 예방을 할 동기가 전보다 약해진다. 이것은 특히 경미한 질병의 경우 더욱 그러하여 질병 발생 확률이 커지게 된다(특히 '심리적 비용'이 적은 경미한 질병의 경우). 이렇게 되면 질병 보험은 불필요하게 과다하게 소비되고 보험료는 높아지게 된다.

이러한 문제는 특히 민간 보험에서의 주된 방식인 이른바 제3자 지불방식(third-party payment system)하에서의 행위별 수가제(fee for service)에서 더욱 심각해질 수 있다. 즉 보험회사가 의료서비스 공급자인 의사와 수요자인 환자의 행위를 통제하지 못하는 상황에서 수요자는 의료 서비스를 과소비하고, 의사도 소비자의 경제적 능력에 상관없이 최대한도로 의료서비스를 제공하는 동기를 갖는 것이다. 이렇게 되면 결과적으로 보험료가 크게 오를 수밖에 없는 것이다.

이러한 도덕적 해이의 문제를 해결하기 위하여 일정 액수 미만의 경미한 질병은 보험에서 제외하거나, 본인 부담액을 높이거나, 혹은 보험 급여항목을 제한하는 방법 등을 사용하나 여기에는 한계가 있다. 왜냐하면 민간 보험 시장에서 보험사들끼리의 경쟁적인 상황에서 보험 가입자들의 행위에 대한 정보가 제한된 상황에서 이러한 행위들을 통제하는 것에는 비용이 많이 들기 때문이다.

'도덕적 해이'의 문제는 민간 부문에서뿐만 아니라 국가의 사회복지정책에서도 나타난다. 복지 국가를 비판하는 중요한 논리 가운데 하나가 '도덕적 해이'의 문제이다. 이러한 비판들은 대개 국가의 사회복지정책들이 갖고 있는 '도덕적 해이'의 문제 때문에 수급자들이 스스로 독립할 노력을 약화시키거나, 불필요하게 사회복지정책들을 남용한다는 데 초점을 맞춘다.

그래서 많은 국가의 사회복지정책들은 '도덕적 해이'의 문제를 줄이기 위하여 많은 장치를 갖고 있다. 예를 들면, 질병 수당(sick pay)의 기간을 줄이거나(특히 경미한 질병에 대한 급여를 줄이기 위하여 질병 발생 후 초기 기간은 대상에서 제외한다), 질병에 대한 심사를 까다롭게 한다. 또한 실업보험의 경우 비자발적 실업 여부에 대한 엄격한 심사, 실업이 된 후 적극적으로 일자리를 찾게 하는 방법 등이다. 또한 근로 능력이 있는 빈자들은 공공부조를 받기 위해서는 강제로 일을 하게 하는 것 등이다.

결국 '도덕적 해이'의 문제는 사회복지 서비스의 제공자가 수급자의 행위에 대한 충분한 정보를 갖고 그들의 행위를 조정(monitor)하고 통제함으로써 해결될 수 있다. 그러나 민간 시장의 경쟁적인 상황에서 개별적인 제공자가 이러한 조정과 통제를 위한 정보를 구하기는 어렵고 또한 비용이 많이 들어 현실적으로 한계가 있다. 따라서 단일 보험자라 할 수 있는 국가가 독점적인 상황에서 이러한 조정과 통제를 집단적으로 혹은 강제적으로 하는 것이 비용이 적게 들고 효율적이다.

6. 위험 발생의 비독립성(상호의존성)의 문제를 해결해야 한다.

민간 보험시장에서 어떤 위험에 대비한 보험상품이 제공되기 위해서는 보험회사는 재정 안정이 이루어져야 한다. 즉 보험료를 통한 수입이 보험금 지급의 지출보다 적어서는 안 된다. 이러한 재정 안정이 이루어지기 위해서는, 보험 수리상 어떤 보험 가입자의 위험의 발생 가능성이 다른 사람들의 위험 발생 가능성과는 독립적으로 결정되어야 한다. 그래야만 보험 가입자들 가운데 일정한 비율은 위험이 발생하고, 일정한 비율은 위험이 발생하지 않아, 후자가 전자를 도울 수 있어 전체적으로 재정 안정이 이루어질 수 있는 것이다.

반면에 어떤 위험 발생이 비독립적일 때, 즉 어떤 사람의 위험 발생이 다른 사람의 위험 발생과 연계가 되어 있을 때 이러한 재정 안정을 이룰 수 없고, 따라서 민간 시장에서는 이러한 위험에 대비한 보험상품이 존재하기 어렵다. 예를 들어, 대규모 전염병이 발생할 때 개별 사람들은 그 병에 걸릴 확률이 서로 연계되어 있기 때문에 전염병에 대한 보험은 성립하기 어려운 것이다.

위험 발생의 비독립성의 문제가 가장 심각한 것은 실업 보험의 경우다. 어떤 사람의 실업할 가능성은 다른 사람이 실업할 가능성과 연계되어 있다. 왜냐하면, 오늘날의 실업은 대개 개인들의 노력이나 행위와는 상관없이 그들이 일하는 기업이나 산업뿐 아니라 국가 전체의 경제 상황에 크게 좌우된다. 그래서 국가경제가 오랜 동안 침체가 되면 사람들의 실업 가능성은 서로 연계가 되는 것이다.

이런 상황에서는 민간 보험에서는 이러한 보험을 제공하게 되면 필연적으로 재정파탄이 초래될 가능성이 높아진다. 즉 실업이 안된 사람으로부터 받은 보험료로 실업이 된 사람에게 보험금을 지불하는 것이 불확실하게 된다. 이러한 경우에는 국가만이 보장해 줄 수 있는 것이다.

또한 노령연금의 경우, 미래의 물가수준의 불확실한 변동도 연금수급자 모두에게 영향을 주기 때문에 미래의 물가수준 예측이 불확실한 상황에서 민간 보험회사의 재정안정은 불확실해지고 따라서 민간 보험에서 이러한 연금이 제공되기에는 많은 위험이 따른다. 국가에 의한 부과방식의 노령연금이 필요한 것은 이러한 이유 때문이다.

7. 규모의 경제의 문제를 해결해야 한다.

시장에서 어떤 재화가 효율적으로 배분되기 위해서는 어떤 경제 주체도 시장력(market power)을 갖고 시장 가격에 영향을 주어서는 안 되고, 많은 수의 공급자와 수요자의 거래에 의해서 재화의 가격이 형성되어야 한다. 만일 규모의 경제(economy of scale)가 존재하면, 큰 경제 주체는 재화를 단위당 싼 가격에 만들어 팔 수 있기 때문에 작은 경제 주체를 몰아내고 시장을 지배하게 되어 결과적으로 재화의 비효율적인 배분이 이루어진다. 이러한 경우에는 국가가 개입하여, 규모의 경제 효과가 큰 재화를 직접 제공하는 것이 사회적으로 더 바람직하다(효율적이다).

사회복지의 재화나 서비스 등은 규모의 경제의 속성을 많이 갖고 있다. 예를 들면, 대중교육, 전국민 의료 서비스, 전국민 대상의 사회 보험, 대량의 공공주택 건설 등이 이에 해당한다. 따라서 이러한 재화나 서비스 등은 민간 부문에 맡겨 두면 큰 경제 주체들이 독점할 가능성이 크기 때문에 이 경우 국가가 직접 제공하는 것이 바람직하다. 그래야만 단위당 비용이 적게 들고, 또한 민간 부문의 공급자들의 불필요한 거래비용(transaction costs)도 줄일 수 있는 것이다.

지금까지 사회복지 재화나 서비스를 국가가 주도하여 제공해야 하는 필요성을 논의하였다. 그렇다고 모든 사회복지 재화나 서비스를 국가가 주도하여 제공할 필요는 없다. 어떤 재화나 서비스는 민간 부문의 시장 원리에 따라 제공하는 것이 바람직할 수 있다. 특히 오늘날처럼 '복지 다원주의(welfare pluralism)' 시대의 민간부문의 역할을 강조하는 상황에서는 더욱 그러하다. 문제는 사회복지 재화나 서비스를 제공하는데 공공부문과 민간부문의 역할 분담을 어떻게 하느냐이다. 원론적으로 단순히 이야기하면, 사람들의 기본적인 삶에 큰 영향을 주는 사회복지 재화나 서비스(예를 들면, 의료 서비스, 빈자를 위한 소득보장, 대중교육, 사회보험 등)들은 국가가 주도하여 제공하고, 시장에서 제공되는 것이 효율적인 재화나 서비스들은(예를 들면, 중산층을 위한 각종 사회복지 서비스, 기초연금 이외의 개인연금 등) 민간 부문에서 제공하는 것이 바람직하다.

여기서 기본적인 원칙은 사회복지는 기본적으로 국가가 주도하여 제공하고 민간부문은 보완적인 역할을 해야 한다는 것이다. 예를 들면, 최근 우리나라에서 논란이 되고 있는 민간 의료보험의 확대이다. 민간 의료보험은 국가에 의한 건강보험을 보완하는 수준에 그쳐야지, 이것을 크게 확장하여 건강보험을 대체하는 수준까지 되면 안 된다. 왜냐하면, 민간의료보험이 지나치게 커지면 건강보험의 확대가 어렵게 될 수 있어, 민간보험은 고소득층이, 건강보험은 저소득층이 주로 이용하는 이중체계가 만들어지며, 사회복지가 추구하는 가장 중요한 가치인 평등이나 사회통합이 훼손되기 때문이다.

제 2 부

사회복지정책 형성 과정

2부에서는 정책이 어떻게 만들어지는가를 논의한다. 사회복지정책은 어떠한 이유로 어떻게 만들어 지는가? 예를 들면, 오늘날 우리나라에서 가장 중요한 사회복지정책들 가운데 하나인 건강보험은 1977년 박정희의 유신정권 하에서 의료보험을 만들면서 시작되었다. 이때의 의료보험은 어떤 이유로 어떻게 만들어졌는가?

일반적으로 사회보험정책이 만들어지는 것을 설명하는 데에는 크게 두 가지 접근방법이 있다. 하나는 큰 틀에서 사회복지정책이 만들어질 수 있는 거시적인 배경을 설명하는 이론들이고, 다른 하나는 정책 형성 과정을 세부적이고 미시적으로 설명하는 이론들이다.

이 글에서는 주로 후자의 이론들을 소개할 예정이나, 거시적 이론들을 먼저 간단하게나마 논의코자 하다. 사회복지정책의 형성 과정을 거시적으로 설명하는 이론들을 많이 있을 수 있으나 여기서는 자주 거론되는 네 가지의 이론들을 소개한다. 첫째는, 사회복지정책을 산업화로 인하여 사회복지에 대한 필요가 늘어나고 이것을 해결할 경제적 능력이 커져야만 만들어질 수 있다고 보는 산업화론이다.

둘째는 사회복지정책은 독점자본의 이익을 위하여 만들어진다는 독점자본 이론이고, 셋째는 사회복지정책은 노동계급이나 사회민주주의 정당의 정치적 세력이 커져야만 만들어질 수 있다는 사회민주주의 이론이고, 마지막으로, 사회복지정책은 국가발전의 전략의 하나로서 국가가 주도하여 만든다는 국가중심적 이론이다.

이러한 거시적 이론의 관점에서 볼 때 상기 예의 우리나라 1988년 의료보험은 어느 정도 산업화가 이루어진 상태에서 지속적인 경제성장을 위한 건강한 노동력 확보를 위하여 국가발전의 수단으로 만들어졌다고 볼 수 있다.

이어서 본격적으로 미시적인 이론들을 소개하는데 여기서는 7개의 이론(모델)들을 소개한다. 첫째는 사회복지정책은 특정의 제도나 사회구조의 산물로 만들어진다는 제도주의(구조주의) 모델(institutional model)을 소개한다. 둘째는 사회복지정책은 정치적 행위자들의 정치적 행위들의 일정한 과정을 통해서 결정된다는 정책과정 모델(policy process model)이다. 셋째는 사회복지정책을 다양한 이익집단들 간의 정치적 영향력에서의 경쟁의 결과로 보는 이익집단정치 이론(interest group politics)이다.

넷째는 사회복지정책은 정책결정자들이 사회전체를 위해 가장 적은 비용으로 가장 많은 편익을 주는, 즉 가장 효율적인 정책을 찾는 데서 결정된다는 합리주의 모델(rational model)이다. 다섯째는 정책은 과거 정책들의 점증적인 수정과정의 결과라고 보는 점증주의 모델(incrementalism)이다. 여섯째는 정책은 정책결정자들이 독립적으로 합리적인 것을 찾는 것이 아니라 상대방의 결정을 고려하는, 즉 상호의존적인(interdependent) 상황에서의 결정의 결과로 보는 게임이론(game theory)이다. 일곱째는 사회복지정책은 소수의 지배엘리트의 선호나 가치를 반영하여 결정된다는 엘리트 모델(elite model)이다.

제 3 장

거시적 배경 이론들

1. 산업화 이론

산업화 이론은 사회복지정책의 발달을 설명하는 가장 기본적인 이론이라 할 수 있다. 역사적으로 볼 때도 최소한의 산업화가 이루어지지 않은 상태에서는 근대적인 의미에서의 국가에 의한 사회복지정책들은 존재하지 않았다. 실제로 최초의 국가에 의한 본격적인 사회복지정책들은 19세기 말 어느 정도 산업화가 이루어진 국가들에서 등장하였다.

산업화 이론의 핵심은 산업화가 되면 사회복지를 필요로 하는 사람들이 늘어나게 되는데 이 때 산업화로 가능해진 경제적인 자원을 통해 이들의 필요(needs)를 해결할 수 있다는 것이다.

산업화는 여러 가지의 이유로 사회복지에의 필요를 크게 늘린다. 첫째, 산업화는 이전에는 없었던 다양한 사회문제들을 야기시킨다. 산업화는 직접적으로는 산업재해와 대규모 실업 문제들을 초래한다. 또한 산업화는 노동자들의 대규모 도시이동으로 인한 도시화를 발생시키는데 여기서 빈곤층의 집중 현상으로 인한 범죄, 열악한 주거환경 등의 문제들을 야기시킨다.

둘째, 산업화는 가족구조와 인구구조의 변화를 야기시켜 노인과 아동을 위한 사회복지에의 필요를 증가시킨다. 산업화는 과거의 대가족 제도를 붕괴시켜 핵가족 위주의 사회로 만든다. 이로 인해 노인가구들이 크게 늘어나고 산업화 시대에 경제적 능력이 떨어진 노인들의 복지를 국가가 책임질 수밖에 없게 된다. 산업화된 사회에서는 아동을 키우는 여성세대주 가구가 늘어나는데 이로 인해 아동을 위한 사회복지를 국가가 책임질 수밖에 없게 된다.

셋째, 산업화는 노동인구의 속성을 변화시켜, 자신들의 노동력을 팔아야만 생계를 유지할 수 있는 피고용자들의 숫자를 크게 늘린다. 그리고 이러한 피고용자들이 질병, 노령, 실업, 장애 등의 이유로 자신들의 노동력을 팔지 못하면 이들의 삶이 크게 위협받기 때문에 국가가 이들의 복지에 관심을 가질 수밖에 없다.

넷째, 산업화를 이루기 위해서는 건강하고 전문적인 기술을 가진 노동력이 지속적으로 공급되어야 한다. 이를 위해서는 노동자들을 건강하게 만들고 잘 훈련을 시켜야 한다. 산업화된 핵가족 구조에서는 가족이 이러한 역할을 하는 데 한계가 있어, 국가가 사회복지정책을 통해서 이러한 기능을 할 수밖에 없다.

이상에서 설명한 것처럼 산업화는 객관적으로 사회복지에의 필요를 증가시킨다. 그렇다면 이렇게 늘어난 필요들을 어떻게 해결할 것인가? 사회복지에의 필요가 객관적으로 늘어난다 하더라도 이 문제를 해결할 자원이 없으면 못하는 것이다. 그런데 산업화는 경제성장을 촉진시켜 국가가 사회복지에 사용할 자원을 늘린다. 경제성장이 지속적으로 이루어지면 국가들의 실질소득이 늘어나고 이로 인해 조세부담의 능력도 커지고 또한 세금을 낼 의도도 커져 사회복지에 사용할 경제적 자원이 커지는 것이다.

산업화 이론에서는 국가체제에 상관없이- 자본주의 국가냐 사회주의 국가냐, 민주주의 국가냐 독재국가냐 상관없이- 경제성장만 이루어지면 사회복지정책은 발전된다고 본다. 우리나라에서 사회복지 확대를 꺼리는 사람들이 흔히 주장하는 '선성장 후분배'의 논리와 일맥상통한다고 볼 수 있다. 문제는 어느 정도나 산업화(경제성장)가 이루어져야 사회복지가 확대되는가이다. 여기서는 국가체제별로 차이가 커서 산업화 이론으로는 설명 못하는 다른 여러 가지 요인들이 중요하다.

2. 신마르크스주의 이론: 독점자본 이론

일반적으로 복지국가가 확대되는 것에 반대하는 사람들은 정치적 이념으로 볼 때 우익적인 자유주의자(시장주의자)들로 알려져 있다. 그러나 일부 좌익적인 사람들도 복지국가를 반대한다. 이들이 반대하는 이유는 복지국가가 일반 국민들의 진정한 복지 향상을 위하는 것이 아니라, 자본의 이익을 대변하는 것으로 보기 때문이다. 독점자본 이론은 이러한 입장을 대변한다.

위에서 설명한 산업화 이론은 복지국가 발전을 산업화의 과정에서 나타나는 사회복지의 필요에 대한 대응이라는 기능적 필요성으로만 설명하여, 자본주의 사회의 속성들, 예를 들면 생산양식, 계급관계, 노동력 재생산, 자본축적 등을 무시하였다. 반면에 신마르크스주의 이론에서는 복지국가 발전을 자본주의 사회의 속성을 분석하면서 설명한다.

전통적 마르크시즘에서는 자본주의 사회의 속성상 소수가 생산수단을 독점하고 다수는 자신들의 노동력을 팔아야만 하는 생산관계가 기본적으로 착취적이기 때문에 자본주의 사회에서는 다수의 일반 노동자들의 복지가 보장될 수 없다고 본다. 따라서 이러한 관점에서는 진정한 복지국가(?)가 되기 위해서는 생산수단의 사회화를 통해 생산은 사회적 기준에 의하여 이루어지고 분배는 인간의 필요(human need)에 따라 결정되어야 한다고 보는 것이다.

그러나 전통적 마르크시즘 이후 자본주의 사회는 변하여 자본주의는 고전적인 경쟁적 자본주의로부터 점차 독점적 자본수의로 변하였고, 이러한 과정에서 국가의 역할도 변하여 과거의 소극적인 역할에서 벗어나 자본주의 경제에 적극적으로 개입하게 된다.

이러한 상황에서 전통적인 마르크시즘을 수정, 발전시킨 신마르크스주의가 등장하게 되었고, 변화된 자본주의 사회를 분석하는 과정에서 복지국가의 발전을 설명하게 된 것이다.

복지국가 발전을 설명하는 신마르크스주의에는 여러 형태가 있으나 여기서는 계급갈등과 국가역할이라는 측면에서 두 가지를 논의하겠다. 즉 도구주의 관점(instrumentalism)과 구조주의 관점(structuralism)이다. 도구주의 관점과 구조주의 관점은 복지국가가 독점자본의 기능적인 필요성에 의해 발전되었다고 보는 점에서 일치하나, 국가의 역할에 있어서는 관점의 차이가 있다.

도구주의 관점에서는 국가의 역할은 자본가의 이익을 수행하는 도구에 지나지 않는다고 본다. 널리 알려진 정치적 다원주의(political pluralism)의 관점에서는 국가의 역할은 중립적인 입장에서 사회의 다양한 이익집단들의 요구들을 타협시켜 사회 전체의 이익을 추구하는 것으로 본다. 반면에 도구주의 관점에서는, 자본주의 사회에서는 자본가들이 생산수단을 독점하는 것을 바탕으로 하여 정치적 조직들(국가조직들)에도 강력한 영향력을 행사할 수 있어 국가는 자본가들의 요구를 피동적으로 따를 수밖에 없다고 보는 것이다.

이러한 관점에서는 복지국가의 정책들은 자본가들에 의하여 자본축적의 필요성에 따라 자본축적의 위기(예, 대공황) 혹은 기존 질서에 대한 대규모의 정치적 도전 등이 발생하는 것에 대한 대응이라고 본다. 예를 들어, 1930년대의 미국의 뉴딜정책과 사회보장법(Social Security Act)은 이 시기 자본주의 경제적 위기에 대처하기 위하여 대기업을 중심으로 하는 독점 자본가들에 의하여 자본주의 경제체제의 안정을 꾀하는 과정에서 만들어졌다고 보는 것이다.

반면에 구조주의 관점에서는 국가의 역할은 국가와 자본가의 객관적 관계에서 결정된다고 본다. 즉 도구주의 관점에서처럼 자본가들이 국가에 영향력을 행사하여 도구화하는 것이 아니라, 자본주의 경제의 '구조'

그 자체의 속성에 의하여 국가의 기능은 자본가들의 이익에 부합될 수 밖에 없다는 점을 강조한다.

따라서 구조주의 관점에서는, 국가가 자본가로부터 직접적으로 통제되지 않는 상태, 이른바 '상대적 자율성'의 개념을 강조한다. 국가가 '상대적 자율성'의 상태에 있어야만 국가는 자본가들의 단기적인 경제적 이익만을 추구하면서 발생할 수 있는 자본주의 사회의 불안정을 막을 수 있고, 궁극적으로 자본가계급의 장기적인 이익을 보장할 수 있는 것이다.

그렇다면 독점자본주의 경제구조에서 왜 국가가 '상대적 자율성'을 가지고 중요한 역할을 해야 하는가? 이것은 독점자본주의의 사회에서는 국가가 자본축적과 정당화(legitimization)라는 두 가지의 기본적인 기능을 해야 하기 때문이다. 즉 국가는 한편으로는 자본축적이 될 수 있는 상황을 유지해야 하고, 다른 한편으로는 사회안정을 유지해야 하는 것이다.

구조주의 관점에서는 복지국가의 확대를 이러한 자본축적과 정당화를 위해 국가가 두 가지 성격의 지출을 확대한 결과로 보는데, 하나는 사회적 자본(social capital)을 위한 것이고 다른 하나는 사회적 비용(social expenditure)을 위한 지출이다(O'Connor, 1973).

여기서 사회적 자본을 위한 지출은 노동력의 생산력을 높이는, 즉 자본의 이윤율을 증가시키기 위한 것들을 말한다. 대표적인 예가 사회보험의 지출로, 예를 들면, 실업보험이나 질병보험의 경우 실업이나 질병이 발생했을 때 실업수당이나 질병수당을 지급하여 노동자들의 노동력을 유지시킬 수 있게 된다.

반면에 사회적 비용은 정당화 기능, 즉 사회안정을 위한 지출을 말한다. 이것이 필요한 이유는 자본가계급이 자본축적만을 추구하다 보면 다른 계급이 희생될 수 있어 자본축적의 정당성이 약화될 수 있기 때문이다. 즉 비노동인구들에 대한 사회통제(social control)를 위한 지출인 것인데 대표적인 예가 공공부조 프로그램이다.

이상에서 논의한 독점자본주의 이론은 복지국가의 발전을 설명하는

데 있어 자본주의 사회의 기본적인 속성을 분석했다는 점, 그래서 복지국가의 성격을 좀 더 거시적으로 이해할 수 있게 했다는 점, 그리고 복지국가에서의 국가의 역할에 대한 이해를 높였다는 점에서 의미가 있다고 볼 수 있다.

반면에 이 이론은 지나치게 자본주의 구조로부터의 경제적 결정론에 의지했다는 점, 그래서 정치적인 행위자들의 측면을 무시했다는 점, 그리고 모든 산업자본주의 국가에 적용하는 데에는 한계가 있다는 점에서 비판을 받는다.

3. 사회민주주의 이론

오늘날 스웨덴은 전 세계에서 가장 발전된 복지국가로 널리 알려져 있다. 그렇다면 왜 스웨덴이 복지선진국이 되었을까? 사실 스웨덴은 20세기 초중반까지만 해도 다른 유럽의 국가들(영국, 독일, 프랑스 등)에 비하여 산업화가 덜 이루어졌다. 그런데 어떻게 이후 가장 발전된 복지국가가 되었는가? 여기에는 여러 가지 이유가 있을 수 있지만 가장 중요한 이유는 강력한 노동조합을 바탕으로 한 사회민주당의 정치적 세력이 커졌기 때문이다. 사회민주주의 이론은 바로 이러한 측면에서 복지국가의 발전을 설명한다.

위에서 설명한 산업화 이론이나 독점자본주의 이론은 둘 다 복지국가의 발전을 어떤 기능적 필요성(functional imperatives)의 결과로 보면서 정치적인 측면을 무시하였다. 반면에 사회민주주의 이론은 정치적인 측면을 중요시한다. 사회민주주의 이론은 자본주의 사회의 계급갈등에 초점을 맞추면서, 복지국가의 발전은 노동계급의 정치적 세력이 확대된 결과로 본다. 즉, 복지국가는 자본과 노동의 정치적 계급 투쟁에서 노동이 승리해 얻어진 전리품으로 보는 것이다.

사회민주주의 이론의 이러한 주장은 크게 보면 다음 세 가지 설명으로 뒷받침된다. 일반적으로 자본주의 사회에서는 생산수단의 소유의 문제가 중요하기 때문에 국가가 개입하여 생산수단의 소유자(자본가)의 이익에 반하는 정책을 실시할 경우 자본주의가 제대로 작동하기 어려울 수 있다. 예를 들면, 국가가 생산수단을 국유화할 경우 자본가들의 커다란 저항에 부딪혀 자본주의 그 자체가 위태로울 수 있다. 반면에 사회민주주의 이론에서는 자본주의가 작동하는 데 있어 생산수단의 소유의 문제가 절대적이지 않다고 본다. 그래서 국가가 생산 수단의 국유화처럼 직접적으로 자본의 이익에 반하는 정책을 안 하고, 이른바 '소비의 국유화(nationalization of consumption)'을 통하여 자본을 통제할 수 있어 자본주의는 작동할 수 있는 것이다.

구체적으로 이야기하면, 이른바 '관리된 자본주의(managed capitalism)'를 통하여 국가가 다양한 정책들로 소비와 투자를 적절히 관리하게 되면, 생산수단의 소유의 문제와 상관없이 자본주의는 유지될 수 있다는 것이다. 이것은 자본의 직접적인 이익이 어느 정도 희생이 되어도 자본주의는 작동될 수 있다는 것을 의미한다(Pierson, 1991).

둘째, 사회민주주의 이론에서는 민주주의가 발전된 자본주의 사회에서의 권력을 자본주의 시장에서 나오는 경제적 권력과 민주주의 정치에서 나오는 정치적 권력으로 나눈다. 이 때 경제적 권력은 주로 자본가들이 갖게 되는데, 이것은 생산수단의 소유로 인한 노동자들에 대한 노동통제에서 비롯된다. 반면에 정치적 권력은 민주주의 제도에서의 다수의 노동자들의 조직화에서 나오는 것이다. 이렇게 되면 노동과 자본의 권력은 비등해질 수 있고, 경우에 따라서는 노동의 권력이 커질 수 있어, 사회복지 확대와 같은 노동의 이익이 반영될 수 있는 정책이 나올 수 있는 것이다(Esping-Andersen, 1985).

노동의 정치적 권력이 커지기 위한 가장 기본적인 조건은 노동자 계급에게도 참정권(선거권과 피선거권)이 주어지는 것이다. 그래야만 노동자계급의 이익을 대변하는 집단(노동조합)이나 정당이 민주주의 제도를 통하여 권력을 행사할 수 있는 것이다. 실제로, 역사적으로 볼 때,

선진산업국가들에서 19세기 말 20세기 초에 참정권이 확대된 시점은 사회민주주의 세력이 확대된 시점과 일치하고 또한 이 때가 복지국가가 태동한 시기인 것이다.

셋째, 사회민주주의 이론에서는 또한 자본주의 사회가 발전되면서 계급구조가 변화된다는 점을 중요시한다. 자본주의 초기 단계에서의 계급은 '자본 대 노동'이라는 양극화로 단순하였으나, 자본주의가 발전하면서 점차 계급구조가 분산 혹은 다양화되어 결국 전통적으로 강한 자본의 힘이 약화될 수 있다는 것이다.

예를 들면, 자본의 초기단계에서는 자본의 소유자와 경영자가 동일하거나 소유자의 권력이 절대 우위에 있어 자본의 법적인 소유의 문제가 중요하였다. 그러나 자본주의가 발전되면서 자본의 경영이 점차 복잡해지고 이른바 '관리혁명(managerial revolution)'에 의하여 자본에 대한 효과적인 통제가 가능해지면서 경영자의 세력이 커지게 되어, 경영자가 더 이상 단순히 자본가의 지시에 따르지 않는 현상이 늘어나게 되었다. 이것은 결과적으로 자본의 힘을 약화시키는 데 기여하는 것이다.

또한 자본주의가 발전되면서 국가의 개입이 점차 커지고 공공부문에서의 고용이 확대되는 것도 계급구조를 변화시키는 데 기여한다. 즉 공공부문에서의 고용은 시장에서의 고용과 달리 생산수단의 소유자인 자본가와 노동력을 파는 노동자와의 계약관계가 성립되지 않기 때문에, 자본의 논리에 따르지 않는 계급이 확대되어 자본의 힘은 공공부문이 커질수록 약화되는 것이다. 이렇게 자본주의가 발전하게 되면 계급구조가 변하여 전통적으로 강력한 자본의 힘은 약화될 수 있고 이러한 상황에서 민주주의의 발전을 통한 노동의 힘은 상대적으로 커질 수 있는 것이다.

복지국가 발전을 설명하는 데 있어 사회민주주의 이론은 정치적인 측면, 특히 의회민주주의가 발전하게 될 때의 노동과 자본계급들 간의 정치적인 힘의 역학관계를 분석했다는 점에서 의의가 있다.

반면에 이 이론으로는 많은 복지국가들의 발전을 설명하는 데에는 한계가 있다. 독일의 비스마르크의 사회입법이나 미국의 사회보장법 등의 예에서 보듯이 많은 국가들에서 복지국가는 보수주의 혹은 자유주의 세력에 의하여 시작되었고 발전되었기 때문이다. 사회민주주의 이론은 스칸디나비아 국가들을 비롯한 몇 개의 국가들의 복지국가 발전을 설명하는데 적합할 뿐이다.

4. 국가중심적 이론

우리나라는 최근에 민주화가 이루어졌고, 그 이전에 권위주의 체제에서의 '강력한 국가'에서는 사회복지정책을 비롯한 대부분의 정부 정책들이 일반 국민들이 요구와는 상관없이 국가에 의해 단독으로 결정되었다(대표적인 예가 유신정권에서의 정책결정). 이후 민주화되면서 정책을 결정하는 데 있어 각종 이익집단들의 요구가 어느 정도 반영되면서 국가의 역할은 과거에 비하여 약화되는 추세에 있다. 그럼에도 불구하고 우리나라는 아직도 '강한 국가'의 전통이 남아 있어 정책을 결정하는 데 국가의 역할이 여전히 중요하다고 할 수 있다.

서구 복지국가들에서도 국가들에 따라 차이가 있지만 복지국가의 정책을 결정하는 데 있어 국가의 일정한 역할이 중요했다. 특히 국가구조의 형태에 따라 어떤 국가들에서는 국가의 역할이 상대적으로 강하게 나타난다.

지금까지 복지국가 발전을 설명한 3가지 이론은 모두 사회복지에 대한 수요(demand)의 증대에 초점을 맞추었다. 산업화 이론이나 독점자본 이론에서는 각기 산업화나 자본축적에의 기능적 필요성으로 인해 사회복지에 대한 수요가 증대된 것으로 보고, 사회민주주의 이론에서는 각기 이익집단들이나 노동자 계급의 정치적 힘으로 인해 사회복지 행정에 대한 수요가 증대된 것으로 본다. 그래서 이러한 이론들은 흔히 사회중심적(society-centered) 이론이라고 불린다.

반면에 국가중심적(state-centered) 이론은 사회복지를 제공하는 공급(supply)의 측면에서 복지국가 발전을 설명한다. 이 이론에서는 사회복지에의 수요의 변화에도 불구하고 국가가 국가 나름대로 사회복지 확대의 필요성을 다르게 인식하고 있다. 다시 말해서, 유사한 사회복지에의 수요에 처해 있어도 국가에 따라서 특정한 국가구조의 차이에 따라 대응하는 방식이 다르다는 것이다.

지금까지의 이론들에서 복지국가 발전에서의 국가의 역할은 소극적인 것으로 간주되었다. 그래서 산업화 이론에서의 국가의 역할은 단순 시행자이고, 독점자본 이론에서는 자본가의 하수인(?)이고, 사회민주주의 이론에서는 노동과 자본계급의 요구에 대한 타협자인 것이다.

반면에 국가중심적 이론에서의 국가의 적극적인 역할을 강조하여 복지국가 발전에서 다음의 몇 가지 측면을 강조한다.

첫째, 복지국가의 역사적인 발전과정에서 볼 때 복지국가와 관련된 정책들이 결정될 때 전문 관료제도의 발전 정도가 중요하다는 점이다. 일반적으로 사회복지정책들은 국가가 전 국민을 대상으로 장기적인 계획 하에 집행해야 하기 때문에, 이러한 정책들을 만들거나 시행하기 위해서는 관료제도의 전문성이 뒷받침되어야 한다.

예를 들면, 오늘날 영국이 미국보다 발전된 복지국가가 된 이유 중의 하나는 복지국가 발전의 초기 단계인 20세기 초에 영국이 미국보다 전문적 관료제도가 발전이 되어 있어, 산업화의 수준이나 노동자 계급의 압력 정도는 비슷했는데도 불구하고, 사회복지제도를 만들고 실행할 수 있는 국가 능력이 더 컸기 때문이다(Orloff and Skocpol, 1984).

둘째, 복지국가의 발전 정도는 정책이 결정되는 데 영향을 줄 수 있는 국가구조 혹은 국가조직들의 형태의 차이에 따라 다를 수 있다. 예를 들면, 국가의 권력구조가 중앙집권적이냐 지방분권적이냐 혹은 정책결정의 과정이 조합주의적이냐 다원주의적이냐에 따라 사회복지정책의 발전 정도가 결정되는 것이다.

사회복지정책은 본질적으로 어느 한 쪽에서 세금을 걷어 다른 쪽에게 급여를 해야 하는 소득재분배의 성격을 많이 가지고 있기 때문에 사회구성원들 사이의 많은 이념적인 갈등을 야기한다. 그래서 사회복지정책이 확대되기 위해서는 이 정책에 반대하는 사람들의 저항을 최소화할 필요가 있는데, 이것을 위해서는 중앙정부가 정책결정의 권한을 많이 가지고 있든지 혹은, 국가, 자본, 그리고 노동의 대타협의 조합주의적 방식으로 정책결정이 이루어져야 한다.

널리 알려졌듯이, 미국이 유럽의 복지국가들에 비해 사회복지가 낙후된 여러 가지 이유들 중 하나가 미국의 국가구조가 유럽의 국가들에 비하여 지방분권적이고 정책결정과정이 다원주의적이어서, 사회복지의 확대가 많은 저항에 부딪힌다는 점이다.

셋째, 국가중심적 이론에서는 또한 정부기구들이 가지고 있는 속성에도 복지국가의 발전의 원인을 찾는다. 일반적으로 정부기구들은 자신들이 행사할 수 있는 예산의 크기를 중요시한다. 왜냐하면 예산이 클수록 그만큼 자신들이 행사할 수 있는 권력이 커지기 때문이다. 그래서 정부기구들은 자기들의 이익을 극대화하기 위해 자신들이 차지할 수 있는 예산을 가능한 확대시키려는 속성을 가지고 있다.

사회복지정책을 담당하는 정부기구도 예산을 확대하기 위해 사회복지의 대상이 되는 사람들의 숫자를 늘리려는 경향이 있어, 기존의 프로그램들의 확대 혹은 새로운 프로그램들의 개발 등을 추구하는데, 국가중심적 이론에서는 이것의 결과가 복지국가의 확대로 나타난다고 본다.

국가중심적 이론은 사회중심적 이론을 넘어서 적극적 행위자로서의 국가의 역할을 분석했다는 점에서, 그리고 국가 구조적인 특이성을 역사적인 발전과정의 맥락에서 설명했다는 점에서 복지국가 발전을 설명하는 이해의 폭을 넓혔다고 할 수 있다. 반면에 이 이론은 각 국가들이 갖고 있는 국가의 구조적 특이성을 강조하기 때문에 복지국가 발전을 일반화하여 설명하기 어려운 한계를 갖고 있다. 즉 많은 국가들을 대상으로 한 일반화된 체계적인 설명이 어렵다는 점이 이 이론의 약점이라고 할 수 있다.

제 4 장

제도주의 모델 : 구조주의 모델

우리는 어떤 사회문제에 대한 해결 방법(정책)이 잘못되었을 때 흔히들 '제도적' 혹은 '구조적'으로 잘못되었다는 말들을 자주 한다. 이 때 이것이 의미하는 것은 특정의 해결방법(정책)은 특정의 제도 때문에 이루어졌기 때문에 제대로 된 정책을 찾기 위해서는 그 제도를 바꾸어야 한다는 것이다.

제도주의 관점에서는 정책을 특정제도의 산물이라고 본다. 그래서 제도가 어떠하냐에 따라 특정 정책의 성립 여부, 정책의 성격, 정책의 세부 내용 등에 큰 영향을 준다. 물론 제도가 정책의 모든 것을 결정하는 것은 아니나, 가장 기본적인 제한을 줄 수 있다. 그래서 특정한 제도 내에서는 정치적 행위자들이 특정한 목표를 위하여 아무리 노력하더라도 일정한 한계가 있을 수밖에 없다.

예를 들면, 우리나라에서 흔히 '진보정권'이라 불렸던 노무현 정부에서 스웨덴과 같은 복지국가를 만들겠다는 목표 하에 이른바 '비전 2030'을 추진하였으나 실패하였는데, 가장 중요한 이유는 우리나라는 스웨덴과 같은 정치제도-강력한 노동조합을 바탕으로 한 강한 사회민주당의 정치적 세력-를 갖고 있지 못하기 때문이다.

사회복지정책을 공부하는 사람들은 따라서 어떠한 제도들이 사회복지정책에 영향을 주고 또한 어떤 집단들에게 이익 혹은 불이익을 주는가를 분석할 능력을 갖출 필요가 있다. 사회복지정책에 영향을 줄 수 있는 제도들은 수 없이 많을 수 있다. 좁게는 사회복지정책에 직접적인 영향을 주는 정치제도(더 좁게는 정부구조 등)를 말하고, 넓게는 사회 전체의 여러 제도(경제제도, 문화, 교육, 가족제도 등)를 모두 포함할 수 있다.

넓은 의미의 제도들도 사회복지정책에 큰 영향을 준다. 예를 들면, 시장경제를 강조하는 경제제도와 공공부문의 역할이 큰 경제제도에서는 사회복지정책에서 큰 차이가 있다. 전자의 경우는 시장경제의 유지 혹은 강화가 목표이기 때문에 시장경제에 해를 줄 수 있는 사회복지정책을 배제하여 선별적이고 소득조사에 근거한 사회복지정책을 강조한다. 이러한 경제제도에 바탕을 둔 복지국가를 '자유주의적 복지국가'(Esping-Adersen, 1990) 혹은 '잔여적 복지국가'라 부른다(Wilensky and Lebeaux, 1975).

반면에 공공부문의 비중이 큰 경제제도에서는, 사회복지정책의 목표를 사람들이 시장경제에 예속되는 것을 벗어나게 해주는 것 – 이른바 '탈상품화(decommodification)'이기 때문에, 사회복지는 하나의 권리(사회권)로 누구에게나 보편적으로 제공하는 정책을 강조한다. 이러한 복지국가를 '사회민주적 복지국가', '사회주의적 시장경제' 등으로 부른다(Esping-Andersen, 1990; Rimlinger, 1971).

또한 문화의 차이도 사회복지정책에 큰 영향을 준다. 오늘날 사회복지를 연구하는 서구의 학자들이 유교문화권의 사회복지에 큰 관심을 보이는 것에서 나타나듯이, 노인공경, 가족결속, 높은 교육성취 동기 등의 유교 문화에 근거한 사회복지정책은 서구의 사회복지정책과 다를 수 있다. 예를 들면, 노인복지정책의 경우 유교문화권의 국가들에서 가족의 역할을 강조하는 정책으로 적은 비용으로 물질적이거나, 정시적인 노인복지를 더 효율적으로 이룰 수 있는 것이다.

이렇게 넓은 의미의 제도들도 사회복지정책을 비롯한 여러 정책들에 큰 영향을 주지만, 일반적으로 정책 형성에 영향을 주는 제도를 말할 때, 대부분 직접적으로 영향을 주는 좁은 의미의 정치 제도를 말한다. 따라서 여기서도 이러한 정치제도에 초점을 맞춘다.

사회복지정책에 영향을 주는 정치제도들도 무수히 많을 수 있으나 여기서는 중요하다고 판단되는 몇 가지만 논의하고자 한다.

1. 계급정당 정치제도

사회복지정책은 다른 어떤 정책들보다 이념적(ideological)이다. 사회복지정책의 가장 기본적인 목표는 사회적 자원의 재분배에 있다. 그런데 이러한 재분배가 이루어지기 위해서는 자본주의 사회에서 시장에서 결정된 일차적 분배 가운데 많이 차지한 집단으로부터 적게 차지한 집단으로 이전(transfer)이 일어나야 하는데 여기에 필연적으로 갈등이 생겨 두 집단간의 첨예한 이념적인 대립이 생긴다.

일반적으로 자본주의 사회에서의 사회계급은 크게 노동계급과 자본계급 둘로 나눌 수 있는데, 이때 사회복지정책은 이러한 두 계급의 이념적인 계급정치의 결과에 크게 영향을 받는다.

이러한 노동과 자본 간의 계급 정치가 1980년대 이후 전 세계적으로 어느 정도 약화되고 있어, 다양한 집단들의 이익을 대변하는 이익집단 정치가 커지고 있는 것도 사실이지만 큰 틀에서 보자면, 적어도 유럽의 복지국가들에서는 노동 대 자본 간의 계급정치가 여전히 중요하다.

사회복지정책이 노동과 자본계급의 계급정치에서 왜 중요한가? 왜 노동계급은 사회복지정책의 확대를 선호하는가? 가장 중요한 이유는 사회복지정책의 확대는 노동자계급의 힘(power)을 높일 수 있고, 이것을 바탕으로 자본계급과의 계급정치에서 승리할 수 있기 때문이다.

자본주의체제에서의 시장에서는 자본가는 생산수단을 갖고 있고, 노동자는 자신의 노동력을 시장에서 상품으로 팔아야 하기 때문에 노동은 필연적으로 자본에 예속될 수밖에 없다. 그런데 사회복지정책을 통하여 노동계급의 이러한 '노동의 상품화(commodification)'를 벗어나게 할 수 있어–이른바 '탈상품화(decommodification)'–노동이 자본에 예속되는 것을 막을 수 있다.

예를 들어 보자. 실업은 현대 자본주의 사회에서 노동자들이 자주 당면하는 현상이다. 실업하게 되면 노동자들은 어려운 시련을 겪게 되기 때문에 노동자들은 가능한 한 실업을 피하고자 하고, 이 과정에서 필연적으로 자본의 통제를 받게 되어 자본의 힘에 예속될 수밖에 없다. 실업보험은 실업된 노동자들의 소득을 거의 실업이전의 상태로 보장해 주기 때문에 노동자들은 실업에 대한 두려움이 상대적으로 적어지고 따라서 자본의 통제에 따를 필요성이 적게 되어 자본에 예속되는 것을 막아 결과적으로 노동자의 힘이 커질 수 있는 것이다.

그렇다면 민주주의정치에서 노동자계급의 숫자가 많다면 사회복지정책에 큰 영향을 줄 수 있는가? 정치적 민주주의가 발전하여 선거권이 모든 국민에게 확대되고, 의회민주주의제도가 정착되면, 민주주의 선거제도에서 1인 1표의 정치적 영향력이 중요하게 되어 적어도 이론적으로는 노동자계급의 숫자가 많아지게 되면 노동자계급의 정치적 힘이 커질 수 있다.

그러나 현실적으로 중요한 것은 이러한 단순한 노동자들의 숫자가 아니라, 노동자계급을 정치적으로 동원해서 정치세력화가 이루어져야 한다. 그러기 위해서는 노동자들이 동질적이며 계급의식이 강해야 하고, 이러한 계급의식을 바탕으로 강력한 노동조합이 필요하며, 이러한 노동조합을 바탕으로 노동을 대변하는 계급정당이 존재해야 하는 것이다. 사회복지정책은 바로 이러한 노동을 대변하는 계급정당과 자본을 대변하는 계급정당간의 민주주의 체제에서의 계급정치의 산물인 것이다.

이렇게 계급정치가 활성화가 되면 각 계급정당들은 자연스럽게 정책정당의 성격이 강하게 나타나 각 계급정당들은 각 계급의 이익을 반영하는 정책들을 개발하고 이러한 정책들로 민주주의 정치에 나서게 되는 것이다. 사회복지정책은 이러한 정책정당들이 민주주의 정치에서 내세우는 가장 핵심적인 정책인 것이다.

반면에 이렇게 계급 정당정치가 없거나 약한 제도에서는 사회복지정책은 어떻게 되는가? 물론 계급정당정치제도가 없어도 사회복지정책은 일정정도 발전하게 된다. 그래서 그것의 이유가 온정주의적(paternalism)이든, 박애주의적(humanitarian)이든, 아니면 사회통제(social control)의 수단이건 간에, 사회복지정책은 일정한 수준까지는 확대된다. 그러나 문제는 이렇게 계급정당정치가 없는 상황에서의 사회복지정책은 그것의 본질적 성격이 계급정당정치의 결과로서의 사회복지정책과는 크게 달라 진정한 의미의 노동자계급의 이익을 반영하는 것으로 보기 어렵다.

유럽의 복지국가들은 전통적으로 계급정당정치의 성격이 강하였고(최근에 들어와서 세계적인 신자유주의 분위기에서 과거에 비하여 계급정당의 성격이 약화되었지만), 이러한 상황에서 사회복지정책이 발전될 수 있었다. 반면에 대중민주주의정치가 가장 활성화된 미국에서는 계급정당정치가 약해 사회복지정책이 발전이 안 되어 서구선진산업국가들 사이에서 '복지 후진국'이라는 소리를 듣는다. 미국에서는 계급정당이 없는 상황에서, 따라서 정책정당의 성격이 약하기 때문에 다양한 이익집단정치(interest group politics) 혹은 후원자정치(patronage politics)가 활성화되어 있어, 노동자계급을 위한 사회복지정책은 대개의 경우 민주주의정치에서 주요 쟁점이 되지 못한다.

우리나라도 미국처럼 계급정당정치가 약하다. 우리나라의 주요 정당들은 전통적으로 계급보다는 지역에 기반을 두어 왔고 그래서 주요 정당들 사이의 이념적인 정책의 차이가 거의 없다고 할 수 있다. 우리의 주요 보수 정당들은 선거 때만 표를 얻기 위해서 사회복지 확대를 주장하는데 그친다.

이렇게 사회복지정책의 확대에 계급정당정치가 중요하다면, 앞으로 우리나라에서도 계급정당정치가 활성화가 될 수 있을까? 우리나라에서도 2004년 선거에서 민주노동당이 그리고 2012년 선거에서 통합진보당이 유효득표율 10% 이상을 얻고, 국회의원 10명 이상을 배출하여 과거에 비하여 계급정당정치의 가능성이 높아진 것은 사실이다(그러나 이후 통합진보당이 헌법재판소에 의해서 사라지고, 오늘 날 정의당이 겨우 명맥을 유지하고 있다).

그러나 우리나라에서는 노동계급을 대변하는 정당의 정치적 세력이 커져 계급정당정치가 본격적으로 이루어지기에는 다음의 몇 가지 이유로 근본적인 한계가 있다.

첫째는, 남・북한이 첨예하게 대립하고 있는 상황에서 우리 사회에 널리 퍼져 있는 '적색공포증(red complex)' 혹은 반공주의 가치가 극적인 상황변화(남북한의 통일 혹은 남북한의 확고한 평화공존의 체제의 성립 등)가 없는 한 가까운 시기내에 약해지기 어렵기 때문이다. 이러한 상황에서 노동계급정당이 커지는 데에는 일정한 한계가 있는 것이다.

둘째는, 우리의 문화적 특수성인 연고주의(지연, 학연, 혈연 등)가 가까운 시기내에 약해지기 어렵다는 점 때문이다. 그래서 많은 노동자들이 자신이 속한 계급보다는 각종의 연고 특히 지역연고를 중시하는 경향이 있어 노동계급이라는 의식이 약하여 결과적으로 노동계급의 결속이 이루어지기가 어려운 것이다.

셋째는, 우리의 산업구조도 제조업 중심에서 서비스업 중심으로 바뀌는 것도 노동계급의 힘을 약화시키는 데 기여하기 때문이다. 일반적으로 제조업에서 일하는 노동자들은 기술이나 임금 등에서 동질적이어 노동계급의 결속이 강한 반면, 서비스 산업에서는 기술차이가 크고 따라서 임금차이도 커서 노동계급의 동질성이 약화되어 노동계급의 결속력이 약화되는 경향이 있다.

마지막으로, 오늘날 전 세계를 지배하는 신자유주의의 가치나 세계화의 상황도 자본에 비하여 노동계급의 힘을 약화시키는 데 기여하기 때문이다.

실제로 우리나라의 노동계급의 정치적 세력은 약하다. 노동계급의 정치적 세력은 노동자들의 조직인 노동조합의 정치적 힘에 달려있다. 노동조합의 정치적 힘은 크게 두 가지 요소에 의하여 결정된다. 하나는 노동자들의 조직인 노동조합들이 얼마나 중앙집권화가 되어 있느냐는 점이다(union centralization). 중앙의 노동조합이 전체 노동자들에 대한 통제력이 얼마나 큰 가가 중요한 것이다.

그런데 우리나라의 노동조합은 중앙노조도 한국노동자총연맹과 전국민주노동조합 총연맹으로 양분되어 서로 대립하고 있고, 또한 우리나라의 노동조합은 주로 산별노조가 아닌 기업별 노조로 구성되어 있어 중앙의 노동조합이 하부 단위의 노동조합들에 대한 통제력이 약하다.

다른 하나는 노동자들이 노동조합에 가입한 비율, 즉 노조조직률(union density)이다. 사실 노조조직률이 더 중요할 수 있다. 노조조직률이 높고 나서야 중앙집권적 여부가 중요해질 수 있기 때문이다. 우리나라의 노조조직률은 1980년대 말 민주화운동과 더불어 노동운동이 활발해 지면서 1989년 23.4%를 기록하였다. 그러나 이후 위에서 언급한 이유들로 노조조직률이 낮아지면서 오늘날 10% 정도 수준이다. 유럽의 복지국가들, 특히 스웨덴을 비롯한 북구의 복지국가들의 노조조직률이 한 때 80% 가까이 되었다는 사실에 비추어 볼 때 우리나라의 노동조합의 정치적 힘은 약할 수밖에 없는 것이 너무나 자명하다.

2. 사회민주적 조합주의

사회복지정책에 영향을 주는 또 하나의 중요한 정치제도는 사회민주적 조합주의제도(social democratic corporatism)이다. 앞에서 논의한 노동자계급의 힘을 바탕으로 한 계급정당이 강해진다 하여 사회복지정책이 확대되는 데는 일정한 한계가 있다. 여기에는 몇 가지 전제 조건이 필요한데, 다른 말로 표현하면 인프라자원(infra resources)이 필요한데 대표적인 것이 사회민주적 조합주의이다(Hicks and Misra, 1993).

사회복지정책이 지속적으로 발전하기 위해서는 하나의 필요조건으로 경제성장을 통한 경제적 자원이 필요하다. 그런데 지속적인 경제성장이 이루어지기 위해서는 자본주의 시장경제에서는 노동계급은 임금, 고용 등의 노동계급의 복지와 관련된 노동조건에서 자본과의 타협이 필요하다. 그런데 이러한 타협의 형태는 좁은 이익을 추구하는 다양한 노동세력들이 개별적으로 다양한 자본세력과 타협하는 것보다는 대부분의 노동세력을 대표하는 강력하고 중앙집권적인 포괄적인 집단(encompassing organization)－대표적으로 스웨덴의 LO－과 자본의 이익을 대변하는 포괄적인 집단(예, 스웨덴의 SAF), 그리고 국가간의 3자간의 대타협의 형태가 바람직하다. 왜냐하면, 이러한 형태의 타협을 통해서만이 장기적이고 국가전체의 이익을 위한 정책 결정이 이루어질 수 있고, 이러한 환경에서 지속적인 경제성장의 가능성이 커지는 것이다.

반면에 이러한 사회민주적 조합주의에 의한 자본과의 대타협이 없이 민주주의 정치에서 커진 노동계급의 힘을 바탕으로 하여 다양한 노동세력들이 자신들의 단기적인 이익 추구를 위해 사회복지 확대를 추구하게 되면, 이것은 자본의 저항을 불러일으키고, 결과적으로 국가경제에 부정적인 영향을 주게 되고, 따라서 지속적인 경제성장이 어렵게 되고 이것은 결국 장기적으로 볼 때 사회복지정책 확대에 걸림돌이 된다.

이것은 오늘날의 우리나라의 모습이기도 하다. 우리나라에서는 많은 기업별 노동조합들이 자신들의 좁고 단기적인 이익만을 추구하는 과정에서 개별자본가들의 커다란 저항에 부딪혀 노동과 자본의 첨예한 대립으로 경제에 좋지 않은 영향을 주고 있는 것이다.

널리 알려졌듯이, 사회복지정책이 가장 발전된 국가 중의 하나가 스웨덴이다. '스웨덴 모델'이라고 이름이 붙여질 정도로 스웨덴의 사회복지정책은 성장과 분배 혹은 평등과 효율 모두에서 성공적인 것으로 많은 사람들의 부러움을 받았었다. 이러한 '스웨덴 모델'의 성공에 기여한 요인 중 가장 중요한 것 중의 하나가 바로 '사회민주적 조합주의' 제도이다.

이러한 조합주의를 통해서 노동을 대변하는 LO, 자본을 대변하는 SAF, 그리고 국가간의 타협을 통하여 '동일노동에 대한 동일임금(equal pay for equal work)'과 같은 연대임금정책이 가능하였고 이것을 통하여 평등뿐만 아니라 생산성과 효율성을 높일 수 있었던 것이다.

1980년대 이후 스웨덴 모델이 어느 정도 한계를 보이기 시작하는데 여기에서도 중요한 이유 중의 하나로 세계경제환경의 변화나 산업 및 직업구조의 변화로 인하여 자본의 힘이 노동에 비하여 상대적으로 커지게 되었고 이것은 결과적으로 사회민주적 조합주의의 약화를 초래했기 때문이다.

또한 많은 연구들에서도 국가별 조합주의의 강도와 사회복지 발전과의 높은 상관관계를 보여준다. 즉 조합주의적인 성격이 강할수록 사회복지 정책은 확대되는 것이다.

사회민주적 조합주의 제도가 성공하기 위해서는 먼저 노동계급의 세력이 커야 되고 이러한 노동계급을 대변하는 강력한 중앙집권적인 노동조합이 필요로 한다.

우리나라도 김대중 정부 시절에 노사정위원회라는 사회민주적 조합주의 제도와 기능이 비슷한 기구를 만들어 사회복지정책을 비롯한 여러 국가정책들에 대하여 노동과 자본의 타협을 유도하려는 노력을 하였으나 결과는 대부분 실패로 끝나 오늘날 노사정위원회는 유명무실화 되었다.

이것의 근본적인 이유는 우리나라는 국가나 자본에 비하여 노동세력의 정치적 힘이 너무 약하기 때문이다. 3자 간의 타협이 이루어지기 위해서는 서로의 정치적 힘이 비슷해야 가능하기 때문이다.

위에서 언급했듯이 우리나라의 노조조직률은 10%대 정도이며 노동계급의 세력이 너무나 약하고, 또한 중앙 노동조합의 하부 노동조합들에 대한 통제력이 약하여 그나마 약한 노동계급의 세력이 분열되어 있다. 이러한 상황에서 사회민주적 조합제도가 성공하는 것은 처음부터 불가능했다.

3. 중앙집중적인 정부형태

사회복지정책에 영향을 주는 또 하나의 제도적 측면에서의 요소는 정책결정의 권한이 중앙집중적(centralization)이냐 지방분권적(decentralization)이냐는 측면이다. 일반적으로 어떤 정책이 도입되기 위해서는 그 정책에 반대하는 집단들의 정치적 세력이 약해야 되고 또한 그 정책이 이뤄지는 과정이 복잡해서는 안 된다.

특히 사회복지정책을 본질적으로 볼 때 어느 한 쪽에는 세금을 부과하고 다른 한쪽에는 거두어들인 세금으로 이전(transfer)하기 때문에 이념적인 갈등이 큰 속성을 갖고 있어 반대하는 집단들이 많고 정치적 힘도 크다.

이러한 상황에서 사회복지정책이 도입되기 위해서는 강력한 중앙정부가 반대하는 집단들의 저항을 물리칠 수 있는 데 있어 권력이 분산되어 있는 지방분권적 제도보다 유리하다.

일찍이 미국이 왜 서구유럽의 복지국가들에 비해서 사회복지정책이 발전되지 않았냐를 밝히는 연구들에서 중요한 이유 중의 하나로 거론되는 것이 미국의 지방분권적인 정부 형태이다. 미국은 대부분의 유럽 국가들과 달리 대통령 중심제이면서 행정, 입법, 사법부의 권력 분립이 어느 국가들보다 잘 되어 있다. 그래서 행정부(특히 대통령)가 강력히 추진하는 정책이 입법부(의회)의 반대로 무산되는 것이 비일비재하고, 또한 행정부와 입법부를 통과한 정책도 사법부의 판결에 의해서 무효화가 되는 경우도 많다. 또한 행정부와 입법부 내에서는 각 부처와 소위원회의 독립적인 권한이 매우 크다.

예를 들어 보자. 미국은 오늘날까지도 우리나라를 비롯한 거의 모든 국가들이 갖고 있는 전국민을 대상으로 하는 공적의료보험 제도가 없다. 미국은 공공부문의 의료서비스로는 65세 이상 노인을 대상으로 하는 Medicare와 빈자를 대상으로 하는 Medicaid 뿐이다. 그래서 대부분의 사람들은 민간 의료보험에 의존할 수밖에 없는데 소득이 낮거나 의료보험을 제공해 주는 직장에 취업을 못하는 사람들은 민간 의료보험에 가입이 안 되어 있어 오늘날 약 5천만명의 사람들이 의료서비스 접근에서 큰 어려움을 겪고 있다.

미국에서 전국민을 대상으로 하는 의료보험제도를 도입하려는 시도는 처음의 1935년의 사회보장법(Social Security Act)을 만들 때부터 최근의 Clinton 행정부의 의료개혁(health reform) 시도 때까지 여러 번 있었으나 매번 실패하였는데 그것의 가장 큰 이유는 의회의 반대, 특히 의회 내의 소위원회(특히 하원의 The Ways and Means Commitee)에서의 거부 때문이었다. 미국에서는 의회내의 소위원회의 개별의원들의 독립적인 권한이 커서, 이들이 미국의사협회, 미국병원협회, 민간보험협회 등의 로비에 영향을 받아 의료보험에 반대하게 되면 본 회의에 상정되지도 못한 채 거기서 죽어버린다.

또 하나의 대표적인 사례는 최근에 이루어진 복지개혁(welfare reform) 정책이다. 사실 미국에서는 복지(welfare)는 문제가 많았다(미국에서 복지라 함은 공공부조를 말하고, 특히 AFDC(Aid to Families with Dependent Children)에 초점이 맞추어진다). 대표적인 문제들로 거론되는 것이 수급자들의 근로동기 약화를 초래한다는 것, 복지 의존성을 키운다는 것, 미혼모 출산율을 높인다는 것 등이다. 그래서 대부분의 미국 사람들이 복지개혁을 원해 일찍이 1960년대 말 Nixon 행정부의 FAP(Family Assitance Plan)부터 시작해서 Clinton 행정부까지 많은 복지개혁의 시도가 있어 왔으나, 대부분 실패하였고 클린턴 행정부 후반기에 가서야 반복지적인 형태의 복지개혁으로 성공하게 된다.

여기에서도 복지개혁의 실패의 가장 큰 이유는 소위원회의 독립성이 크다는 점과, 상하원의 양원제도하에서, 특히 상원에서의 소수 의견의

의원들의 권한이 크다는 점 등에서 찾을 수 있다. 예를 들면, 닉슨 행정부의 FAP는 닉슨 대통령이 강력히 추진하고 하원까지 통과하였으나 상원에서 몇 명의 의원들의 강력한 반대에 부딪쳐 실패한다. 더욱 흥미로운 것은 카터 행정부와 클린턴 행정부 초기의 복지개혁안은 대통령이 강력히 추진하고 상원과 하원 모두가 대통령과 같은 민주당이 다수당이었는데도 실패했는데 이것은 하원이나 상원 소위원회(상원에서 복지를 담당하는 위원회는 The Finance Commitee)에서 일부 민주당 의원들이 반대했기 때문이다.

상기의 모습 등은 유럽의 내각책임제 국가들에서는 거의 찾아보기 어렵다. 왜냐하면 정책정당으로서의 계급정당정치를 통하여 선거에서 정책을 통하여 심판을 받아 다수당이 되면 집권하게 되는 것이고, 집권한 후 그 정책을 시행하면 되는 것이기 때문이다. 만일 그 정책이 문제가 있으면 다음 선거에서 다시 심판을 받아 정권이 바뀌면 그 정책도 바뀌는 것이다.

지방 분권적인 정부 형태의 또 하나의 제도는 연방주의다. 미국은 연방주의하에 주정부의 독립성이 크다. 그래서 사회복지정책을 비롯한 많은 정책들이 주들간의 차이가 크다. 예를 들면, AFDC의 경우 연방정부가 재원의 반 이상은 부담하고 일정한 기본 방향만 제시할 뿐 수급자격, 수급액 등의 결정 권한은 모두 주정부에 있다. 그래서 주정부들 사이의 재원조달 방법, 수급자격, 수급액 등에서 큰 차이가 난다.

이렇게 주정부의 독립성이 큰 것은 사회복지정책에 몇 가지 측면에서 부정적으로 영향을 줄 수 있다. 첫째는, 주정부들 사이의 산업경쟁때문에 사회복지정책을 위하여 조세를 높이거나 후한 사회복지 급여를 꺼리게 된다. 실제로 미국에서 산업 경쟁력이 낮은 남쪽 주들에서는 이러한 이유 때문에 북쪽 주들에 비하여 사회복지정책이 낙후되어 있다.

둘째는, 후한 사회복지 급여를 주는 주들은 그렇지 않은 주로부터 생산성이 낮은 사람들이 대거 이주하는 것을 막기 위해서도 사회복지정책의 확대를 꺼린다. 물론 이러한 주들에서는 다른 주로부터 이주해 온 사람들에게 처음 몇 년간을 사회복지 수급자격을 주지 않는 장치를 갖고 있으나 그것에는 일정한 한계가 있다.

셋째는, 중앙정부의 사회복지정책에 비해서 지방정부의 사회복지정책에 대한 정치적 저항이 크고 첨예하게 나타나는 경향이 있다. 사회복지정책은 기본적으로 세금을 부과하고 이전(transfer)하는 정책이기 때문에 세금에 대한 조세 저항이나 이전에 대한 보수 세력의 정치적 저항이 클 수밖에 없는데 지방정부의 사회복지정책의 경우 이러한 저항이 더 심각할 수 있다. 예를 들면, 미국의 캘리포니아주를 비롯한 몇몇 주 등에서는 주정부의 사회복지정책의 주요 재원인 재산세를 올리는 것에 대한 주민들의 조직적인 반대에 부딪쳐 주민 전체의 투표에 의하여 거부가 되었다.

마지막으로, 이렇게 지방정부 단위로 사회복지정책들이 독립적으로 존재하다 보면 전국민을 대상으로 하는 중앙정부 차원의 포괄적인 사회복지정책에 대한 정치적 지지세력이 약해진다. 실제로 카터 행정부 때의 복지개혁안 중에 주별 급여액의 불평등을 줄이기 위하여 전국적인 최저급여액을 추진하였는데 남쪽 주들을 대표하는 의원들에 의하여 강력히 반대해서 결국 부결되었다.

우리나라는 전통적으로 중앙정부로의 권력집중현상이 크다. 특히 대통령에게로 권력 집중현상이 커 입법부와 사법부의 정책결정 권한은 극히 미미하다. 이러한 현상은 권위주의 정부에서는 말할 것도 없고 최근의 이른바 문민정부에서도 어느 정도 약해졌지만 여전히 그러하다.

이렇게 대통령에게로 권력 집중이 되면 부패권력, 비민주적인 정책형성과정 등의 여러 가지 문제가 있지만 사회복지정책의 경우 긍정적인 면이 없지 않다. 예를 들면, 박정희 정부에서의 의료보험 도입이나 김대중 정부의 기초생활보장법도 강력한 권력을 가진 대통령이 아니면 이루기 어려운 정책들이다.

우리나라는 최근 민주화의 분위기에서 지방자치를 강조하는 지방분권적인 정부 형태를 선호하는 경향을 보인다. 이러한 지방자치는 민주주의의 원리에서 볼 때 좋은 점들이 많이 있을 수 있으나, 사회복지정책의 경우, 앞에서 논의했듯이, 부정적인 영향을 줄 수 있기 때문에 좀 더 신중을 기해야 한다. 다행히(?) 우리의 지방자치는 다분히 명목적이어 실질적으로 중앙정부의 역할이 여전히 크다. 따라서 우리의 경우는 사회복지정책을 가능한 한 중앙정부의 정책으로 남겨둘 필요가 높다 하겠다. 실제로 우리는 지방정부의 재원이나 인력으로 볼 때 사회복지정책과 같은 조세 부과와 이전 정책(tax and transfer)을 집행할 능력도 없다.

제 5 장

정책과정 모델: 행동주의 모델

상기의 제도주의 모델(구조주의 모델)에서는 정책을 정치 제도나 구조의 산물로 보아, 정치적 행위자들(political actors)의 행위에 큰 관심은 두지 않는 반면에, 정책 과정 모델(policy process model)은 정치적 행위자들–투표자들, 이익집단들, 관료, 정치가, 대통령 등–의 행위에 초점을 맞춘다. 정책 과정 모델에서는 정치적인 행위자들의 정치적 행위들은 일정한 형태–'과정(process)'–가 있다고 보고, 정책은 바로 이러한 과정의 산물이라고 본다. 따라서 정책이 어떻게 이뤄지는가를 알기 위하여는 이러한 정책과정에 대한 이해가 필요한 것이다.

정책 과정은 분석가들에 따라 다양하게 분류된다. 대개의 경우 다음의 표와 같은 과정을 거치게 된다. 지금부터 이러한 과정을 세부적으로 논의하고자 한다.

1. 문제의 인지과정

모든 정책과정은 처음에 문제의 인지로부터 시작한다. 특히, 사회복지정책은 사회 문제들을 해결하는 것이 중요한 목표이기 때문에 문제의 인지 과정이 매우 중요하다. 문제의 인지 과정은 다음의 4가지 세부과정으로 나눌 수 있다.

〈표 5-1〉 정책과정

과 정	세부 과정
문제의 인지 (problem identification)	문제의 정의(problem definition) 집합(aggregation) 조직(organization) 대변(representation)
정책개발 (program development)	정책안 개발(formulation) 합법화(legitimation) 예산확보(appropriation)
정책집행 (program implementation)	조직(organization) 해석(interpretation) 적용(application)
정책평가 (program evaluation)	구체화(specification) 측정(measurement) 분석(analysis)

출처 : Jones(1977), *An Introduction to the Study of Public Policy*, p. 12

1) 문제의 정의

인간이 사는 사회에는 많은 일들이 발생한다. 이러한 일들은 흔히 사건(event)이라 한다. 이러한 사건들은 인간의 생활에 어떤 형태로든 영향을 줄 수 있다. 그러나 이러한 사건들이 모두 문제(problem)가 되는 것은 아니다. 문제는 어떤 형태로든 해결이 필요한 반면에 사건은 그렇지 않다. 그렇다면 어떤 사건들이 해결을 필요로 하는가? 이것은 대부분 주관적으로 결정된다.

길에서 구걸하는 사람들을 예로 들어 보자. 만일 사회 구성원 대부분이 이러한 구걸 행위를 해결할 필요는 없는 것으로 판단하면, 이러한 행위들은 사건으로 끝난다. 이러한 판단에는 구걸행위하는 사람들의 숫자가 많지 않다든지 등의 이유로 그러한 행위들의 심각성이 크지 않다는 등의 어떤 나름대로의 객관적(?)인 기준들이 있지만, 다른 한편으로는 사회의 가치관도 중요하다. 만일 사회구성원들이 이러한 구걸행위를

'운명적' 혹은 '팔자소관'으로 여긴다면, 이러한 행위는 해결의 필요성이 없는 것으로 볼 수 있게 된다.

또한, 모든 문제가 공적인 문제(사회 문제)인 것은 아니다. 어떤 문제들은 사적으로 해결할 수도 있다. 어떤 문제가 사적이고, 어떤 문제가 공적인가를 구분하는 기준은 애매하다. 가장 기본적인 기준은 문제의 결과가 직접적으로 영향을 받지 않는 사람들에게 어떤 요구를 안 하고도 해결할 수 있으면 사적인 문제이고, 직접적인 영향을 안 받는 사람에게 어떤 행위가 요구되면, 공적인 문제, 즉 사회문제가 된다. 그러나 이러한 기준도 가치판단에 의하여 결정된다.

상기의 예에서, 길에서 구걸하는 행위는 스스로 선택한 일종의 삶의 방식(life style)으로 본다면(실제로 1960~70년대 미국의 '히피'들이 그러하였다), 이것은 사적인 문제이다. 또한 구걸 행위는 개인의 잘못의 결과로 본다면 이것도 사적인 문제로 개인이나 그 가족들이 알아서 해결할 문제가 되는 것이다.

여기서 중요한 것은 문제를 어떻게 정의(define) 내리느냐에 있다. 이러한 정의에 따라 사회 문제가 될 수 있고, 정책 방향에 큰 영향을 줄 수 있다. 그런데 이러한 문제의 정의는 가치관에 따라, 국가에 따라 다르고, 또한 시대에 따라 다르다.

예를 들어, 미국에서는 노예제도는 19세기 중반까지는 사회 문제가 아닌 사적인 문제였고, 흑인에 대한 차별대우도 대략 1960년대까지 사회 문제가 안 되었다. 오늘날 미국에서는 부모에 의한 자녀들의 육체적, 정신적 학대는 중요한 사회 문제이나, 우리나라에서는 아직은 아동 학대가 사회 문제가 아니라, 사적인 문제로 여기는 경향이 강하다. 우리나라도 최근에 들어와서 아동학대를 사회문제로 인식하는 경향이 커지고 있지만, 아직도 대부분 사람들이 자기 자식을 어떻게 다루던 그것은 부모의 소관이라고 생각한다(이러한 아동 학대에 대한 미국과 한국의 인식의 차이로 미국에 이민 온 많은 한국 사람들이 아동 학대의 이유로 자기의 사랑하는(?) 자식들을 빼앗기거나 부모들이 감옥에 간다).

문제를 어떻게 정의를 내리느냐에 있어 가장 논란이 많은 것이 빈곤 문제이다.

선진화된 사회에서도 역사적으로 빈곤문제를 사회 문제로 인정하기 시작한 것은 20세기 들어서이다. 그래서, 빈곤은 개인의 무능, 나태, 정신적 결함 등의 개인의 잘못이던지 아니면 문화적인 결과(예, 빈곤문화론), 아니면 운명적인 것으로 받아들여졌다. 우리나라에서는 아직도 많은 사람들이 빈곤을 팔자소관으로 여기는 경향이 있다.

이렇게 빈곤을 개인의 잘못의 문제로 정의를 내리면, 정책방향은 대개 빈곤한 사람들을 억압하거나, 통제하는 것 아니면 잘못된 빈자들의 태도, 생각, 행위들을 고치는 데 초점이 맞춰진다. 실제로 미국에서는 빈곤 정책 가운데 상당 부분은 이러한 정책을 강조해서 사회복지사들로 하여금 빈곤한 사람들의 잘못된 결함들을 치료(?)하는 것을 강조하였다. 우리나라에서도 정부에서 사회복지전담 공무원제도를 도입한 것은 국민기초생활보장제도의 수급자들을 통제하거나 아니면 그들의 잘못된 결함들을 치료시키겠다는 동기에서 만들었다고 볼 수 있다(물론 우리의 사회복지전담 공무원들이 반드시 정부의 정책결정자들의 동기를 수용하는 것은 아니다).

반면에 빈곤은 사회의 잘못, 즉 사회제도－교육제도, 노동시장제도, 경제제도, 분배제도 등－의 잘못으로 본다면 정책방향은 크게 달라 이러한 제도를 바꾸는 쪽에 초점이 맞춰질 것이다. 예를 들어, 가난한 개인들이 아무리 노력을 해도 빈곤에서 벗어날 수 없다고 보고 이들에게 교육과 훈련을 시키든지, 노동시장에 일자리를 많이 만들거나 하고, 이러한 방법 등에 의하여도 해결이 안 될 경우 사회복지정책의 조세와 이전 정책(tax and transfer)을 통하여 부자에게 세금을 부과하여 가난한 사람들에게 소득 재분배를 하는 것이다.

빈곤의 원인이 개인의 잘못이냐 사회의 잘못이냐를 둘러싼 논쟁은 사회과학에서 오랫동안 쟁점이었으나, 결국은 사람들의 가치 판단에 따라 다를 수밖에 없다. 유럽의 복지국가들의 황금기에는 빈곤은 사회의 잘못

(?)으로 여겨져 국가가 빈곤층에 대한 사회복지를 크게 확대하였다.

반면에 미국과 같은 자유주의 복지국가에서는 전통적으로 빈곤은 개인의 잘못으로 보는 경향이 강하며, 사회복지사들을 대거 양성하여 개인의 잘못된 점들을 해결하는 것을 강조하였다고 볼 수 있다.

우리나라에서는 빈곤의 문제를 어떻게 정의를 내릴까? 우리나라도 오랫동안 빈곤을 개인의 문제로 보는 경향이 강했다. 그것은 가난한 사람들을 위한 공공부조제도인 생활보호법에서 명확히 나타났다. 그러다가 김대중 정부 시절에 생활보호법을 폐지하고 국가기초생활보장법을 만들면서 어느 정도 달라져서, 기본적으로 볼 때 빈곤은 사회의 잘못(?)으로 정의내리는 경향이 커졌다고 할 수 있다.

왜냐하면, 적어도 초기의 입법과정에서 국민기초생활보장법은 근로능력 여부와 상관없이 누구나 일정한 소득 이하이면 최저생활을 보장하는 급여를 한다는 것이 기본적인 목표이었기 때문이다. 빈곤을 개인의 잘못으로 본다면 근로능력이 있는 사람들까지 최저생활을 보장해줄 수 없기 때문이다.

그런데 국민기초생활보장법은 집행과정에서 많은 반대에 부딪혀 실질적으로 근로능력이 있는 빈자들에게는 이른바 조건부 수급자라 하여 근로나 교육이나 훈련을 받는 조건으로 급여가 이루어지기 때문에, 일정 부분 개인의 잘못으로 여기는 모습을 보인다고 할 수 있다.

2) 집합과 조직

공적으로 해결이 필요하다 하여 모든 사회 문제들이 정책결정자들이 관심을 갖게 되는 정책 이슈들이 되는 것은 아니다. 실제로 많은 사회 문제들 가운데 정책 이슈가 되는 경우는 많지 않다. 그렇다면 사회 문제가 어떻게 정책 이슈가 되는가?

가장 기본적인 것은 특정 사회 문제에 관련된 사람들을 모아야 하는 일이다. 어떤 사회 문제도 관련된 사람들의 숫자가 적으면, 정책 이슈가 되기 어렵다. 여기서 관련된 사람들이란 사회 문제 당사자들(상기의 예에서, 길에서 구걸하는 사람들)과 이러한 문제에 간접적으로 영향을 받거나 이러한 문제 해결에 관심이 있는 관련 전문가들 혹은 사회운동가들을 말한다.

일단 특정 사회문제에 관련된 사람들을 끌어 모은 다음에는 중요한 것은 이들을 조직화하는 데 있다. 단순히 숫자만 많고 조직화가 안 되면, 오늘날 같이 의사전달이 복잡하고 관료화된 사회에서 다른 사회 문제들과 정책 이슈화의 경쟁에서 지기 쉽다.

조직화가 중요하다는 것을 보여주는 대표적인 예가 미국에서 '복지권운동(welfare right movement)'이다. 이 운동 이전에도 빈곤한 사람들의 숫자가 많았으나, 이들은 대부분 자신들의 신세에 대해서 자포자기적이며 사회의 냉대를 감수하며 정부에 대한 어떤 행위에 대하여 매우 수동적이었다. 이것이 '복지권운동'으로 빈곤을 사회의 잘못으로 인식하면서 복지를 하나의 권리로 인정받아야 된다는 분위기가 커지게 된다. 이러한 복지권 운동으로 1960년대 이후로 대대적인 빈곤과의 전쟁(war on poverty) 프로그램들이 나타나게 된다.

최근 우리나라에서도 각종 사회 문제들을 해결하기 위해서 ○○○운동 혹은 ○○연대와 같은 이름의 각종 조직체들의 활동이 많고 이러한 활동을 통해 많은 사회문제들이 정책 이슈가 되고 있다.

그렇다면 어떤 조직이 성공할 수 있는가? 일단 사회문제와 관련된 사람들의 숫자가 많은 것이 유리하나, 단순히 숫자만 많다고 해서 조직이 성공하는 것은 아니다. 중요한 것은 조직의 추진력, 조직력, 재원, 리더십, 동질성, 정책결정자에의 접근성 등이 중요하다(이것은 다음의 이익집단 모델에서 자세히 논의한다).

3) 대변(representation)

어떤 사회문제의 해결을 위한 정책이 만들어지기 위하여는 마지막으로 정책 결정자들의 정책 논의의 안건에 선정되어야 한다. 아무리 조직화가 잘 되어서 사회문제들이 정책 이슈가 되었다 하더라도 이러한 이슈들이 모두 정책결정자들의 정책 논의 안건에 상정되는 것은 아니다. 이렇게 정책결정자들의 정책논의 안건에 상정되는 것을 흔히 '아젠다 세팅(agenda setting)'이라 한다. 그런데 이렇게 정책 아젠다로 결정되는 방법은 민주주의 사회에서는 복잡하고 다양하여, 어떤 특정한 형태가 있는 것은 아니다. 그럼에도 불구하고 몇 가지 유형을 소개하면 다음과 같다.

먼저 아젠다 세팅에는 정책을 결정하는 정부의 역할이 중요하다. 여기에는 세 가지 유형이 있다. 첫째는, 정부는 아젠다 세팅에 비교적 소극적인 역할을 하여, 특정 사회 문제와 관련된 사람들이 정책 아젠다화의 접근 행위들을 그대로 내버려 두는 것이다. 문제는 이 방법에 의존하게 되면, 조직력이나 재원이 많은 집단들이 제기하는 사회 문제들만이 정책 아젠다가 될 가능성이 크다.

둘째는 위의 방법의 문제를 피하기 위해서 사회적 약자들의 문제들도 정책 아젠다가 될 수 있도록 정부가 이들을 도와주는 형태이다. 예를 들면, 정부가 빈자들이 자신들의 문제를 조직화하고 대변하는데 필요한 자원들을 제공해 주는 것이다. 대표적인 예가, 미국에서의 빈곤과의 전쟁시기인 1964년의 경제기회법(The Economic Opportunity Act)으로 이것을 통하여 빈곤지역의 지역사회운동기관(community action agencies)들을 지원해 줌으로써 빈곤한 사람들의 입장들이 정책 결정과정에 대변되도록 하였다(결과는 크게 성공하지 못했지만).

셋째는, 정부의 역할이 가장 적극적인 것으로 정부 스스로 사회 문제를 정의 내리고, 정책 아젠다를 설정하는 것이다. 이 방법은 사회적 약자의 문제들이 정책 아젠다가 될 가능성이 가장 크지만, 정부의 역할이 크기 때문에 미국과 같이 다원적 민주주의에서 국가의 역할이 상대적으로 작은 나라에서는 드물다. 반면에 국가의 역할이 큰 우리나라와 같은 상황에서 주로 사용될 수 있는 형태라 할 수 있다.

정책 아젠다를 결정하는 데 있어, 정부의 역할이 소극적인 상황에서는 민간 부문에서 자신들의 문제를 정책 아젠다화하는데 필요한 전략적인 방법들은 다음의 4가지의 집단들에 따라 다를 수 있다. 첫째는, 집단의 조직이 잘 되어 있고 정책결정자들에의 접근 통로도 잘 정립되어 있는 집단이다. 예를 들면, 미국의 의사협회가 대표적인 경우이다. 이러한 집단들이 자신들의 문제를 정책 아젠다로 만드는 것은 가장 쉽다. 여기서의 전략은 자신들의 이슈의 초점을 가능한 한 좁혀야 한다. 그렇지 않으면 영향을 받을 수 있는 다른 집단들에 의하여 문제가 복잡해질 수 있기 때문이다. 최근에 우리나라에서 발생한 의사 대 약사, 약사 대 한의사, 의사 대 한의사 등의 의료 서비스 종사자들간의 대립은 바로 이러한 정책 이슈가 광범위하기 때문에 발생한 것으로 볼 수 있다.

둘째는, 조직은 잘 되어 있으나, 정책결정자들에의 접근 통로가 없거나 약한 집단의 경우다. 많은 집단의 경우 자신들의 조직에만 관심을 두고 정책결정자들에게 접근에는 관심을 두지 않는데, 이 경우 자신들의 문제가 정책 아젠다화하기 위해서는 잘 되어 있는 조직을 최대한 활용하여(리더십, 재원 등의 조직 자원을 이용하여) 접근 통로를 새로이 만들어야 한다.

셋째는 상기와 반대로 조직은 잘 안 되어 있으나 정책결정자에의 접근 통로가 있는 경우다. 일반적으로 이러한 경우는 많지 않으나, 국가에서 정책적으로 고려해야 하는 집단들이 여기에 해당된다. 예를 들면, 미국이나 우리나라에서처럼 농산물에 대한 정부보조 정책과 관련된 농민 집단들이 여기에 해당될 수 있다고 보겠다. 이러한 집단들은 대개 조직화가 잘 안 되어 있어 자신들의 문제제기를 효과적으로 못하는 경향이 있다. 따라서 이 경우 집단의 전략은 우선 자신들 집단의 조직화에 있다고 하겠다.

자신들의 문제들을 정책 아젠다화하는 데 가장 불리한 집단은 조직도 잘 안 되어 있고(정확히 말하면, 조직할 자원도 없어 조직화하기 어려운), 정책결정자에의 접근 통로도 없는 집단이다. 이러한 집단은 대개 사회적, 경제적으로 약자들로 구성되어 있다(대표적인 예가 빈자).

이러한 집단들이 자신들의 이슈를 정책 아젠다화하는 전략은 이른바 '이슈확장(issue expansion)'으로 다른 집단들을 자신들의 이슈에 동조하게 만드는 것이다. 여기서 다른 집단에는 자신들의 이해관계와 동일시되는 집단(예를 들어 빈자 집단인 경우 빈곤선을 겨우 넘는 소득 집단), 이러한 이슈에 전문적인 관심을 갖는 집단(빈곤 연구자, 빈곤 운동가), 이러한 문제에 어느 정도 알고 관심이 있는 일반 대중(예, 중산층), 그리고 마지막으로 관심도 없고 알지도 못하는 일반 대중들이 포함된다.

여기서의 주요 전략은 조직도 잘 되어 있고, 접근 통로도 잘 되어 있는 첫번째 집단과 반대로 자신들의 이슈를 가능한 한 확대하여 다른 집단들의 관심을 끌어내야 하는 것이다. 이러한 방법의 극단은 1960년대 미국에서의 빈자들의 대규모 폭동이다. 이러한 식으로 극단화한 방법은 아니더라도 가능한 한 자신들의 문제를 일반인들에 강하게 인상을 주는 전략이 필요하다.

예를 들면, 1980년대에 미국에서 노숙자 문제가 갑자기(?)(사실 노숙자 문제는 1960~70년대의 히피들을 포함하여 항상 문제였다) 정책 아젠다가 된 것에는 노숙자 문제에 관심을 가졌던 지식인들이 TV라는 언론 매체를 통하여 노숙자 문제를 일반 대중들에게 극적으로 보여주어, 여기에 관심을 갖게 된 사람들이 갑자기 늘어났기 때문이다.

우리나라 경우도 지금까지 사회적 약자들의 집단들이 조직도 없고, 접근 통로도 없어 자신들의 문제를 정책 아젠다하는 데 유일한 전략이 극단적인 방법인 대규모 시위에 의존할 수밖에 없었다.

2. 정책개발과정

어떤 사회문제가 정책 아젠다로 오르면, 즉 정책결정자들이 그 사회문제에 대한 해결 방법들에 대한 논의가 시작되면 이제부터는 정부에서의 활동들이 중요해진다. 정부에서의 정책개발과정은 크게 세 가지 과정으로 나눌 수 있다. 처음에는 정책안을 개발하는 것이고(formulation), 두 번째는 만든 정책안에 대한 합법성을 부여받아야만 하고(legistimation), 마지막으로 정책안에 대한 예산을 확보해야만 한다(appropriation).

1) 정책안 개발(formulation)

일반적으로 사회 문제에 대한 해결 방법은 다양하고 복잡하다. 왜냐하면, 앞에서 언급했듯이 사회 문제를 어떻게 정의하느냐에 따라 해결 방법은 다양할 수밖에 없기 때문이다. 그래서 다양한 정책안들이 나오게 되는데, 그렇다면 누가 정책안들을 개발하는 데 참여하는가?

이것은 우선 사회문제의 성격에 따라 다를 수 있어, 사회문제의 영향력이 커서 관련된 사람들이 많은 경우는 다양한 집단으로부터 다양한 정책안들이 나올 수 있고, 그렇지 않은 경우는 비교적 참여자의 숫자가 적다. 예를 들면, 최근에 우리나라에서는 저출산과 인구의 고령화가 큰 사회문제인데 이 문제를 해결하기 위한 정책안의 개발에는 다양한 집단으로부터 많은 사람들이 참여한다.

또한 위에서 언급한 정치제도의 차이에 따라 참여자들의 범위가 다르다. 예를 들면, 의회의 권한이 강한 나라에서는 국회의원들의 정책안 개발이 많고(예, 미국), 반면 행정부의 권한이 강한 나라에서는 정부 관료들의 정책 개발이 지배적이 된다(예, 한국). 그리고 중앙 정부와 지방 정부와의 역할 분담의 관계에 따라서도 차이가 있어, 중앙정부의 권한이 강할수록 중앙정부 정책안에는 참여자의 숫자가 많다.

이러한 차이에도 불구하고, 일반적으로 중앙정부의 정책안 개발에는 다음과 같은 참여자들이 존재하게 된다. 첫째는, 대개의 경우 대통령과 그의 주요 참모들이 설정한 정책의 목표와 우선순위 내에서 정부관료들이 세부적인 정책안들을 만든다. 그러나 경우에 따라 특정정책의 경우 기존의 정부관료체제에서 적절한 정책안을 개발하는 것이 힘들다고 판단할 경우 정부 밖의 기관이나 특별 위원회를 만들어서 거기서 정책안 개발이 이루어지기도 한다(특히 최근 우리나라에서 이러한 현상이 많이 나타나 각종의 위원회에서 많은 정책안들이 개발되고 있는데 이것은 정부관료체제의 전문성에 대한 신뢰가 약하기 때문에 나타나는 현상이라고 볼 수 있다).

둘째는, 의회에서 국회의원들과 그들의 보좌관 혹은 의회의 각종 기구내의 연구 인력들에 의해 정책안들이 개발된다. 특히 미국처럼 의회의 권한이 강한 나라에서는 의회내에서 만들어지는 정책안들이 최종적인 정책(입법)이 되는 경우가 많다. 최근의 클린턴 행정부의 역사적인 복지개혁법은 의회에서 개발한 안(공화당 의원들의 정책안)이 최종적으로 채택된 것이다. 미국에서 의회에서의 정책안 개발의 역할이 크다는 것은 매년 엄청난 분량의 의회에서 개발된 정책 보고서에서 볼 수 있다.

우리나라에서는 과거의 권위주의 정부 시절에서는 의회에서의 정책안 개발이 미미했으나, 최근에 민주화와 함께 의회의 기능이 커지면서 의회에서의 정책안 개발이 활발히 이루어지고 있는 추세이다.

셋째는, 이상의 행정부나 의회와 같은 정부기구 밖에서도 정책안 개발이 이루어진다. 여기에는 다양한 이익집단들이나 공공연구기관, 사적연구기관이나 비영리 연구기관도 포함된다. 이러한 집단들은 직접 정책안을 개발하기도 하고 정부기관에서 정책안 개발에 필요한 정보 제공이나 압력을 행사한다. 예를 들면, 우리나라에서는 정부산하의 다양한 공공연구기관(흔히들, 국책연구기관이라 하는데 대표적인 예로 한국개발원)들에서 다양한 정책안들이 개발되고 민간부문에서도 다양한 집단들의 이익을 대변하기 위하여 다양한 연구기관들(예를 들면 한국경제인연합회 산하의 한국경제연구원 등)에 의하여 정책안들이 만들어지고 있다.

넷째는, 점차 영향력이 커지는 시민단체들에서도 다양한 정책안들을 개발한다. 예를 들어 미국의 Common Cause나 Ralph Nader's의 소비자

단체 등이다. 이러한 단체들은 특정 이익집단들의 영향에 의하여 만들어지는 정책안들에 반하여 일반 국민들의 이익을 대변하는 역할들을 한다. 특히 우리나라에서는 최근에 이러한 시민단체들의 영향력이 커, 참여연대나 경실련 등이 의료 정책(예, 의약 분업)이나 복지정책(예, 국민기초생활보장법)에서 정책안들을 개발하고, 또한 이러한 안들이 최종 정책으로 채택되는 데 크게 기여하였다.

다음으로 중요한 것은 어떤 정책안들이 성공하는가, 즉 최종적으로 입법화가 될 수 있는가의 문제이다. 아무리 특정 사회 문제에 대한 해결 방법으로서의 정책안들이 잘 만들었다 해도 이러한 정책안들이 반드시 입법화가 되는 것이 아니다. 여기서 전략이 중요하다. 가장 중요한 것은 만든 정책안이 합법화의 과정에서 통과될 가능성이 어느 정도인가이다.

일반적으로 정책안 개발은 초기 과정에서는 다양한 안들에 대한 내용 자체에 대한 논의가 활발하나, 나중의 단계에서 중요한 것은 합법화의 환경들, 예를 들어 합법화의 주 역할을 하는 사람들(대표적으로 입법가)의 태도, 역할, 요구 등과 합법화 과정의 규칙들에 관심을 많이 가져야 한다. 그래서 개발한 정책안을 지지할 사람들의 세력을 규합한다거나, 기존의 지지세력을 유지한다거나, 만일 반대에 부딪칠 때 어떤 타협안을 만들 것인지, 어떠한 단계에서 정책안을 강력히 주장하거나 혹은 양보할 것인지, 정책과 관련된 정보를 어떻게 통제할 것인지 등의 전략이 중요하다.

정책안의 합법화를 위한 전략에는 다음의 세 가지 형태가 있을 수 있다. 우선 정책안 자체는 완벽하나 합법화 전략이 약한 경우이다. 이러한 경우 정책안 자체가 좋아 정책이 될 수도 있으나, 대개의 경우 실패할 가능성이 크다. 사실 이것은 전술한 정치제도에 따라 다르다. 합법화의 과정이 중요하고 복잡한 정치제도에서는 실패할 가능성이 큰 반면, 그렇지 않은 경우는 즉, 합법화 단계가 중요하지 않은 경우 정책안이 좋으면 대개 성공하는 경향이 있다. 예를 들면, 전통적으로 우리나라에서는 행정부에서 개발한 정책안이 좋으면 대부분 정책화가 되었다. 그러나, 최근에 우리나라에서도 합법화 과정이 점차 중요해져, 정책안이 좋다 하더라도 합법화의 과정에서 큰 어려움을 겪는다(예, 국민기초생활보장법).

다음은 정책안 내용 자체는 부실해도 합법화 과정의 전략에서 유리한 경우이다. 이러한 경우는 대개 성공할 가능성이 크다. 예를 들면, 미국에서의 '빈곤과의 전쟁' 시기에 개발된 많은 정책안들은, 그 내용에서는 많은 문제들이 있었지만, 그 시기의 합법화에 참여한 다수의 사람들이 적극적인 지지를 함으로써 쉽게 정책화되었다.

마지막으로 정책안 자체도 좋고 합법화 전략도 좋은 경우이다. 이것은 이상적이지만, 실질 세계에서 이러한 형태들은 많지가 않다. 이 경우는 정책안을 만드는 과정과 합법화 과정이 동시에 이뤄진다고 볼 수 있다.

2) 합법화(입법화, legitimation)

정책안이 최종적인 정책이 되기 위해서는 합법화 과정을 거쳐야 한다. 실제로 수많은 정책안 가운데 최종적으로 정책으로 결정되는 것들은 극소수에 불과하다. 대부분 합법화의 과정에서 폐기되거나, 대폭 수정된다.

합법화는 개념적으로 두 가지로 나눌 수 있다. 하나는, 넓은 의미의 합법성(legitimacy)의 개념으로 정책이 만들어지는 기본적인 정치적 과정 그 자체의 권위(authority)가 인정되느냐의 문제이다. 쉽게 이야기하면, 정책을 만드는 정부 자체의 합법성을 따지는 것이다. 이러한 의미의 합법성이 결여된 상태에서의 정책에 대해서는 일반국민들이 권위를 부여하지 않고 그것을 따를 의무감이 약하고 따라서 지지하지도 않는다.

미국의 예를 들면, 월남 전쟁에 관한 정책의 경우이다. 이 전쟁에 대한 정부 정책의 합법성이 결여되어 있어 많은 국민들이 이 정책을 따르지 않아 징병거부운동을 하게 되는 것이다. 또한 1960년대 초의 흑인들의 인권운동도 백인들에 유리한 근본적인 제도의 합법성에 의문을 제기하는 것이 주요 목표이었다.

일반적으로 선진 산업 국가들에서의 정부는 대부분 이러한 합법성을 부여받기 때문에 대부분은 정부의 정책들에 대하여 국민들이 복종하게 된다. 반면에 개발도상국들에서는 정부들은 자주 이러한 합법성이 결여되어 있어 국민들이 정부의 정책의 권위를 무시하고 따르지 않는다. 예를 들면, 우리나라에서의 유신 정권의 경우 그것의 합법성이 약하여 유신 정부에서 만든 많은 정책들에 국민들이 따르지 않는 현상이 발생하는 것이다.

상기의 합법성의 개념과 달리 정책개발 과정에서 중요한 것은 구체적인 정책안들이 권위를 인정받는 구체적인 과정들을 말하는 입법화(legitimation) 과정이다. 그렇다면 이러한 입법화 과정에는 어떤 사람들이 주요 역할을 하는가? 민주주의 사회에서 모든 정책들은 기본적으로 일반 국민으로부터 그것들의 권위를 인정받아야 한다. 따라서 직접 민주주의 제도가 아닌 상황에서는 결국 입법화에는 국민을 대표하는 국회의원들이 주요 역할을 한다.

그렇다고 입법화 과정에 국회의원들만의 역할이 있는 것은 아니다. 일반적으로 대부분의 정책안들은 모든 사람들이 찬성하는 것은 아니기 때문에, 정책안들이 입법화가 이뤄지는 것은 대부분 다수결의 방법에 의해서이다. 따라서 입법화의 과정에서는 다수 세력 구축(majoriry building)이 중요해지는데, 여기에는 국회의원들 이외에도 다수의 정치적 행위자들이 참여하게 된다.

대표적인 경우가 대통령이다. 일반적으로 대통령은 행정부의 수반으로 행정부에서 개발된 정책안들을 의회 내에서의 입법화 과정을 통과시키기 위해 많은 활동을 한다(예, 의원들에 대한 개별적 설득). 특히 미국의 경우, 대통령은 의회에서 최종적으로 결정된 정책에 대한 거부권을 행사할 수 있기 때문에, 이러한 거부권을 이용해서 의회에서의 다수 세력 구축 작업에 영향력을 행사한다. 여기서 거부권 행사 자체도 중요하지만, 거부권을 행사할 수 있다는 위협도 중요하여 의회 내에서 다수 세력구축작업에서 이러한 점도 고려해야 한다.

예를 들면, 클린턴 행정부의 1996년 복지개혁법이 통과된 것에는 지나치게 보수적인 공화당 안에 대한 거부권의 위협으로 수정하게 만들고, 이러한 공화당 안에 반대하는 진보적 혹은 중도적인 민주당 국회의원들을 설득하여 과반수를 넘긴 것이다.

미국처럼 의회의 권력이 큰 나라에서도 대통령의 역할이 입법화 과정에서 중요한데, 우리나라에서처럼 의회의 역할이 작고 대통령의 권한이 막강한 사회에서는 의회에서의 입법화 과정은 대통령에 의하여 크게 좌우된다고 볼 수 있다(우리나라에서는 전통적으로 대통령이 강력히 추진한 정책안들이 의회에서 부결되는 경우는 극히 드물다).

이 밖에도 세부 정책안들을 만든 정부 관료들, 정책에 영향을 받는 각종의 이익집단들을 대변하는 로비스트들, 일반 시민단체들도 공청회 개최, 여론 조성, 정보 제공, 개별의원 설득 등의 방법으로 입법화 과정에 참여한다.

3) 예산확보 과정(appropriation)

정책안이 합법화 과정을 통과하였다 하여, 즉 입법화가 되었다 하여 최종적으로 끝난 것은 아니다. 어떤 정책이 실질적인 효과가 있는 정책이 되기 위하여는 그 정책에 대한 예산이 뒷받침되어야 한다. 그렇지 않으면 그 정책은 유명무실한, 심지어 사문화된 정책이 되기 쉽다.

대표적인 예가 미국에서의 1949년의 주택법(Housing Act)이다. 이 법은 의회내에서 많은 합법화 과정을 거쳐 입법화가 되어, 향후 6년간에 걸쳐 저소득층을 위해 810,000개의 공공주택을 건설하게 되어 있으나, 예산확보 실패로 주택법이 통과된 지 20년이 지났는데도 겨우 반밖에 건설하지 못했다.

우리나라에도 비슷한 예가 있다. 1980년대 말 공공임대주택법의 통과에 따라 빈자들을 위한 대규모 영구임대주택을 건설하게 되었으나, 이후 예산 확보가 안 되어 흐지부지되어 버렸다.

예산안이 만들어지고 합법화 과정을 통과하는 것은 지금까지 논의한 정책안들이 만들어지고 합법화되는 과정들과 거의 유사하다. 그래서 여기서는 예산안 개발의 합법화 과정 가운데 독특한 측면들만 간단히 논의하고자 한다.

우선 어느 나라에서도 이 과정에서는 예산을 담당하는 기구(예를 들면, 미국의 경우 Office of Management and Budget – 약칭 OMB – 와 한국의 경우 기획예산처)의 역할이 중요하다는 점이다. 일반적으로 예산안을 만드는 과정에는 해당 정책을 담당하는 기관, 예산 기관, 그리고 대통령이 주된 역할을 하나, 예산을 담당하는 기관의 역할이 크다. 특히 우리나라에서처럼 정부 예산을 확대하기를 꺼리는 국가에서는 예산을 담당하는 기관의 힘이 강하여 대부분 예산기관이 해당 기관들의 예산을 결정한다고 해도 과언이 아니다(물론 우리의 경우 대통령의 권한이 강해서 대통령이 관심을 갖는 정책의 경우 예산 기관의 반대를 누를 수 있다. 최근의 예가 국민기초생활보장법의 예산 과정으로, 대통령의 지지로 기획예산처의 반대에도 불구하고 이 프로그램에 대한 예산이 크게 늘어났다).

예산기관의 주된 역할은 해당 정책기관들과 대통령 사이의 중간에서 의사전달과 조정을 하는 것이다. 해당 정책기관들은 자신들의 정책을 뒷받침할 예산을 따내기 위해 대통령이 정책 우선순위를 결정하는 데 지속적인 노력을 기울인다. 예산기관은 해당 정책 기관들의 이러한 노력들을 중간에서 정보 수집, 해석, 대통령에게의 정보 보고 등의 활동을 하거나, 반대로 대통령의 정책 결정 사항들을 해당 기관에 전달하는 역할을 한다.

이상의 3개 기관(정책담당기관, 예산기관, 대통령) 이외에도 정책을 뒷받침하는 예산안을 개발하는 작업에는 다른 정부 기관들, 지지하는 이익집단, 해당 정책의 주된 수요자, 관계 전문가 등과의 지속적인 대화와 정보 교환이 필요하다.

이렇게 예산안이 만들어지면, 이것은 의회로 넘어가 입법화 과정을 밟는다. 이러한 과정은 앞에 논의한 정책안의 입법화 과정과 본질적으로 유사하므로 여기서의 논의는 생략한다.

3. 정책집행과정

최종적으로 정책이 결정되면 이제는 그 정책을 해당 사회문제에 적용하여 문제를 해결하는 과정이 필요하다. 정책집행은 이러한 과정을 말한다. 그렇다면 집행은 무엇을 의미하는가? 집행에 대한 정의는 사람들에 따라 다를 수 있지만, 여기서 집행이란 '정책목표를 설정하는 것과 그 목표를 이루기 위한 활동들과의 상호 작용의 과정'이라는 점을 강조한다. 여기서 '상호 작용의 과정'이라는 개념이 중요한데, 이것이 의미하는 것은 지금까지의 정책 결정 과정들(문제의 인지/정책안 개발/합법화 등)이 그 자체들로 끝나는 것이 아니라 정책 집행 과정을 통하여 다시 변할 수도 있다는 점이다. 즉, 정책은 집행하는 과정에서 정책이 크게 변할 수 있다는 점이다. 다시 말해서 집행이란 '모든 것이 완벽히 결정된 정책을 기계적으로 시행하는 것이 아니라, 시행되고 있는 정책을 다시 고려하는 과정(reconsideration of the policy being implemented)이다'라고 할 수 있다.

정책집행과정(implementation)에 어떤 사람들이 참여하는가? 물론 가장 중요한 역할을 하는 사람들은 정부 관료들이다. 대개의 경우 이들의 주 역할은 결정된 정책의 규칙에 따라 정책의 대상이 되는 사회 문제들을 해결하기 위한 일상적, 정규적인 업무를 수행하는 것이다.

그렇다고 관료들은 이러한 일상적인 업무만을 하는 것은 아니다. 이들은 정책을 만든 사람들과 그 정책의 대상자들과 끊임없이 대화를 가져 정책을 만든 사람들의 진정한 의도를 파악하거나 대상자들의 수요를 파악하여 새로운 문제제기를 하여 정책의 변화를 추구하기도 한다.

이러한 역할들은 현대 산업 사회가 복잡해질수록 사회 문제도 복잡해지기 때문에 더욱 중요해지는 경향이 있다.

입법가들(국회의원)도 정책집행 과정에 참여한다. 이들의 역할은 대개 자신들이 만든 정책들이 실제 집행하는 과정에서 나타나는 문제들을 정책의 대상자들인 자신들의 지역주민들의 청원을 통해 알게 되고 이러한 문제들을 정부관료와 협력하여 해결한다(실제로 국회의원들에 대한 지역주민들의 청원은 대부분 이러한 것들이다). 또한 입법가들은 정부관료들로부터 정책 집행에서의 여러 문제들에 대한 자문에 응하기도 한다.

사법관들의 역할도 중요하다. 판사들의 판결이란 대개 어떤 정책을 집행하는 과정에서의 갈등에 관한 것이라 할 수 있다. 즉, 정부정책을 시행하는 과정에서 불이익을 당한 대상자들이 정부 정책에 대해 소송을 제기하는 것에 판단을 내리는 것이다. 미국의 경우는 사법부의 독립성이 크기 때문에 정부 정책과 관련된 판결은 수 없이 많고 또한 중요한 기능을 한다. 대표적인 예는 미국의 과거의 대표적인 공공부조 제도인 AFDC의 수급자가 '자격'이 안 된다는 이유로 수급권을 박탈당했을 때, 사법부가 '자격'의 기준에 대하여 최종 판단한 것이다.

우리나라의 경우도 최근에 생활보호법의 수급자에서 제외된 노인이 국가를 상대로 소송을 제기했다(물론 우리나라에서는 사법부의 독립성이 크지 않아, 판결은 국가에 유리한 쪽으로 나왔지만).

이 밖에 점차로 민간조직(이익집단들이나 각종의 시민 단체들)도 정책 집행 과정에 여러 가지의 형대로 참여한다. 이러한 집단들은 정부기관이 정책을 집행하는 데 협력하거나 압력을 행사한다. 대표적인 예가 정부 기관에의 각종의 상임, 혹은 비상임 위원회에, 이러한 집단들의 대표들이 위원으로 참여하는 것이다.

예를 들면, 우리의 보건복지부 산하의 건강보험정책 심의위원회에는 의사, 약사, 자본, 노동의 이익집단을 대표하는 사람들과 시민단체의 대표들이 위원으로 참여하여 건강보험제도를 시행하는 데 나타나는 문제들을 논의하는데, 점차 이러한 집단들의 역할이 커지는 경향이 있다.

집행의 구체적인 활동들은 무엇인가? 크게 세 가지 활동으로 나눌 수 있다. 첫째는, 조직화로 정책을 시행하기 위한 기구와 인력을 정립하는 것이다. 둘째는, 해석으로 추상적인 정책 용어들을 구체적인 활동 지침으로 바꾸는 것이다. 셋째는, 구체적으로 해당 사회문제들에 적용하는 것이다.

1) 조직(organization)

정책을 집행하기 위해서는 많은 인력과 기구가 필요하다. 이러한 정부 조직들은 국가에 따라 크게 다르기 때문에 일반화된 논의는 어려우나, 정부 조직들의 특성에 관해서 다음의 몇 가지 설명하는 것이 필요하다.

첫째, 일반적으로 정부 조직은 복잡하기 때문에 정책, 혹은 세부 프로그램이 어떤 조직에 속하느냐에 따라 그 정책은 시행과정에서 큰 차이가 날 수 있다는 점이다. 따라서 어떤 정책을 추진하는 입장에서는 그 정책에 호의적인 조직에서 그 정책을 시행하도록 노력하는 경향이 있다. 예를 들면, 우리나라의 국민기초생활보장제도의 경우 근로 능력이 있는 빈자 가운데 자활 능력자의 경우 그들에 대한 훈련과 취업 프로그램은 노동부에 속해 있는데, 국민기초생활보장제도를 추진하는 사람들은 빈자의 문제에 더 호의적인 보건복지부에 그 프로그램이 속하기를 원한다.

둘째, 대부분의 정부조직들은 쉽게 변하지 않는다. 이러한 조직들은 대개 기존의 정책들의 점증적인 변화들만을 집행한다. 심지어는 집행하고 있는 정책이 더 이상 필요가 없는데도 조직은 존재하는 경향이 있다.

셋째, 새로운 사회 문제가 나타나거나, 기존의 문제가 크게 커지면 이에 대해서 새로운 정책이 필요하거나 정책을 확대할 필요가 있는데 이 때 정부 조직은 두 가지의 형태로 나타난다. 하나는 완전히 새로운 조직을 만드는 것이다. 이것은 그 정책의 규모에 따라 기존의 조직과 독립적으로 만들거나, 기존의 조직 내에서 만든다. 다른 하나는 기존의 조직을 확대하여 지위를 높이는 방법이다.

예를 들어, 우리나라에서 보건복지부 조직에서 노인들의 문제가 커져 노인복지정책의 규모가 커지자 노인을 위한 프로그램을 위한 조직의 위상이 커졌다.

넷째, 기존의 조직들도 점차 시행과정에서 변화에 부응하여 재조직(reorganization)을 한다. 가장 흔한 방법은 유사한 기능을 하는 조직과의 통합이다. 예를 들면, 우리나라의 경우 과거의 경제개발 5개년 계획 등의 계획경제에서 필요했던 경제기획원을 폐지하고, 예산기능 조직과 통합하여 기획예산처를 만들었다.

2) 해석(interpretation)

입법화된 정책은 일반적으로 많은 분량의 추상적인 용어들로 구성되어 있다. 이러한 용어들은 정책 행위자들에게 서로 다른 의미를 갖게 하는 경향이 있다. 그래서 정책을 집행하는 사람들에게 이러한 추상적인 용어들에 실질적인 의미를 주기 위하여 해석을 하게 하는 역할이 주어진다.

기존의 정책을 집행하는 과정에서는, 이러한 정책집행자들의 해석의 여지가 크지 않다. 반면에 기존의 정책이 대폭 수정되거나 새로운 정책이 만들어질 때는 해석의 임무가 크게 늘어난다. 앞에서도 논의했듯이 일반적으로 어떤 정책안이 만들어지고 합법화 과정에서 이해 당사자들 간의 갈등이 완전히 해소되지 않은 채 대통령이 강력히 추진하거나, 일반 국민의 압력이나 시간이 촉박해서 등의 이유로 서둘러서 정책으로 결정되는 경우가 많다. 이러한 경우에는 정책을 집행하는 과정에서 이러한 갈등이 다시 나타나는 경향이 크다. 이러한 상황에서는 정책집행자들의 정책에 대한 해석이 중요하고 조직에 큰 영향을 줄 수 있다.

두 가지 예를 들어 보자. 먼저 미국의 예로 최근 통과된 '복지개혁법'

의 경우이다. 이 법의 근본적인 취지는 AFDC를 없애고 기존의 AFDC 수급자들로 하여금 노동시장에서 아무런 일자리라도 잡아 스스로 독립해서 살아가도록 하는 데 있다. 그런데 이 법을 만드는 과정에서 가장 큰 논란은 AFDC수급자들이 과연 노동 시장에서 빈곤을 벗어날 만한 일자리를 잡아 독립할 수 있느냐의 문제였다. 그런데 이 문제를 충분히 검토하지 않은 채 국민의 압력으로 서둘러 '복지 개혁법'이 통과되었는데, 이 법을 시행하는 과정에서 바로 그 문제가 다시 떠올라 논란이 되고 있다.

우리나라 국민기초생활보장법의 경우 근본적인 취지는 근로능력에 상관없이 누구나 '최저생활'을 보장해 주는 것이다. 그런데 이 법은 시행하는 과정에서 근로능력 여부와 '최저생활'에 대한 집행자들의 나름대로의 해석으로 실질적으로 근로 능력이 있는 빈자에게는 '최저생활'을 보장해 주는 것을 꺼리고 있다.

이러한 정책집행자들의 정책에 대한 해석행위를 다른 말로 하면, '행정적 재량권(administrative discretion)'이라 한다. 이러한 재량권은 자유로운 결정권, 개별적 판단, 지시받지 않은 정책 선택의 의미를 담고 있는데, 재량권이 커지면 정책 집행자는 문제의 정의를 내리고 정책안을 개발하고 합법화하는 기능을 모두 가진다고 볼 수 있다.

어느 나라에서나 정책집행자들에게 재량권이 주어지나 국가에 따라 차이가 있다. 일반적으로 행정부의 권한이 강한, 즉 정부관료의 권한이 큰 국가에서의 정책 집행자들의 재량권이 크다고 할 수 있다.

이렇게 정책집행자들의 재량권이 큰 것은 민주주의 사회에서 문제가 될 수 있다. 가장 중요한 문제는 국민을 대표하고 국민에게 책임을 지는 의회를 통한 합법성이 결여되었다는 점이다. 이러한 점에서 재량권은 '법적 뒷받침이 없는 정책(policy without law)'이 되는 것이다.

또한, 재량권이 점차 중요해지면, 특정 이익집단과 정책집행자들이 결탁하여 집행자들의 재량권을 이용하여 특정 이익집단에게 많은 혜택이 돌아가도록 할 수 있게 된다. 우리나라에서 전통적으로 공무원들의 부패는 대개 '업자(이익집단)'들이 공무원들의 재량권을 이용하여 자신들이 혜택을 보려는 과정에서 발생한다고 볼 수 있다.

3) 적용(application)

정책집행과정의 마지막 단계는 정책을 현장의 사회문제에 적용하여 시행하는 과정이다. 이 단계에서는 대개 정책의 행정 지침(directives)이나 기준(standards)에 따라 기계적인 활동들이 필요하다. 그럼에도 불구하고 이 단계에서도 실제 상황에 맞추어 정책집행도 조정이 이뤄진다. 상기의 해석이 넓은 의미의 정책 내용에 대한 재량권이라 한다면, 이 단계에서의 재량권은 실제상황에서의 융통성을 의미한다고 볼 수 있다.

아무리 정책을 잘 만들었다 하더라도 상황에 따라 그 정책을 너무 엄격하게 적용하게 되면 오히려 문제를 악화시킬 수 있다. 예를 들면, 미국의 경우 속도제한이 60마일인 고속도로에서 60마일을 초과해도 대개의 경우 교통 위반 단속 대상이 되지 않는다. 이것은 순조로운 차의 흐름이라는 보다 큰 사회적 이익이라는 집행사들의 판단에 따른 것이다.

또한 음주운전의 경우 혈중 알코올 농도가 기준치를 어느 정도 넘겼다 하더라도 다른 것들(예, 똑바로 걸을 수 있는지, 알파벳을 순서대로 말할 수 있는지 등)을 판단하여 최종 결정한다. 이러한 측면에서 우리의 음주운전 단속의 정책집행이 지나치게 엄격하다고 할 수 있다.

4. 정책평가과정

어느 사회나 사회적 자원은 제한되어 있다. 그래서 이렇게 제한된 사회적 자원을 어떻게 사용하느냐는 정치의 가장 중요한 관심사다. 정책은 사회적 자원을 사용하는 것이다. 정책을 평가하는 것은 바로 이러한 제한된 사회적 자원을 얼마나 잘 사용하는가를 보는 것이다. 다른 말로 이야기하면 정책평가라는 것은 정책이 대상으로 하고 있는 사회문제들을 주어진 사회적 자원 내에서 얼마나 잘 해결하는지를 보는 것이라 할 수 있다.

정책평가에 대한 상기의 원론적인 경우와 달리, 현실세계에서의 정책평가는 다분히 정치적이다. 즉 '객관적'인 정책평가는 드물다. 그렇다면 정책평가는 왜 하는가? 가장 중요한 동기는 기존의 정책을 합리화(justification)하며 지지세력을 구축하거나 그 반대로 기존의 정책을 버리고 새로운 정책을 합리화하기 위한 수단으로 사용하고자 하는 것이다.

후자의 대표적인 사례가 미국에서의 1996년의 '복지개혁법'의 통과이다. '복지개혁법'이 이루어진 것에는 기존의 복지정책, 특히 AFDC에 대한 부정적인 정책평가가 기여한 바가 크다. 사실 복지정책에 대한 정책평가는 복지개혁이 추진되기 시작한 이후 지난 30년간 계속되었으나 최근까지는 정책평가들을 서로 엇갈린 결과를 발표하였다. 보수적인 시각에서의 정책평가들은 AFDC가 수급자의 근로동기를 약화시켜 '복지의존성'을 높이거나, 미혼모의 숫자를 늘린다거나, 가족을 해체시킨다는 등의 부정적인 평가를 보이는 반면, 진보적인 시각에서의 정책평가들은 AFDC의 부정적인 효과들은 거의 없고 오히려 복지정책을 통해 빈곤율 감소라는 긍정적인 평가를 강조했다.

이러한 복지정책에 대한 정책평가의 균형은 1980년대 중반 이후부터 깨지기 시작해서 부정적 평가들이 주류를 이루기 시작했고 정책 결정자들은 이러한 평가들을 근거로 해서 일반 국민이 압도적으로 지지하는 복지개혁에 박차를 가하기 시작하였다. 이 과정에서 기존의 복지정책의 고수를 원하는 진보적인 사람들의 입지가 크게 약화되었고 결국 1996년의 복지개혁법이 압도적인 다수로 통과하게 되었다.

'객관적'인 평가가 어려운 또 하나의 관점은 정책평가의 기준이 애매하다는 점이다. 정책평가의 가장 큰 기준은 정책의 목표이다. 그래서 정책의 성공 여부는 그것이 추구하는 목표를 얼마나 잘 이루었는가를 보는 것이다. 그런데 문제는 대부분의 정책들의 정책 목표가 명확하지 않다는 것이다. 예를 들면, 1949년의 미국의 주택법의 정책목표는 '모든 미국 가정을 위해 품위있는(decent) 집과 적절한(suitable) 생활환경을 만드는 것'이고 1969년의 환경법은 '인간과 자연이 생산적인 조화(productive harmony) 속에서 공존할 수 있는 상태를 만들거나 유지하는 것'을 정책목표로 한다. 이러한 목표들은 구체적이지 않아 해석의 여지가 많기 때문에 서로 다른 사람들은 이러한 정책목표들을 서로 다르게 이해하게 되어 이러한 목표들을 이루었는가를 '객관적'으로 평가하는 것은 어렵게 되는 것이다.

사회복지정책들의 정책평가들은 더욱 모호하다. 다른 정책들에 비하여, 사회복지정책들은 대개 인간의 복지(안녕)의 개선에 목표를 두고 있는데 이러한 인간의 복지의 상태를 객관적으로 평가하는 것은 어렵다. 최근 우리나라에서도 '삶의 질'을 '개선'하기 위한 기구도 만들어졌으나, 과연 무엇이 '삶의 질'이며 어느 정도 달라져야 '개선'되었다고 할 수 있는지에 대한 객관적인 평가는 어려운 과제이다.

정책평가는 누가 하는가? 이것은 국가의 정치제도에 따라 다를 수 있으나 일반적으로 다음과 같은 참여자들이 주요 역할을 한다. 우선 의회의 역할이다. 기본적으로 볼 때, 의회는 국민으로부터 부여받은 정부정책에 대한 감독권(oversight)을 갖고 있기 때문에 어떠한 형태로든 정책평가를 하게 된다.

우리나라의 경우는 국정감사라는 이름하에 전반적인 정부 정책에 대해서 의회 전체의 포괄적인 정책평가가 이루어지고, 미국의 경우는 상원과 하원의 '정부활동위원회(Committees on Government Operations)'에서 선별적인 정부정책들에 대한 정책평가가 이루어진다. 또한 의회 내에서 예산을 심의하는 과정에서도 자연스럽게 정책들에 대한 평가가 이루어진다.

행정부 내에서도 자체적(?)으로 평가가 이루어진다. 대표적인 경우가 매년 예산을 편성하는 과정에서이다. 어떻게 보면 어떤 정책의 예산을 결정하는 것은 그 정책이 얼마나 성공적인가를 평가하는 것과 같은 개념이다. 그래서 예산을 신청하는 기관들은 자신들의 정책들이 얼마나 잘 정책목표들을 이루었는가를 뒷받침하는 자료들을 제시하고, 예산을 결정하는 기관은 이러한 자료들을 분석평가하는 과정에서 자연스럽게 정책평가가 이루어지는 것이다.

우리나라의 경우도 이렇게 예산편성과정에서의 예산기관의 정책평가가 중요하여, 예산기관에는 부처별 정책평가 전담자들이 존재하고 이들은 해당부처 정책 담당자들과 자료 제시, 논의 등의 교류가 있다. 우리나라는 또 특히 감사원이라는 독립된(?) 정책평가 기구가 있어 여기서 전반적인 정부정책을 평가하기도 하고, 특별한 경우 특정의 정책에 대해서 집중적인 평가활동을 한다.

세 번째는 정책평가는 때로는 정부가 특별위원회를 만들어서 행하기도 한다. 이것은 대개 특정정책이 논란이 많을 때 나타나는 현상인데, 이렇게 특별위원회를 만드는 이유는 그 정책에 대해 일반 국민들의 관심을 높이거나, 정부와는 독립적으로 평가하기를 원하거나, 다양한 관점들을 대변하기 위하거나, 민간부문의 전문성을 살리고자, 혹은 정책추진을 위한 일반 국민들의 지지를 높이고자 등의 다양한 이유에서 비롯된다.

이렇게 특별위원회가 가질 수 있는 이상적인 측면에도 불구하고, 실제적으로 이러한 위원회를 통한 정책평가의 효과는 한계가 있다. 가장 큰 이유는 이들 위원회도 결국 정책 평가를 위한 정보를 해당 정책기관에 주로 의존할 수밖에 없다는 점 때문이다. 이러한 상황에서 독립적이고 객관적인 정책평가는 어렵게 된다.

최근에 들어서는 비정부 기구들에서의 정부정책들에 대한 평가가 활발히 이루어진다. 우선 각종의 언론기관들의 역할이 커지고 있다. 우리나라에서도 신문이나 TV 매체를 통하여 탐사보도라는 이름하에 정부의 정책들에 대한 평가가 많이 이루어지고 있다.

또한 개인이나 집단들도 정책평가에서 중요한 역할을 한다. 개인들의 경우 대표적인 예가 미국의 Ralph Nader로, 그는 소비자를 위한 '파수꾼(watch dog)'의 역할을 하며 다양한 정부정책(예, 연금, 정신건강, 환경, 안전문제 등 무수히 많다)에 대한 평가를 하여 큰 영향력을 행사한다.

다양한 이익집단들(예, 의사협회, 상공회의소, 노동조합 등)도 자신들의 이익을 위하여 자체의 상존의 정책 평가기구를 갖고 있으면서 일상적으로 정부정책들에 대한 평가를 한다. 우리나라에서도 최근 이러한 경향이 커 주요 이익집단들은 대개 정책평가기구를 갖고 있다.

또한 독립된 연구기관들도(예, 미국의 Brookings Institution) 정부의 정책들에 대한 평가를 많이 한다. 우리나라의 경우 독립된(?) 연구기관이 많지 않다. 우리나라의 연구기관들은 대개 정부 산하에 있어 이러한 기관들에서의 정부정책 평가에 대해서 독립성, 객관성을 의심하는 사람들이 있다. 아니면 각종 이익집단 산하(예, 경총이나 한국노총 산하의 연구원들)의 연구기관들인데, 이들의 평가도 객관적인 것으로 받아들이기 어렵다. 우리나라의 경우 비교적 독립적, 객관적이라 할 수 있는 연구기관들은 대학의 연구소들이라 할 수 있는데 아직은 이러한 연구소들의 정책평가의 역할은 미미하다.

마지막으로 최근 중요해지는 시민단체들의 정부정책 평가 활동이다. 특히 몇 개의 유력한 시민단체들의 평가들은 일반 국민들로부터 독립성, 객관성을 인정받고 있으나, 문제는 자원이(인력, 재정) 부족해서 충분한 평가를 못하고 있는 점이다. 우리나라처럼 정부정책을 불신하는 풍토가 국민들 사이에서 팽배한 상황에서 앞으로 이러한 시민단체들의 정책평가의 역할이 더 중요해질 수 있다. 실제로 많은 전문가들이 시민단체에 참여하여 각종의 정부정책에 대해 평가를 활발히 하고 있다. 그래서 이러한 시민단체들의 평가가 다른 어떤 기관들의 평가보다 국민들로부터 권위를 인정받고 있는 것이 현실이다.

그렇다면 정책평가의 최종산물은 무엇인가? 이른바 '정책 cycle'의 문제를 세 가지로 나눌 수 있다. 가장 단순한 형태로, 정책평가의 결과로 기존의 정책을 합리화하고 지지하는 것이다. 실제로 대부분의 정책평가들은 이러한 유형에 속한다. 둘째는 정책평가로 사회문제에 대한 정의를 그대로 유지한 채, 다른 정책대안이 나타나게 되는 형태이다. 마지막으로는, 정책평가를 통하여 사회문제에 대한 정의 자체가 바뀌거나 혹은 새로운 문제를 발견하여 이전과는 완전히 다른 정책이 개발되는 형태이다. 이렇게 되면 정책 형성 과정은 처음부터, 즉 문제의 인지 단계부터, 다시 시작하게 되는 것이다.

제 6 장

이익집단정치 모델

상기의 행동주의 모델에서의 정책형성과정에 참여하는 '정치적 행위자(political actors)'들 가운데 오늘날 중요해지는 것이 이익집단들이다. 일반적으로 대의 민주주의 제도(representative democracy), 특히 다원적 민주주의 제도(pluralistic democracy)에서의 기본적인 가정은 국가정책은 일반 국민들에 의하여 선출된, 즉 국민을 대표하는 정치가들이 개별 국민들(투표자들)의 선호를 반영한 결과로 본다. 그래서 국가정책은 마치 불특정 다수의 국민들의 이익을 골고루 반영하는 것으로 가정한다.

그러나 현실 세계에서의 대의 민주주의 제도에서 대부분의 국가정책들이 이렇게 수많은 개별 국민들의 광범위하고 분산된 선호들을 직접적으로 반영하는 것은 어렵다. 그래서 개별 국민들의 선호(이익)를 정부에 연결시켜 주는 통로가 필요한데 이러한 통로가 이익집단인 것이다. 이 모델에 따르면 국가정책은 이러한 다양한 이익을 추구하는 다양한 이익집단들 사이의 영향력에서의 경쟁들의 산물이라고 본다. 즉 어느 시점의 특정 국가정책이란 특정의 이익집단이 경쟁에서 이긴 전리품이고, 또한 이러한 정책은 이익집단의 영향력의 변화에 따라 변할 수 있는 것이다.

대표적인 예가 미국에서 낙태(abortion)에 관한 정책이다. 낙태는

1960년대까지만 해도 불법이었으나 1970년대부터는 낙태를 지지하는 다양한 이익집단들(이른바 'pro-choice' 집단)의 영향력이 커져 합법화에 성공하는 듯 하였으나, 이어 낙태를 반대하는 이익집단들(이른바 'pro-life' 집단)이 전열을 가다듬어 그들의 영향력을 키우면서 1980년대부터는 낙태의 합법화에 일정한 제동을 걸게 되어, 오늘날에는 혼란스러운 상태에 빠져 주정부들 사이에 낙태에 관한 정책들이 차이를 보이게 되었다.

이익집단모델에 따르면, 정치(politics)란 국가정책에 영향을 주기 위한 이익집단들의 경쟁 그 자체이고, 정치제도(political system)란 1) 이익집단들이 경쟁하는 게임의 룰을 만들고, 2) 다양한 이익들을 타협(compromise)하고 조정하는 역할을 하고, 3) 이러한 타협과 조정의 결과를 정책으로 만들고, 4) 마지막으로 이러한 정책을 집행하는 것으로 본다(Dye, 1981).

또한, 이 관점에 따르면, 정당이라는 것도 이익집단들의 연합체(coalition)에 불과하다. 그래서 예를 들면, 미국의 민주당이란 노조, 카톨릭 종교집단, 흑인을 비롯한 소수인종 집단, 빈자, 진보적 지식인 등의 각종 이익집단들의 연합체라는 것이다. 오늘날에는 이러한 모습이 다소 혼란스러워, 이러한 집단들이 반드시 민주당을 지지하는 것은 아니다. 그러나 중요한 것은 정당이란 여전히 이익집단들의 연합체의 성격이 강하다는 점이다. 그래서 특정 정당의 힘이 약화되는 것은 이러한 연합체의 응집력이 약화된 것으로 볼 수 있다.

그렇다면 이익집단이란 무엇인가?

이익집단에 대한 정의는 다양할 수 있지만, 기본적으로 '이익집단은 사회의 다른 집단들이나 정부에게 어떤 주장을 하는 공유하는 태도나 가치를 갖고 있는 집단'이라 할 수 있다(Truman, 1951). 이러한 정의에 따르면 이익집단은 매우 광범위하여 사회의 거의 모든 집단들은 이익집단이라 할 수 있다. 실제로 오늘날 이익집단과 그렇지 않은 집단(예,

친목을 주목적으로 하는 집단)과의 차이가 분명하지 않은 경우가 많다. 예를 들면, 동창들의 친목을 주목적으로 하는 동창회들도 정부에 대해서 어떤 정치적인 행위들을 한다. 특히 우리나라에서처럼 연고주의가 강한 나라에서는 각종의 연고(지연, 학연, 혈연)에 의해 만들어진 집단들(향우회, 종친회, 동창회 등)도 이익집단화되는 경향이 크다고 할 수 있다.

이렇게 수 없이 많은 이익집단들은 그것들의 영향력에서 매우 큰 차이가 난다. 어떤 집단들은 전국적인 영향력을 갖고 있어 국가의 주요정책들에 결정적인 영향력을 행사하는 반면에(예, 미국의 의사협회), 어떤 집단들은 매우 좁은 지역에 제한된 영향력을 갖고 있다(예, 필자가 지금 글을 쓰고 있는 장소인 Camano Island의 Yacht Club).

이익집단들의 영향력을 결정하는 요인들은 무엇인가?

우선 가장 단순한 요인으로는 집단구성원들의 숫자다. 집단이 영향력을 발휘하려면 일단 회원 숫자가 많아야 한다. 적어도 회원 숫자는 투표숫자와 직접적인 관계가 있기 때문에 정치가들은 숫자를 무시할 수 없다. 미국의 은퇴한 노인들 집단(AARP, American Association of Retired Persons)이나 미국자동차협회(AAA, American Automobile Association) 등은 회원 숫자가 수백만 명이 되어, 이러한 집단들은 단순한 숫자만으로 막강한 영향력을 행사한다.

조직의 인적, 물적 자원이 풍부해야 한다. 이러한 자원이 많으면, 집단의 구성원의 숫자가 적다 하더라도 큰 영향력을 행사할 수 있다. 일반적으로 전문직 집단들(예, 의사협회, 변호사협회)은 그 숫자가 비록 적다 하더라도 막강한 영향력을 행사한다. 또한 자본주의 사회에서 자본을 대변하는 각종의 집단들(예, 경영자 연합회, 상공회의소 등)은 물질적 자원이 많기 때문에 일반적으로 노동집단들에 비하여 영향력이 크다.

집단의 동질성, 조직력, 응집력이 커야 한다. 집단의 구성원들이 이질적이면, 즉 사회 경제적 배경이 다르든지 혹은 어떤 이슈에 대해 이념적으로 다르다면 집단 응집력이 약해져 결국 조직력도 약화가 되어, 집단들이 숫자가 많아지면 나타나는 이른바 '무임승차(free rider)' 현상이 나타나 집단의 힘이 약해진다. 대표적인 '무임승차' 현상이 집단의 재정을 위한 회비납부가 저조하고 집단활동에 참여를 안 하는 것이다. 대부분의 회원들은 '내가 회비를 안내고 집단활동에 참여 안 해도 남이 하게 되면 나도 이익을 볼 수 있다'고 생각하기 때문에 결과적으로 대부분의 사람들이 회비를 안 내고 집단활동에 참여를 안 하게 되는 것이다.

집단의 동질성이 높아 정치적 영향력이 큰 대표적인 집단이 선진산업국가들의 노인집단이다. 오늘날 서구 복지국가들에서의 노인들은 대부분 65세가 지나면 은퇴하여 정부의 사회복지제도에 크게 의존하여 생활한다. 그래서 모든 노인들은 그들의 출신 배경이 자본가이든 노동자이든, 중산층이든 빈곤층이든, 흑인이든 백인이든, 혹은 정치적 이념이 집합주의든 개인주의든 간에 상관없이 정부의 노인을 위한 사회복지제도의 확대라는 동일한 이익 추구를 하게 되어 동질성이 크고 응집력이 강한 것이다.

예를 들면, 미국에서 1980년대에 국민연금(미국에서는 Social Security라 한다) 제도의 재정위기를 해소하기 위한 여러 가지 방안들이 논의될 때 어떤 연방하원의원이 국민연금 급여액을 삭감하자는 주장을 하자, 전국의 노인들이 그 의원을 낙선시키려는 운동을 벌여 결국 성공하였다. 이후 미국에서 어떤 정치가도 노인을 위한 국민연금 급여액을 삭감하자는 주장을 공개적으로 하는 정치적 자살행위를 하지 않는 경향이 있다.

우리나라에서도 최근에 노인들의 집단들의 정치적 영향력이 커지고 있으나 아직은 서구복지국가들의 노인들의 집단적 영향력에 비하면 작다고 볼 수 있다. 이것은 아직 우리의 사회복지제도(특히 국민연금)가 그만큼 성숙하지 않아 수급자 숫자가 많지 않고, 수급자들도 국민연금에 결정적으로 의존해서 살고 있지 않기 때문이라고 해석할 수 있다.

이렇게 우리나라에서는 노인 집단들의 정치적 힘이 약하기 때문에 지난 10년 동안 두 차례에 걸쳐 국민연금의 재정안정이라는 이유로 국민연금 급여액의 소득대체율을 낮추었는데도 노인들의 별다른 저항이 없었다.

집단의 리더십과 정책결정자들에의 접근성도 중요하다. 이러한 요소들은 특히 이익집단 정치가 아직 제도화가 안 된 국가들에서 더욱 중요할 수 있다. 그래서 누가 집단의 리더이냐에 따라 집단의 영향력은 크게 차이가 날 수 있다. 또한 우리나라처럼 아직도 정책을 결정하는데 있어 정부의 힘이 강한 나라에서는 누구와(정책결정자) 얼마나 가까우냐가 중요하기 때문에 많은 이익집단들은 정책결정자들을 개별적으로 접근하는 경향이 크다(물론 이 과정에서 많은 문제－특히 부정, 부패－가 발생하지만).

실제로 우리나라에서는 고위 공무원직을 퇴임한 사람들은 각종의 이익집단들의 조직에 취업을 해서 이러한 집단들을 위하여 전에 자신들이 일했던 조직의 정책결정자들에게 로비하는 활동을 주 업무로 하는 경향이 크다.

오늘날 이익집단정치가 왜 중요해지는가?

전통적으로 유럽의 복지국가들의 사회복지정책의 확대에는 노동 대 자본의 2분법적인 계급정치가 중요했다. 특히 전술한 사회민주적 조합주의제도가 정착된 국가에서는(예, 스웨덴) 노동과 자본을 대변하는 포괄적 집단(encompassing organizations)들의 계급정치에 의하여 주요 정책들이 결정되었다. 이러한 모습이 최근에 들어와서 변하면서 점차 미국식의 이익집단 정치가 중요해지는 경향이 있다. 왜 그러한가?

첫째는 산업과 직업구조의 변화 때문이다. 노동 대 자본의 계급 정치가 가능하기 위하여는 미숙련 혹은 반숙련 육체노동자들을 대규모로 고용하여 대량생산하는 제조업의 비중이 커야 한다. 이러한 제조업에서 일하는 육체노동자들 사이의 기술 차이는 비교적 적어 그들 간의 임금 차이도 적고, 사회문화적으로도 동질적이어서 노동계급이라는 계급의식이 강하고 결과적으로 결속력이 높다. 이렇게 강한 계급의식과 결속력으로 노동자들은 대규모로 노동조합을 구성하여 자본에 대한 집합적인 요구를 하게 되고, 자본도 이에 대응하여 대규모의 조직을 구성하게 되어, 계급정치가 자연스럽게 이루어지는 것이다.

서구 복지국가들의 경우 이러한 제조업의 비중은 1970년대 이후 약해지기 시작한 반면 서비스 산업의 비중이 커지기 시작하여, 오늘날에는 서비스 산업이 제조업에 비해서 압도적으로 크다. 이렇게 서비스 산업과 직업이 중요해지는, 이른바 '탈산업화(deindustrialization)' 시대에서는 대규모의 단순노동자들을 고용하여 대량 생산하는 방식은 약화되고, 소규모의 숙련노동자들을 고용해서 다양한 부문에서의 소량 생산방식이 중요해진다. 이 때 자연히 기술이 중요시되고, 기술 차이에 따른 임금차이가 커지게 된다. 이렇게 되면 노동계급의 동질성도 약화되고, 산업별 직업별로 분열이 되어 하나의 노동계급으로서의 계급의식이 약화되고 노동조합도 약화되어 결국 노동 대 자본의 계급정치도 약해지는 것이다(Lash and Urry, 1987).

둘째는 노동계급의 '부르주아화(embourgeoisment)' 현상 혹은 '중산층화' 현상 때문이다. 서구 복지국가들의 경우, 2차세계대전 이후부터 1970년대 중반까지의 이른바 '황금기'에는 높은 경제 성장률과 낮은 물가상승률로 노동계급의 실질 소득이 크게 향상되었다. 이처럼 노동계급의 소득이 어느 정도 높아지면, 노동 대 자본의 계급 정치에서의 핵심 쟁점인 노동자 계급의 경제적 이익이 더 이상 가장 중요한 정치적 쟁점이 되지 않는다. 오히려 비계급적인 쟁점들, 예를 들면 환경, 평화, 교육, 인종문제 등이 중요해진다. 그래서 많은 수의 노동자들이 민주주의 선거에서 반드시 전체 노동자계급의 경제적 이익이라는 단일 차원에서 투표하는 경향이 약해지는 것이다(Berry, 1984).

그래서 선거에서 승리하기 위하여는 정당들이 전통적인 노동 혹은 자본계급의 지지기반만을 고수하는 현상은 줄어들어 점차 '중도화'되어 간다. 비록 적어도 명목적으로는 정당들 간의 기본적인 철학적 이념이 다르더라도, 현실정치에서 각 정당들은 노동 대 자본의 계급 차이를 뚜렷이 반영하는 정책들을 내걸고 선거에 나서서는 승리하기가 어렵게 된다. 그래서 점차 정당들은 이념보다는 득표 극대화의 전략이 중요해져 전통적인 우익정당 대 좌익정당의 구분이 약화되는 것이다. 최근의 대표적인 예가 영국의 블레어의 노동당이라 할 수 있다.

셋째는 비계급적인 다양한 이익집단들의 정치활동들이 중요해지는 것은 귀속적(ascriptive) 차이에 따른 집단들 – 인종, 연령, 성, 언어, 종교, 지역 등으로 나누어진 집단들 – 등의 집합적인 정치적 행위가 커지기 때문이다. 민주주의 정치에서 정당들간의 득표를 위한 경쟁이 치열해질수록, 이러한 집단들의 표가 더욱 중요해지고 이것은 다시 이러한 집단들의 결속력을 높여 집단들이 추구하는 이익의 동질화가 커진다. 이렇게 되면 귀속적인 차이가 계급의 차이보다 더 중요해질 수 있다.

예를 들면, 자본가 출신인 노인과 노동계급 출신인 노인은 계급 차이를 극복하여 노인이라는 이름 하에 동질적이 되어 노인복지정책의 확대를 같이 추구하는 것이다. 미국에서 노동 대 자본의 계급 정치가 약하고, 대신 이익집단정치가 강한 것에는 미국은 인종적, 문화적, 언어적, 종교적 등의 측면에서 다양한 사람들로 구성되어 있어 이러한 집단들이 계급에 비해서 중요했기 때문이라고 볼 수 있다. 대표적인 예로, 흑인 노동자와 백인 노동자의 갈등으로 인한 노동계급의 동질성의 약화를 들 수 있다.

우리나라의 경우도 연고주의가 강하여 연고에 따른 집단이 계급 차이보다 결속력이 크고 동질성이 크다고 볼 수 있다. 그래서 특정지역의 노동자가 다른 지역의 노동자와 노동계급이라는 이름하에 결속하는 것이 아니고, 같은 지역의 자본계급과 동일지역 출신이라는 이름 하에 결속하는 경향이 크다.

이익집단 정치는 어떻게 작동되는가?

이렇게 국가정책이 이익집단들 사이의 영향력에서의 경쟁의 결과로 본다면, 국가정책은 불특정 다수의 일반국민들에게 이익을 주기보다는, 경쟁에서 승리한 특정의 이익집단에게 집중적인 이익을 줄 가능성이 크다. 그렇다면 이익집단들은 국가정책 결정에서 어떻게 영향력을 행사하는가? 이것을 이해하기 위하여는 먼저 이른바 '철의 삼각관계(iron triangle)'의 개념에 대한 이해가 필요하다.

앞에서 논의했듯이, 대의민주주의 제도에서 정책을 만들고 집행하는 데에는 입법가(선출된 정치인)와 정부관료의 역할이 중요하다. 따라서 어떤 정책으로부터 집중적인 이익을 볼 수 있는 특정의 이익집단은 그 정책을 만들고 집행하는데 이러한 두 집단으로부터 지지를 끌어내야 한다. 그렇다면 어떻게?

인간들은 자신들의 이익을 극대화하는 행위를 한다는 공공선택이론(public choice)의 관점에서는, 입법가(국회의원)들이 자신들의 이익을 극대화하는 데 있어 가장 중요한 것은 당선이고 당선되기 위하여는 득표가 중요하다. 이렇게 득표 극대화가 대부분의 정치가들의 행위에 가장 중요한 동기라면, 정치가들은 자신들이 당선에 필요한 표를 주는 집단들의 요구를 거절하기 어렵다. 이러한 상황에서 이익집단들은 정치가들에 접근하여(lobby) 그들이 당선될 수 있도록 표를 비롯한 여러 가지 물적 자원 등을 제공하는 반대급부로 자신들의 정책을 지지하도록 만드는 것이다.

물론 모든 정치가들이 이렇게 득표 극대화에 따른 동기에 따라 행위를 하는 것은 아니다. 어떤 정치가들은 특정의 정치적 신념을 가지고 국가 전체의 이익을 위하여 행위를 한다. 이것은 국가에 따라 제도에 따라 다를 수 있는데, 예를 들어 국가(특히 행정부-대통령)의 정책결정 권한이 강하거나, 사회민주적 조합주의 제도의 성격이 강한 국가들에서는 이러한 경향이 클 수 있다. 그러나 이러한 경향은, 앞에서 논의했듯이 점차 다원주의 민주주의 제도나 이익집단 정치가 중요해지는 상황에서는 약해져 득표 극대화가 정치가들의 가장 중요한 행위 동기가 되는 것이다.

그렇다면 정책을 집행하는 정부 관료들은 어떤 행위들을 하는가? 물론 정부 관료들도 자신들의 신념을 가지고 국가 전체의 이익을 위해 행위를 하는 경우도 있지만, 대개는 자신들의 이익을 극대화하려는 동기를 갖고 있다. 이 경우의 정부관료들의 이익은 무엇인가? 어떤 정책을 통하여 자신들의 권력(권한)과 물적 자원(예산)이 커지는 것이다.

이익집단과 정부관료는 이러한 측면에서 협력하며, 정부관료는 특정 이익집단이 추구하는 정책을 통하여 권한과 예산이 커지게 되는 반대급부로 이익집단을 지지하는 것이다.

이렇게 이익집단, 정치가, 그리고 정부관료들은 각자의 이익을 극대화하는 관점에서 협력관계가 이루어져, 이익집단은 자신들에게 이익이 되는 특정 정책을 갖게 되고, 정치가는 표를 얻을 수 있고, 정부 관료는 권한과 예산이 커지는 것이다.

예를 들어, 저소득층을 위한 대규모 공공주택 건설은 대개 불특정 다수의 조직화되지 않은 저소득층의 정치적 영향력보다는 건설업체의 잘 조직된 집단들의 영향에 의하여 결정되는 경향이 높다. 대규모 공공주택 건설이 이루어지면 건설경기가 좋아져 건설업계의 사람들이 집중적으로 이득을 볼 수 있다. 그래서 이들은 정치가들에게는 표와 물적 자원을 제공하고, 정부관료들은(이 경우는 건설부 관료) 이 정책이 이루어지면 권한과 예산이 커지게 되므로 이 정책에 대한 지지를 끌어낼 수 있는 것이다.

그런데 이렇게 특정 정책을 통하여 집중적으로 이익을 얻는 특정 이익집단 구성원들의 숫자는 아무리 많다 하여도 전체 국민 숫자에 비하면 극소수다. 또한 특정정책과 관련된 정치가들의 숫자도 소수이고, 이러한 정책을 집행하는 정부관료들도 소수이다. 이렇게 '철의 삼각관계'를 구성하는 사람들이 소수인데, 어떻게 다수결의 원칙이 중요한 민주주의 체제에서 이러한 정책들이 이루어질 수 있는가?

이것은 두 가지로 설명할 수 있다. 하나는 특정의 정책을 둘러싸고 형성된 이익집단, 정치가, 정부관료들은 그 정책에 대하여 정보가 많을 뿐만 아니라, 그 정책을 통과시키기 위하여 잘 조직화가 되어 있고, 또한 자원을 집중적으로 투입할 수 있다.

반면에 숫자로는 다수인 일반 국민들은 그 정책에 대하여 정보도 없고, 조직화해서 그 정책에 저항하기도 어렵고, 무엇보다도 관심이 없다. 최근 많은 나라에서, 일반국민의 이익을 보호하기 위하여 시민단체들이 특정이익집단들의 이익만을 위한 정책들에 반대하는 운동을 벌이는 경향이 있으나 여기에는 일정한 한계가 있다(예, 미국의 Ralf Nader의 소비자 운동단체, 한국의 소비자연맹 등).

설사 일반국민들이 개별적으로 특정정책에 관심이 많고, 정보도 많이 갖고 있다 하더라도 그 정책의 통과를 막기 위한 조직화에 참여하는 동기는 약하다. 왜냐하면, 개별국민 한 사람으로 본다면, 특정이익집단을 위한 정책이 통과되어도 대개의 경우 개별적으로 받는 손실(비용)이 적기 때문이다. 즉 전체 국민으로 특정 정책의 비용이 분산되기 때문이다. 상기의 예에서, 대규모 공공주택 건설에 필요한 비용(예, 세금증가)을 전체 국민으로 분산될 경우 개별국민들로 볼 때는 극히 미미한 수준에 불과하다.

반면에 특정의 이익집단의 숫자는 소수이기 때문에 그 정책을 통해서 얻을 수 있는 일인당 이득액은 매우 클 수 있기 때문에 이익집단들은 조직화에 필요한 비용을 부담할 동기가 클 수밖에 없다(Olson, 1982).

또 하나의 이유는 이른바 'Logrolling' 현상 때문이다. 특정정책을 둘러싼 이익집단, 정치가, 정부관료는 소수이기 때문에 단순히 표결을 하게 되면 그 정책은 거부될 가능성이 높다. 그래서 '표의 교환'을 통하여 특정정책 A를 원하는 집단들이 정책 B와 C를 원하는 집단들의 협력을 구하여 정책 A를 통과시키고, 그 대가로 정책 B와 C의 통과에 협력하는 것이다. 즉 각 정책의 관련 집단들은 소수이나 이렇게 표의 교환(vote trading)으로 정책 A, B, C 모두가 다수로 통과될 수 있는 것이다. 이러한 현상은 이익집단 정치의 가장 큰 문제점으로, 국가 전체의 이익에는 명백히 해가 되는데도 불구하고 특정한 이익집단들을 위한 많은 정책들이 이러한 표의 교환으로 이루어지고 있다(우리 속어에 '끼리끼리 해먹는다'는 것이 바로 이러한 현상을 말하는 것이다).

이익집단정치가 중요하다면 사회복지 정책에는 어떠한 영향을 주는가?

이익집단 정치에서는 이익집단들의 정치적 영향력이 중요하기 때문에, 사회복지 정책에도 관련된 이익집단들의 영향력에 따라서 정책이 달라지는 경향이 있다. 대표적인 예가, 이익집단 정치가 중요한 미국에서의 노령연금 수급자 집단과 공공부조 수급자 집단간의 차이이다. 미국에서의 노령연금 수급자들은 숫자도 많고 물적 자원도 많고, 무엇보다 구성원들이 동질적이어 집단의 응집력이 강하며 정치적 영향력이 매우 크다. 그래서 이 집단의 이익에 반하는 정책은 채택되기 어렵다.

반면에 공공부조 수급자들은 숫자도 적고, 자원도 적고, 구성원 등이 이질적이어 조직화하기도 어렵고, 또한 사회적으로 이 집단에 대하여 스티그마가 부여되기 때문에 응집력도 약해서 이 집단의 정치적 영향력은 약하다. 그래서 이러한 집단을 위한 사회복지 정책의 확대에는 기본적으로 한계가 있고, 오늘날과 같이 사회복지를 축소하는 분위기에서는 제일 먼저 희생이 된다. 실제로 1996년의 '복지개혁법'을 통하여 대표적인 공공부조 제도인 AFDC를 없앴다. 사실 객관적으로 볼 때 사회복지의 재정 부담의 측면에서 훨씬 문제가 큰 것은 국민연금인데, 이 제도의 수급자들의 정치적 영향력이 커서 이 제도에는 손을 대지 못하고 힘없는 사람들을 위한 제도인 AFDC를 없애 버린 것이다.

특히 오늘날처럼 신자유주의의 분위기에서, 전반적인 사회복지에 사용할 재원이 줄어드는 상황에서 사회복지 수급자 집단들간의 경쟁이 치열해지는 상황에서는 빈사나 사회석 약자늘을 위한 사회복지정책은 더욱 약화될 수 있다.

우리의 경우는 어떠한가?

우리는 전통적으로 국가, 특히 대통령을 중심으로 하는 행정부의 힘이 크다. 그래서 대부분의 정책들은 행정부에 의해서 일방적으로 결정되고 집행되었다. 특히 과거의 권위주의 체제(대표적으로 박정희의 유신정권)에서는 이러한 경향이 더욱 컸다. 이러던 것이 점차 정치적 민주화가 진전되면서, 즉 이른바 '문민정부' 혹은 '국민의 정부'가 들어서면서, 그리고 계급정치가 없는 상황에서 이익집단들의 정치 행위가 커지고 있어, 각종의 정부정책들이 다양한 이익집단들의 정치적 영향력을 받는 경향이 커지고 있는 추세이다.

사회복지정책에서도 이익집단정치가 중요하여, 최근의 정부의 각종의 사회복지 정책들이 이익집단들의 단기적인 좁은 이익추구 행위들에 의하여 영향을 받고 있다. 대표적인 예가 최근의 의약분업 정책이다. 이 정책은 장기적으로 볼 때 전체 국민의 건강을 증진시킬 수 있는 국가전체의 이익을 위한 바람직한 정책이라 할 수 있다. 그런데 이 정책을 의사나 약사 집단들은 자신들의 좁은 이익의 측면-예, 금전적으로 손해를 볼 수 있다거나 자신들의 전문적 권한이 약화된다는-에서 파업을 하면서까지 강하게 반대하여 처음의 정책과는 상당 부분 달라졌고 앞으로 이 정책이 근본적으로 바뀔 가능성도 여전히 존재하고 있다.

또한 우리의 척박한 사회복지 환경에서 이루어진 국민기초생활보장법도 뒤늦게 문제(?)의 심각성을 알게 된 재계를 비롯한 사회의 보수집단들의 강력한 반대에 부딪쳐 이 정책의 원래의 취지가 약해져, 근로능력이 있는 빈자들은 조건부 수급자라 하여 일정한 조건들, 공공근로를 하거나, 훈련이나 교육을 받는 조건으로 수급 자격이 주어지게 된다.

이렇게 우리나라에서도 이익집단정치가 중요해지고, 각 이익집단들이 사회복지정책을 국가의 장기적인 발전이라는 측면에서 보지 않고 순전히 '재분배 게임(redistributive game)'으로 보아, 이 게임에서 오로지 승자가 되기 위해서 행동한다면 자연히 정치적 힘이 강한 이익집단들의 이익을 반영하는 사회복지정책이 채택되기 쉽다.

우리나라는 아직 사회복지가 충분히 발전하지 않은 상태에 있기 때문에 사회복지에의 필요(need)가 크고, 따라서 제한된 사회복지 자원에서 객관적으로 볼 때, 우선적으로 급여가 이루어져야 하는 빈곤계층이나 사회적 약자들이 많다. 그런데 우리나라에서의 이러한 집단들은 재원, 숫자, 조직력, 응집력 등에서 특히 열세이어 이러한 재분배 게임에서 패자가 될 가능성이 크다. 최근 우리나라에서도 빈곤층들을 조직화하는 움직임들이 있었으나 결과적으로 큰 성공을 이루지 못하였다.

이익집단정치가 중요해지면 빈곤계층이나 사회적 약자를 위한 사회복지정책이 확대되기 어려운 데 기여하는 또 하나의 이유는 우리 문화 특유의 연고주의 정치 – 특히 지역주의 정치이다. 최근의 선거들에서 보듯이 우리의 지역주의 정치는 여전히 강하게 나타나고 있다. 이렇게 지역주의 정치가 강하게 되면, 사회복지정책이 주요한 정치적 쟁점이 되기 힘들고, 특히 빈곤층이나 사회적 약자를 위한 정책은 더욱 그러하다.

또한 지역주의 정치가 중요하면 그나마 약한 계급정치가 앞으로 커질 가능성도 막는다. 즉 지역이 계급보다 사람들의 정치적 행위를 결정하는데 더 중요해, 내가 속한 계급을 위하는 정당이나 정치가보다는, 내가 속한 지역을 대변하는 정당이나 정치가를 지지하는 것이다.

최근에 이익집단의 영향력이 커지고 있지만 다행히도(?) 우리는 '강력한 정부'의 전통이 아직은 남아 있고, 특히 대통령에의 권력집중현상이 크기 때문에, 대통령이 사회복지정책, 특히 빈곤계층이나 사회적 약자를 위한 사회복지를 확대한다는 강력한 의지가 있으면 다양한 이익집단들의 반복지적인 압력을 차단시킬 가능성이 어느 정도 남아 있다 하겠다. 최근의 국민기초생활보장법이 대표적인 예로, 이 정책은 반복지적인 집단들의 반대에도 불구하고 입법화가 되었는데 여기에는 대통령의 강력한 의지가 중요하였다.

무엇보다 중요한 것은 최근에 각종의 시민단체들(예를 들면, 참여연대, 경실련 등)의 정치적 영향력이 크다는 점이다. 이러한 단체들은 단기적이고 좁은 이익을 추구하는 집단들과 달리 국가 전체의 장기적인 이익을 추구하는 집단이라 할 수 있다. 그런데 이러한 집단들은 비교적 진보적이고 사회정의를 구현하려는 성향이 강해 대개 사회복지 확대를 지지하는 경향이 있어, 각종의 이익집단들의 반사회복지적인 영향력에 대항 세력으로 큰 역할을 하고 있다.

그러나 장기적으로 볼 때, 우리의 정치적 민주주의가 미국식의 다원적 민주주의 형태로 발전하게 되면, 대통령에의 권력집중현상은 점차 약화될 것이고, 또한 현재 정치제도 밖에서의 시민단체들의 정치적 영향력도 점차 정치제도 내로 흡수될 가능성이 크기 때문에, 계급정치가 약한 상황에서 우리의 정치는 이익집단정치가 더 중요해질 가능성이 크다. 이렇게 볼 때 미국의 경험에 비추어 보아 우리나라에서도 앞으로 빈곤층을 위한 사회복지정책이 크게 확대되는 것은 어렵다고 볼 수 있다.

제 7 장

합리주의 모델

상기의 이익집단모델에서는 정책결정자들이 정책을 결정할 때 다양한 이익집단들의 요구들을 어떤 형태로든 받아들이는 것으로 가정한다. 반면에 합리주의 모델(rational model)에서는 정책은 정책결정자들이 개별적 이익집단들의 요구를 무시한 채 사회전체를 위해 가장 합리적인 것으로 결정한다고 본다.

여기서 어떤 정책이 합리적이라 함은 효율적(efficient)인 개념과 유사하여 사회가 정한 목표들을 이루는 정책들 가운데 가장 적은 비용(costs)으로 가장 많은 편익(benefits)을 얻을 수 있는 것을 말한다.

그런데 합리적 혹은 효율적인 정책에 대한 개념이 사람들에 따라 달라, 좁은 의미로는 가시적이고(tangible), 측정 가능하고, 화폐화(monetary)가 가능한 비용과 편익만을 계산하여 비용 대비 편익이 가장 높은 정책을 말한다. 이러한 정책을 결정할 때 흔히 사용되는 방법이 비용편익분석(cost-benefit analysis)이다.

반면에 넓은 의미로는 비용과 편익을 계산할 때 화폐화가 가능한 것뿐만 아니라 비가시적이고 비물질적인 사회구성원들이 선호하는 사회적, 정치적 경제적인 측면에서의 여러 가치(value)를 모두 고려한다. 이러한 의미에서는 합리적인 정책이란 사회구성원들이 정책으로 잃어버린 가치들과 얻은 가치들을 비교하여 얻은 가치가 가장 큰 것을 말한다.

이렇게 넓은 의미의 합리적 정책은 이상적이긴 하나 이러한 정책들을 현실세계에서 찾는 것은 어렵다. 왜냐하면 사회구성원들의 다양한 가치들을 계산하기가 어렵기 때문이다. 예를 들면, 생명의 가치를 매우 중요하게 여기는 사람들은 이른바 '식물인간'이 된 노인들의 생명을 연장하기 위하여 많은 사회적 자원을 사용하는 것을 지지하지만, 어떤 사람들은 이 자원으로 가난한 집안의 아동들을 위하여 사용하는 것이 더 바람직하다고 생각한다. 이러한 두 가지 가치 가운데 어느 것이 더 중요한가는 판단하기가 어렵다. 그럼에도 불구하고, 우리는 넓은 의미의 합리적 정책에 대한 개념을 이해하는 것이 중요하다. 왜냐하면, 역설적으로, 현실세계에서의 대부분의 정책들은—특히 사회복지정책들—사회구성원들의 다양한 가치들을 계산해야만 합리적인 정책들이 될 수 있기 때문이다. 문제는 우리가 현실적으로 이러한 가치들의 계산을 못한다는 점이다.

예를 들면, 사회복지정책들의 편익(benefits) 가운데 사회, 정치적 안정이라는 것이 있다. 이상적으로, 합리적인 정책을 선택하기 위하여는 사회정치적 안정이라는 편익을 정확히 계산해야만 하는데, 이러한 계산이 현실적으로 어려운 것이다. 그렇다고 이러한 측면의 편익들을 완전히 무시하면 많은 사회복지정책들이 선택되지 않을 수 있다. 그래서 정책을 공부하는 입장에서는, 비록 이러한 편익들을 정확히 계산을 못하더라도 어떠한 비용과 편익이 있는가를 아는 것만으로도 '합리적'인 정책을 선택하는데 큰 도움이 된다. 그래서 이 글에서는 합리적 정책을 넓은 의미로 해석하여 논의하고자 한다.

합리적인 정책을 선택할 때 중요한 것은 비용과 편익의 개념에 관한 문제다. 비용과 편익의 개념은 두 가지로 나눌 수 있다. 하나는 개별 비용과 편익(individual costs and benefits)이고 다른 하나는 사회 비용과 편익(social costs and benefits)의 개념이다. 전자의 경우는 정책의 직접적인 대상자와 관련된 직접적인 비용과 편익을 말하고, 후자는 정책을 통해 사회전체가 부담하는 비용과 사회전체에 주는 편익을 말한다. 일반적으로 대부분의 국가정책들은 사회비용과 편익을 고려하여 정책들이 선택된다. 그런데 사회비용과 편익은 해석에 따라 범위가 다르다.

예를 들어, 정부가 빈곤한 사람들을 줄이기 위하여 국민들에게 10조원의 세금을 부과하여 어떤 정책을 만들었을 때, 이 때의 비용과 편익은 무엇인가? 개별적 관점에서 보면 정책과 직접적으로 관련된 비용은 10조원이고(사회비용을 좁게 해석하면 사회구성원이 10조원을 부담한다는 의미에서 사회비용이라 할 수 있다.), 반면에 직접적인 편익은 이 정책으로 인해 가난한 사람들이 소득이 올라 빈곤에서 벗어나는 것이다.

그러나 넓은 의미의 사회비용과 편익의 관점에서 보면, 이 경우의 사회비용은 이 정책으로 인하여 가난한 사람들의 근로나 저축 동기가 약해진다면, 그리고 일반 국민들도 세금의 증가로 인하여 근로나 저축 동기가 약해진다면 국가 경제에 해를 줄 수 있는 비용들을 포함한다.

반면에 이 정책으로 인한 사회편익은 가난한 사람들의 인적자본 향상으로 인한 생산성 증가, 범죄율 감소, 사회통합의 증대 등 가난한 사람 자신들 이외에 사회전체에 줄 수 있는 여러 가지 편익 등을 포함한다.

국가 정책을 선택할 때 사회비용과 편익을 계산하는 것이 바람직하나, 문제는 사회비용과 편익의 범위를 알아내고 그것들을 계량화하고 화폐화하여 계산하는 것이 어렵다는 것이다.

1. 합리적인 정책은 어떻게 선택하는가?

이것은 다음의 몇 단계의 과정을 통해서 이루어진다.

1) 정책의 비용과 편익의 범위를 정해야 한다.

대부분의 국가정책들과 관련된 비용과 편익의 범위는 넓어 누구의 비용과 편익을 포함시켜야 되느냐가 중요한 문제다. 이 범위를 좁게 보느냐 아니면 넓게 보느냐에 따라 정책의 비용과 편익정도(액수)가 크게 달라지기 때문이다.

상기의 예에서, 빈곤정책을 통한 수급자들이나 일반국민들 사이에 근로동기가 약화되는 사람들의 숫자가 적으냐 많으냐에 따라 비용은 크게 달라지고, 또한 생산성 향상의 정도가 크냐 적으냐에 따라 편익도 크게 달라져 빈곤정책의 선택에 큰 영향을 준다.

그렇다면 정책의 비용과 편익의 범위를 어떻게 정하는가? 여기에는 어떤 객관적이고 과학적인 기준은 없다. 이것은 정책에 따라 크게 다를 뿐만 아니라, 정책과 관련된 사람들, 특히 정책결정자들의 이념이나 가치에 따라 결정된다.

예를 들어, 서울시에 아동복지관을 설립하는 정책의 경우, 이 정책을 반대하는 사람들은 이 정책의 비용의 범위를 넓게 보고(예, 기회비용의 측면에서 아동복지관을 설립할 재원으로 보다 생산적인 사업에 투자하였을 때의 수익이 더 크다고 본다), 반면에 편익의 범위는 좁게 본다(예, 아동복지관을 이용하는 아동들의 직접적인 복지의 향상 그 자체만을 계산한다.).

반면에 이 정책을 찬성하는 사람들은 비용은 설립비용 그 자체만을 보는 반면, 편익을 넓게 보아 대한민국 국민 모두가 편익을 볼 수 있다고 본다. 즉 이른바 긍정적 외부효과를 고려하여 아동의 복지가 향상되면 그들의 생산성이 높아지거나, 건전한 시민으로 행동하거나, 사회적 일탈 행위가 줄어드는 등의 이유로 궁극적으로 일반국민 모두가 이득을 볼 수 있다고 보는 것이다.

이렇게 정책의 비용과 편익은 사람들의 가치관에 따라 결정될 수밖에 없다는 점은 합리주의 모델의 기본적인 한계이기도 하다. 그래서 정책은 어떤 사람들의 가치관이 반영되는가에 따라 크게 달라질 수 있고, 이때 전술한 이익집단정치 모델에서 설명했듯이 정치적 행위자들의 행위가 중요해지는 것이다.

2) 정책 대안의 선택

모든 국가정책들은 이루고자 하는 목표들이 있다. 그리고 이러한 목표를 이루기 위한 정책대안들은 무수히 많을 수 있는데, 합리적인 정책을 찾기 위하여는 이렇게 많은 정책대안들에 대한 비용과 편익을 분석하여 가장 효율적인 것을 선택해야 한다.

예를 들어 국가발전이라는 매우 광범위하고 추상적인 목표를 이루고자 할 때에는 국가 발전을 이룰 수 있는 많은 정책들(크게 보더라도 경제정책, 사회복지정책, 국방정책 등의 정부의 주요 부처의 주요 정책들을 모두 포함한다.)의 비용과 편익을 분석하여 가장 합리적인 선택을 하는 것이다.

대부분의 정책 목표들은 위와 달리 좁고 구체적이다. 그러나 이 경우도 정책목표를 이룰 수 있는 대안들은 많다. 예를 들어 빈곤한 사람들의 숫자를 줄이려는 목표를 이루고자 하는 빈곤정책의 경우도 다양한 대안들이 있다. 크게 보더라도, 단순히 현금급여를 하는 방법, 빈곤가정 아동들을 무료로 교육시키는 것, 빈곤한 사람들에 대해 기술 훈련을 시키는 것, 좋은 일자리에 취직시키는 것, 부자들과 결혼시키는 방법(?) 등 다양하다. 합리적인 빈곤정책이란 이러한 다양한 대안들에 대한 비용과 편익을 분석한 후 비용 대비 편익이 가장 큰 정책을 말한다.

그러나 이렇게 모든 정책 대안들을 고려하는 것은 현실적으로 어렵다. 왜냐하면 어떤 정책의 목표를 이루는데 어떤 대안들이 있는지 모르고, 혹은 그러한 대안들이 동일한 목표를 추구하는지 불확실하다. 상기의 빈곤정책의 경우 우리가 모르는 대안이 있을 수 있다. 지금까지 어떤 국가에서도 어떤 정책을 통하여도 빈곤을 완전히 줄이지 못했는데 그 이유는 아마 우리가 모르는 빈곤을 결정하는 어떤 요인(예, 빈곤을 유전적 인자가 결정한다는 것) 때문인지도 모른다. 만일 이것이 사실이라면 지금까지의 모든 빈곤정책은 비합리적인 것이다.

또한 많은 대안들의 결과를 정확히 알기 어렵기 때문에 비용 편익 분석을 하기가 어렵고, 가장 중요한 실질적인 이유는 모든 정책 대안들을 분석하기에는 너무나 많은 시간과 돈이 들어 이렇게 하는 것이 현실적으로 비합리적(?)이기 때문이다.

이러한 이유로 현실세계에서 이른바 합리적(?)인 정책들은 대개 몇 개의 정책대안들만을 분석한 후 선택되는 경향이 있다. 여기서 중요한 점은 어떠한 정책 대안들이 고려되는가인데 여기서 관련정책 전문가들이나 정책 결정자들의 가치도 중요하지만 사회의 지배적인 가치도 중요하다. 예를 들면, 시장논리(예, 개인적 능력에 따른 경쟁)를 강조하는 사회에서는 빈자들을 위하여 현금급여를 하는 정책들을 꺼리는 반면 사회통합의 가치를 중요하게 여기는 사회에서는 빈자들을 위한 소득보장정책을 선호하는 것이다.

3) 정책의 모든 비용과 편익을 알아내야 한다.

대부분의 정책들의 비용과 편익의 종류들은 다양하다. 여기에는 가시적이고 물질적이고 직접적이고 측정이 가능하고 화폐화가 가능한 비용과 편익들이 있는 반면에 비가시적이고 비물질적이고 간접적이고 측정이 어렵고 화폐화가 어려운 것들도 있다. 합리적인 정책을 찾기 위해서는 이러한 모든 비용과 편익들을 찾아내야 한다. 왜냐하면 후자들의 경우 엄격한 의미의(좁은 의미의) 비용편익 분석은 못하더라도 넓은 의미의 합리적인 정책을 결정하는데 중요한 정보를 제공하기 때문이다.

그런데 정책들의 모든 비용과 편익을 찾아내는 것은 쉽지 않다. 왜냐하면 많은 경우에 어떤 정책의 결과가 그 정책 때문에 나타난 것인지에 대한 인과관계가 불분명하기 때문이다. 이러한 문제는 특히 비물질적이거나 비가시적인 즉 측정하기가 어려운 비용과 편익의 경우 더 심각할 수 있다. 널리 알려졌듯이 사회복지정책의 영역에서는 이러한 비물질적인 혹은 비가시적인 편익들이 많다. 그리고 이러한 것들을 측정하기도 어렵고 더구나 화폐화하기는 더욱 어렵다. 예를 들면 저소득 노인들을 위한 사회복지서비스 프로그램을 보자. 이것의 편익에는 노인 자신들의 정신건강(외로움 해소, 즐거움 등)이 좋아지는 것, 노인 가족들에게의 정신적 편익, 그리고 주위의 저소득 노인들의 더 나은 생활을 하는 것을 봄으로써 일반 국민들이 느끼는 심리적 유쾌함 등 다양한 것들이 있을 수 있다. 그런데 이러한 편익들은 비물질적이고 비가시적으로 측정하기 어렵기 때문에 이러한 편익들이 사회복지 서비스 프로그램 때문에 나타난 것인지가 불명확해질 수 있다.

이렇게 정책의 비용과 편익을 찾아내는 작업은 어렵다. 그런데 설사 비용과 편익을 알아냈다 하더라도 이것들을 분류하는 데도 몇 가지 문제점들이 있다.

첫째, 비용과 편익을 구분하는데 일관성이 있어야 한다. 비용과 편익을 분석하는데 있어 비용이라 함은 개념적으로 기회비용(opportunity)으로 잃어버린 편익(forgone benefits)과 같다. 즉 어떤 정책에의 비용이라 함은 그 비용으로 다른 정책에 사용했을 때 얻을 수 있는 편익을 잃어버린 것과 같은 것이다. 따라서 많은 경우 어떤 정책에서의 비용이 다른 정책에서는 편익이 될 수 있다.

예를 들면, 노인을 위한 사회복지 프로그램들 가운데 시설보호와 지역사회보호(community care) 프로그램을 비교 평가하여, 합리적인 것을 선택한다고 하자. 이 때 지역사회프로그램의 비용 가운데 하나는 지역사회에 거주하는 노인 주위의 이웃들이나 친척들의 물질적 정신적

부담을 들 수 있다. 반면에 시설보호 프로그램에서는 이러한 사람들의 부담이 없어지기 때문에 이것이 편익이 될 수 있다.

이렇게 동일한 효과가 한쪽에서는 비용이 되고 다른 쪽에서는 편익이 되면 두 프로그램을 비교 평가하는데 많은 혼란을 야기할 수 있다. 그래서 이러한 경우 일관되게 처리하여 시설 보호의 편익으로 처리하던지 아니면 지역사회보호의 비용으로 구분해야 한다.

둘째, 정책의 어떤 효과들은 사람들에 따라 편익으로 볼 수도 있고 비용으로 볼 수도 있다는 것이다. 대표적인 예가 경기 침체시 실업률이 높을 때의 정부에 의한 일자리 창출 정책들이다. 예를 들어 많은 사람들에게 일자리를 제공할 수 있는 정부에 의한 대규모 건설사업의 경우를 보자. 이 때 고용된 사람들의 임금을 비용으로 볼 것이냐 아니면 편익으로 볼 것이냐의 문제이다.

만일 고용된 사람들의 임금을 편익으로 본다면 고용창출 효과가 있는 정부의 모든 정책들은 비용 편익의 분석에서는 긍정적인 평가를 받을 수 있다. 왜냐하면 그러한 정책들의 주요한 비용들(기회비용의 측면에서 이러한 사람들에게 주는 임금으로 다른 정책에 투자했을 때 발생할 수 있는 편익들)이 편익으로 처리되어 그만큼 편익이 커지기 때문이다. 현실세계에서의 많은 정책결정자들은(특히 정치가들) 정부정책에 의한 일자리 창출을 편익으로 보는 경향이 커서(가장 중요한 이유는 자신들의 득표에 도움이 되기 때문이다.) 대개 고용창출 효과가 큰 정부정책들은 다른 정책들에 비하여 선호하는 경향이 있다. 최근의 대표적인 예는 이명박 정부에 의한 4대강 사업이다. 이 사업은 수십조 원을 들여 국내 하천들을 정비하여 홍수 피해를 줄이거나 가뭄에 대비하고자 하는 것으로 고용창출 효과가 매우 커 경제성장에 크게 기여할 수 있다고 판단하여 채택한 것이다(이후 이 사업에 대한 평가는 부정적이어 원래 의도했던 목표는 이루지 못했을 뿐만 아니라 주변 지역의 환경파괴가 심하여 득보다 실이 많은 것으로 판단한다. 그럼에도 불구하고 정책결정자들은 정치적 이유로 이렇게 고용창출효과가 큰 사업을 선호하는 경향이 있다).

반면에 정부재정의 확대를 반대하거나 효율적인 투자를 강조하는 사람들은 정부에 의한 일자리 창출 프로그램으로 고용된 사람들에게 주는 임금을 비용으로 보는 경향이 크다.

위의 지역사회 프로그램의 경우도 주위의 이웃들이 노인들을 보호하는 것을 부담으로 여기지 않고 즐거움(?)으로 생각한다면 이것은 비용이 아니라 편익이 될 수 있다. 또한 자원봉사자들을 이용하는 프로그램의 경우에 자원봉사자들의 시간과 노력을 투자한 활동들을 비용으로 볼 수도 있지만, 자원봉사 활동을 통하여 자신들의 효용(즐거움)이 올라가거나 직업 활동에 필요한 기술들을 습득한다면 편익이 될 수 있다.

셋째, 비용과 편익의 이중계산을 피해야 한다. 많은 경우 동일한 비용 혹은 편익들이 형태만 달리 나타날 수 있는데 이 때는 하나로 통일해야 한다. 예를 들어, 경작하지 못하는 땅을 정부의 관개사업으로 경작 가능한 땅으로 변했을 때의 편익은 무엇인가? 어떤 사람들은 관개사업으로 인해 땅의 가격이 올라간 것과, 그 땅을 경작해서 얻을 수 있는 소득 둘 다를 편익으로 보는 경향이 있다. 그러나 시장경제의 논리에 따르면 올라간 땅의 가격은 그 땅을 앞으로 장기간 동안 경작해서 얻을 수 있는 소득의 총합과 유사하기 때문에 두 가지 가운데 하나만을 편익으로 잡아야 한다.

넷째, 이전(transfer) 지출이나 이전소득은 비용이나 편익에서 제외해야 한다. 앞에서 언급했듯이 정부정책에서의 비용이나 편익은 사회적 비용과 편익으로 어떤 정책으로 사회전체에 '새로운' 비용이나 편익이 얼마나 발생했냐가 중요하다. 반면에 이전 지출이나 이전소득 그 자체는 사회의 한 부문에서 다른 부문으로 단순히 이전되는 것이기 때문에 비용도 아니고 편익도 아니다.

예를 들어 부자에게 100만원의 세금을 부과하여 빈자에게 급여하는 정책을 보자. 이 때 부자의 100만원이 빈자에게 단순히 이전만 되었다면 사회적으로는 아무런 손실이 없다. 그러나 만일 이러한 이전의 과정에서 어떤 일이 발생하면, 예를 들면 부자가 100만원의 세금 때문에 혹은 빈자가 이제 일을 안 해도 먹고 살 수 있다고 생각하여 일을 적게 한다면 사회전체의 생산량이 줄어든다면 사회전체로 볼 때 손해가 되고 이것이 사회비용이 되는 것이다.

4) 비용과 편익의 계량화와 화폐화

위에서의 단계는 정책과 관련된 비용과 편익들이 어떠한 것들이 있는가를 알아보는 작업이다. 여기서는 알아낸 비용과 편익들을 구체적으로 계량화하고 화폐화해야 한다. 그래야만 비용과 편익의 비교가 실질적으로 가능해지기 때문이다. 어찌 보면, 이 단계가 비용편익 분석의 전 단계에서 가장 중요하고 또한 논란이 가장 많을 수 있다.

일반적으로 민간부문에서의 많은 사업들을 비용편익 분석으로 평가할 때는 그 사업에 사용된 자원들과 그 사업으로 발생할 편익들을 계산할 때 시장가격(market prices)을 사용하면 된다. 반면에 국가정책들의 비용과 편익을 분석할 때는 사회적 비용과 사회적 편익을 계산해야 되는데 이러한 것들은 시장가격에 반영되지 않는 경우가 많다.

완전경쟁시장의 가정하에서 재화나 서비스의 가격은 그 재화를 생산할 때의 한계 사회적 비용(marginal social costs)과 그 재화가 소비자에게 주는 한계 가치(marginal value)를 동시에 반영한다고 할 수 있다. 이러한 경우에는 국가정책의 비용과 편익을 계산할 때도 시장 가격을 사용하면 된다.

그러나 현실세계에서의 시장은 독점, 공공재, 외부효과, 불완전 정보 등의 이유로 불완전하여, 시장가격이 한계 사회적 비용과 편익을 반영하지 못한다. 그래서 사회복지정책과 같은 국가정책의 비용과 편익을 계산할 때는 시장 가격을 조정하여 사용한다. 예를 들면, 정부에 의한 대규모 공공임대주택 건설 사업을 하게 되면 건설 사업에 필요한 재화나 서비스의 가격들이 이전보다 오를 수 있다. 이러한 비용을 계산할 때 시장가격의 조정이 필요한 것이다.

또한 사회복지정책들처럼 비용이나 편익의 시장가격이 존재하지 않을 때 어떻게 계산하느냐의 문제이다. 많은 사회복지정책들의 편익은 비가시적이고 비물질적이어 화폐화가 어렵다. 예를 들면, 사회복지정책들을 통하여 수급자들의 '인간의 존엄성'이라는 가치가 높아지는 것을 화폐화 하기는 어려운 것이다.

이렇게 비용이나 편익을 화폐화하기 어려운 경우는 흔히 비용효과분석(cost-effective analysis)이라는 방법을 사용한다. 이것은 주어진 비용에서 편익은 얼마나 이루었는가를 분석하여 편익이 많은 것을 선택하는 방법이다. 예를 들면, 빈곤 아동을 위한 복지정책으로 주어진 비용에서 빈곤을 벗어난 아동의 숫자, 고등학교 졸업자 숫자, 취업자 숫자들을 계산하여 평가하는 것이다.

5) 비용과 편익의 비교

정책의 모든 비용과 편익이 화폐화가 이루어지면 이제는 이러한 비용과 편익들을 합하여 총비용과 총편익을 구해야 한다. 그런데 문제는 대부분의 정책들의 비용과 편익들은 장기간에 걸쳐 나타나는데 정책은 현재 결정해야 한다는 점이다. 예를 들면 아동복지 정책들의 편익은 길게는 몇 십년 후에 아동들이 성인이 된 후에 나타날 수 있는데 정책은 현재 결정해야 되는 것이다.

그래서 이렇게 장기간에 걸쳐 나타나는 비용과 편익들을 현재의 가치로 환산하는 작업이 중요하다. 일반적으로 미래에 발생할 수 있는 편익의 가치는 현재의 그것보다 작다. 1년 후의 100만원의 편익은 현재의 100만원보다 그 가치가 작은 것이다. 이것은 인플레이션이 없는 상황에서도 그러하다. 그래서 적어도 1년 동안의 이자율만큼 줄여야(할인해야) 한다. 만일 이자율이 5%라면, 1년 후의 100만원의 현재가치는 100만/(1+0.05)로 대략 95만원이 된다. 이 때의 이자율은 흔히 할인율(discount rate)이라 불리우는 것의 가장 기본적인 요소가 된다.

일반적으로 할인율을 i라 했을 때, T년에 발생하는 편익 B의 현재가치는 $B/(1+i)^T$이다. 만일 할인율이 5%이고 10년 후에 발생하는 100만원의 편익의 현재가치는 100만/ $(1+0.05)^{10}$이 된다. 그래서 어떤 정책으로 미래에 발생하는 모든 편익들의 현재 가치의 총합은 다음과 같다.

$$현재가치 = B_0 + \frac{B_1}{(1+i)} + \frac{B_2}{(1+i)^2} + \cdots + \frac{B_T}{(1+i)^T}$$

그렇다면 비용과 편익은 어떻게 비교하는가? 여기에는 크게 세 가지 방법이 있다. 첫째는 순현재가치기준(net present value)으로 정책에서 발생하는 총편익의 현재가치에서 총비용의 현재가치를 뺀 순현재가치를 계산하여 그것이 긍정적인(positive) 값을 가지면 선택하는 것이다. 여러 정책들 가운데 선택할 때는 순현재가치가 가장 큰 것을 선택한다.

여기서 중요한 것은 할인율이다. 어떤 정책의 선택 여부나 정책들을 비교할 때 어떤 할인율을 택하느냐가 중요하다. 정책들은 비용과 편익이 언제 나타나느냐는 점에서 다양하다. 그래서 어떤 정책들은 비용이 주로 초기에 발생하는 반면 편익은 비교적 먼 미래에 나타나고 어떤 정책들은 그 반대일 수 있다. 일반적으로 할인율이 높으면 편익이 먼 미래에 나타나는 정책들이 불리하다.

사회복지 정책의 예를 들면, 아동복지정책과 노인복지정책 가운데 선택을 해야 하는 경우이다. 전자의 편익은 후자에 비해 일반적으로 비교적 먼 미래에 주로 나타난다고 볼 수 있다. 따라서 할인율이 어느 정도 높은 상황에서는 노인복지정책이 비용편익 분석을 통하여 더 합리적인 것으로 선택되기 쉽다. 실제로 대부분의 국가들에서 노인복지정책이 아동복지정책보다 선호되는 것은 노인들의 정치적 권력이 더 강하다는 이유 외에도 이러한 비용편익분석의 측면에서 기인한다고 볼 수 있다.

둘째는 내부수익률(internal rate of return)의 방법이다.

정책들의 내부수익률이란 그 정책의 순현재가치(총편익-총비용)를 0

으로 만드는 할인율이다.

즉 $B_0 - C_0 + \frac{B_1 - C_1}{1+\rho} + \frac{B_2 - C_2}{(1+\rho)^2} + \cdots + \frac{B_T - C_T}{(1+\rho)^T} = 0$에서의 ρ의 값이다. 그래서 정책의 내부수익률이 그 정책에 투입되는 비용(기회비용)의 수익률보다 크다면 그 정책은 선택되는 것이다. 즉 정책에서의 내부수익률이 4%라면 그 정책에 사용되는 비용으로 다른 사업을 했을 때의 수익률이 3%라면 그 정책을 택하는 것이다.

그러나 내부수익률의 방법은 두 가지 문제점이 있다. 하나는 비교하는 정책들의 규모가 서로 다를 때 내부수익률의 방법은 적절치 못할 수 있다. 예를 들면 A라는 정책은 현재 1,000만원의 비용을 투자했을 때 1년 후에 1,100만원의 편익을 발생시킨다 할 때 수익률은 10%이다.

반면에 B라는 정책은 현재 1억원의 비용을 필요로 하고 1년 후에 1억 800만원의 편익을 발생시킨다 했을 때의 수익률은 8%이다. 순전히 내부수익률로 평가한다면 A 정책이 선호될 수 있다. 그러나 두 정책의 규모의 차이 때문에 정책 B의 편익의 절대액수(800만원)가 정책 A의 그것(100만원)보다 크기 때문에 정책 B를 선택하는 것이 바람직할 수 있다.

이것은 위에서의 순현재가치 기준의 방법에 의해서 명확해진다. 만일 시장 할인율을 6%라 한다면, 정책 A의 순현재가치는 $-1{,}000\text{만} + \frac{1{,}100\text{만}}{1.06}$으로 대략 30만원의 순편익을 발생시키는 반면, 정책 B의 그것은 $-1\text{억} + \frac{1\text{억}800\text{만}}{1.06}$으로 대략 190만원의 순편익을 발생시켜 정책 B를 택하는 것이 합리적인 것이다.

내부수익률 방법의 또 하나의 문제점은 어떤 경우에 내부수익률이 하나 이상의 값이 나올 수 있다는 점이다. 예를 들면 어떤 정책의 현재 순편익(편익-비용)이 100이고, 1년 후에 -260, 2년 후에 165라 했을 때, 이 정책의 내부수익률은 $100 - \frac{260}{1+\rho} + \frac{165}{(1+\rho)^2} = 0$의 공식에 의하여 $\rho = 0.1$과 $\rho = 0.5$의 두 가지 값이 나오는데, 이 때 어떤 값이 내부수익률인지를 결정하는 방법은 없다.

세 번째는 비용편익비율(cost-benefit ratio)의 방법이다. 이것은 총순현재가치의 편익을 총 순현재가치의 비용으로 나눈 값, 즉 B/C를 계산해서 이것이 1보다 크면 선택하거나, 두 개의 정책을 비교할 때는 B/C의 값이 큰 것을 선택한다.

그러나 이 방법도 현실적으로 사용하는 데 문제가 있다. 왜냐하면 현실적으로 편익과 비용을 명확하게 구분하는 데 한계가 있어 많은 경우 편익이라는 것은 마이너스(-)의 비용이 될 수 있기 때문에 단순히 편익을 비용으로 나누게 될 때 문제가 발생하기 때문이다.

예를 들면, 정책 A의 편익이 250만원이고 비용이 100만원이라 했을 때, 비용편익비율은 2.5이고, 정책 B의 편익이 200만원이고 비용이 100만원일 경우 비율은 2가 되어 단순히 비율의 방법으로는 정책 A가 선택된다.

그런데 만일 정책 A의 편익을 계산할 때 40만원의 비용을 잘못 계산하여 편익에 포함시켰다 했을 때, 이 40만원을 편익에서 뺄 것이냐 아니면 비용에 첨가하느냐에 따라 비용편익비율은 달라질 수 있다. 그래서 편익의 감소로 보면, $\frac{250-40}{100}=2.1$로 여전히 정책 A가 선호된다. 반면에 비용의 증가로 보면 $\frac{250}{140}=1.8$로 되어 이제는 정책 B가 선호된다. 즉 비용편익 비용의 방법은 편익이나 비용을 어떻게 분류하느냐에 따라 민감하게 달라질 수 있다.

반면에 순현재가치 기준의 방법으로 계산하면, 편익과 비용을 어떻게 정의하느냐에 상관없이 일관성을 유지할 수 있다. 위의 예에서 40만원을 편익감소로 볼 때 총편익이 210만이고 총비용이 100만이어서 순편익이 110만이 되고, 그것은 비용의 증가로 볼 때도 250만 - 140만 = 110만이 되어 일관성 있게 정책 A가 정책 B보다 선호되는 것을 보여준다. 지금까지의 논의로 볼 때 편익과 비용을 비교할 때 가장 좋은 방법은 총순현재가치 기준이라 할 수 있다.

(1) 할인율

위에서 논의했듯이 비용과 편익을 비교할 때 중요한 것은 할인율이다. 그렇다면 할인율은 어떻게 결정하는가? 일반적으로 민간부문의 사업들에서 선택하는 할인율은 개념적으로는 다른 사업에 투자했을 때의 수익률(기회비용)을 말한다. 그런데 이러한 수익률은 사업에 따라 다르기 때문에 할인율은 사업에 따라 다를 수밖에 없으나 가장 기본이 되는 것은 이자율이다.

그렇다면 국가정책에서의 할인율은 어떻게 결정하는가? 원론적으로 볼 때 정부정책은 대부분 국민의 세금으로 이루어지고 이 때의 세금은 민간부문의 수익으로 나온다. 따라서 정부정책의 할인율을 정할 때도 민간부문의 수익률은 무시할 수 없다. 그래서 만일 민간부문에서의 투자의 수익률이 10%라고 하고, 정부정책이 민간부문에서 투자에 사용될 돈을 세금으로 거두어 이루어진다면, 정부정책을 평가할 때의 할인율은 민간부문에서의 수익률인 10%가 된다고 할 수 있다.

실제로 민간부문의 효율성을 강조하고 정부정책의 확대를 반대하는 사람들은 이러한 방식의 할인율을 정부정책을 평가할 때 사용해야 한다고 주장한다.

그러나 정부정책에 사용되는 돈이 모두 민간부문에서의 투자에 사용되는 돈에서 나오는 것은 아니다. 정부정책에 필요한 많은 세금은 민간부문의 투자가 아닌 소비로부터도 나올 수 있는 것이다. 이 경우의 할인율은 세후 수익률(after-tax rate of return)로 보는 것이 적절하다.

왜냐하면 세후 수익률은 사람들이 세금으로 인하여 소비가 줄어 발생하는 손실을 측정하기 때문에, 사람들의 소비가 희생되어 발생하는 기회비용인 것이기 때문이다.

그래서 세전 수익률이 10%이고 세율이 50%라면, 사람들이 소비할 때 잃은 것은 세전 수익률 10%가 아니라, 세후수익률 5%인 것이다. 간단히 말하여 정부정책 때문에 민간부분에서 사람들이 소비를 못해서 발생하는 손실인 세후수익률을 할인율로 삼아야 한다.

실제로 정부정책을 위한 재원은 민간부문의 투자와 소비 모두에서 나오기 때문에 정부정책의 할인율을 계산하기 위하여는 그 재원을 구성하는 민간부문의 투자와 소비의 비율을 알고 가중치 평균을 구해야 한다.

예를 들면 정부정책의 재원의 반이 민간부문에서 투자할 돈에서 나오고, 나머지 반이 소비에서 나온다면, 그리고 민간부문의 투자의 수익률이 10%이고 세율이 50%라고 했을 때 정부정책의 할인율은 $\frac{1}{2}\times 10\% + \frac{1}{2}\times 5\%$ 로 7.5%인 것이다.

(2) 사회적 할인율

정부정책의 할인율을 정할 때 고려해야 할 또 하나의 중요한 개념은 이른바 사회적 할인율(social discount rate)이다. 이것은 단순한 민간부문 시장에서의 수익률이 아니라, 사회전체가 정부정책 때문에 다른 용도로 사용할 수 없어 발생하는 기회비용에 두는 가치인 것이다. 이렇게 정부정책에 사회적 할인율의 개념을 고려하여 할인율을 정하게 되면 일반적으로 정부정책의 할인율은 민간부문의 할인율보다 낮을 수 있는데 그 이유는 다음과 같다.

첫째, 많은 정부정책들은 민간부문의 사업들에 비해서 먼 미래에 발생하거나 미래세대들을 위한 편익을 위해서 시행한다는 것이다. 대표적인 예가 아동들의 인적자본 향상을 위한 다양한 사회복지정책들이다. 일반적으로 민간부문의 개인이나 기업들은 비교적 단기간 내의 자신들의 이득만을 고려해 투자하는 경향이 높다. 따라서 먼 미래의 불특정다수에게 나타나는 편익은 무시하는 경향이 크다. 따라서 민간부문에서는 이러한 투자에 대하여는 높은 할인율을 적용하게 되고 이렇게 높은 할인율이 적용되면 비용편익분석의 측면에서 이러한 사업의 총현재가치의 편익은 낮아지게 되어 결국 민간부문에서는 이러한 사업을 수행할 동기가 약할 수밖에 없게 되는 것이다.

이렇게 민간부문에서의 편익들이 먼 미래에 발생하는 사업들을 하는 것이 현실적으로 어렵기 때문에 이러한 사업들을 국가정책으로 할 수 밖에 없고 이 경우 자연히 민간부문의 수익률보다 낮은 할인율을 적용하는 것이 타당하다.

둘째, 일반적으로 민간부문의 개인들은 미래에 발생하는 여러 가지의 편익들을 제대로 평가할 수 있는 정보를 가지고 있지 못하다는 것이다. 그래서 미래에 발생하는 편익들에 대하여 필요 이상으로 높은 할인율을 적용하여 편익이 주로 미래에 발생하는 사업들을 기피하게 된다는 점이다. 이러한 이유로도 이러한 사업들은 결국 정부정책으로 할 수밖에 없고, 이 때의 할인율은 낮아져야 된다는 것이다.

셋째, 민간부문의 사업에의 투자로 편익이 발생할 때, 이러한 편익은 종종 그 사업의 직접적인 대상자들 이외의 다른 사람들에게도 혜택이 돌아간다. 어떤 사업이 이러한 긍정적 외부효과(positive externality)가 발생하게 되면 시장기제에서는 이러한 사업에 대한 투자동기가 약해질 수밖에 없다. 따라서 이러한 '시장의 실패'를 해결하기 위해서도 정부정책이 필요한데, 이를 위해서는 민간부문의 할인율보다 낮은 할인율이 적용되어야 하는 것이다.

낮은 사회적 할인율을 적용하여 민간부문에서 이루기 힘든 미래에 발생하는 편익들을 고려하여 정부정책이 필요하다는 점은 특히 사회복지정책에서 중요하다. 그 대표적인 것이 사회보험이다. 이것은 사람들이 살아가는 동안 미래에 발생할 수 있는 여러 가지의 위험(질병, 노령, 실업, 장애 등)에 대비하여 국가에 의하여 국민들을 강제로 가입시키는 정부정책이다. 이러한 사회보험을 민간부문에서(사보험) 하기에는 할인율이 클 수 있다. 대표적인 예가 실업보험이다. 어떤 국가에서도 민간부문에서 실업보험을 사업으로 하고 있지 않다. 가장 중요한 이유는 민간부문의 실업보험 사업자들이 보험가입자들의 미래에 발생하는 실업확률에 대한 자료가 없고, 보험 가입자들의 행위에 따라 실업 여부가 결정되는 등의 이유 때문에 민간부문의 실업 보험 사업자가 수익을 내기는 어렵다. 따라서 이러한 사업에 대해서는 높은 할인율이 적용될 가능성이 크고, 이렇게 되면 이러한 사업에 참여할 민간부문의 사업자는 더욱 줄어들게 되어 결국 낮은 사회적 할인율을 적용하는 정부정책으로서의 실업보험이 필요하게 되는 것이다.

2. 합리적 정책과 분배(재분배) 문제

좁은 의미의 비용편익분석을 바탕으로 하는 합리적 정책이란 기본적으로 효율의 가치를 강조하는 것이다. 그래서 어떤 정책이건 효율을 극대화하는 것이 선택될 수 있다. 즉 그 정책의 비용과 편익이 수급자들 사이에 어떻게 분포되어 있는가는 관심이 없다. 이러한 효율 중심적인 비용편익분석은 영리를 추구하는 민간부문의 사업들을 평가할 때는 별 문제가 없다.

반면에 국가정책들은 효율만을 강조하는 좁은 의미의 비용편익분석으로 평가하는 것에는 많은 문제점이 있다. 왜냐하면 국가정책을 위하여 세금을 내는 사회구성원들은 효율 이외의 가치도 중요하게 여기기 때문이다. 그렇기 때문에 어느 사회나 효율적이지는 않으나 다른 가치를 추구하는 많은 정책들이 채택되고 있다.

예를 들면, 우리나라에서는 과거에 호남고속전철이나 세종시 건설을 둘러싸고 논란이 많았다. 이러한 사업들을 단순한 비용 편익 분석에 의하면 편익보다 비용이 크다는 이유로 반대가 컸다. 그러나 이러한 사업들은 효율이라는 가치가 아닌 지역 균형 발전이라는 가치가 강조되었기 때문에 이루어질 수 있었던 것이다.

특히 비용편익 분석에서 논란이 되는 것은 효율과 직접적으로 대치가 되는 가치인 평등, 즉 분배 문제를 어떻게 처리하느냐의 문제이다. 일반적으로 어떤 정책이 비용편익 분석의 측면에서 매우 효율적이라 하더라도 그 정책을 통해서 소득분배가 크게 악화된다면 그 정책을 현실적(정치적)으로 채택하기 어렵다. 예를 들어 아무리 효율적인 정책이라도 그 정책의 편익이 대부분 소수의 부자들에게 돌아가고 대다수의 빈자들이 비용을 부담하게 된다면 선택되기 어렵다. 그래서 비용편익분석을 통해서 합리적인 정책을 구하고자 할 때 이러한 분배 문제를 고려할 수 있는데 가장 쉬운 방법은 편익을 계산할 때 집단별(대개의 경우 소득집단별)로 서로 다른 가중치(weight)를 두어 계산한다. 예를 들면, 〈표 7-1〉에서처럼 집단별로 가중치를 두지 않은, 즉 분배문제를 고려하지 않은, 통상적인 비용편익분석에서는 총순편익이 많은 정책Ⅰ을 택하는 것이 합리적이다.

〈표 7-1〉 통상적인 비용편익 분석

정책	순편익		총순편익	결과
	집단A(저소득집단)	집단B(고소득집단)		
Ⅰ	10	50	60	정책Ⅰ선택
Ⅱ	20	30	50	
가중치	1	1		

반면에 분배 문제를 고려하여 집단별 가중치를 둔 경우, 즉 〈표 7-2〉에서처럼, 저소득집단에게 고소득집단보다 3배의 가중치를 줄 경우 총순편익은 정책Ⅱ가 커지게 되어 정책Ⅱ를 선택하게 된다. 왜냐하면 정책Ⅱ는 정책Ⅰ에 비하여 저소득층에 편익이 많이 돌아가고 분배문제를 고려하여 이러한 점을 크게 강조하기 때문이다.

〈표 7-2〉 분배 문제를 고려한 비용편익 분석

정책	순편익		총순편익	결과
	집단A(저소득집단)	집단B(고소득집단)		
Ⅰ	10	50	80	정책Ⅱ 선택
Ⅱ	20	30	90	
가중치	3	1		

이렇게 집단별 가중치를 얼마나 주느냐에 따라 선택되는 정책이 다를 수 있기 때문에 집단별 가중치를 누가 어떻게 결정하느냐의 문제가 중요하다. 원론적으로 볼 때 국가정책은 모든 국민을 위한 정책이 되어야 함으로 이러한 가중치도 사회적 합의에 의해서 결정되어야 한다. 그런데 사람들의 가치들이 다양하기 때문에 사회적으로 합의(?)가 된 가중치를 결정하는 것은 어렵고, 그래서 결국 정책결정자들이 작위적으로 결정할 수밖에 없어 항상 논란이 많다.

그럼에도 불구하고 분배문제를 고려하여 집단별 가중치를 결정할 때는 크게 볼 때 다음의 두 가지를 고려하는 것이 바람직하다. 하나는 소득(부)에 반비례하여 가중치를 결정하는 것이다. 그래서 소득이 많을수록 가중치를 비례적으로 적어지게 하는 것이고(inversely proportional), 다른 하나는 사회에서 가장 불리한 상황에 처한 사람들(예, 빈곤한 사람들)과 그렇지 않은 사람들로 구분하여(이러한 구분 자체가 쉽지 않지만), 전자에게 후자보다 높은 가중치를 두는 방법이다. 전자의 경우는 정책의 목표가 사회의 일반적인 불평등을 줄이는 것이고, 후자는 빈곤율을 줄이고자 하는데 있다(물론 이 두 가지 목표는 상당히 중복되지만).

많은 정책들이 이렇게 분배문제를 고려하여 특정집단들에게 높은 가중치를 부여한다. 대표적인 예가 우리나라를 비롯한 많은 나라에서 시행하고 있는 농업정책이다. 효율만을 강조하는 합리적인 농업정책은 자국에서 부가가치가 낮은 농산물은 외국에서 값싸게 들여와 일반 소비자들에게 싼 값에 공급하고 대신 부가가치가 높은 상품을 만들어 수출하는 것이다. 그러나 이렇게 되면 농민들의 소득이 크게 줄어들어 분배문제가 심각해질 수 있다. 그래서 농민 집단에 대한 분배문제를 고려하여, 외국으로부터의 농산물 수입을 억제하거나, 우리나라처럼 '이중곡가제'를 실시하여 농민들로부터 농산물가격을 높게 책정하여 정부가 구입한다든지 아니면 국가에 의하여 직접적으로 농민들에게 소득보조를 해주는 정책들이 필요한 것이다.

특히, 사회복지정책은 기본적으로 효율과 대비되는 평등의 가치를 강조하기 때문에 합리적(?)인 사회복지정책은 소득이 낮은 집단들에게 높은 가중치를 부여한다. 그러나 평등의 가치를 강조하는 사회복지 정책이라 하여 소득이 낮은 집단들에게 지나치게(?) 높은 가중치를 주게 되면, 즉 효율의 가치를 완전히 무시할 정도가 되면, 비용편익분석을 통하여 합리적(?)인 사회복지 정책을 찾는 작업은 무의미해질 수 있다. 다른 말로 이야기하면, 사회복지정책이 평등의 가치를 이루는 것이 주목표라 하더라도 효율의 측면을 완전히 무시할 수 없기 때문에 저소득층에 대한 가중치에도 일정한 한계가 필요하다.

합리적인 정책에서 분배문제를 고려해야 하는 또 하나의 관점은 사회전체의 효용(utility)과 관련되어 있다. 지금까지 논의되고 있는 정책의 편익이란 다른 말로 표현하면 그 정책으로 발생하는 이득에 대하여 사람들이 얼마나 지불할 의사가 있는지(가치를 두는지)를 측정하는 것과 같다.

그런데 이러한 지불의사(willingness-to pay)는 사람들의 소득이나 부의 수준에 따라 달라질 수 있다. 즉, 동일한 정책의 편익에 대하여 부자와 빈자의 지불의사 액수가 달라질 수 있어, 부자는 그 편익을 낮게 평가하는 반면 빈자는 높게 평가할 수 있다. 따라서 사회의 소득이나 부의 분배상태가 변하게 되면 사람들의 지불의사 형태도 변하게 되어 비용편익분석을 통한 합리적인 정책에서 선호되는 것들이 변할 수 있다.

상기의 논리는 부의 한계효용이 사람들의 부의 수준에 따라 다르고, 일반적으로 부가 증가할수록 한계효용은 감소한다는 가정에 근거한다. 예를 들어, 1조원의 부를 갖고 있는 부자가 1,000만원의 부가 늘어났을 때 얻는 한계효용은, 1,000만원의 부를 갖고 있는 빈자가 1,000만원의 부가 늘어났을 때 얻는 한계효용보다 작다는 것이다.

이러한 가정하에서, 비용편익분석을 통하여 단순히 正(positive)의 총순편익이 발생하였다 하여 선택된 합리적(?)인 정책이 오히려 사회전체의 효용이 감소되는 비효율적인 것이 될 수 있다.

예를 들면, 어떤 정책이 비용편익분석에 의해서 총순편익(총편익-총비용)이 1억원이 발생했을 때, 이 순편익이 부자에게 10억원이 편익이 주어지고, 빈자에게 9억원의 비용을 부담시켜 발생했다고 했을 때 이 정책을 합리적(?)인 것으로 보아 선택할 것인가?

만일 빈자의 한계효용이 부자의 그것보다 높다면, 빈자의 9억원의 비용부담으로 인한 효용감소가 부자의 10억원의 편익증가로 인한 효용증가보다 클 수 있다. 이렇게 되면 이 정책은 사회전체의 효용감소라는 측면에서 비합리적인 정책이 될 수 있는 것이다.

즉 아무리 어떤 정책이 正의 총순편익을 가졌다 하더라도 그것을 이루는데 비용이 빈자에게 집중적으로 가게 되면 사회전체로 볼 때 효용이 감소될 수 있다. 역으로 총순편익은 부정적(negative)이라 하더라도, 즉 총비용이 총편익보다 크다 하더라도, 편익이 빈자에게 집중적으로 가게 되면 사회전체의 효용을 증가시켜 합리적(?)인 정책이 될 수가 있는 것이다.

예를 들어, 어떤 지방자치단체가 담배에 부과한 세금을 주요재원으로 하여 골프의 대중화(?)를 위하여 대중골프장을 건설하여 골퍼들에게 저렴한 비용으로 골프를 즐길 수 있도록 하는 정책을 만들려고 할 때, 그리고 비용편익분석을 통해 총순편익이 正으로 나왔다면, 과연 이 정책을 선택하는 것이 바람직한가? 담배에 부과하는 세금은 대표적인 역진세(regressive tax)로 빈자들이 부자들에 비하여 자기의 소득수준에 비하여 세금을 많이 부담하기 때문에, 이 정책의 비용은 빈자들에게 집중적으로 돌아간다고 볼 수 있다. 반면에 아무리 대중(?)골프장이라도 그곳을 이용하는 사람들은 대개 부자들이어서 이 정책의 편익은 부자들에게 집중적으로 돌아간다. 따라서 담배세를 통한 빈자들의 효용감소가 골프를 통한 부자들의 효용증가보다 클 수 있어 사회전체로 볼 때 효용이 감소가 되기 때문에 이 정책은 합리적(?)인 정책이 될 수 없는 것이다. 만일 이러한 골프장을 부자들이 주로 부담하는 재원으로 만든다면 합리적일 수 있다. 부자들이 주로 부담하게 하는 방법이 다름 아닌 높은 골프장 이용요금인 것이다.

사회복지정책들은 많은 경우 단순히 비용편익분석의 관점에서 보면 비용이 편익보다 클 수 있다. 그래서 사회복지를 이념적으로 반대하는 사람들은 이러한 이유로 사회복지 확대를 반대한다. 그러나 사회복지정책들은 많은 경우 빈자들에게 편익이 집중적으로 가는 반면에 비용은 부자들에게 주로 가기 때문에 비록 비용이 편익보다 크다 하더라도 사회전체의 효용을 증가시킬 수 있다. 이것은 크게 보면 사회복지 확대의 주요 논리이기도 하다. 문제는 현실세계에서는 비용, 편익, 무엇보다도 효용을 객관적·과학적으로 측정하기가 어렵기 때문에 사회복지를 둘러싸고 항상 논란이 있는 것이다.

3. 합리주의 모델의 한계

지금까지 이상적 혹은 원론적인 합리적인 정책에 관하여 논의하였는데 현실세계에서는 이러한 이상적인 의미의 합리적인 정책들은 존재하기 어렵다. 그래서 한계가 있는 합리주의(limited rationalism)의 개념이 중요하여 정책을 공부하는 사람들은 왜 합리적인 정책이 현실세계에서 존재하기 어려운가를 이해하는 것이 중요하다. 그래야만 현실적인(?) 합리적(?)인 정책을 찾아낼 수 있는 것이다.

첫째, 사회전체의 이익을 위한 합리적인 정책이 이루어지기 위해서는 사회구성원들이 합의된 가치가 있어야 되는데 현실적으로 이러한 합의된 사회적 가치는 드물고 오히려 사람들이 선호하는 가치들은 서로 대립되고 또한 이러한 대립된 가치들은 비교하기가 불가능하다. 예를 들어, 국가발전이라는 목표를 이루는 광범위한 정책 가운데 국방정책과 사회복지정책 가운데 어느 것에 우선순위를 둘 것인지를 합리적(?)으로 결정하는 것은 어렵다. 왜냐하면 사람들에 따라 국방과 사회복지에 관한 가치가 다를 뿐만 아니라 이 두 가지의 가치를 비교하여 어느 것이 더 바람직한가를 객관적으로 판단하는 것은 불가능하다. 사회복지정책의 예를 들면, 제한된 사회복지의 자원으로 불치의 고령의 노인을 '식물인간'의 상태에서 생명을 연장해 주는 정책과 빈곤가정의 아동들의 복지를 향상시키는 정책 가운데 어느 것을 선택해야 할 때도 합리적인 선택은 불가능하다. 이렇게 서로 다른 가치들의 비교가 불가능할 때 비용과 편익분석 특히 비물질적 비가시적 비화폐적인 편익들을 계산해야 하는 넓은 의미의 비용편익분석은 무의미해지고 따라서 이상적인 합리적인 정책을 찾는 것은 불가능해지는 것이다.

둘째, 정책결정자들이 정책을 결정하는 환경이 진공상태가 아니기 때문에 다양한 사회적 가치들을 객관적으로 알아내고 평가하는 것이 어렵다. 정책결정자들은 대개 특정한 집단들이 강력히 주장하는 가치들에 귀를 기울이는 경향이 있어 그렇지 않은 가치들은 무시될 가능성이 크다.

셋째, 현실적으로 대부분의 정책결정자들은 정책을 결정할 때 사회 전체의 이익이라는 추상적인 목표에 근거하기보다는 자기 자신들에게 구체적 이익–권력, 지위, 돈, 당선 등–에 근거하여 결정하는 경향이 높다.

넷째, 정책결정자들이 정책을 결정할 때 시간, 돈, 노력의 제한으로 끝까지 '가장 합리적인 하나의 정책(the one best way)'을 찾는 것이 아니라 정책의 목표를 이루는데 '어느 정도 통할 수 있는(will work)' 방법을 찾으면 만족하는 경향이 있다. 사실 제한된 자원내에서 가장 합리적인 유일한 정책을 찾는 것은 오히려 '비합리적'이라 할 수 있다.

다섯째, 기존의 정책에 투입된 많은 자원들도 정책결정자들로 하여금 합리적인 정책을 찾는데 방해가 된다. 대표적인 예로 우리나라에서의 행정수도 이전 정책이다. 우리의 서울은 너무 인구가 밀집되어 있어 여러 가지 문제점이 있어, 행정수도를 옮기는 것이 합리적일 수 있으나, 서울에 투입된 기존의 엄청난 자원을 고려해 볼 때 수도를 옮겼을 때 나타날 수 있는 부정적인 측면[서울에 거주하는 많은 사람들이 갖고 있는 여러 가지 기득권(vested interests)의 포기에 대한 저항]들이 클 수 있기 때문에 어려운 것이다.

여섯째, 합리적 정책을 얻기 위해서는 정책목표를 이룰 수 있는 여러 가지 대안들과 이러한 대안들의 결과들을 알거나, 예측할 수 있어야 되는데 현재의 과학으로는 이것이 어려워 결국 객관적인 사실에 근거한 정책을 마련하는 것이 어렵게 된다.

일곱째, 이렇게 여러 대안들은 결과에 대한 불확실성이 큰 상황에서는 정책결정자들이 합리적인 정책을 찾는 '모험'을 하기보다는 과거의 검증받은(?) 정책들을 가능한 한 고수하는 것이 정치적으로 더 현명한 것이다.

지금까지 이상적인 의미에서의 합리적인 정책을 찾는데 있어서의 한계를 논하였는데, 그렇다고 현실세계에서의 대부분의 정책들이 합리적인 측면을 완전히 무시하는 것은 아니다. 국가에 따라 다를 수는 있지만, 많은 정책들은 나름대로 합리적인 측면들이 강조되어 결정된다. 특히 우리나라처럼 전통적으로 국가가 강력한 나라에서는 정책결정자들이 정책을 결정할 때 비록 한계가 있지만 비용보다는 편익이 커야 된다는 점을 유달리 강조하는 경향이 있다.

제 8 장

점증주의 모델, 게임이론 모델, 엘리트 모델

1. 점증주의 모델(incrementalism)

앞에서 현실세계에서의 이상적인 합리적 정책을 찾는 것에는 많은 한계가 있다는 것을 논의하였다. 점증주의 모델은 바로 이러한 합리적 정책의 한계에서 등장한 것이다. 점증주의 모델에서는 정책이란 과거의 정책들의 점증적인 수정과정의 연속선상에 있는 것으로 본다(Lindblom, 1959). 그래서 새로운 정책이란 기존의 정책들과 예산을 기본조건(base)으로 하여 약간의 변화(예, 정책 예산의 증액 혹은 감소, 정책 대상자 숫자의 증감 등)만을 주는 것의 결과라고 본다.

현실세계에서의 대부분의 정책들은 이렇게 과거의 정책들의 약간의 수정에 그친다. 예를 들면, 우리의 건강보험정책의 변화를 보면 적용대상자의 경우 1977년에는 500인 이상 사업장 근로자들만을 대상으로 하였다가, 1979년에는 300인 이상, 1981년에 100인 이상, 1982년에는 도시지역 가입자 등으로 확대하였다. 또한 급여의 내용도 점증적으로 확대하였다. 이러한 모습은 다른 사회보험(국민연금, 산재보험, 고용보험)도 마찬가지로 적용대상자와 급여의 내용에서 점증적으로 변화하였다.

그렇다면 왜 정책이 이렇게 과거의 정책의 점증적인 조그마한 변화에 그치는가? 이것은 기본적으로 합리적 정책의 현실적 한계에 기인하는데 여기서는 앞에서 논의한 것들 이외의 이유들을 논의하고자 한다.

첫째, 기존의 정책의 수급자들의 저항 때문이다. 모든 국가정책들은 그 정책을 통하여 혜택을 받는 많은 수의 수급자(client)들이 있다. 이들은 기존의 정책에 많은 정치적 자원들을 투자했고 대신 다양한 '혜택'을 누리고 있다. 새로운 정책에 의하여 이들의 기득권(vested interests)에 어떤 변화가 일어나는 것에 이들은 격렬히 저항을 하게 되어 새로운 합리적인 정책을 만드는 데 큰 어려움을 겪게 된다.

몇 가지 예를 들어 보자. 1970년대 중반 이후 서구복지국가들은 재정위기 등을 포함한 이른바 '복지국가 위기'를 겪게 되어 많은 사회복지정책들의 개혁을 시도한다. 그러나 기존의 사회복지정책들의 많은 수급자들(일부 국가들에서는 거의 모든 국민)의 저항에 부딪쳐 커다란 합리적(?)인 개혁은 대부분 실패하였다. 이른바 '돌이킬 수 없는 복지국가'(irreversible welfare state)인 것이다.

미국의 1996년 복지개혁정책도 기존의 복지제도를 근본적으로 바꾸어 놓은 정책이다(예를 들면, AFDC를 없애고 TANF를 만들었다). 이것은 1970년 Nixon 행정부 이래 약 30년간의 복지개혁 시도 후에 힘들게 이루었다. 이것이 성공한 가장 큰 이유는 1980년대 중반 이후의 극노도 반복지적인 사회분위기에서 기존의 복지제도 수급자들과 이들의 입장을 지지하는 사람들의 정치적 영향력이 크게 떨어졌기 때문이다.

우리나라의 예를 들면, 최근의 몇 차례에 걸친 공무원연금과 사립학교 교직원 연금 개혁 정책이다. 이 두 가지 연금은 장기적으로 볼 때 재정안정이 어려워 급여액 삭감이나 수급 연령을 늦추는 등의 정책이 필요하여 개혁을 시도하였으나 공무원이나 교직원들의 저항으로 큰 변화는 없는 것으로 끝이 났다.

둘째, 정책을 만드는 정치가(입법가)들의 입장에서도 기존의 정책을 점증적으로 변화시키는 것이 정치적으로 편의적이다(politically expedient). 의회에서 논의되는 정책안들이 기존의 정책의 조그마한 변화

(예, 예산의 증감 등)에 제한되어 있으면 정치가들 사이에 합의가 비교적 쉽게 이루어진다. 반면에 완전히 새로운 정책안에는 대개 새로운 승자와 패자가 나타나거나 '전부 아니면 전무(all or nothing)'의 상황이 나타날 수 있기 때문에 정치가들 사이에 합의가 어렵게 되어 갈등이 커지게 된다. 일반적으로 정치가들은 갈등을 피하고 기존의 정치제도의 안정을 유지하기를 원하기 때문에, 이렇게 커다란 갈등을 초래하는 새로운 정책들이 채택되기 어렵다.

대표적인 예가 1970년 닉슨 행정부가 시도한 복지개혁이다. 이것의 핵심은 기존의 복지제도를 NIT(Negative Income Tax)로 대체하는 것이다. NIT제도는 그 당시의 대부분의 경제학자들이 선호할 정도로 여러 가지 측면에서 합리적인 정책이다. 이것은 기존의 복지제도보다 수급자들의 근로동기를 강화시키고, 수평적 형평성(근로능력 등의 다른 조건에 상관없이 일정한 소득 이하이면 누구나 혜택을 볼 수 있다.)을 이룰 수 있고, 또한 수급자들의 치욕감을 줄일 수 있는 등 많은 합리적인 점들이 포함되어 있었다. 그러나 이렇게 합리적임에도 불구하고, 이 개혁안은 상원에서 부결되어 결국 입법화에 실패한다. 실패의 가장 큰 원인은 NIT가 기존의 제도와는 너무 다른 변화를 초래하기 때문에 많은 상원의원들의 격렬한 반대에 부딪쳐 결국 다수의 의원들이 갈등보다는 안정을 택하게 되어 부결된 것이다.

셋째, 정책을 집행하는 정부 관료들도 일반적으로 새로운 정책에 의한 커다란 변화를 싫어한다. 관료들도 기존의 정책에서의 권한, 무형유형의 부가급여(fringe benefit) 등의 기득권을 갖고 있다. 또한 이들은 기존의 조직을 유지한 채 일상적인(routine) 정책활동을 선호한다. 심지어 이러한 관료조직은 더 이상 효용가치가 없는데도 존재하는 경향이 크다. 이렇게 속성상 변화를 싫어하는 관료제도에서, 관료들은 과거 정책들의 합법성(legitimacy)에 크게 의존하는 경향이 크다. 왜냐하면, 새로운 정책의 결과를 예측하는 것이 어렵고 따라서 불확실하기 때문에 기존의 잘 알고 있는 정책을 유지하는 것이 편하기 때문이다.

예를 들면, 우리나라의 경우 정권이 바뀔 때마다 '개혁'을 내세워 다양한 개혁적(?) 혹은 합리적(?)인 커다란 정책들이 추진되었다. 그런데 대부분의 '개혁입법'들은 실패하거나 아니면 본래의 목표와 크게 수정된 상태에서 입법화되는 경향이 있다. 이것의 주요한 이유 중의 하나가 우리나라 정부관료들의 새로운 정책에 대한 저항 때문이다. 특히 우리나라처럼 전통적으로 의회보다 행정부 기능이 강하고, 또한 정부의 힘이 큰 나라에서는 정치가들이 추진하는 정책들은 행정부 관료들에 의하여 제동이 걸리는 경향이 크다.

넷째, 제한된 정부예산 때문이다. 대부분의 국가들에서 정부예산정책은 보수적이다. 즉 올해의 예산을 전년도 예산에 근거하여 약간의 증가 혹은 감소로 이루어지는 전형적인 점증적인 정책인 것이다. 그런데 새롭고, 커다란 개혁적인 정책을 위해서는 많은 액수의 예산이 뒷받침되어야 하는데 이것이 예산정책의 속성상 쉽지가 않은 것이다. 새로운 정책의 예산을 뒷받침하기 위하여는 이른바 '백지예산(zero-base budgeting)'에서 출발하여야 하는데 정부예산의 재원과 관련된 여러 가지의 복잡한 이해관계 때문에 이 작업이 쉽지가 않은 것이다.

특히 우리나라처럼 정부예산이 많지 않고(GDP대비) 또한 경직성예산이 많은 상황에서 정부의 예산정책은 더욱 보수적이라 할 수 있다. 그래서 새로운 정책에 대한 예산을 뒷받침하는 것이 어렵고, 실제로 많은 개혁적인 정책들이 예산이 뒷받침되지 않아 축소되거나 대폭 수정되는 경향이 있다.

예를 들면, 최초에 입법화된 우리의 국민기초생활보장법은 원칙적으로 볼 때 기존의 정책(생활보호법)과 크게 다른 획기적인 정책이라 할 수 있다. 그런데 이 정책이 예산이 제대로 뒷받침되지 않아 결국 집행단계에서 본래의 취지와는 다르게 변화하여, 본질적으로 볼 때 과거의 정책과 크게 다르지 않는 점증적인 정책변화의 모습을 보이게 되었다.

2. 게임이론 모델(game theory)

게임이론이란 둘 이상의 참여자들이 어떤 선택을 해야 하고 한쪽의 선택의 결과가 다른 쪽의 선택에 달려 있는 상황에서 합리적으로 결정하는 방법을 연구하는 분야이다. 전술한 합리주의 모델에서는 정책결정자들이 '독립적'으로 가장 바람직한 정책을 찾는다는 점을 강조하였다. 반면에 게임이론 모델에서는 정책결정자들이 정책을 결정할 때 '독립적'으로 가장 합리적인 것을 찾는 것이 아니라, 다른 쪽에서 어떻게 하느냐를 고려해야만 합리적인 정책을 찾을 수 있다는 점을 강조한다.

모든 게임이 그러하듯이, 참여자들은 상호의존적인(interdependent) 선택의 상황에서 결정을 해야 한다. 참여자들은 자신들의 능력과 원하는 것을 고려해야 할 뿐만 아니라 상대방이 어떻게 할 것인지에 대한 것도 고려해서 행동을 조정해야 한다.

현실세계에서의 많은 정책들도 이렇게 게임과 같은 상황에서 결정되는 경향이 있다. 특히 국가간의 외교정책이 그러하다. 최근의 대표적인 예가, 북한과 미국간의 핵무기 개발을 둘러싼 외교정책이다. 두 나라는 각기 상대방이 어떤 입장을 취할 것인지를 고려하여 정책을 결정하는 것처럼 보인다. 현재는 불행히도 두 나라 모두 강경한 입장을 취하여 상대방으로 하여금 양보(굴복)하도록 하는 전략을 택하고 있는 것 같다.

그렇다면 게임이론에서의 정책은 어떻게 결정되는가? 다음의 가장 단순한 형태인 참여자가 둘이고 각기 두 개의 정책선택만을 갖고 있는 상황을 보자. 그림에서 보듯이, 참여자 A와 B는 각기 두 가지의 선택 중 하나를 택하는 상황이다. 이 때 참여자 A와 B는 선택을 할 때 각기 상대방이 어떤 선택을 할 것인지를 고려하고 또한 각각의 선택의 결과에 어떠한 가치를 두느냐를 고려한다.

		참여자 A	
		선택 A_1	선택 A_2
참여자 B	선택 B_1	결과 가	결과 나
	선택 B_2	결과 다	결과 라

두 가지의 실제적인 예를 보자. 먼저 '겁쟁이(chicken)' 게임을 보자. 이 게임은 두 사람이 양방향에서 차를 몰고 돌진할 때 피하는 사람이 '겁쟁이'가 되는 게임이다. 두 사람 모두 안 피하면 둘 다 죽는다. 그래서 둘 다 죽음을 피하고자 한다. 그렇다고 '겁쟁이'라는 불명예를 감수하기는 싫다. 이러한 상황에서의 선택은 상대방이 어떠한 선택을 할 것인지에 따라 달려 있다. 어떤 선택이 합리적인가? 그림과 같은 상황을 설명해 보자. 만일 그림처럼 두 사람 모두 안 피했을 때의 결과(죽음)에 대해서 매우 심각하게 생각한다면, 두 사람 모두 피하는 것이 합리적인 선택이다.

		운전자 A	
		안 피함	피함
운전자 B	안 피함	A: -10 B: -10 (가)	A: -5 B: +5 (나)
	피함	A: +5 B: -5 (다)	A: -1 B: -1 (라)

그러나 문제는 어떤 사람들은 불명예보다는 죽음을 택하고자 할 수 있다. 그래서 죽음에 대한 가치를 별로 안 두어, 예를 들어 B의 경우 가의 결과에서 −10이 아니라 −1이 될 수 있는 것이다. 문제는 두 사람 모두 선택의 결과에 상대방이 어떤 가치를 두는가를 모르는 데 있다.

그래서 여기서 중요한 것은 상대방으로 하여금 결과에 대한 나의 가치를 잘못 판단하게 하는 전략이다. 일반적으로 대표적인 전략이 이른바 '벼랑끝서기(brinkmanship)'로 강경한 입장의 선택을 하는 것처럼 보여 상대방으로 하여금 양보하게 만드는 방법이다. '겁쟁이' 게임의 경우 운전자 B가 게임 전에 술을 먹고 와서 비틀거리면서 운전석으로 걸어가면서 '이 썩은 세상에서 살만큼 살았다.'고 중얼거리게 되면 운전자 A는 운전자 B가 피하지 않을 가능성이 크다고 판단하여 자신이 피하게 되고 결국 '겁쟁이'가 되는 것을 감수해야 하는 즉 '나'의 결과가 된다.

이렇게 상대방의 행위에 대한 정보가 없는 상황에서 합리적 선택은 이른바 'minimax'란 전략으로, 상대방이 무엇을 선택하든지 상관없이 최대의 손실을 극소화(minimizes the maximum loss)하거나 최소의 이득을 극대화(maximizes the minimum gain)하는 선택이다. 즉 그래서 이 minimax 전략은 상대방의 가장 좋은 선택에 대비하는 것이다. 위험을 무릅쓰고 커다란 이득을 추구하느니 손실을 줄이고 최소한의 이득을 확실하게 챙길 수 있는 보수적인 전략이라 할 수 있다. 따라서 위의 예에서 두 사람 모두에게 합리적인 선택은 죽음이라는 커다란 손실을 극소화하기 위해 둘 다 피하는 것이어서 결국 결과 '라'가 되는 것이다.

이러한 'minimax'의 전략의 대표적인 예가 이른바 '죄수의 딜레마(prisoners' dilemma)'이다. 공범인 두 사람의 범죄 혐의자를 체포하여 각기 별도로 심문을 하는 상황이다. 그런데 증거가 불충분하여 혐의자들의 자백이 중요하여, 수사관이 혐의자들에게 자백을 하면 감형을 약속하는 상황이다. 이 경우에 두 혐의자들은 어떤 선택을 할 것인가?

		혐의자 A	
		자백	침묵
혐의자 B	자백	A: 5년 징역 B: 5년 징역 가	A: 10년 징역 B: 1년 징역 나
	침묵	A: 1년 징역 B: 10년 징역 다	A: 석방 B: 석방 라

물론 가장 좋은 결과는 두 사람 모두 침묵함으로써 즉 '라'의 결과로, 증거불충분으로 석방되는 것이다. 그러나 혐의자 A와 B 모두 상대방이

어떻게 행위를 할지를 모르기 때문에, 만일 나는 침묵했는데 상대방이 자백을 하게 되면 즉 '나'나 '다'의 경우처럼 매우 큰 손실을 입게 된다. 이러한 상황에서는 'minimax'의 전략으로 둘 다 자백을 하여 즉 '가'의 경우처럼 최대의 손실을 피하는 것이 합리적이라 할 수 있다.

게임이론은 사회복지정책에서의 선택을 이해하는 데 도움을 줄 수 있다. 아주 크게 보면 국가에 의한 사회복지정책은 많은 경우 국가와 빈자간의 협상(?)의 결과로 해석할 수 있다. 그림처럼 국가와 빈자의 2가지 선택이 있다고 하자. 어느 국가나 국가의 입장에서 보면 빈자들이 가능한 한 일을 하여 독립하여 살아가면 사회복지의 비용이 줄어들어 그만큼 좋은 것이다. 그래서 국가의 입장에서는 C의 상황, 즉 빈자가 일을 하고 국가를 도와줄 필요가 없는 상황을 가장 선호한다. 국가가 두 번째로 선호하는 것은 비록 빈자가 완전히 독립해서 살아나가지는 못하더라도 어느 정도 일을 하고 국가가 부분적으로 도와주는 A의 상황이다. 현실세계에서의 대부분의 복지국가들의 사회복지정책은 크게 보면 이러한 모습을 갖고 있다고 할 수 있다. 실제로 사회복지정책에서 빈자들의 근로동기를 크게 약화시키는 것들이 선택되지 않은 경향이 있다. 즉 국가가 빈자들에게 조금이라도 일을 시켜야만 모든 빈자들이 일을 전혀 안 하고 사회복지혜택에 완전히 의존하는 동기를 막을 수 있는 것이다.

		빈자: 일	빈자: 여가
국가	도움	A	B
	안 도움	C	D

국가의 입장에서 보면 바람직하지 않은 상황은 B로 모든 빈자들이 놀면서 사회복지정책에 의존해서 살아가는 것이다. 국가의 입장에서 최악의 상황은 D로 빈자들은 일을 안 하고 국가도 도움을 주지 않아 빈자들이 굶어죽는 상황이다. 현실세계에서, 인류 역사상 어떤 국가에서

도 이러한 상황은 존재하기 어렵다. 이러한 상황이 되기 전에 빈자가 일을 하든 아니면 국가가 도와주게 되는 것이다.

인간은 누구나(?) 일보다는 여가를 선호한다(workerholic을 제외하고). 그래서 빈자들도 일보다는 여가를 선호하게 되어, 빈자의 입장에서는 가장 선호하는 것은 B의 상황으로 빈자는 놀고 국가가 도움을 주는 상황이고, 그 다음으로는 빈자가 어느 정도 일하고 국가로부터 도움을 받는 A의 상황이다. 반면에 빈자에게 바람직하지 않은 상황은 C로 국가의 도움없이 빈자가 일을 해서 스스로 독립해서 살아가는 것이고, 물론 빈자에게도 최악의 상황은 D로 빈자가 일을 안 하고 국가도 도움을 주지 않는 것이다.

이렇게 국가와 빈자가 서로 선호하는 상황이 다른 경우 어떠한 결과가 나올까? 이것은 국가와 빈자가 자신들의 이익을 극대화하려는 일종의 게임으로 볼 수 있고, 모든 게임이 그러하듯이 참여자들은 전략이 중요하게 된다. 먼저 국가의 입장에서 빈자를 돕지 않겠다는 강력한 의지를 보이게 되면(예를 들면, 국가는 최소한의 빈곤을 줄일 정책을 갖고 있지 않고 빈곤한 사람들을 탄압하여 감옥에 수용하는 등), 빈자는 C의 상황을 선택하여 일을 할 수밖에 없다. 이 경우 빈자가 굶어 죽을 배짱으로 D를 택하는 것은 비합리적이고 실제로 이러한 상황에서 빈자들은 선택의 여지가 없이 일을 하게 된다.

이렇게 국가가 빈자에 대하여 '벼랑 끝 서기' 전략을 구사하여 빈곤한 사람들을 억제하는 것은 역사적으로 오래되어 유럽에서 19세기 말 20세기 초 복지국가가 태동하기 시작하기 전까지의 모든 국가들의 빈곤정책은 이러한 모습을 가졌다고 볼 수 있다. 이러한 모습은 최근의 '복지국가 위기'의 시대에 다시 부활하는 것처럼 보이는데 대표적인 경우가 미국의 복지개혁 정책이다. 1996년 복지개혁법으로 대표적인 공공부조제도인 AFDC를 없애는 등 국가가 더 이상 일을 안 하는 빈자를 도와주지 않겠다는 강한 의지를 보이자, 많은 수의 그동안의 공공부조 수급자들이 다른 선택의 여지가 없이 아무런 일이라도 할 수밖에 없게 되었다. 여기서 국가가 중요하게 여기는 것은 빈곤한 사람들이 일을 해서 빈곤을 벗어날 수 있느냐가 아니라(실제로 많은 수의 빈곤한 사람들은 일을 해도 빈곤에서 벗어나지 못한다.), 빈곤한 사람들이 일을 한다는 그 자체이다(다른 말로 표현하면 빈곤한 사람들이 여가를 못 누리도록 한다는 것이 중요하다).

우리나라의 경우도 최근의 국민기초생활보장법이 만들어지기 전까지 빈곤정책은 본질적으로 보면 국가가 빈자를 도와주지 않겠다는 강한 의지를 보였기 때문에 빈자들은 일 이외에는 선택의 여지가 없게 만드는 것이라 할 수 있다. 실제로, 1980년대의 '형제복지원' 사건에서 나타났듯이 국가는 빈자들을 '부랑자'로 여겨 감독이나 시설에 강제 수용하여 혹독한 탄압을 하여 수백 명을 죽게 만들었다.

한편 빈자의 입장에서는 바람직한 전략은 빈자들이 '벼랑 끝 서기'전략을 구사하여 자신들은 절대 일을 안 하고 국가로부터 도움을 받겠다는 강력한 의지를 보이는 것이다. 여기에는 다양한 방법들이 있을 수 있는데, 우선 개별적인 측면에서 부자들에 대한 범죄(대개의 경우 부자들의 재산을 빼앗는 강도나 절도)가 증가하는 것이다. 집단적으로는 다양한 형태의 빈곤운동—예, 미국에서의 '복지권 운동(Welfare Right Movement)'—대규모 시위, 대규모 폭동(사실 이 방법이 역사적으로 볼 때 가장 효과적이었다.) 등이 있다.

이렇게 빈자들이 사회질서(사회안정)에 위협적이 되면 국가는 두 가지 선택을 할 수 있다. 하나는 빈자들이 일을 안 하고 국가가 도와주는 B를 선택하는 것이고, 다른 하나는 최악의 선택인 D이다. 국민의 기본권을 존중하는 민주주의 체제에서 국가가 D를 선택하는 것은 비현실적이어 결국 B를 선택할 수밖에 없다(그러나 국민의 인권이 무시되는 비민주적인 국가에서는 종종 D를 택하여 빈자들을 굶어 죽이거나 혹은 국가에 위협적인 빈자들을 모두 감옥에 가두는 극단적인 선택을 한다).

사회복지 발전의 역사를 보면 이렇게 빈자들이 강한 입장을 취했을 때 빈자를 위한 사회복지정책이 확대되는 것을 종종 볼 수 있다. 대표적인 예로, 미국에서 1960년대에 빈곤한 사람들의 주요도시에서의 대규모 폭동(이 폭동으로 수백명이 죽었다)이 일어나자 사회복지정책－이른바 빈곤과의 전쟁 정책들－이 크게 확대되었다(Piven and Cloward, 1971). 사회복지정책의 주요 목표 중의 하나가 사회통제(social control)에 있는 한, 이렇게 빈자들에 의하여 사회질서가 위협받는다고 생각할 때 국가는 빈자들을 위한 정책을 확대할 수밖에 없는 것이다.

그러나 현실세계에서의 대부분의 국가들에서의 빈곤정책은 위에서 설명한 것처럼 국가나 빈자 모두 '벼랑 끝 서기' 전략을 구사하여 C 혹은 B의 모습을 보이는 것은 아니다. 오히려 대부분의 국가들에서의 빈곤정책은 A의 모습을 보여 빈자들도 어느 정도 일을 하고 국가도 어느 정도 도와주는 것이다. 이것의 이유는 게임이론의 관점에서 보면 국가나 빈자 모두 'minimax' 전략을 구사하여 최대의 손실을 피하고 최소의 이득을 극대화하기 때문이다. 즉 국가나 빈자 모두 상대방이 어떠한 행위를 할지를 모르는 상황에서 강한 입장을 취하였을 때 발생할 수 있는 최악의 상황(여기서는 D)을 피하기 위하여 보다 안전한 상황을 선택하는 것이다. 이것은 어찌 보면 국가와 빈자간의 타협이라 볼 수 있는데, 이것이 또한 사회전체를 위해서도 바람직할 수 있다.

이러한 게임이론의 관점에서 보면 지금까지 우리나라의 사회복지정책이 낙후된 이유 가운데 하나는 권위주의체제에서 빈자들이 '벼랑끝 서기' 전략을 구사할 수 없는 상황에 처했기 때문이라 할 수 있다. 그래서 국가는 D의 상황을 무시할 수 있어 쉽게(?) C를 택할 수 있었다. 그러나 이제는 우리도 어느 정도 민주화가 되었기 때문에 국가가 D의 상황을 무시할 수 없게 되고 그래서 A를 선택할 수밖에 없게 되는 것이다. 이렇게 볼 때, 최근의 국민기초생활보장법은 국가가 IMF 외환위기 이후 대규모의 실업자를 비롯한 빈자들이 발생하여 사회질서에 위협이 될 수 있다고 판단하여 A를 선택한 결과라 해석할 수 있다.

3. 엘리트 모델(Elite theory)

원론적으로 볼 때 대중민주주의가 발전하게 되면 국가정책은 '일반국민들(the people)'의 요구를 어떤 형태로든 반영한다고 볼 수 있다. 그래서 전술한 이익집단 모델에서처럼 다원적인 민주주의 사회에서는 국가정책은 국민들의 요구를 다양한 집단들의 요구의 형태로 반영한다고 보았다.

반면에 엘리트 모델에서는, 국가정책은 소수의 지배엘리트의 선호나 가치를 반영하는 것으로 본다. 왜냐하면, 이 이론에서는 대중은 국가정책에 대하여 무관심하고 또한 정보도 없고, 무엇보다도 엘리트들이 정책 이슈들에 대한 대중들의 의견(여론)을 형성하기 때문이다.

또한 이 이론에 따르면 공식적인 정책결정자들(예, 입법가, 정부관료 등)이 형식적으로는 정책을 결정하는 것처럼 보이지만, 실질적으로는 이러한 정책 결정들은 대개 '보이지 않는' 지배엘리트의 선호나 가치를 단지 수행하는 것에 지나지 않는다고 본다.

엘리트 모델은 지금까지 논의한 다른 모델들에 비하여 실체가 모호하여 누가 엘리트이고 엘리트들이 정책결정에 영향을 주는 구체적 메커니즘들이 불명확하다. 그래서 정책결정에 어떤 엘리트의 어떠한 가치가 어떻게 반영되었는가를 밝히는 것이 어렵다. 이러한 한계에도 불구하고 엘리트 모델에서는 다음과 같은 국가정책에 관한 몇 가지의 중요한 관점들을 제시한다.

첫째, 엘리트란 정의상 기존질서의 기득권자이기 때문에 기본적으로 보수적일 수밖에 없어, 정책의 변화는 점증적으로 수정될 뿐, 합리적 모델에서 제시된 것처럼 포괄적이고 개혁적인 합리적인 정책을 원하지 않는다. 이 때의 정책의 변화는 대개 엘리트들의 문제의 정의(problem definition)의 변화로 기인한다. 예를 들면, 미국의 케네디 대통령이 빈곤정책을 확대하려고 시도한 데는 그를 둘러싼 엘리트들이 빈곤의 문제를 '개인'의 잘못에서 '제도'의 잘못으로 정의하기 시작한 데서 기인했다고 볼 수 있다.

둘째, 엘리트들은 드물지만 때에 따라서는 기존의 질서를 크게 위협하는 사건들이 발생하면 기존의 질서를 유지하면서 장기적으로 볼 때 자신들의 이익을 위하여 커다란 개혁적인 정책변화도 수용한다. 역사적으로 볼 때 주요 사회복지정책들이 이러한 이유에서 만들어졌다고 볼 수 있다. 대표적인 예가 복지국가의 시작으로 자주 이해되는 19세기 말의 독일의 비스마르크스를 중심으로 한 귀족 엘리트들에 의한 사회입법이다. 이것은 엘리트들이 그 당시 노동자들이 빠른 속도로 사회주의자화되어 기존의 질서를 크게 위협하게 되자 이 문제를 대처하기 위한 선제전략(pre-emptive strategy)으로 선택하게 된 것이다.

또한 미국의 사회복지제도의 근간을 이룬 1935년의 사회보장법(Social Security Act)도 그 당시의 대규모 불경기로 인한 사회적 혼란을 대처하기 위하여 만든 것이다. 이 정책은 처음에는 단기적인 이익만을 추구하는 다수의 자본가들에 의하여 크게 반대하였지만, 루즈벨트 대통령 주위의 자본가 엘리트(대표적으로, General Electric 회사의 회장) 등이 장기적인 안목에서 자본에 유리하다는 점으로 설득하여 이루어지게 되었다.

셋째, 국가정책이 엘리트들에 의하여 결정된다 하여 이것이 반드시 일반국민의 복지와 대치가 되는 것은 아니다. 엘리트들은 흔히 '귀족의 의무(nobless oblige)'의 가치를 갖고 있어, 일반국민들의 복지에 대한 책임감을 갖고 있다고 생각한다. 이러한 현상은 특히 대중민주주의가 발전되지 않은 상태에서 자주 나타난다. 예를 들면, 우리의 경우 군사정권 시기에 일부 군부 엘리트들에 의한 사회복지정책의 확대시도가 여기에 해당된다고 할 수 있다. 전두환 정권 초기에 대한민국 주요거리에 '복지사회 건설하여 사회정의 구현한다.'는 현수막이 많이 등장하였는 데서 볼 수 있듯이 일부 군부 엘리트들은 적어도 초기에는 일반국민들의 복지를 고려한 것처럼 보인다. 문제는 이후 이러한 구호를 제대로 실현하지 않았고 결과적으로 볼 때 이들이 진정으로 국민들의 복지를 염려하였는지는 회의적이다.

넷째, 엘리트 모델의 핵심은 엘리트들이 일반국민들의 여론을 형성한다는 것이다. 만일 그렇지 않다면, 대중민주주의에서 일반국민들의 여론(요구)이 무시되기 어렵기 때문이다. 사실 일반국민들은 대부분의 정책에 대하여 수동적이고, 무관심하고, 무엇보다도 정보를 갖고 있지 않다. 이러한 상황에서, 여러 가지의 방법을 통하여 엘리트들이 갖고 있는 가치나 선호들이 일반국민들의 생각에 심어지는 경향이 있다.

대표적인 예가 교육제도를 통하여 어릴 때부터 엘리트들이 선호하는 가치를 국민들에게 심는 것이다. 우리의 경우 지배 엘리트들이 선호하는 양대가치는 '반공주의'와 '경제성장 제일주의'라 할 수 있는데 이러한 가치를 초등학교 교육 때부터 심는 것이다(필자는 대학교 신입생 선발의 면접에서 학생들이 배우는 교과서를 통하여 이러한 2개의 가치가 얼마나 철저하게 심어졌는지 놀랐다. 다행히도(?), 이러한 현상은 최근의 인터넷을 통한 '정보혁명'으로 약화되는 경향을 보인다).

또한 지배엘리트들은 언론인이나 학자와 같은 지식인들을 포섭, 동원시켜 각종 언론매체를 통하여 지배여론을 형성해 나간다. 이러한 현상은 특히 우리의 경우 자주 나타나서, 주요 언론매체들은 기존 질서를 유지하려는 지배엘리트의 가치만을 '국민여론'이라는 이름하에 주로 반영하는 경향을 보인다. 이렇게 되면 일반국민의 요구를 반영한다는 대중 민주주의 이름하에, 실제로는 지배엘리트들의 가치만이 반영되는 것이다.

제 3 부

정책목표:가치

3부에서는 사회복지정책들의 내용을 이해하거나 분석하는 데 기준이 되는 정책목표 혹은 가치들에 대하여 논의한다. 먼저 9장에서는 사회복지정책이 추구하는 가장 중요한 가치인 평등에 관하여 논의한다. 구체적으로는 평등이라는 개념을 둘러싼 논란을 세 가지 차원, 즉 누구를 평등하게 할 것이냐, 얼마나 혹은 어떻게 평등하게 할 것이냐, 그리고 평등에 이르는 과정이 평등하면 평등한가에 관하여 설명한 후, 이러한 논의들이 사회복지정책에 어떠한 의미를 갖는지를 논의한다.

10장에서는 평등의 가치와 상충될 수 있는 효율의 가치에 대하여 논의한다. 여기서는 먼저 효율의 개념을 설명한 후, 이어서 평등과 효율의 관계를 설명하고, 마지막으로 평등을 추구하는 사회복지정책이 효율을 해칠 수 있는 요인들이 무엇인가를 논의한다.

11장에서는 사회복지정책이 추구하는 또 하나의 중요한 목표인 필요(needs)의 가치에 대하여 논의한다. 여기서는 먼저 필요의 개념에 대하여 서술하고, 이어서 필요의 다양한 차원(형태)들에 대하여 논의한 후, 마지막으로 누구의 필요를 해결해야 하는가, 즉 사회복지 수급자격에 관하여 논의한다.

12장에서는 사회복지정책을 비판하는 사람들이 중요하게 생각하는 가치인 자유에 관하여 논의한다. 여기서도 먼저 자유의 개념을 둘러싼 논쟁을 소개하고, 이어서 사회복지정책과 자유의 관계, 구체적으로는 사회복지정책이 어떤 측면에서 자유의 가치를 침해하는가, 그리고 이러한 주장이 얼마나 타당한가를 논의한다.

13장에서는 상기의 평등과 효율의 가치의 상충이 현실세계에서 나타나는 현상인 성장과 분배의 관계에 대하여 논의한다. 여기서는 크게 두 가지 논쟁을 소개한다. 하나는 경제성장만으로도 분배문제가 해결되는지에 관한 논쟁이고, 다른 하나는 분배정책을 확대하면 경제성장에 해가 되는지에 관한 논쟁이다. 이어서 경제성장에 해가 되지 않는 바람직한 분배정책이 무엇인가를 논의한다.

제 9 장
평 등

사회복지정책들이 추구하는 기본적인 목표는 평등의 가치를 구현하는 것이다. 그런데 문제는 평등이라는 개념이 모호하여 사람들마다 서로 다르게 생각하고 심지어는 정반대로 해석하는 경우도 있다. 몇 가지 예를 들어 보자. 얼마 전 우리나라에서 논란이 되었던 것으로, 군복무를 한 남자들에게 취업시험에서 가산점수를 주는 정책이다. 이 정책이 평등한가? 당사자들은 '평등'한 것으로 보나, 다른 사람들, 특히 여성들은 '불평등'하다고 본다. 반대로 공무원 임용에서 여성들에게 일정한 비율을 할당하여 임용하는 정책이 있는데, 이것은 남자들은 '불평등'하다고 보고 여성들은 '평등'한 정책이라고 본다. 또한 갑과 을 두 사람은 똑같이 가난한데 다만 갑은 근로능력이 있고 을은 근로능력이 없다. 이때 갑보다 을에게 더 후한 급여를 하는 것이 더 '평등'한가?

현재 우리나라에서 실시하고 있는 국민기초생활보장정책에서는 가난한 사람들에게 4인 가족의 경우 소득이 없을 때 2016년 대략 월 140만원(생계급여)을 급여하고 있다. 이것을 둘러싸고 어떤 사람들은 평등의 가치를 구현하기에는 지나치게 적다고 비판한다. 어느 정도의 평등이 평등인가?

빈곤한 가정에서 성장하는 아동들은 빈곤하지 않은 가정들의 아동들에 비하여 여러 가지의 측면, 특히 인적자본에의 투자가 열악하여 후에

성장하여 노동시장에서 소득을 벌어들이는 능력에서 불리하다. 그래서 이러한 불리를 극복시키기 위하여 빈곤아동들에 대하여 국가의 다양한 정책으로 그들의 인적자본을 향상시킨다. 그럼에도 불구하고 빈곤아동들이 성장한 후에도 여전히 빈곤했다 했을 때, 국가의 정책이 평등을 추구한 정책이라 할 수 있을까? 즉 평등에 이르는 과정만을 평등하게 하면 평등한 것인가?

지금까지의 예에서 보듯이, '평등'이라는 개념을 둘러싼 논란은 여러 차원에서 다양하다. '평등'의 개념의 논란을 크게 보면 다음의 세 가지 차원에서 벌어진다. 첫째는 처음의 예에서 보듯이, 누구를 평등하게 할 것이냐의 차원이고, 둘째는, 두 번째의 예에서처럼, 얼마나 혹은 어떻게 평등하게 할 것이냐는 문제이고, 셋째는, 마지막 예에서처럼, 과정이 평등하면 평등하냐는 차원이다.

1. 누구를 평등하게 할 것인가?

평등의 개념을 둘러싼 논란 가운데 가장 많이 나타나고 또한 가장 첨예한 것이 바로 평등의 대상에 관한 것이다. 즉 누구를 평등하게 할 것이냐의 문제다.

오늘날 미국에서 일부 대기업 최고경영자들의 연봉은 수천만 달러인 반면 대다수의 근로자들은 5만 달러 정도에 불과하다. 그래서 많은 사람들은 이렇게 지나친 차이에 대하여 불평등하다고 분개한다. 반면에 최고경영자들은 자신들이 노력을 많이 하여 경제적 업적을 크게 이루었기 때문에 많은 연봉을 받는 것은 평등(?)한 것이라고 주장한다. 사회·경제적 업적을 많이 이룬 사람들에게 사회적 자원을 많이 배분하는 것이 평등한 것인가?

오늘날 대부분의 자본주의 체제의 국가들에서는 정도의 차이가 있지만 여성이 남성에 비하여 노동시장에서 여러 가지 측면에서 불리하다.

임금도 낮고 고위관리직에서 일하는 숫자의 비율도 낮다. 그래서 많은 나라들에서는 이러한 차별을 줄이기 위하여 여성들에 대한 우대 정책들을 실시하고 있다. 이러한 정책들이 평등한가?

널리 알려졌듯이, 사회복지 수급자격에는 한 나라의 국민이면 다른 조건 없이 모두 자격이 되는 보편주의가 있는 반면에 다른 조건이 충족되어야만 급여를 받을 수 있는 선별주의가 있다. 이렇게 한 나라 국민 모두를 평등의 대상으로 삼는 것이 평등한 것인가?

여기서는 평등의 대상에 관하여 크게 세 가지의 측면에서 논의하고자 한다. 첫째는 사회·경제적 업적에 따라 차등하게 사회적 자원을 배분하는 것이 평등한 것이냐의 문제다. 둘째는 특정집단, 특히 사회적 약자들을 분리하여 평등의 대상으로 삼는 것이 평등한가의 문제이다. 셋째는 평등의 대상을 지역별로 차이를 두는 것이 평등한가의 문제이다.

1) '사회 · 경제적 업적'에 따른 평등: '공평'이 평등한 것인가?

평등의 개념 가운데 공평(equity)이라는 것이 있다. 이것은 다른 말로 흔히 비례적 평등(proportional equality)이라 불리우는 개념이다. 이것은 모든 사람들을 똑같이 취급하여 사회적 자원을 똑같이 분배하여 완전한 결과의 평등(equality of results)을 이루는 수량적 평등(numerical equality)과 달리 사람들의 노력, 능력, 사회적 역할, 사회적 기여도 등에 따라 결정되는 사회 · 경제적 '업적'에 따라 사회적 자원을 다르게 분배하는 것이 평등하다는 개념이다. 즉 '사회적 위치'가 같은 사람들 사이의 평등을 말한다.

완전한 결과의 평등을 강조하는 수량적 평등의 개념으로서의 평등은 현실사회에서 존재하기 어렵기 때문에, 대부분의 사람들이 평등이라면 떠올리는 것은 공평의 개념이다. 이것은 또한 자본주의가 성공하기 위한 가장 중요한 가치이기도 하다. '노력을 많이 한 사람에게 사회적 자원을 많이 주어지지 않으면 누가 노력을 하려고 하는가?' 그래서 대부분의 사람들에게 공평은 바람직한 것이다.

그러나 이상적인 '공평'의 개념에 따라, '공평'하게 사회적 자원을 배분하면 바람직하나, 현실적으로 무엇이 '공평'한지에는 많은 논란이 있는데 크게 보면 두 가지다. 하나는 '사회·경제적 업적'의 차이를 어떻게 구분할 것인가의 문제이고, 다른 하나는 설사 '사회 · 경제적 업적'의 차이에 대하여 사람들이 합의를 한다 하더라도, 그러한 '사회 · 경제적 업적'을 이룰 수 있는 과정의 정당성의 문제이다.

'사회 · 경제적 업적'에 따라 사회적 자원을 다르게 분배해야 한다는 점을 강조하는 사람들은 '사회 · 경제적 업적'의 차이를 구분하는 기준으로 흔히 그러한 '업적'의 사회적 중요성(기여도)과 그러한 역할을 수행할 능력이 있는 사람들의 희소성을 든다.

사회에서 필요한 여러 가지 기능들은 그 중요성에서 차이가 있고 또한 그러한 기능은 수행할 수 있는 사람들의 숫자도 차이가 존재하기 때문에, 수행하기가 어렵고 중요한 기능일수록, 그리고 그 기능을 수행할 수 있는 능력이 있는 사람들의 숫자가 적을수록 사회적 기여도가 높기 때문에 사회적 자원을 많이 분배해 주어 그렇지 못한 기능과는 차별을 두어야 한다는 것이다(Davis and Moore, 1945).

이러한 맥락에서 자주 인용되는 예가 의사와 청소원이다. 위의 관점에 따르면 의사의 역할을 수행할 수 있는 능력이 있는 사람들은 많지 않은 반면에, 의사가 수행하는 기능은 사회적으로 매우 중요한 반면에, 청소원은 아무나(?) 할 수 있고 청소의 기능은 사회적으로 덜 중요하기 때문에 의사에게 사회적 자원을 청소원에 비하여 더 많이 분배하는 것이 공평하다는 것이다.

반면에 '사회 · 경제적 업적'에 따른 분배를 비판하는 입장에서는, 사회적 기능들의 사회적 중요성은 객관적으로 비교 불가능하고, 그것은 특정사회의 지배적 가치에 따라 다르다는 점을 강조한다. 또한 이러한 상이한 사회적 기능들을 수행할 수 있는 능력을 갖고 있는 사람들의 숫자에서도 차이가 거의 없다고 주장한다. 그래서 사회적 기능들의 중요성은 자본주의 경제체제와 사회주의 경제체제에서 다를 뿐만 아니라,

자본주의 경제에서도 시장원리를 특히 강조하는 사회(예, 미국)와 사회민주주의 가치를 강조하는 사회(예, 스웨덴)에서도 차이가 있다.

위의 의사와 청소원의 경우, 우선 의사와 청소원의 사회적 기능의 중요성을 비교하기가 어렵다. 의사의 주요 기능은 사람들을 치료하여 건강하게 하는 것이고, 청소원의 주 기능은 주거환경을 청결하게 만들어 사람들이 건강하게 살도록 하는 것이기 때문에 어느 것이 더 중요한지는 판단하기가 쉽지 않다.

또한 의사나 청소원의 기능을 수행할 수 있는 능력이 있는 사람들의 숫자도 차이가 거의 없다는 것이다. 즉 청소원들에게도 의사를 할 기회가 주어지고 그들이 충분히 훈련만 받는다면 누구나(?) 의사의 기능을 수행할 수 있다는 것이다(Tumin, 1953).

실제로 사회주의 경제의 사회에서는 의사와 청소원의 사회적 기능의 중요성의 차이는 거의 없어 유사한 사회적 자원을 분배하고, 또한 두 기능을 수행할 수 있는 능력의 차이를 크게 안 본다. 이것은 사회주의 사회에서, 자본주의 사회에서는 일반적으로 사회적 약자인 여성들이 주로 의사의 기능을 수행하는 것에서 볼 수 있다.

반면에 자본주의와 시장원리를 강조하는 사회에서는 의사와 청소원의 사회적 기능의 중요성의 차이를 강조하여 사회적 자원의 분배에서 매우 큰 차이를 보인다(예를 들면, 미국의 경우 의사는 청소원에 비하여 대략 10배 이상의 소득이 있다). 또한 이러한 사회에서는 의사의 공급을 제도적으로 제한해서 아무나(?) 의사를 못하도록 만들어, 의사의 기능을 수행할 능력이 있는 사람들의 숫자를 인위적으로 줄이는 경향이 있다. 실제로 미국에서 19세기말 공식적인 의과대학이 설립되고 의사면허제도가 도입되기 이전에 의사의 기능을 수행하는 사람들의 소득이 오늘날처럼 크게 높지 않았다(Starr, 1982).

우리나라에서도 의사와 청소원의 '사회·경제적 업적'의 차이가 커 의사는 청소원에 비하여 매우 높은 소득을 누리고, 의사들은 이것을 의사의 사회적 기능이 중요하고 아무나 의사의 기능을 수행하지 못한다는 등의 이유로 정당화한다. 대부분의 의사들은 의사가 되기 위해서는 많은 노력, 능력, 투자가 필요하기 때문에 아무나 의사가 될 수 없다고 생각하기 때문에 희소가치에 대한 많은 보상을 바라고 있는 것이다.

우리나라에서도 약 100년 전까지만 해도 의사의 사회적 기능의 중요성은 크게 인정받지 못해 의사의 사회·경제적 지위는 높지 않았고 또한 많은 사람들이 쉽게(?) 의사의 기능을 수행하였다. 그러던 것이 공식적인 의과대학이 설립되고 의사면허제도로 의사들의 공급을 제한하면서부터 의사들의 '사회·경제적 업적'이 높게 평가받기 시작한 것이다.

이렇게 '사회·경제적 업적'이라는 것이 사회의 지배가치나 특정한 제도 때문에 결정되기 때문에 '사회·경제적 업적'의 차이에 대한 사회 구성원들의 합의가 이루어지기가 어렵다. 그렇다면 '사회·경제적 업적'의 차이에 대한 합의만 이루어지면 문제는 없는가? '사회·경제적 업적'에 따른 사회적 자원의 분배의 또 하나의 문제는 '사회·경제적 업적'에 이르는 과정의 정당성의 문제다. 만일 이러한 과정이 정당하지 못하다면 '사회·경제적 업적'에 따른 '평등'은 많은 문제를 발생시킨다.

대부분의 자본주의 사회에서 사람들이 '사회·경제적 업적'을 이루는 과정에는 한편으로는 개인들의 노력과 능력 등에 의한 업적(achievement)이 중요하기도 하지만, 다른 한편으로는 유전을 비롯한 다양한 가족배경 등의 귀속적(ascribed)인 요인들도 중요하다. 그래서 개인들이 아무리 노력을 많이 해도 귀속적인 요인들에서 불리하면 높은(?) '사회·경제적 업적'을 이루지 못하는 경우가 많이 발생하는데 이렇게 되면 '사회·경제적 업적'에 따른 '평등'을 추구하는 것의 정당성에는 한계가 있는 것이다.

위의 의사와 청소원의 예에서, 의사들은 청소원들에 비하여 좋은 부모에게서 태어나 유전적이나 가족배경 등에서의 유리함 때문에 의사가 될 수 있었다면, 단순히 '사회·경제적 업적'에 따라 사회적 자원을 배분하는 것은 정당성이 약하다. 실제로 미국과 같은 사회에서는 의사의 공급이 제한된 상황에서 의사가 되고자 하는 사람들이 많아 경쟁이 치열하여 노력도 많이 해야 하고, 능력도 있어야 하고, 돈도 많아야 하기 때문에 자연히 사회경제적으로 유리한 가족배경을 가진 사람들이 의사가 되는 경향이 크다. 우리나라에서도 최근 이러한 경향이 점차 커져, 사회경제적으로 유리한 가족배경을 가진 사람들이 의사가 되는 경향이 높아지고 있다.

지금까지의 '사회 · 경제적 업적'에 따른 '평등'에 대한 두 가지의 상반된 논리는 하나는 기능주의적인 관점으로, 다른 하나는 갈등주의적 관점으로 사회현상을 설명하는 것으로 어느 쪽이 옳다고 단정하기가 쉽지 않다. 이것은 사람들이 갖고 있는 가치관에 따라 결정된다고 할 수 있다.

그러나 설사 '사회 · 경제적 업적'의 중요성의 차이를 어느 정도 인정한다 하더라도, 현실세계에서 '사회 · 경제적 업적'에 따른 사회적 자원의 분배는 지나치게 불평등하다. 이것은 오늘날 선진산업국가들에서 약간의 정도의 차이는 있으나 잘 사는 계층과 못 사는 계층의 소득격차가 매우 큰 데서 볼 수 있다. 예를 들면, 미국에서는 가장 잘 사는 10%의 사람들이 전체 소득의 50% 가까이를 점유하는 반면, 가장 못사는 20%의 사람들이 전체 소득의 3% 미만을 점유하고 있어, 잘 사는 사람들은 못사는 사람들에 비하여 20배 정도 이상의 소득을 차지하고 있는 것이다.

우리나라도 유사하여, 가장 잘 사는 10%의 사람들이 전체 소득의 40% 이상을 점유하는 반면, 가장 못 사는 10%의 사람들은 전체 소득의 3%를 점유하고 있어 약 10배 이상의 차이가 난다.

이렇게 잘 사는 사람들과 못 사는 사람들의 소득이 약 10배 이상의 차이가 나는 것이 '사회 · 경제적 업적'에 따른 사회적 자원의 분배로 합리화할 수 있는가? 미국에서처럼, 과반 이상의 근로자들의 연봉이 5만 달러 정도인데, 일부 대기업 최고경영자들의 연봉이 수천만 달러인 것이 합리화될 수 있을까? 이것도 사람들의 가치관에 따라 다르겠지만, 현실 세계에서 '사회 · 경제적 업적'의 차이로 설명하기에는 사회적 자원의 분배의 차이가 지나치게 커, 공평하지 않은 많은 불평등이 존재한다고 볼 수 있다.

지금까지 '사회 · 경제적 업적'에 따라 사회적 자원을 배분하는 공평의 개념에 대하여 논의하였다. 그렇다면, 사회복지정책들은 이러한 공평의 가치를 반영하는가? 대부분의 복지국가들에서 수급자의 숫자, 지출액 등에서 가장 중요한 사회복지제도는 각종의 사회보험들인데 이것들은 공평의 가치를 부분적으로 반영한다.

국민연금을 예를 들어 설명하면, 대부분의 국가들의 국민연금은 보험료를 많이 납부한 사람들(소득이 높은 사람들)이 나중에 급여를 받을 때 적게 납부한 사람들(소득이 낮은 사람들)보다 더 많이 받는다.

그런데 이러한 국가들의 국민연금은 소득재분배(결과의 평등의 가치)의 목표도 이루기 위해서 보험료 납부액에 완전히 비례하여 급여액은 산정하지는 않는다. 그래서 소득이 낮은 사람들은 소득이 높은 사람들에 비하여 상대적으로 후한 연금액을 받는다. 즉 공평의 가치를 완전히 반영하는 것은 아니다.

우리나라의 국민연금도 이러하다. 2008년 기준의 국민연금의 연금급여액 산정공식은 1.5(A+B)×(1+0.05n/12)인데, 여기서 A는 전체가입자 평균소득월액이고 B는 가입자 본인의 평균소득월액이다. 그래서 가입자 전체의 평균소득월액보다 소득이 낮은 사람들은 더 많은 급여를 받는 반면, 소득이 높은 사람들은 덜 받게 되도록 설계가 되어 있다.

이렇게 국민연금은 공평의 가치도 반영하지만 '결과의 평등'의 가치도 반영한다고 볼 수 있다. 그러나 전체적으로 보면 결국 보험료를 많이 납부한 사람들이 급여액을 많이 받기 때문에 사회보험은 공평의 가치를 더 크게 반영한다고 할 수 있다. 사회보험도 보험이기 때문에 공평의 원리에 따르는 보험수리원칙을 완전히 무시할 수는 없는 것이다.

이렇게 사회복지정책도 공평의 가치를 강조하기 때문에, 사회복지정책을 통하여 시장경제에서 일차적으로 결정된 사회 · 경제적 지위의 변화를 크게 가져오는 것은 어려워, 결국 시장에서의 불평등의 기본적인 모습은 유지한 채 불평등의 정도만을 약간 줄이는 데 그치는 한계가 있다.

그런데 국가들의 사회복지정책이 공평의 가치를 강조하는 정도는 차이가 있다. 흔히들 복지국가의 성격과 발전정도를 비교분석하기 위하여 시장경제에의 예속을 벗어나게 하는 정도를 나타내는 이른바 '탈상품화(decommodification)'의 개념과 사회복지정책의 사회계층체제의 유지 정도를 사용하는데(Esping-Andersen, 1990), 이러한 개념들은 다른 말로 표현하면 사회복지정책들이 공평의 가치를 얼마나 강조하는가를 측정하기 위한 것이라 할 수 있다.

그래서 스웨덴과 같은 국가들의 사회복지정책들은 '탈상품화' 효과가 크고 또한 사회계층체제의 변화정도도 크다. 즉 '공평'의 가치를 상대로 적게 반영하는 것이다. 반면에 미국과 같은 국가들의 사회복지정책은 '탈상품화' 효과가 낮아, 공평의 가치를 강조하는 것이다.

이렇게 국가들 사이의 사회복지정책이 공평의 가치를 강조하는 데서의 차이는 있지만 어떤 국가의 사회복지정책도 공평의 가치를 완전히 무시하지는 못하는 것이다. 이것이 자본주의 사회의 사회복지정책의 기본적인 한계인 것이다. 자본주의가 제대로 작동하기 위해서는 공평의 가치가 강조될 수밖에 없고 따라서 자본주의 사회에서의 사회복지정책도 공평의 가치를 강조할 수밖에 없는 것이다. 그러나 앞에서 언급했듯이, 어떠한 자본주의 사회에서도 진정한 의미의 '공평'한 분배가 이루어지지 않고 지나친 소득불평등이 있는 한 사회복지정책을 통하여 시장경제에서 결정된 사회·경제적 지위의 변화를 가져올 수 있는 여지는 여전히 크다고 볼 수 있다.

2) 평등의 대상에서의 인구집단별 차이

앞에서는 이른바 '사회 · 경제적 업적'에 따라 사회적 자원을 차등하게 배분하는 것이 '평등'하다는 논리에 대한 논의를 했는데, 여기서는 인구집단별로 차등 배분해야 한다는 주장에 대하여 논의하고자 한다.

특정 인구집단들은, 예를 들면, 여성, 노인, 소수인종 등, 사회에서 살아나가는 데 있어 여러 가지 측면에서 불리하다. 대표적인 예는 남성과 여성의 차이다. 여성은 남성에 비하여 여러 가지 측면에서 불리하다. 예를 들면, 여성은 남성에 비하여 육체적 힘이 부족하다. 그래서 각종의 운동경기에서 여성과 남성을 분리하여 경쟁한다. 같이 경쟁하게 하는 것은 '평등'한 경기가 아니기 때문에 그러하다.

오늘날 대부분의 국가들에서 여성의 임금은 남성보다 낮고, 심지어는 같은 일을 해도 여성의 임금은 남성에 비하여 낮다. 이것은 타고난 능력(?)의 차이도 있을 수 있고, 더 중요한 것은 사회적 차별에 기인한다고 볼 수 있다.

이러한 이유로 전술한 '사화·경제적 업적'에만 따라 사회적 자원을 배분하다보면 여성을 비롯한 특정한 인구집단 등에게는 불리한 결과를 가져오기 때문에 진정한 의미의 '공평'한 배분이 안 될 수가 있다.

따라서 '진정한' 평등을 이루기 위해서는, 평등의 대상에 차이를 두어, 시장경제의 경쟁에서 취약할 수밖에 없는 집단들에게 '불공정'한 사회적 자원의 배분을 시정하기 위하여 이른바 '긍정적 차별(positive discrimination)'을 해야 한다는 것이다.

그래서 많은 국가들에서, 여성, 장애인, 노인, 특정인종 등의 사회적 약자 집단들에게 대학 입학, 진급, 일자리를 구하는 데 있어 유리하게 대우하는 것이 진정한 평등의 가치를 구현하는 것이라고 보는 것이다.

사회복지정책에서도 급여자격이나 급여를 결정하는데 있어 인구집단별 차이를 두어야 한다는 점을 고려한다. 대표적인 정책이 이른바 '범주적 공공부조(categorical public assistance)'이다.

일반적으로 오늘날 대부분의 유럽의 복지국가들에서는 일정한 소득 이하의 모든 가난한 사람들은 공공부조의 자격이 주어진다. 반면에 어떤 국가들에서는 공공부조의 수급자격조건에는 일정한 소득 이하뿐만 아니라 특정한 인구집단(여성세대주, 노인, 장애인 등)에 속해야만 주어진다. 예를 들면, 근로능력이 있는 남성은 아무리 가난해도 급여가 주어지지 않는다.

이렇게 공공부조에서도 인구집단별 차이를 두는 본질적인 이유는 사회적 약자 집단들은 시장경제의 노동시장에서 여러 가지 측면에서 불리하기 때문에 본인들의 잘못(?)이 아닌 이유로 빈곤해졌다고 판단하여 급여가 주어지고, 반면에 근로능력이 있는 남성은 본인의 잘못으로 가난해졌다고 보기 때문이다.

이렇게 인구집단별로 차이를 두면서 평등을 추구하는 사회복지정책들은 사회적 약자 집단들에게 집중적으로 급여를 할 수 있기 때문에, 제한된 사회복지재원으로 정책목표를 효율적으로 이룰 수 있는 목표효율성(target efficiency)이 높아 소득재분배 효과가 큰 장점을 갖고 있으나 몇 가지 단점도 있다.

첫 번째 이른바 '수평적 평등(horizontal equality)'의 가치를 훼손한다는 점이다. 공공부조의 가장 중요한 목표는 가난한 사람들에게 급여를 하여 빈곤을 줄이는 것이다. 따라서 일정히 소득이하의 모든 가난한 사람들에게 급여를 하는 것이 평등한 것이다. 특정한 집단들에게만 급여를 하는 것은 이 집단에 속하지 않은 빈곤한 사람들에게는 불평등한 것이다.

일반적으로 사회복지제도가 발전된 국가들에서는 공공부조는 일정 소득 이하의 모든 가난한 사람들에게 급여를 하는 반면에, 그렇지 않은 국가들에서는 이렇게 집단별로 차이를 두어 급여한다. 예를 들면, 미국의 대표적인 공공부조제도인 SSI(Supplemental Security Income)에서는 노인이나 장애인에게만 급여가 주어진다. 우리나라도 얼마 전까지만 해도 생활보호법에서는 특정집단에서만 급여를 하였으며, 국가기초생활보장제도의 도입으로, 적어도 외형적으로는, 인구집단별 차이를 두어 급여를 제한하지는 않는다.

둘째는, 집단별 공공부조는 또한 사람들의 근로동기를 약화시킬 수 있고 불필요한 가족해체를 야기시킬 수 있다. 범주적 공공부조는 대개 근로능력이 없다고 판단되는 사람들에게만 급여가 주어지기 때문에,

많은 경우 근로능력의 유무의 판단이 현실적으로 쉽지 않아, 어느 정도 근로능력이 있는 많은 수급자들(예를 들면, 아동을 키우는 여성세대주)의 근로동기가 약화되거나, 현재 일을 하고 있는 비수급자들도 '근로능력이 없는 집단'에 속하려는 동기가 커지게 만들 수 있다.

또한 노인과 아동을 키우는 여성세대주에게만 급여를 하는 공공부조의 경우, 노인들이 독립된 가구로 살 동기를 높여 불필요하게 노인독립가구가 증가하게 만든다. 또한 아동을 키우는 여성세대주에게만 급여를 하기 때문에, 미혼모가 증가하여 사생아가 많아지고, 결혼을 피하거나 이혼율이 증가하여 아동을 키우는 여성세대주가 불필요하게 많아질 수 있는 것이다.

마지막으로, 집단별로 차이를 둔 평등을 강조하다 보면 집단들 사이에 사회복지정책을 둘러싸고 첨예한 이익집단정치(interest group politics)가 발생하여, 정치적인 힘이 큰 집단은 많은 혜택을 받는 반면 그렇지 않은 집단은 손해를 볼 수 있다는 점이다.

이러한 현상은 특히 이익집단정치가 중요한 미국에서 종종 나타나는데 대표적인 예가 노인복지와 아동복지의 경우다. 미국에서는, 노인을 위한 사회복지정책이 크게 발전하여, 오늘날 노인들의 빈곤율은 미국 전체의 평균빈곤율보다 낮다. 반면에 아동빈곤율은 오히려 과거에 비하여 높아졌다. 이것은 여러 가지로 설명할 수 있지만, 가장 중요한 이유 중의 하나는 이익집단정치에 의하여 사회복지정책이 결정되는 경향이 높은 상황에서 노인들의 숫자의 증가와 이에 따른 정치적 힘이 커져, 투표권(?)이 없는 그래서 정치적 힘이 약한 아동들의 복지의 희생하에 노인을 위한 사회복지정책이 확대되었기 때문이다. 최근 1996년의 복지개혁으로 AFDC가 없어짐에 따라 아동들의 복지는 더욱 악화되고 있다.

3) 평등의 대상에서 지역별 차이를 두는 것이 '평등'한가?

이 문제는 특히 사회복지정책의 급여 대상자를 결정하는데서 중요하다. 전통적인 보편주의 대 선별주의 논쟁이 대표적이다. 보편주의에서는 한 나라의 국민이면 누구나 사회복지정책의 대상이 된다. 대표적인 예가 영국의 NHS(National Health Service)로 영국 국민이면 누구나 의료 서비스는 똑같이 받을 수 있는 것이다(복지국가가 크게 확대되는 1970년대까지만 해도 북구의 복지구가들에서는 여행자들에게도 무료로 의료서비스를 제공하였다).

반면에 선별주의에서는 여러 가지 조건들, 특히 지역별 차이에 따라 급여 대상이 결정된다. 일반적으로 지방분권적인 국가들, 특히 미국과 같은 연방국가들에서는 이러한 지역별 차이에 따라 급여대상이 결정이 되는 경향이 크다.

미국에서는 주 정부의 독립성이 커서 여러 가지 측면에서 평등의 대상에서 주 별로 차이가 크다. 예를 들면, 미국에서는 국립대학의 등록금은 그 주의 주민이냐 아니냐에 따라 차이가 크다. 아무리 미국 시민권을 갖고 있다 하더라도 그 주에 몇 년 이상 거주하지 않으면 등록금을 많이 내야 한다. 다양한 사회복지제도들도 주별로 차이가 커 수급자의 숫자나 급여액에서 큰 차이가 난다.

한 나라의 국민이면 모두를 평등의 대상에 포함하는 것은 사회통합이나 인간의 존엄성의 가치를 높일 뿐만 아니라 궁극적으로 높은(?) 수준의 평등은 이룰 수 있어 바람직하다. 반면에 선별주의를 지지하는 사람들은 전 국민을 똑같이 취급하여 평등을 추구하는 것은 지역별 차이를 무시하여 오히려 불평등할 수 있다고 주장한다.

지역별 특성(물가 수준, 경제 수준, 빈곤한 사람들의 숫자 등)을 무시한 채 전국의 국민을 똑같이 취급하는 것은 오히려 불평등을 초래한다는 것이다. 예를 들면, 미국의 경우 뉴욕처럼 물가 수준이 높은데 사는 사람들은 남부의 물가가 낮은 작은 도시에 사는 사람들보다 더 많은 급여를 받아야 한다는 것이다.

또한 특정한 주에 몇 년씩 거주하면서 세금을 내 주 재정에 도움을 준 사람들의 자녀들이 대학에 입학했을 때 그렇지 않은 사람들 보다 등록금을 적게 내게 하는 것이 더 평등한 방식이라는 것이다.

사회복지에 사용하는 재원이 풍부한 상황에서는 보편주의의 가치는 구현하는 것이 좋지만, 오늘날처럼 많은 국가들에서 복지재정이 어려워지는 상황에서는 점차로 선별주의가 강조되고 있는 것이 현실이다.

2. 어떠한 평등인가?

현실세계에서는 완전한 '결과의 평등'을 이루는 것은 불가능하기 때문에, 평등을 이야기할 때 평등의 정도나 형태에 관한 논의가 중요해진다. 예를 들어, 어느 정도의 평등이 평등인가? 가족숫자가 많다 하여 사회적 자원을 많이 분배하는 것이 평등한가? 현재는 가난하나 미래에는 부자가 될 수 있는 사람에게 급여를 하는 것이 평등한가? 부는 많으나 사용할 소득이 없는 사람에게 급여를 하는 것이 평등한가? 여기서는 이러한 질문들을 간략히 논의하고자 한다.

첫째, 어느 정도의 평등이 평등한 것인가? 사회복지정책은 어느 정도의 평등을 추구하는 것이 바람직한가? 이것은 국가에 따라, 시대에 따라, 사람에 따라 다르다. 그래서 스웨덴에서 받아들이는 평등수준과 우리나라에서의 그것이 다르고, 우리나라의 경우에도 30~40년 전의 평등수준과 오늘날의 그것과는 다르고, 또한 오늘날에도 사람들 사이의 평등수준에 대한 입장은 크게 다르다.

이렇게 평등수준에 대하여는 많은 사람들에 의한 보편적인, 즉 시대와 공간을 초월한 합의가 존재하기 어렵다. 그럼에도 불구하고, 복지국가의 발전역사로 볼 때, '평등'을 추구하는 정책들이 갖고 있는 가장 오래되었고 가장 널리 이용된 그리고 가장 기본적인 평등수준은 이른바 '절대적 빈곤선'이다.

절대적 빈곤선은 대개 살아가는데 있어 최소한의 기본적인 필요(needs)를 충족시키는 수준에서 결정된다. 이러한 '평등'의 수준은 기본적인 필요가 무엇인가에 따라 논란이 많고 또한 많은 사람들은 이 정도의 수준을 '평등'의 수준으로 받아들이지 않지만, 현실적으로 평등을 추구하는 정책들은 대개 이러한 '평등'의 수준에 기반하고 있다.

예를 들어, 우리의 경우 대표적인 평등추구 정책인 국민기초생활보장제도에서 사용하는 '평등'의 수준인 최저생계비는 4인 가구의 경우 2017년의 경우 대략 월 178만원 정도이다. 그런데 이러한 평등의 수준에 대하여 많은 논란이 있어, 어떤 사람들은 이 수준이 높다고 하고 어떤 사람들은 지나치게 낮다고 생각한다. 실제로 우리의 한국노총에서 제시하는 '표준생계비'는 2017년의 경우 대략 500만원으로 2배 이상 높다.

일반적으로 절대적 빈곤선을 평등추구정책의 기준으로 하면 사회전체의 평등의 수준을 높이는데 한계가 있다. 이것은 절대적 빈곤선이 일반적으로 낮은 평등 수준이라는 점에도 기인하지만, 더 중요한 이유는 절대적 빈곤선은 대다수의 사회구성원 등의 생활수준과는 별도로 절대적으로 결정되기 때문이다. 일반적으로, 경제성장이 지속되면 대다수의 사회구성원들의 실질소득은 높아지게 되는 반면에, 절대적 빈곤선은 고정되어 있기 때문에(물가상승에 따른 액수의 변동은 있지만), 절대적 빈곤선 수준은 대다수 사람들의 소득수준에 비하여 낮아지게 되어 절대적 빈곤선 이하의 사람들의 숫자는 자동적(?)으로 줄어들기 때문이다. 따라서 이렇게 낮아진 '평등'수준을 기준으로 평등을 추구해 보아야 사회전체의 평등수준은 크게 높아지지 않는 것이다.

예를 들어, 미국의 경우 1965년에는 절대적 빈곤선 소득이 미국사람들의 중위소득의 46%이었는데, 1986년에는 그동안의 경제성장으로 미국사람들의 실질소득이 상승하여 중위소득의 32% 수준으로 낮아졌다.

우리나라의 경우도 1980년의 중위소득의 50%선의 소득을 절대적인 빈곤선으로 할 경우, 1966년에는 약 50%의 사람들이 이러한 빈곤선 이하에 있었는데 1992년에는 0.9%로 줄었다. 이것은 물론 이 기간동안의 지속적인 높은 경제성장률 때문이다.

이렇게 절대적 빈곤선의 수준은 사회전체의 평등의 수준을 높이는

데 한계가 있는데 이 문제를 해결할 수 있는 것이 상대적 빈곤선의 개념이다. 이것은 절대적 빈곤선과 달리 경제성장 등의 이유로 대다수의 사람들의 소득이 높아질 때 빈곤선도 높아지게 되어 이러한 수준이 대다수의 사람들이 누리는 소득수준에 크게 떨어지지 않는다.

상대적 빈곤선을 결정하는 방법은 여러 가지가 있으나, 가장 많이 사용하는 것은 중위소득의 일정한 비율(예를 들면, 50%)로 정한다. 그래서 중위소득이 높아지면 상대적 빈곤선도 자동적으로 높아지게 된다. 이렇게 상대적 빈곤선은 절대적 빈곤선에 비해 평등수준을 확대하기 때문에 이 기준에 따라 평등을 추구하게 되면 사회전체의 평등수준을 높일 수 있다. 발전된 복지국가들에서의 평등추구의 정책들은 대개 상대적 빈곤선을 기준으로 하기 때문에 정책들의 평등효과가 크다.

둘째, 평등(평등추구)의 단위는 어떻게 할 것인가? 개인으로 할 것인가 아니면 가구 혹은 가족단위로 할 것인가? 일반적으로 불평등은 개인단위로 측정할 때 가장 크다. 왜냐하면, 아동, 주부, 노인 등의 많은 수의 소득이 없는 사람들이 있기 때문이다. 그래서 평등추구의 단위를 개인으로 하면 사회전체의 평등수준을 크게 높일 수 있다.

그러나 현실적으로 개인단위로 평등을 추구하는 것은 적절하지 못하다. 왜냐하면 대개의 경우 실질적인 소비단위는 가족 혹은 가구이고, 또한 가족 혹은 가구 내에 소득분배(intra-family transfer)가 이루어지기 때문에, 소득이 없는 개인들도 실질적으로 소비능력이 있기 때문이다.

그래서 현실적으로 평등추구의 단위는 대개 가족이나 가구로 결정하는데, 이 경우 몇 가지 문제가 발생한다. 가족이나 가구를 평등추구의 단위로 결정할 때의 기본적인 가정은 가족 혹은 가구내의 소득분배가 평등하게 이루어진다는 것인데 만일 가족 내의 소득분배가 불평등하게 되면, 가족단위의 평등추구는 사회전체의 평등수준을 높이는데 한계가 있다. 예를 들면, 우리나라의 경우 지나친 교육열 때문에 가구의 소득 가운데 지나치게 높게 자식들을 위한 교육으로 배분된다. 이렇게 되면 부모들의 소비수준은 줄게 되어 가구 내의 소득불평등이 커지게 되는 것이다.

또 하나의 문제는 가족숫자가 많은 가족에게 사회적 자원을 많이 분배하는 것이 평등한가의 문제이다. 일반적으로 가족숫자가 많은 가족일수록 경제적 필요(needs)가 높기 때문에 가족숫자가 많은 가족에게 더 많은 급여를 하는 것이 평등할 수 있다. 그러나 경우에 따라서는 비경제적인 동기 때문에 가족숫자를 늘릴 수도 있고 혹은 가족숫자가 늘어도 경제적 필요는 크지 않을 수도 있기 때문에 단순히 가족숫자가 많다 하여 사회적 자원을 많이 배분하는 것은 오히려 불평등할 수도 있다(자세한 것은 15장 '급여자격'을 참조).

셋째, 평등(평등추구)의 시간단위는 어떻게 결정해야 하는가? 많은 사람들의 소득은 시간대 별로 변동이 심하다. 어떤 사람들은 1년 가운데 몇 달은 높은 소득을 갖고 있지만, 그렇지 않은 달은 소득이 거의 없다(예를 들면, 건설노동자). 이 경우 평등의 단위를 月로 한다면, 이 사람들에게 소득이 없는 달에는 사회적 자원을 분배하는 것이 평등한 것인가?

이 경우 평등 추구의 시간단위를 年으로 한다면, 이러한 사람들의 소득은 소득이 높은 달과 없는 달의 평균으로 결정되기 때문에 일정한 소득이 있게 되어 평등추구의 대상이 안 될 수도 있는 것이다.

한편 유수한 대학에 재학중인 내학생은 현재는 소득이 없으나 가까운 미래에는 소득이 높아질 가능성이 크다. 이 경우 평등의 단위를 年으로 할 경우 현재 가난한 대학생은 평등추구의 대상이 되어 사회적 자원을 분배하는 것이 평등한 것인가? 아니면 평등의 단위를 '평생(life time)'으로 보아, 이 대학생은 현재는 가난하지만 미래에는 높은 소득이 발생하기 때문에 '평생소득(life time income)'의 개념으로 보면 이 대학생에게 현재 급여를 하는 것은 불평등할 수도 있다(자세한 것은 15장을 참조).

넷째, 무엇을 평등하게 할 것인가? 사람들의 경제적 상태는 흔히 부, 소득, 소비의 수준으로 판단할 수 있다. 이 세 가지 가운데 어떤 것을 평등하게 할 것인가? 일반적으로 이 세 가지는 서로 상관관계가 높아, 부가 많은 사람들은 소득도 높고 또한 소비도 높다. 이 경우는 무엇을 평등하게 하느냐의 문제는 심각하지 않다.

반면에 부, 소득, 소비의 상관관계가 낮을 때, 즉 부는 많은데 소득이나 소비가 낮거나 혹은 소득은 높은데 소비가 낮을 때 문제가 발생한다. 예를 들어, 현재는 소득(예, 임대소득)이 전혀 발생하지 않는 재산가치가 큰 대규모의 부동산을 소유하고 있는 사람들에게, 소득이 없다고, 평등추구의 정책으로 급여를 하는 것이 평등한가?

또한 소득은 높은데 저축을 통하여 부를 축적하기 위하여 소비를 거의 안 하여 비참한(?) 생활을 하는 '구두쇠'의 경우에 급여를 하는 것이 평등한가? 이것은 사람들의 관점에 따라 달라, 부나 소득이 높다는 것은 실제로 소비를 하든 안 하든 잠재적 소비능력이 높다고 보는 사람들은 이러한 사람들에게 급여를 하는 것을 불평등하다고 본다(자세한 것은 15장을 참조).

일반적으로 거의 모든 국가에서 부의 불평등은 소득의 불평등보다 크고 소득의 불평등은 소비의 불평등보다 크다. 예를 들어, 불평등을 측정하는 지니계수에 의하면, 부의 불평등은 매우 크다. 그래서 부의 평등을 추구하는 것이 소득이나 소비의 평등을 추구하는 것보다 평등효과가 크다. 그런데 현실적으로 자본주의 사회에서는 불행히도(?) 부의 평등을 추구하는 것이 가장 어렵다. 왜냐하면, 자본주의가 작동하게 하는 가장 중요한 요소는 개인들의 부의 축적의 동기이기 때문이다. 그래서 대부분의 평등추구는 소득이나 소비의 평등을 목표로 하는데 이것들의 평등효과는 제한적일 수밖에 없어 사회전체의 불평등은 큰 상태로 유지되고 있는 것이다.

3. 어떻게 평등하게 할 것인가? : '평등'에 이르는 과정이 평등하면 평등한 것인가?

지금까지 논의한 두 가지의 평등의 차원은 주로 '결과의 평등'에 관한 것이었다. 반면에 국가의 평등추구 정책이 '결과의 평등'에 초점이 맞춰지는 것을 반대하는 사람들은 '평등'을 이루는 과정이 자발적인 의사에 의한 것이고 '평등'하게 이루어지면 그것의 결과가 불평등하더라도 정당한 것으로 본다(Nozick, 1974). 이러한 과정상의 평등을 이루는 방법은 여러 가지가 있을 수 있으나 여기서는 두 가지 1) 기회의 평등과 2) 정치권력의 평등을 논의하고자 한다.

1) 기회의 평등

과정의 평등의 개념 가운데 가장 많이 사용하는 것이 이른바 기회의 평등(equality of opportunity)이다. 이것은 간단히 말하여 모든 사람들에게 어떤 결과에 이르는 기회를 평등하게 주어 자유경쟁을 통하여 결과를 결정하게 하는 방법이다. 기회의 평등은 자본주의 사회에서 많은 사람들이 앞서 논의한 공평(equity)의 개념과 더불어 '평등'의 개념으로 쉽게 떠올리는 개념이기도 하다(Hochshild, 1981).

기회의 평등은 '결과의 평등'에 비하여 정치적으로 반대하는 사람들이 적고 또한 정책적으로 추구하는 것이 비교적 쉽기 때문에 현실적이다. 대부분의 국가들에서 극단적으로 진보적인 사람들을 제외하고 대부분의 사람들은 '기회의 평등'을 바람직한 것으로 여긴다. 그리고 저소득층의 사람들에게 진학이나 취업에 있어서 우대하는 정책들은 정치적 저항이 크지 않아 비교적 쉽게 만들 수 있다. 또한 이것은 '결과의 평등'을 추구하는 데서 발생할 수도 있는 자본주의 경제에 해−예를 들면,

근로나 저축동기의 약화로 발생하는 비효율의 문제-를 줄 수 있는 문제가 발생할 가능성이 적다(Okun, 1975). 또한 이상적으로 볼 때도, 시장경제가 충분히 작동하기 위해서도 모든 사람들의 잠재능력이 충분히 발휘되어야 하는데 이를 위해서도 모든 사람에게 기회를 평등하게 해주는 것이 중요하다.

그러나 이러한 이상적인 '기회의 평등'과는 달리, 현실세계에서의 기회의 평등은 개념적인 측면과 정책적인 측면에서 많은 문제점들을 갖고 있다. 우선 '기회'의 개념이 모호하다. 어떤 기회를 언제 어떻게 평등하게 할 것이냐의 문제이다. 기회는 무수히 많은 형태가 있고, 또한 그러한 기회들을 언제, 어떻게 주느냐에 따라 무수히 많은 방법이 있을 수 있다.

따라서 이상적인 의미의 기회의 평등은 이러한 모든 방법들을 고려하여 모든 기회들을 평등하게 해야 하는데 이것은 현실적으로 불가능하다. 대표적인 예가 사람들이 갖고 있는 '유전인자'라는 '기회'의 평등의 문제이다. 사람들은 태어나면서 서로 다른 유전인자를 갖는데 이러한 유전인자의 차이라는 기회의 불평등은 이후의 결과의 불평등에 상당히 기여한다.

유전인자가 결과의 불평등에 어느 정도 영향을 주는지에 관하여는 많은 논쟁이 있다. 널리 알려진 유전 대 환경(nature vs nurture) 논쟁이 그것이다. 예를 들면, Jensen(1969) 등은 유전적인 면이 더 중요하다고 보는 반면, Kamin(1974) 등은 환경적인 면을 강조한다. 최근에는 보수적인 시대적 분위기(?)에서 유전적인 면이 더 강조되는 모습을 보이나(Hernstein and Murray, 1995), 아직까지 둘 가운데 어느 것이 중요한지는 객관적·과학적으로 규명이 안 되고 있는 상태이다. 어찌되었든 유전인자가 결과의 불평등에 상당히(?) 영향을 주는 것만은 사실이다.

따라서 유전인자를 평등하게 하지 않는 한 '기회의 평등'의 개념은 근본적으로 한계를 갖고 결국 결과의 불평등은 필연적일 수밖에 없는 것이다. 일반적으로 결혼은 유사한 속성을 가진 사람들끼리 이루어질 가능성이 높다. 그래서 머리가 좋은 남자는 머리가 좋은 여자와 결혼할 가능성이 그렇지 않을 가능성보다 크다. 유전인자를 평등하게 하기 위해서는 머리가 좋은 남자(여자)와 머리가 나쁜 여자(남자)를 강제로 결혼시켜야 되는데 이것은 불가능하다. 또한 어떤 사회도 정책적으로 유전인자의 평등정책(?)을 추구하지 않는다. 예를 들면, 달리기를 잘 못 하는 유전인자를 갖고 있다 하여 100m 달리기 시합에서 10m 앞에서 출발시키지 않는다.

유전적인 측면에서의 기회의 평등은 불가능하더라도, 환경적인 측면에서의 기회의 평등은 어느 정도 이룰 수 있으나 현실적으로 여기에도 큰 한계가 있다. 사람들은 태어나서 어떤 가족환경에서 자라느냐에 따라 다르고 이로 인한 많은 '결과의 불평등'이 발생한다(Taubman, 1976). 따라서 기회의 평등을 위해서는 이러한 '가족환경'의 '평등'을 이루어야 하나, 이것도 현실적으로 쉽지 않다.

이른바 '좋은' 가족환경을 이루는 요소들은 무수히 많고, 또한 사람들은 태어나자마자 이러한 요소들에 의하여 영향을 받기 때문에, 불리한 가족환경에서 태어나고 자라는 아이들에게 처음부터 '좋은' 가족환경의 요소들을 주는 것은 현실적으로 불가능하다.

이렇게 유전과 환경의 두 가지의 근본적인 측면에서의 기회의 불평등이 존재하는 한, 그 밖의 다른 '기회'들을 평등하게 한다 하더라도 그것의 효과는 약하고 결국 결과의 불평등은 커지게 되는 것이다. 이렇게 볼 때 기회의 평등이라는 것은 높은 '사회적 위치'를 차지한 사람들이 자신들의 위치를 합리화하기 위한 구호일 가능성이 크다(똑같이 주어진 '기회'에서 자신들이 열심히 노력해서 성공했다고 말하고 싶은 것이다)(Bowles, 1972).

사회복지정책들 가운데도 이른바 '기회의 평등'을 목표로 하는 것들이 많이 있다. 이러한 정책들은 특히 시장경제의 효율성을 강조하고, 그래서 국가에 의한 소득재분배보다는, 시장에서의 일차적 분배를 강조하는 국가들에서 선호된다(대표적으로 미국). 이러한 정책들의 대표적인 것은 사회의 취약계층의 아동들을 대상으로 한 각종의 교육과 훈련 프로그램들 혹은 건강과 주거환경의 개선을 위한 프로그램들이다. 미국에서의 1960년대 중반의 '빈곤과의 전쟁(War on Poverty)'의 대표적인 프로그램들이 바로 이러한 기회의 평등을 위한 것들이다. 이러한 프로그램들의 법령 자체의 제목도 '기회평등법(Equal Opportunity Act)'이고 이것을 집행하는 부서 이름도 기회평등부(Office of Equal Opportunity Act)이다.

이러한 기회평등의 정책들이 그 목표를 이루었는가? 불행히도 대부분 실패하였다. 이러한 프로그램들은 단기적으로 볼 때는 부분적으로 성공했다. 그래서 취약계층의 아동들이 이 프로그램들을 통하여 학업성적도 어느 정도 향상되고, 고등학교 중퇴율(drop-out rate)도 어느 정도 줄었다.

그러나 이 프로그램들의 궁극적인 목표는 이러한 아동들이 성인이 되어 노동시장에 진출하여 사회경제적인 성공(?)을 이루게 하는 데 있는데 이러한 점에서는 대부분 실패하였다(Levin, 1977; Glazer, 1988). 이것의 가장 중요한 이유는 전술한 유전과 환경의 측면에서 근본적인 기회의 평등이 이루어지지 않았기 때문이다. '학교'에서의 '성공'에 비하여 '사회'에서의 '성공'에는 훨씬 많은 요인들이 영향을 미치고, 또한 이러한 기회평등 프로그램들은 대개 학령기 아동들의 기회의 평등을 목표로 하였기 때문에 시기적으로 늦었기 때문이다. 즉 이때는 이미 많은 '기회'의 불평등을 갖고 있기 때문에, 이들을 대상으로 한 보상적 차원의 교육과 훈련(compensation education)은 한계가 있는 것이다. 이것은 심지어 보다 빠른 시기에 기회의 평등을 추구하는 프로그램들－대표적으로 빠르면 2~3세의 아동을 위한 Head Start 프로그램－도 대부분 실패한 것에서 뒷받침된다.

우리나라에서도 얼마 전부터 이른바 'WE스타트' 혹은 '희망 스타트'라는 이름으로 이러한 프로그램들을 시행하고 있으나 참여자들이 성인이 된 후에 사회·경제적 성공을 이룰 수 있는지는 불투명하다.

2) '정치권력'의 평등

원론적으로 볼 때 민주주의 사회에서는 사회적 자원은 상당부분 정치적(?)으로 분배된다. 그래서 정치적 권력(political power)이 크면 사회적 자원도 많이 차지할 수 있다. 상기의 '기회'의 평등의 방법은 '기회'를 똑같이 주어 '경제적 시장(economic market)'에서의 자유경쟁을 통하여 사회적 자원을 배분하게 하는 것이라면 '정치권력'의 평등의 방법은 '정치적 시장(political market)'에서 '정치권력'을 똑같이 주어 정치적 경쟁을 통하여 배분하게 하는 것이라 할 수 있다.

민주주의 사회에서 '정치권력'을 평등하게 하는 대표적인 방법은 1인 1표의 투표권을 모든 사람들에게 주는 것이다. 이렇게 1인 1표의 투표권이 주어질 때, 그리고 사회적 자원이 '경제적 시장'보다는 '정치적 시장'을 통해서 이루어지는 배분이 더 많을 때 '결과의 평등'을 이룰 수 있는 가능성이 커진다. 왜냐하면, 원론적으로 볼 때, 1인 1표의 투표권 하에서 사회적 자원은 '정치적 시장'을 통하여 사회계층의 숫자에 비례히어 배분될 가능성이 높기 때문이다.

앞에서 논의했듯이, '경제적 시장'을 통한 사회적 자원의 분배는 매우 불평등하여 가장 못 사는 20%의 사람들은 사회전체 소득의 5% 미만을 갖는 반면, 가장 잘 사는 20%는 전체 소득의 50% 가까이 차지한다. 반면에 1인 1표의 '정치적 시장'을 통한 배분은, 적어도 원론적으로 볼 때, 가장 못 사는 20%의 사람들은 전체소득의 20%를 갖고, 가장 잘 사는 20% 사람들도 20%의 소득을 가져야 되는 것이다.

비록 이러한 원론적인 형태는 아니지만, 고도로 발전된 복지국가들에서는 사회적 자원의 배분이 '정치적 시장'을 통하여 많이 이루어져, 전통적인(?) '경제적 시장'을 통한 심한 결과의 불평등을 상당히 완화시켰다. 어찌 보면 복지국가가 발전된 것은 '경제적 시장'과 '정치적 시장'의 사회적 자원의 배분을 둘러싼 갈등에서 '정치적 시장'의 승리의 산물이라고 할 수 있다.

그러나 현실세계에서는 1인 1표의 '정치권력'의 평등을 통하여 사람들의 숫자에 비례하여 사회적 자원이 배분되지 않는다. 오늘날 대부분의 민주주의 제도를 갖고 있는 국가들에서는 국민들에 의하여 선출된 대표들에 의하여 국민들의 이익을 대변하는 대표민주주의(representative democracy), 즉 의회민주주의 제도를 갖고 있다.

이 제도하에서는 어떤 집단들의 정치적 권력이 크냐가 중요해지는데 이 때 단순히 숫자가 많다고 유리한 것이 아니다. 이러한 제도에서는 잘 조직화되고, 자원이 풍부한 집단들이 비록 숫자는 적다 하더라도 정치적 권력은 커서 그들의 이익이 주로 반영될 수 있다(Olson, 1982).

즉 가장 잘 사는 20%의 사람들은 사회전체의 정치권력의 20%보다 훨씬 큰 비율을 차지하는 반면, 가장 못 사는 20%의 사람들은 정치권력의 20%보다 훨씬 적은 비율을 차지하는 것이다.

이렇게 볼 때 사회복지정책을 통한 평등추구의 주요 대상자라 할 수 있는 사회의 취약계층들에게 1인 1표라는 제도로 '정치권력'을 평등하게 한다 하더라도 결과의 평등을 이루기가 어렵다. 특히 다양한 집단들의 정치권력의 크기에 따라 즉, 이른바 '이익집단정치(interest group politics)'에 의하여 사회적 자원이 배분되는 경향이 큰 국가들(예, 미국)에서는 더욱 그러하다.

'정치적 시장'을 통한 사회적 배분이 취약계층에게 많이 주어지지 않은 또 하나의 이유는 이른바 '중위투표자법칙(median voter rule)' 때문이다. 대표민주주의 제도하에서는, 일반적으로 대표자들은 득표극대화가 최대의 목표이기 때문에 다수가 선호하는 정책들을 채택하는 경향이 있다. 그런데 일반적으로 정치적 성향에서 양극단(예, 극우와 극좌)에 위치한 사람들보다 중간에 위치한 사람들이 다수를 점하게 되어, 대표자들은 이러한 중간층들이 선호하는 정책을 채택할 동기가 커지게 된다. 이것은 사회복지정책들을 통하여 누가 혜택을 보는지에 관한 많은 실증적인 연구들에 의하여 뒷받침되는데, 사회복지정책의 가장 큰 수혜자는 취약계층이 아니라 중간층이라는 것이다. 예를 들어, 가장 규모가 큰 사회복지프로그램인 사회보험의 주 수혜자는 중간층인 것이다.

취약계층에게 사회적 자원이 많이 주어지기 위해서는 결국 이들의 정치적 권력이 커져야 한다. 사회복지정책 가운데는 이러한 목표를 갖고 있는 것들이 있다. 대표적인 예가, 1960년대의 미국에서 '시민참여(citizen participation)'을 강조하는 지역사회운동(Communities Action) 프로그램들이다. 이 프로그램들의 목표는 취약계층의 사람들에게 사회복지정책결정과정에 참여하게 하는 정치권력을 주어 그들에게 유리한 정책을 만들고자 하는데 있다.

그러나 이러한 프로그램들의 결과는 일반적으로 부정적인 것으로 나타났다(Peterson and Greenstone, 1977). 이것의 본질적인 이유는 취약계층에게 주어진 정치권력이 다분히 형식적이고 명목적(nominal)이어서(이것을 흔히 'tokenism'이라 한다), 정책결정에 실질적인 영향을 미치지 못했기 때문이다. 이렇게 볼 때 '정치권력'의 평등이라는 평등에 이르는 과정에서의 평등도 기회의 평등처럼 결과의 평등을 이루는데 명확히 한계가 있다고 볼 수 있다.

제 10 장

효 율

사회복지정책의 내용들을 분석할 때, 기준이 되는 또 하나의 가치는 효율이다. 사회복지정책들의 기본적이고 가장 중요한 목표는 평등의 가치를 구현하는 것이다. 그렇다고 효율의 가치를 완전히 무시할 수는 없다. 아무리 평등의 가치를 훌륭히 이루는 사회복지정책이라 하더라도 효율의 가치를 크게 훼손하면 바람직한 정책이라 할 수 없다. 예를 들어, 소득재분배효과가 커서 평등 가치를 구현하는 데는 성공했더라도 이 정책이 국가경제에 큰 해를 주어 재분배할 자원 자체를 크게 줄인다면 이 정책을 바람직하다고 할 수 없다(Okun, 1975; Kuttner, 1984; Le Grand, 1991; Stone, 1988).

이상적으로 본다면, 평등과 효율의 가치 모두를 크게 구현할 수 있는 사회복지정책들이 많으면 바람직하다. 그러나 현실적으로 평등의 가치를 크게 구현할 수 있는 사회복지정책은 효율의 가치가 훼손되고, 그 반대도 마찬가지다. 예를 들어, 사회복지정책 가운데 평등(결과의 평등)의 가치를 크게 구현할 수 있는 대표적인 프로그램이 공공부조인데 이것은 대신 효율의 가치를 훼손할 수 있다. 반면에 전술한 '기회'의 평등의 프로그램들은 평등(결과의 평등)을 이루는 효과는 약하지만 효율의 가치를 크게 훼손하지 않는다.

이렇게 평등과 효율의 관계는 대체적(trade-off)일 수밖에 없는가?

만일 대체적이라면, 어떠한 이유 때문인가? 즉 평등을 추구하는 사회복지정책들이 효율을 훼손하는 구체적인 기제들은 무엇인가? 여기서는 이러한 문제에 관하여 논의하고자 한다. 이를 위하여는 먼저 효율의 개념에 관한 논의가 필요하다. 효율의 개념은 크게 수단으로서의 효율과 배분적 효율(파레토 효율) 두 가지로 나눌 수 있다.

1. 수단으로서의 효율 : 목표효율성과 운영효율성

일상생활에서 혹은 학문사회에서 효율이라는 말이 자주 사용된다. 이때 이 개념을 사용하는 사람들에게 효율의 핵심적인 의미는 최소한의 자원을 투입하여 최대한의 결과(목표)를 얻는 것을 말한다. 예를 들어, 어떤 조직이 효율적이라 할 때는 이 조직은 최소한의 적은 비용으로 그 조직이 추구하는 목표를 최대한 달성했다는 것을 의미한다.

그러나 이러한 의미의 효율은 어떤 큰 목표(일차적 목표, primary objective)를 달성하기 위한 수단 혹은 이차적 목표(secondary objective)를 의미하는 것이지 효율 그 자체가 일차적 목표는 아니다. 따라서 이러한 수단으로서의 효율은 평등과 같은 일차적 목표와 동일한 수준의 개념이 아니기 때문에, 평등과의 관계가 대체적인가 아닌가를 논의하는 것은 무의미하다.

예를 들어, 수단으로서의 효율은 평등을 추구하는 여러 정책들 가운데 어느 것이 보다 적은 자원으로 보다 큰 평등을 성취할 수 있는가를 판단하는 기준일 뿐이다. 따라서 평등을 추구하는데 너무 많은 자원이 필요하여 비효율적이라 하더라도, 즉 수단이 비효율적이라는 그 이유 자체만으로 평등이라는 일차적 목표를 희생할 수 있게 만드는 기준이 될 수는 없는 것이다.

그렇다고 수단으로서의 효율의 개념을 완전히 무시해서는 안 된다. 사회복지정책들에서도 수단으로서의 효율의 개념이 중시되고, 특히 사회복지에 사용할 자원이 제한된 상황에서는 더욱 그러하다. 이것은 오늘날 서구복지국가들에서 사회복지에 사용할 자원이 어느 정도 한계에 봉착하자 수단으로서의 효율을 강조하는 정책들(예를 들면, 민영화)을 확대하는 것에서 볼 수 있다.

사회복지정책의 내용 분석에서 자주 거론되는 수단으로서의 효율의 대표적인 개념들은 목표효율성(target efficiency)과 운영효율성(administrative efficiency)이다. 목표효율성이라는 것은 정책이 주목표로 하는 대상자들에게 그 정책에서 사용할 수 있는 자원들이 얼마나 집중적으로 할당되는가를 판단하는 기준이다. 예를 들면, 저소득층의 소득향상을 목표로 하는 정책이라면 이 정책에서 사용되는 자원이 저소득층이 아닌 사람들에게는 주어지지 않고, 저소득층에게만 집중적으로 급여가 이루어져야 목표효율성이 높은 것이다. 저소득층의 소득향상을 위한 사회복지정책들은 많은데, 이 가운데 공공부조의 목표효율성이 높다. 왜냐하면, 이것은 엄격한 소득/자산 조사를 비롯한 여러 가지의 조사(?)를 통하여 저소득층만을 골라서 급여하기 때문이다. 반면에 다른 소득보장 프로그램들도 저소득층의 소득향상을 이루지만 이러한 것들은 저소득층이 아닌 사람들에게도 급여가 이루어지기 때문에 목표효율성이 낮다(예, 사회보험).

반면에 운영효율성은 정책을 운영하는데 있어 얼마나 적은 비용을 사용하는가를 따지는 기준이다. 사회복지정책을 운영하는 데에는 현실적으로 많은 비용을 필요로 한다. 정책에 필요한 재원을 마련하는 과정이나, 급여를 하는 과정에서 대상자의 선정, 전달체계의 수립 등에서 많은 비용이 필요로 하는 것이다.

예를 들어, 국민기초생활보장제도의 경우 이것에 필요한 재원을 마련하기 위하여는 국세청의 많은 인적·물적 자원이 필요하고, 급여를 하기 위하여는 대상자의 선정과 전달체계의 수립 등에서 사회복지전담공무원의 인건비를 포함한 많은 인적·물적 자원이 필요하다. 민간부문의 경우 최근 확대되고 있는 공동모금조직의 경우 모금을 하는 과정과 급여를 하는 과정에서 많은 비용이 든다.

이렇게 운영비용이 큰 상황에서는 사회복지정책을 위해 납세자나 민간 기여자들이 기여한 액수와 사회복지정책의 수급자들이 받는 액수 사이의 차이가 크게 되면 운영효율성에 문제가 있는 것이다. 예를 들면, 빈자들을 위하여 부자들이 100억원을 기여하였는데, 이 가운데 50억원만이 빈자들에게 주어지고 나머지는 가지 않는 이른바 '새는 바구니 효과(leaky bucket effect)'가 크면 운영의 비효율성의 문제는 심각해진다(Okun, 1975). 운영비효율의 극단은, 최근의 우리의 어떤 자선조직에서 발생한 것으로 가난한 사람들에게 급여하라고 기여를 받은 액수 가운데 대부분을 자선조직의 운영비로 사용한, 즉 '배보다 배꼽이 큰' 경우도 있다.

최근 서구의 복지국가들에서도 사회복지에 사용할 수 있는 재원의 한계로 과거에 비해 운영효율성을 강조하는 경향이 있다. 특히 여기서는 사회복지정책이 공공부문에서 제공되는 데서 발생하는 운영의 비효율성에 초점을 맞추어 민영화를 강조한다. 공공부문의 사회복지정책들의 운영의 효율성이 낮을 수 있는 것은 흔히 '정부의 실패(government failure)'의 개념에서 설명한다.

공공부문의 사회복지정책들이 비효율적으로 운영될 수 있는 가장 중요한 이유는 사회복시 재화나 서비스가 민간부문과 달리 비경쟁적인(독점적인) 관료체제에서 제공되는 데 있다. 이렇게 비경쟁적인 상태에서는, 제공되는 재화나 서비스의 가격이 민간부문의 경쟁 상태에서보다 필요 이상으로 높을 수 있고 또한 제공되는 재화나 서비스의 양은 필요 이하로 감소될 수 있다.

또한 관료적인 체계에서는 소비자들의 재화나 서비스에 대한 수요의 변화에 신속하고 융통성 있는 대응이 어려워 불필요한 서비스를 과잉 공급하거나 필요한 서비스를 적게 제공할 수 있다. 또한 이러한 상황에서는 재화나 서비스에 대한 창의적이고 혁신적인 개발의 동기가 약해진다.

둘째, 사회복지서비스를 제공하는 공공부문의 조직들의 소유자는 정부–더 정확히는 일반국민–이기 때문에, 상기와 같은 비효율적인 운영을 방지하거나 제재를 할 동기화가 어렵다. 민간부문에서는 비효율적인 운영에 대한 직접적인 책임추궁이 용이하고, 효율적인 운영에 대한 동기부여가 쉽게 이루어질 수 있다.

셋째, 공공부문에서의 사회복지서비스의 제공은 불필요하게 '정치적'으로 결정됨으로써 비효율의 문제가 발생할 수 있다. 사회복지재화나 서비스는 그것들의 속성으로 볼 때 특정 집단들의 정치적 요구에 의하여 결정되기 쉬운데 이렇게 되면 불필요한 재화나 서비스의 확대 및 낭비를 초래할 수 있다. 즉 사회복지 재화나 서비스를 수급하는 집단들, 이들의 표를 얻기 위하여 이들의 이익을 대변하는 정치가집단, 그리고 사회복지 재화나 서비스를 제공하는 관료집단들이 이른바 '철의 삼각관계(iron triangle)'를 구성하여 각 집단의 이익을 추구할 때 재화나 서비스는 불필요하게 공급이 많아질 수 있는 것이다.

목표효율성이나 운영효율성과 같은 수단으로서의 효율의 개념이 사회복지정책의 내용분석에서 중요한 것은 사실이지만 어떤 정책이 효율적인가는 판단하는 것은 쉽지 않다. '효율적'인 정책이란 가능한 한 적은 비용으로 사회구성원들이 중요하게 여기는 가치(목표)를 가능한 한 많이 이룰 수 있는 정책을 말한다. 여기서 문제가 되는 것은 사회구성원들이 중요하게 여기는 가치가 서로 다를 뿐만 아니라 상이한 가치들의 상대적인 중요성을 비교하는 것이 쉽지 않은 점이다. 이렇게 합의된 가치가 없고 가치들간의 비교가 불가능하다면 어떤 정책이 효율적인가를 판단하는 것은 어렵다.

예를 들어, 10억원의 예산으로 저소득아동 1,000명의 빈곤을 해결할 수 있는 정책과 100억원의 예산으로 식물인간이 된 노인 100명의 생명을 연장하는 정책 가운데 어느 것이 효율적인가를 판단하는 것은 어렵다. 이 경우 미래사회의 중요한 인적자원인 아동의 복지라는 가치와 과거에 사회에 기여한 노인의 고귀한 생명의 보호라는 가치가 대립하는 것으로 그 중요성의 판단은 쉽지 않다.

추구하는 정책의 목표(가치)가 유사한 정책의 예를 들어 보자. 버려진 아동 100명을 대상으로 하는 정책 가운데, 5억원의 예산으로 아동의 부모가 양육할 수 있도록 하는 정책과 1억원의 예산으로 아동들을 시설에 수용하는 정책 가운데 어느 것이 효율적인가? 이 경우에는 바람직한 아동양육방법에 대한 가치에 따라 다르다. 아동은 어떤 경우라도 부모가 키워야 된다는 것에 가치를 두는 입장에서는 비록 비용이 5배가 들더라도 전자의 정책이 더 효율적이라고 판단한다.

이렇게 수단으로서의 효율의 개념으로 어떠한 사회복지정책이 효율적인가를 판단하는 데는 현실적으로 한계가 있다. 현실세계에서, 사회복지정책에서의 쟁점들은 대부분 서로 다른 가치(목표)를 추구하는 정책들 사이의 선택의 문제에서 비롯되기 때문에 어떤 정책이 효율적인가 하는 문제는 중요하지 않을 수 있다.

대신에 대부분의 사회복지정책들은 사회구성원들이 선호하는 가치, 더 정확히 말한다면 다양한 가치를 추구하는 집단들 사이의 정치적 힘의 차이에 의하여 결정된다고 보는 것이 더 현실적이다. 이렇게 볼 때, 특정한 가치(목표)에 대하여 사회구성원들이 대부분 합의가 이루어지면, 그 가치를 추구하는 정책은 비록 달성하는 수단이 비효율적이더라도 채택될 수 있는 것이다.

최근의 우리나라의 예를 들면, 지역균형발전의 가치를 강조하면서 세종시라는 행정수도(?)를 만들어 정부기관들은 대거 이주시켰는데 일부 사람들은 경제적 비효율이라고 비판을 하였으나 우리나라 국민들 다수에 의하여 받아들여졌다.

2. 배분적 효율(파레토 효율)

상기의 수단으로서의 효율의 개념이 특정한 목표를 이루는데 가능한 한 적은 자원을 투입하여 최대한의 효과를 얻는 이른바, '미시적 효율(micro efficiency)'의 개념이라면, '파레토 효율(pareto efficiency)'의 개념은 사회적 자원의 바람직한 배분이라는 보다 포괄적인 '거시적 효율(macro efficiency)'의 개념이라 할 수 있다. 이렇게 거시적인 파레토 효율의 개념으로서의 효율은, 수단으로서의 효율의 개념과 달리, 사회 구성원들이 추구하는 일차적 목표 가운데 하나가 되고 여기서 평등과 효율의 관계가 중요해지는 것이다.

원론적으로 볼 때, 파레토 효율적인 사회적 자원의 배분은 완전경쟁의 시장에서 개인의 효용을 극대화하려고 하는 이기적인 사람들이 충분한 정보를 바탕으로 합리적이고 자발적인 선택에 의한 교환을 통하여 이루어진다고 본다. 즉 각자가 개인의 이익을 극대화하고자 하는 선택을 하게 되면 시장의 경쟁논리에 의하여 모든 사람의 효용(만족)을 높이는 방향으로 사회적 자원이 배분된다는 것이다.

따라서 파레토 효율적인 사회적 자원의 배분의 상태에서는 다른 사람들의 효용을 줄이지 않고서는 더 이상 특정사람들의 효용을 높이는 것이 불가능하다. 이것을 다른 말로 표현하면 어떤 사회적 배분이 다른 사람들의 효용을 줄이지 않으면서도 특정사람들의 효용을 높일 수 있다면 그러한 배분은 파레토 효율의 정의상 효율적인 것이 되는 것이다.

사회복지정책은 기본적으로 시장기제에서 결정된 사회적 자원의 배분을 재분배하여 평등의 가치를 구현하는 것을 목표로 하고 있다. 그런데 사회복지정책을 통해 이러한 목표를 추구하는 과정에서 특정한 사람들(예, 빈자)의 효용을 높이기 위하여 다른 사람들(예, 부자)의 효용은 줄여야 하기 때문에 파레토 효율의 정의상 이러한 재분배는 비효율적이 된다.

따라서 사회적 자원의 배분이 평등적이면서 동시에 파레토 효율적이지 않는 한 사회복지정책이 추구하는 평등의 가치와 효율의 가치의 관계는 대체적(trade-off)일 수밖에 없다. 즉 어느 한쪽을 이루기 위하여는 다른 것을 희생해야 하는 것이다.

만일 타인의 효용의 증가가 직접적으로 자신의 효용의 증가를 가져오는 순수한 의미의 이타적인 사람들이 사는 사회에서는 평등과 효율은 동시에 달성할 수 있는 사회적 자원의 배분이 가능할 수 있으나(Hochman and Rodgers, 1965), 이것은 현실세계의 인간관(인간은 이기적인 동물이라는)에 비추어 볼 때 비현실적이다. 예를 들어, 열심히 일을 하여 월 500만원의 소득이 있는 사람이 국가가 250만원을 세금으로 거두어 놀고먹는(?) 빈자에게 준다면 만족할 사람은 많지 않다.

과연 시장에서의 사회적 자원의 배분은 반드시 효율적이고, 국가가 사회복지정책 등을 통하여 개입하는 것은 반드시 비효율적인가? 그렇지 않다. 2장에서 자세히 논의했듯이 가장 중요한 이유는 현실세계에서의 시장에서는 상기의 원론적 의미의 파레토 효율적인 사회적 배분은 불가능할 뿐만 아니라, 오히려 시장에서의 배분이 비효율적인 경우가 많다. 왜냐하면 현실세계에서는 파레토 효율을 충족시키는 여러 조건들이 이른바 '시장의 실패'의 요인들 때문에 성립하기가 불가능한 경우가 많기 때문이다. 이러한 '시장의 실패' 때문에, 국가가 사회복지정책 등을 통하여 시장기제에 개입하여 사회적 자원의 재분배를 이루는 것이 더 효율적일 수 있다. 그리고 이러한 상황에서, 평등과 효율의 관계가 대체적이지 않고 보완적이며 평등과 효율 모두를 이룰 수 있는 것이 가능해지는 것이다.

그렇다고 평등을 추구하는 사회복지정책들이 모든 경우에 효율적인 것은 아니다. 어떤 경우에는 사회복지정책은 경제적 효율을 해칠 수도 있어 국가경제에 해를 줄 수 있다. 그렇다면 어떠한 경우인가? 이것을 이해하기 위해서는 평등을 추구하는 사회복지정책들이 경제적 효율을 해칠 수 있는 세부적인 기제들을 분석해야 한다.

3. 평등을 추구하는 사회복지정책이 효율을 해칠 수 있는 세부적 기제들

평등을 추구하는 사회복지정책들은 형태는 달리 하더라도 기본적으로 소득이 높은 계층에서 소득이 낮은 계층으로 소득을 재분배하는 것을 목표로 한다. 이러한 재분배 정책에서는 당연히 어떤 사람의 소득은 증가하게 되고 어떤 사람들의 소득은 줄어든다.

이 때 만일 소득이 증가된 사람들의 소득증가분과 감소한 사람들의 소득감소분이 정확히 일치하여 사회전체적으로는 소득이 줄지 않는다면 이것은 단순히 소득의 이전(transfer)만 발생하는 이른바 제로섬(zero-sum)의 상황(즉 증가한 부분과 감소한 부분을 합치면 0이 되는)이 되어 효율은 문제가 되지 않는다.

이 경우에는 재분배에 대한 논쟁은 규범적이어 윤리적 혹은 철학적 관점에 초점이 맞추어진다. 그래서 평등은 바람직한가? 왜 재분배를 해야 하는가? 등에 관한 윤리적(종교적?) 혹은 철학적 관점에 따라 재분배를 주장하기도 하고 반대하기도 한다. 예를 들어, 청교도윤리관에서는 열심히 일을 하여 부자가 되는 것은 옳은 것으로 보고, 빈자에게 적선하는 것은 빈자의 '정신'을 황폐화시킨다는 이유로 재분배를 반대한다. 반면에 '인간은 태어나면서부터 평등하다'는 관점에서는 재분배가 정당화된다.

사실 역사적으로 볼 때도 어떤 사회의 재분배의 정도는 대부분 이러한 규범적인 이유로 결정되었다고 볼 수 있다. 효율과 상관없이, 재분배를 선호하는 가치관을 갖고 있는 사람이 많으면 재분배는 많이 이루어지고, 재분배를 원하지 않는 사람들이 많으면 재분배는 적게 이루어지는 것이다.

그렇다면 효율이 왜 문제가 되는가? 효율이 문제가 되는 것은 상기의 제로섬의 상황과 달리, 소득을 재분배하는 과정에서 사람들의 소득을 발생시키는 행위에 영향을 주어 사회전체적으로는 소득이 줄어드는 결과가 발생할 수 있다는 점이다. 즉 소득증가분보다 소득감소분이 더 큰 이른바 '네가티브섬(negative sum)'의 상황이 발생하여, 이른바 사회전체의 '파이(pie)'가 줄 수 있다는 점이다. 이렇게 사회전체의 '파이'가 줄게 되면, 재분배할 자원 자체가 줄어들어 결국 재분배의 대상이 되는 사람들에게 돌아갈 자원 자체도 줄게 되어 사회구성원 모두가 손해를 볼 수 있게 된다(사실 이 문제도 가치관에 따라 달라, 평등에 지고의 가치를 두는 사람들은 이러한 모두가 '가난한' 평등을 선호할 수도 있다). 이렇게 되면 효율의 문제는 심각해질 수 있고 따라서 평등과 효율의 대체적 관계는 중요해진다.

정말로 재분배 정책들이 사회전체의 사회적 자원을 줄일 수 있는가? 줄인다면 구체적으로 어떤 기제들에 의하여 그러한가? 평등추구의 사회복지정책들이 경제적 효율을 해칠 수 있는 세부적인 요인들은 많을 수 있으나 여기서는 크게 6가지의 세부기제, 1) 근로동기의 약화, 2) 저축과 투자동기의 약화, 3) 소비자선택의 왜곡(사회적 자원의 비효율적 배분), 4) 생산부문에 사용할 자원의 축소, 5) 가족구조의 변화, 6) 지하경제의 확대 등에 초점을 맞추어 논의하고자 한다.

1) 근로동기의 약화

얼마 전 국민기초생활보장제도를 시행할 때 보수적인 가치관을 갖고 있는 사람들은 이 제도가 '나라를 말아먹는다'는 이유로 크게 반대하였다. 여기서 이러한 사람들이 '나라를 말아먹게 하는' 가장 중요한 요인으로 생각하는 것은, 국민기초생활보장제도가 근로능력이 있는 사람에게도 사회복지급여를 하기 때문에 이들이 근로를 더 이상 안 할 것이라는 점이다. 실제로 우리나라에서는 일해야 한다는 것을 유달리 강조하여, 심지어 이른바 '진보적'인 정당(예를 들면 최근의 더불어 민주당)도 일자리 창출을 최고의 복지정책으로 생각하는 것 같다. 사실 많은 사람들이 평등을 추구하는 사회복지정책을 반대하는 가장 중요한 이유는 이러한 정책들은 사람들의 근로동기를 약화시킨다고 보는데 있다.

과연 그러한가? 경제학 이론에서는 사람들의 근로동기는 소득과 여가를 적절히 선택함으로써 얻을 수 있는 효용의 극대화로 결정되는 것으로 설명한다. 즉 일을 할 것이냐(한다면 얼마나 하느냐), 아니면 여가를 택할 것이냐 하는 것은 어느 것이 자신들의 효용을 더 높일 수 있느냐에 따라 결정되는 것이다. 경제학에서는 이것을 소득효과(income effect)와 대체효과(substitution effect)라는 개념으로 설명한다(Ehrenberg and Smith, 1982).

순수한 소득효과는 임금률은 변화없이 소득이 올라가면(혹은 내려가면) 여가에 대한 선호가 높아져서(혹은 낮아져서) 근로동기가 약화되는 것(혹은 강화되는 것)을 말한다. 즉 여가의 값이 싸지거나 혹은 비싸지기 때문에 근로동기가 약화되거나 강화되는 것이다.

전자의 대표적인 예가, 현재의 일정한 임금에서 일을 하고 있는 사람이 100억원의 복권에 당첨된 경우다. 이 경우 많은 사람들은 다니던 직장을 그만두고 여가를 택하는 경향이 있다. 후자의 예는 빚보증을 잘못서 빚을 갚기 위해 갑자기 소득이 줄어들 때 현재 다니는 직장 이외에서 더 일을 해야 하는 경우이다.

반면에 순수한 대체효과는 소득에는 변화가 없이 임금률이 올라가면(혹은 내려가면), 여가에 대한 선호가 낮아지거나(여가의 값이 비싸져) 혹은 높아져(여가의 값이 싸져), 근로동기가 높아지거나 혹은 낮아지는 것을 말한다. 현실세계에서는, 임금률이 올라가면 소득도 올라가기 때문에 순수한 대체효과의 예는 찾기 힘들다. 그래서 소득은 고정되는 것으로 가정할 때, 대체효과는 임금률이 높은 사람(예, 의사)에게는 여가의 값이 비싸기 때문에(1시간 일을 안 하면 몇 십만원을 손해본다!) 여가를 택하지 않고 일을 하려고 하는 반면, 임금률이 낮은 사람(예, 여러분과 같은 학생)에게는 여가의 값이 싸기 때문에(1시간 일을 하나 안 하나 차이가 거의 없다) 여가를 택하는 현상을 말한다.

이러한 순수한 소득효과나 순수한 대체효과와 달리, 현실세계에서 사람들의 근로소득이 변화가 있으면 소득효과와 대체효과가 둘 다 동시에 나타난다. 예를 들어, 어떤 사람의 월급이 300만원에서 500만원으로 높아지는, 즉 임금이 높아져 근로소득이 증가하면, 한편으로는 소득의 증가로 여가에 대한 선호가 높아져 일을 덜 하려는 소득효과가 발생한다. 동시에 다른 한편으로는 임금률의 상승으로 여가의 비용이 높아지게 되어, 즉 여가에 시간을 보내면 이전보다 소득의 감소율이 더 커지게 되어, 여가에 대한 선호도가 낮아져 더 많은 일을 하려는 대체효과가 발생한다.

따라서 이 사람이 임금의 상승으로 일을 덜할 것인지 혹은 더할 것인지는 두 효과 가운데 어느 것이 더 크게 나타나느냐에 달려 있다. 소득효과가 지배하면 일을 덜 하려고 할 것이고, 반면에 대체효과가 더 크면 일을 더 하려고 할 것이다. 즉 이론적으로는 예측 불가능하고, 실증적인 조사가 필요한 것이다.

사람들의 근로동기에 관한 이러한 일반이론을 배경으로, 지금부터는 평등을 추구하는 사회복지정책과 근로동기와의 관계에 대하여 논의하고자 한다. 사회복지정책은 사람들의 근로동기에 두 가지 측면에서 영향을 줄 수 있다. 하나는 사회복지정책에 필요한 재원을 위해 세금을 부담해야 하는 납세자(일반국민) 측면이고, 다른 하나는 정책의 수급자의 측면이다. 사실 고도로 발전된 복지국가들에서는, 대부분의 사람들이 납세자이면서 동시에 수급자이기 때문에 이러한 구분은 의미가 적으나 여기서는 논의의 편의상 구분하고자 한다.

오늘날 서구복지국가들의 조세부담률(사회보장성 조세를 포함해서)은 대부분 50%가 넘어, 소득의 半 이상을 세금으로 낸다고 할 수 있다. 이렇게 사회복지정책으로 조세부담이 증가하게 되면 납세자들의 근로동기에는 어떠한 영향을 미칠까? 한편으로는, 세금이 증가되면 사람들의 가처분소득이 줄게 되는데, 이때 이전의 생활수준을 유지하기 위하여는 임금률이 고정되어 있는 상태에서는 더 많은 일을 해야 하는 소득효과가 발생한다. 오늘날 선진산업국가들에서 '맞벌이' 가구가 많은 것은 높은 세율로 단일 가구원의 소득으로는 가처분소득이 크게 줄기 때문에 생활수준을 유지하기 위하여는 두 사람이 일을 해야 하기 때문이다. 즉 가구의 노동시간이 과거에 비하여 증가된 것이다.

반면에 세금이 높아지면, 이전보다 일한 시간만큼의 실질소득, 즉 실질임금률이 낮아지기 때문에 그 만큼의 여가의 기회비용이 싸지게 되어 일을 덜 하려는 대체효과가 발생한다. 예를 들어, 월 500만원의 임금을 받는 사람이 세금으로 400만원을 '뺏긴다면' 이 사람의 실질임금률은 월 100만원이 되고, 이렇게 낮은 임금에서는 일을 할 동기가 약해지는 것이다. 흔히들 '열심히 일을 해 보아야 소득을 세금으로 다 뺏기는데 무엇 때문에 일을 하느냐'고 말하는데 이것이 대체효과를 의미하는 것이다.

따라서 사회복지정책으로 세금이 증가할 때 납세자들의 근로동기는 소득효과와 대체효과 가운데 어느 것이 지배하느냐에 따라 다르고 이것은 사람들에 따라 다르기 때문에, 이론적으로는 알 수가 없고 실증적인 조사가 필요한 것이다.

사람들의 근로동기는 상기에 언급한 소득효과와 대체효과의 경제적 동기 이외의 여러 요인들에 의하여 결정된다. 그래서 어떤 사람들은 경제적 보상과 상관없이 일 자체가 좋아서 일을 많이 한다(예를 들면, '일 중독자(workholic)'). 또한 어떤 사람들은 경제적 동기 이외의 다른 동기(예를 들면, 명예, 사회적 책임감, 성취감 등)에서도 일을 열심히 한다. 반면에 어떤 사람들은 일을 많이 하면 커다란 경제적 보상을 받을 수 있는데도 일을 적게 한다. 이렇게 사람들의 근로동기는 일에 대한 태도, 취향 등의 가치관에 따라 다르다.

그리고 무엇보다 중요한 것은 대부분의 사람들은 자신들 스스로 근로시간을 결정할 수 없다는 점이다. 일반적으로 대부분의 피고용자들에게 근로시간은 노사관계의 협상에서 집합적으로 결정되기 때문에, 개인들이 결정할 여지가 적다. 즉 피고용자들은 소득효과가 강하든지 혹은 대체효과가 강하든지 상관없이 일정한 시간을 일하도록 강요받기 때문에 근로여부나 근로시간에서의 선택의 여지가 적은 것이다.

이렇게 볼 때, 사회복지정책으로 세금이 오를 때 사람들의 실질적인 근로행위가 어떻게 변하는지를 알기 위해서는 실증적인 조사가 중요해진다. 실제로 이 문제에 대하여 많은 실증적인 조사가 이루어졌는데 그것의 결과들은 상반된다(Atkinson and Stiglitiz, 1980 : Brown, 1980 : Godfrey, 1975). 그래서 어떤 조사들은 세금으로 인하여 사람들의 근로동기가 약해졌다고 주장하는 반면, 다른 조사들은 오히려 근로동기가 강해졌다고 보기도 한다. 그러나 모든 조사들을 종합적으로 볼 때 세금의 증가는 납세자(일반국민)들의 근로동기에 주는 영향은, 그것이 긍정적이건 부정적이건 간에, 무시할 만큼 작다는 것이다(Godfrey, 1975). 이것은 특히 주소득자(primary earner)인 경우에 더욱 그러한데, 이유는 앞에서 언급한 대로 대개 정규직에 일하고 있는 주근로자의 경우 자신들이 근로시간 등을 선택할 수 있는 여지가 적기 때문이다.

다만 2차소득자(secondary earner) – 주로 남성이 주소득자인 경우 여성(주부)근로자, 청소년근로자들 – 에게 주는 영향은 1차소득자에 비하여 크다는 것이다. 2차소득자들은 대개 주소득자들의 소득을 보충하기 위하여 가사노동이나 학업시간을 줄이고 일을 하기 때문에 일을 해야만 하는 필요성이 상대적으로 적다. 그래서 이들은 세금이 올라 가처분소득이 줄면, 쉽게 일을 안 하거나 줄여 가사노동이나 학업시간에 더 많은 시간을 할애하게 되고, 이러한 행위를 하는 것이 가구전체의 효용이 높아지는 것이다. 즉 낮아진 실질임금에서 일을 하는 것보다 가사노동을 하는 것이 더 합리적인 선택인 것이다. 이러한 현상은 돌보아야 할 아동의 나이가 어릴수록 크게 나타난다. 왜냐하면 일을 하게 되면 아동양육비도 부담해야 되기 때문이다.

또한 아주 적은 숫자의 매우 높은 소득을 올리는 사람들에게도 높은 세금 때문에 근로동기가 약화되는 것으로 나타났다. 이러한 사람들은 대개 자기의 근로시간을 결정할 수 있는 직업에 종사하고, 또한 선진산업국가들에서의 누진소득세제에 따라 세율이 매우 높기 때문에(예를 들면, 오늘날에는 세계적으로 낮아지는 추세에 있지만 한때는 80% 이상인 국가도 있었다), 세금을 피하기 위하여 일을 적게 하거나, 심지어는 외국에서 주로 일을 하거나, 아예 국적을 바꾸어 국내에서는 전혀 일을 안 하는 모습(?)을 보이기도 한다. 그러나 이러한 사람들의 숫자는 극히 적기 때문에, 이들의 근로동기의 약화의 문제는 사회전체적으로 볼 때 국민총생산의 감소라는 측면에서 미미하다.

반대로 아주 소득이 낮은 계층에도 세금을 부과할 경우(이 경우는 특히 사회보장성 조세-각종 사회보험에 대하여 강제로 부과되는 보험료, 일반적으로 이러한 사람들에게는 개인소득세는 면제가 된다), 이들의 근로동기가 약화되는 것으로 나타난다. 이것의 이유는 이들이 일을 더 했을 때 소득이 증가했을 때 얻을 수 있는 실질적인 이득보다 손실이 더 클 수 있기 때문이다. 일반적으로, 이러한 사람들은 일을 하면서도 어떤 형태의 사회복지프로그램으로부터 급여도 받는데(특히, 의료나 교육서비스), 만일 더 많은 시간을 일을 해서 소득이 올라가면 세금도 증가할 뿐만 아니라 지금까지 받던 사회복지급여도 못 받게 된다. 이러한 이른바 '빈곤의 덫(poverty trap)'에 빠져 있는 사람들도, 일을 했을 때 세금이 부과되면 쉽게 일을 안 하려는 동기가 생기는 것이다. 따라서 이러한 문제를 해결하기 위하여 미국을 비롯한 몇 나라에서는 '근로소득보전제도(Earned Incom Tax Credit)'를 실시하며, 근로소득이 낮은 사람들에게는 세제를 통하여 일정한 액수의 급여를 하여 근로동기를 강화시키는 것이다. 우리나라도 2008년부터 근로장려세제라는 이름으로 시행하고 있다.

이렇게 사회복지정책으로 세금이 증가한다 하더라도, 2차소득자, 아주 높은 소득자 그리고 아주 낮은 소득자의 세 가지 경우에만 근로동기가 어느 정도 약화될 뿐, 대부분의 근로소득자들에게는 별 영향을 주지 않는다.

지금까지의 사회복지정책으로 인한 납세자들의 근로동기와 달리 사회복지정책의 수급자들의 근로동기는 어떻게 되는가? 사실 대부분의 사람들이 사회복지정책을 비판할 때 중요하게 여기는 것은 납세자들의 근로동기보다는 사회복지수급자들의 근로의욕의 감소문제이다. 여기에는 '도덕성'의 문제가 결부되어 있고 또한 감정적일 수 있다. '내가 열심히 일을 해서 낸 세금으로 사회복지수급자들이 놀고 먹는다'는 문제는 심각한 것이다.

정말로 사회복지수급자들은 '놀고 먹는가?' 사회복지정책의 수급자들의 근로동기에 관한 연구들은 훨씬 복잡하고 따라서 논란도 많다. 왜냐하면 이것은 사회복지정책의 내용에 따라 큰 차이를 보이기 때문이다.

일반적으로 사회복지정책이 수급자들의 근로동기에 영향을 줄 수 있는 두 가지의 기본적이고 중요한 요소는 기본급여액의 수준과 급여감소율(benefit reduction rate)이다. 여기서 기본급여액이라 함은 일정한 소득 이하의 사람들에게 소득이 없을 경우에 주어지는 최소한의 급여를 말한다(예, 우리의 국민기초생활보장제도에서의 2016년 현재 4인 가구에게 급여하는 생계급여는 대략 월 130만원). 반면에 급여감소율이라 함은 수급자가 근로소득이 있을 경우 급여액이 기본급여액에서 삭감하는 비율을 말한다. 예를 들면, 급여감소율이 50%이라면, 수급자가 월 40만원의 소득을 벌었다면, 수급자는 기본급여액에서 월 20만원을 삭감한 급여를 받는 것이다.

기본급여액과 급여감소율의 개념은 특히 공공부조유형의 정책에서 중요하지만, 다른 사회복지정책에서도 중요하다. 예를 들면, 사회보험에서도 대부분의 국가들에서는 최저급여제도 혹은 기초연금제도를 갖고 있고, 연금수급자가 일을 해서 일정한 소득 이상부터는 소득이 발생할 경우 연금급여액에서 일정한 비율로 삭감한다. 또한 탁아서비스 정책의 경우 일정한 소득 이하의 가구들에게는 서비스를 무료로 제공하나, 일정한 소득 이상부터는 소득에 따라 일정한 비율(이른바 'sliding scale')로 비용을 부담하게 한다.

이러한 기본급여액과 급여감소율은 어떻게 정하느냐에 따라 수급자의 근로동기에 영향을 줄 수 있다. 만일 사회복지정책이 기본급여액이 높고 또한 급여감소율이 100%라면 – 즉 근로소득이 있는 경우 소득만큼 전액 기본급여액에서 삭감하는 경우, 수급자의 근로동기는 적어도 경제적 동기의 관점에 따르면, 약화될 가능성이 비교적 명확하다. 왜냐하면, 기본급여액이 높기 때문에 소득효과에 의해서도 근로동기가 약화될 수 있고, 급여감소율이 100%라는 것은 실질임금률이 0을 의미하기 때문에 여가의 값이 매우 싸서 대체효과의 측면에서도 근로동기가 약화되기 때문이다.

그렇다고 이러한 상황이라 하더라도 사회복지수급자들이 반드시 근로동기가 약화되는 것은 아니다. 수급자들의 근로동기는 경제적 동기관점의 이론과 달리 다른 여러 가지의 동기에 따라–일에 대한 가치관 등–결정될 수 있기 때문이다. 즉 급여감소율이 100%이라 해도 열심히 일을 하는 수급자들이 있을 수 있어, 이것도 결국 실증적인 조사에 의해 밝혀질 수밖에 없다.

우리나라에서 일부 사람들은 최근 국민기초생활보장제도에 반대를 많이 했는데, 그 주요 이유 중의 하나는 기본급여액이 높다고 보고, 또한 급여감소율이 거의 100%에 가깝기 때문에 수급자들의 근로의욕이 크게 약화될 것을 우려했기 때문이다. 그래서 근로동기가 문제가 되는 근로능력이 있는 수급자들에게는 까다로운 조건이 첨가가 되는 것이다.

어찌되었든, 오늘날의 복지국가들에서는 사회복지정책들의 수급자들의 근로동기가 약화되는 것을 막기 위하여 기본급여액과 급여감소율은 적절히 조정해야 하는데 이것이 쉽지가 않다. 이론적으로 볼 때 수급자들의 근로동기를 높이기 위하여는 기본급여액을 가능한 한 줄이고 급여감소율도 낮추어 소득효과와 대체효과 모두 근로동기를 강화하는 방향으로 가야 하는데 이렇게 되면 복지국가의 가장 중요한 목표인 모든 국민의 최소한의 기본적 생활권을 보장하는데 문제가 될 수 있다. 왜냐하면, 자본주의의 시장경제에서는 많은 수의 기본급여액 수준의 소득도 벌 수 없는 사람들이 존재하기 때문이다.

반면에 기본급여액을 상당한 수준으로 유지한 채, 급여감소율만 크게 줄이면 적어도 대체효과는 근로동기를 강화시킬 수 있어 수급자들의 근로동기는 어느 정도 높일 수 있다. 그러나 이 방법은 사회복지비용을 크게 높이게 되는 또 다른 문제를 야기시킨다. 왜냐하면 이렇게 되면 근로소득이 어느 정도 높은 사람들도 자신의 근로소득에 첨가하여 기본급여액을 받을 수 있기 때문이다.

이렇게 볼 때, 기본급여액을 일정수준을 유지하기 위해서는, 주어진 제한된 사회복지비용으로서 급여감소율을 어느 정도 높여야 되는데 이렇게 되면 적어도 이론적으로는 수급자들의 근로동기는 어느 정도 약화될 수밖에 없다. 그러나 수급자들의 근로동기는 비경제적인 동기에서도 결정되기 때문에 실제로 어느 정도 근로동기가 약화되는가를 알기 위해서는 실증적인 조사가 필요하다.

앞에서 언급했듯이, 사회복지정책의 수급자들의 근로동기는 정책들의 내용에 따라 크게 다르다. 따라서 사회복지정책으로 인한 전체 국민의 노동공급이 얼마나 줄어들었는가를 알기 위해서는 개별 정책들의 수급자들의 근로동기에 미치는 영향을 모두 분석해야 한다. 또한 국가들의 사회복지정책들의 성격과 내용에 따라서도 근로동기는 크게 달라진다.

사회복지정책들 가운데 수급자들의 근로동기에 영향을 줄 수 있는 대표적인 프로그램은 사회보험과 공공부조이다. 이 가운데 사회보험(국민연금, 질병보험, 실업보험)이 공공부조보다 수급자 혹은 대상자들의 근로동기 약화에 미치는 영향이 훨씬 크다.

가장 중요한 이유는 사회보험은 수급자 혹은 대상자의 숫자가 공공부조의 그것보다 훨씬 많기 때문이다. 사회보험 가운데는 국민연금이 수급자 혹은 대상자들의 근로동기 감소에 가장 큰 영향을 주는데, 이것은 2가지 이유 때문이다. 하나는 '은퇴 후 소득조사제도(retirement test)' 때문에 현재 연금수급자들이 더 이상 일을 안 하려고 하는 경향이다. 이 제도하에서 65세가 지나 일을 해서 일정한 소득이상을 벌었을 때는 연금급여액이 줄어들기 때문이다. 다른 하나는, '조기퇴직제도

(early retirement)'하에서 연금을 일찍 받을 수 있기 때문에 많은 사람들이 65세 이전에 조기 퇴직하기 때문이다.

실제로 많은 조사들에 의하면, 국민연금의 노동공급감소 효과가 가장 크다. 예를 들면, 미국에서 한 조사에 의하면 주요한 사회복지프로그램들로 인한 노동력 감소가 약 5%인데, 이 가운데 국민연금으로 인한 감소가 가장 커 대략 전체의 4/5에 이른다(Danziger et al., 1981).

반면에 실업보험의 노동력의 감소 효과는 일반적으로 적은 것으로 알려졌다. 국민연금이 생산성이 낮고 또한 사회적으로 노동력공급을 크게 기대하지 않는(?) 노인들의 노동력의 공급 감소를 가져오는 반면에, 실업보험은 비교적 생산성이 높고 노동활동이 왕성한 연령층의 노동공급을 감소시킬 수 있기 때문에 더 심각한 문제가 될 수 있다.

실업보험도 이론적으로 볼 때, 수급자 혹은 대상자의 노동력감소를 가져올 수 있다. 실업보험은 비자발적 실업에 한해 실업급여를 하나, 현실적으로 비자발적 실업과 자발적 실업의 구분이 어려운 상황에서는, 실업급여를 받기 위하여 '자발적'으로 실업자가 될 수 있다. 또한 실업급여의 급여액이 높을 경우, 즉 급여액과 실업전에 받던 임금의 비율인 소득대체율이 높을 경우, 실업기간이 불필요하게 길어질 수 있어 노동력감소가 발생할 수 있다.

그러나 대부분의 국가들에서의 실업보험은 제도적으로 수급자 혹은 대상자들의 근로동기 약화를 막고 있다. 그래서 실업급여를 받을 수 있는 자격조건을 까다롭게 하거나(비자발적 실업, 실업기간 중 적극적으로 일자리를 찾아야 하는 것, 일자리 제안을 거부 못하는 것, 과거에 일정한 기간 일을 한 경력이 있어야 한다는 것 등), 급여기간을 가능한 한 단기간(6개월~2년)으로 제한한다. 그래서 대부분의 국가들에서 실업급여를 받는 실업자들은 전체 실업자들의 半이 안 된다(예, 미국은 30%, 영국 26%, 독일 40%).

또한 실업급여의 소득대체율도 실질적으로 높지 않다. 명목적인 임금만으로 볼 때 실업급여의 소득대체율이 높은 것처럼 보이지만(서구복지국가의 경우 대략 60~70%), 노동에 대한 총보상(total compensation)의 관점에서 보면 실업이 되면 임금 이외의 많은 물질적, 비물질적 보상-예, 부가급여(fringe benefits), (선진산업국가들에서는 이것이 점점 중요해진다)-을 잃게 되어, 실질적인 대체율은 높지 않다. 실업은 또한 직업경력(job career)에도 흠이 가게 되고, 무엇보다도 기술퇴보를 가져온다. 따라서 많은 사람들에게 '자발적' 실업이라는 것이 그렇게 매력적인 것이 아니다.

실업보험은, 다른 한편으로 오히려 근로동기를 강화시킬 수 있다. 실업급여를 받기 위하여는 과거의 일정기간의 취업기간이 필요하다. 따라서 실업급여를 받기 위해서는 일을 해야 하는 이른바 '자격효과(entitlement effect)' 때문에 대상자들의 근로동기를 강화시킬 수 있는 것이다. 이렇게 되면 경제활동을 안 하든 사람들도 적극적으로 노동시장에 참여하여 취업자 숫자가 많아질 수 있는 것이다. 이러한 이유들로 많은 실증적인 연구들에 의하면 실업보험의 노동공급감소효과는 미미한 것으로 나타나는 것이다(Atkinson and Miklewright, 1991).

대부분의 복지국가들에서의 질병수당(sick pay)을 급여하는 질병보험은, 이론적으로는, 수급자들의 근로동기를 약화시킬 수 있다(우리의 건강보험은 질병수당제도를 갖고 있지 않기 때문에 해당이 안 된다). 특히 질병수당의 소득대체율이 높은 상황에서는, 질병수당을 받기 위하여 불필요하게 질병기간을 연장(?)하는 등의 행위로 근로동기가 약화될 수 있다.

그러나 이러한 '도덕적 해이(moral hazard)'의 문제는 실업보험에 비해 약하다. 왜냐하면, 질병에는 고통이 동반하고 또한 질병여부는 전문가가 판단하는 것이기 때문이다. 또한 제도적으로, 질병수당을 받기 위하여는 일정한 대기기간을 두어 가벼운 질병(즉, 질병의 고통이 적은)에는 실질적으로 질병수당급여가 이루어지지 않는다. 이러한 이유로 질병보험도 수급자들의 근로동기에 큰 영향을 안 주는 것으로 나타난다.

지금까지 논의한 사회보험과 달리, 공공부조는, 이론적으로 볼 때, 기본급여액과 급여감소율을 어떻게 정하느냐에 따라 다르지만, 사회보험보다 수급자들의 근로동기를 더 직접적으로 약화시킬 수 있다. 왜냐하면, 공공부조에서는 일을 해서 일정한 소득 이상이 되면 급여를 받지 못하기 때문이다.

그럼에도 불구하고, 현실세계에서는, 공공부조는 사회보험보다 사회 전체적으로 볼 때 노동력 감소효과의 문제가 덜 심각하다. 그 이유는 공공부조 수급자의 숫자가 사회보험보다 훨씬 적고, 또한 공공부조 수급자들은 대부분 근로능력이 없는 사람들이기 때문이다.

문제는 근로능력이 있는 수급자들인데, 이 경우는 각종의 'workfare'를 통하여 급여의 조건으로 일을 시키거나 급여기간을 제한하는 방법 등으로 근로동기의 약화를 막는다. 이러한 이유로 많은 실증적인 조사에 따르면 공공부조로 인한 수급자들의 노동력 공급감소는, 많은 사람들이 우려하는 것과는 달리, 그렇게 크지 않다. 앞에서 인용한 미국에서의 연구에 의하면, 공공부조에 의한 노동력 공급감소는 주요 사회복지프로그램들로 인한 전체 노동력공급감소의 대략 1/5을 차지하는 정도이다(Danziger, 1981).

지금까지의 논의를 정리하면, 사회복지정책으로 인한 수급자들의 노동력 공급의 감소는 우선 양적으로 크지 않다(미국의 경우, 대략 5%). 또한 질적으로 볼 때, 이러한 노동력 공급의 감소는 대부분 노인들이나 아동을 키우는 여성세대주들에서 나타나고 근로활동이 왕성한 연령층(예, 25세~55세)에서는 거의 나타나지 않는다는 점이다. 또한 노인들이나 한계노동자라 할 수 있는 여성세대주들의 생산성은 낮기 때문에 국민총생산의 감소라는 면에서는 더욱 미미하다.

무엇보다 중요한 것은, 사회복지정책의 목표가 이러한 사람들이 일을 안 하고도 기본적인 생활을 할 수 있도록 하는데 있기 때문에, 이러한 사람들이 일을 안 한다고 해서 윤리적인 측면에서도 사회적으로 문제가 되지 않는다.

특히 사회복지정책을 통하여 국민들의 인적자본이 향상되거나, 사회정치적 혹은 경제안정을 이룰 수 있어 국민총생산의 양을 증가시킨다는 점을 고려하면 사회복지정책으로 인한 약간의 노동력공급의 감소는 더더욱 무시할 수 있다고 하겠다.

사회복지정책과 노동력공급과의 관계는 국가들 사이에도 큰 차이가 있다. 우선 사회복지제도의 성격의 차이로 인하여, 스칸디나비아 국가들에서는 적극적 노동시장정책 등을 통하여 사회복지수급자들의 노동시장참여율을 높이는 반면, 독일이나 프랑스 등의 국가들은 노인이나 여성세대주들의 노동시장참여에 적극적이지 않다(Esping-Andersen, 1996). 예를 들면, 스웨덴에서의 노령층(60~65세)의 경제활동비율은 64%인데 비하여, 프랑스나 독일은 각각 25%, 31%이고, 여성의 경우 스웨덴은 80%에 이르나, 이러한 국가들은 대개 60% 미만이다(OECD, 1984).

또한 국가간의 사회·문화적인 차이도 사회복지수급자들의 노동력공급에 영향을 준다. 일반적으로, 동질적이고 사회적 연대감이 강하여 국민들간의 신뢰가 큰 사회에서는(예를 들면, 스웨덴) 사회복지정책의 급여가 후하더라도 수급자들이 일을 안 하는 현상은 적게 나타날 수 있다. 왜냐하면, 신뢰의 사회에서는 많은 사람들은 내가 일을 안 하면 남이 피해를 볼 수 있다고 생각하기 때문이다. 그래서 '모든 사람이 일을 하고 모든 사람이 사회복지수급자'라는 스웨덴 복지국가의 구호가 탄생한 것이다. 실제로 사회복지정책이 노동력공급감소에 미치는 영향을 비교분석한 연구에 의하면 가장 후한 복지국가임에도 불구하고 스웨덴에서의 노동력감소는 다른 국가들에 비하여 적게 나타난다(Freeman, 1997).

반면에 인종, 언어, 종교 등에서 매우 이질적인 사람들로 구성되어 있어, 따라서 사회적 연대감이 약하고 국민들간의 신뢰감이 약한 사회에서는(예, 미국) 사회복지는 '재분배 게임(redistribution game)'의 주요 '먹이'가 되고 각 집단들은 이 게임의 승자가 되기 위하여 사회복지를 남용하게 되는데 이러한 상황에서는 사회복지정책의 수급자들의 근로동기약화는 상대적으로 크게 나타날 수 있는 것이다.

2) 저축과 투자동기의 감소

사회복지정책이 경제적 효율을 훼손하여 국가경제에 해를 줄 수 있는 두 번째의 기제는 사회복지정책의 확대는 개인들의 저축 및 투자동기를 약화시켜, 자본축적을 어렵게 하여, 결국 생산성을 낮추어 경제성장에 해가 된다는 점이다.

그래서 많은 사람들은 서구복지국가들이 1970~80년대부터 오늘날에 이르기까지 경제성장률이 낮은 것의 주요 이유로 사회복지정책의 확대로 인한 생산성향상을 위한 투자를 못했기 때문인 것으로 해석한다 (Abramovitz, 1981).

사회복지정책 때문에 저축 및 투자가 줄 수 있는 기제는 두 가지 측면에서 나타날 수 있는데, 하나는 납세자(일반국민)의 측면이고 다른 하나는 사회복지정책의 수급자 측면이다.

사회복지정책이 확대되면 조세부담도 늘어나게 되는데 이때 납세자들의 가처분소득이 줄어 저축할 수 있는 능력 자체가 줄어 납세자들의 개인적인 저축이 줄어들 수 있다. 또한 자본소득에 대한 조세율의 증가로 자본투자에 대한 이득률(rate of return)이 낮아져, 사람들은 미래의 소비보다 현재의 소비를 선호하게 만들어 저축성향을 감소시킬 수 있다.

이러한 관점은 두 가지 측면에서 한계를 갖고 있다. 하나는 비록 납세자들의 저축액은 줄더라도, 반면에 사회복지정책의 수급자들은(예, 국민연금수급자) 소득이 올라 저축할 능력이 커져 전체적으로 볼 때 개인저축량의 변화가 없을 수 있다는 점이다. 예를 들면 우리나라의 경우, 공무원연금수급자들의 저축액은 상당한 수준으로 높다.

다른 하나는, 많은 사람들은 살아가면서 여러 가지 이유로 일정한 액수를 목표로 하는 저축량을 갖고 있다는 점이다. 그래서 비록 가처분소득이 줄어 저축능력은 줄었다 하더라도, 다른 소비를 줄여서라도 목표한 저축량을 달성하기 위하여 저축은 한다는 것이다(Aaron, 1982). 이러한 이유들로, 납세자들이 단순히 조세부담의 증가로 가처분소득이 줄어 개인저축량이 줄었다는 것은 실증적인 연구에서는 뒷받침이 되지 못하고 있다.

그렇다면 사회복지정책의 수급자(대상자)들의 개인저축행위는 어떠한가?

사실 사회복지정책의 확대로 저축이 줄고 투자가 줄어 생산성향상을 이루지 못해 경제성장에 해가 된다고 비판하는 사람들의 초점은 사회복지정책 대상자들의 개인저축량의 감소에 있다.

사회복지정책들 가운데 개인들의 저축감소에 직접적이고 중요한 영향을 줄 수 있는 것은 국민연금이다. 왜냐하면, 이것은 수급자의 숫자가 가장 많고 또한 속성상 사람들의 저축감소를 유발할 가능성이 가장 크기 때문이다. 실제로 사회복지정책과 개인저축과의 관계에 관한 연구들은 대부분 국민연금에 초점을 맞춘다. 여기서도 국민연금에 초점을 맞추어 논의하고자 한다.

국민연금이 개인저축액을 감소시켜 결국 국가전체의 저축액을 줄여 경제성장을 둔화시킨다는 주장은 다음의 네 가지의 가정에 근거를 한다.

첫째, 사람들이 저축하는 가장 중요한 동기는 은퇴후의 생활에 대비하는 것이다. 국민연금으로 사람들은 은퇴후의 생활이 상당부분 보장되기 때문에, 사람들의 저축동기가 주로 은퇴후의 생활에 대비한 것이라면, 국민연금에의 보험료 납부 이외의 별도의 개인저축을 할 동기가 크게 약화될 수 있다.[1)]

그러나 사람들의 저축동기는 다양해서 개인저축은 반드시 은퇴 후의 생활에 대비하기 위해서 하는 것만은 아니다. 사람들은 살아가는 동안에 부딪히는 여러 가지 형태의 재난에 대비해서도 저축을 하고, 무엇보다도 자식들에게 인적투자(예, 교육투자)를 위해서, 혹은 증여와 상속

1) 이것은 유럽의 복지국가들의 경우 그러하다는 것이다. 우리나라는 국민연금의 미성숙으로 대부분의 노인들은 국민연금으로 은퇴 후의 생활이 보장되지 않는다.

을 통해 물적인 측면에서 도움을 주기 위해서도 저축을 한다. 특히 후자는 우리나라처럼 가족결속이 강한 나라에서는 가장 중요한 저축동기가 될 수 있다. 이러한 두 가지의 저축동기가 크다면 국민연금제도가 있다고 해서 많은 사람들이 저축을 덜 하지는 않을 것이다.

두 번째의 가정은 대부분의 사람들의 경제행위는 '생애주기소득모형(life-cycle income model)'에 따라 이루어지기 때문에, 먼 미래에 받을 수 있는 연금은, 현재 시점에서 부의 축적으로 여겨－이것을 흔히 국민연금의 '생애부축적 효과(lifetime wealth effect)'라 부른다－현재의 저축동기를 약화시킨다는 것이다.

그러나 이러한 '생애주기모형'은 현실적으로 많은 사람들에게 적용하기 어렵다. 오히려 대부분의 사람들은 그들의 먼 미래의 불확실한 경제적 상황을 염두해 두고, 현재의 경제행위(소득, 소비, 저축행위 등)들을 결정하지 않는 경향이 있다. 왜냐하면, '생애주기모형'에 따라 경제행위를 하기 위해서는, 생애주기별 소득, 소비, 이자율, 물가상승률, 성장률 등에 관한 정보가 필요한데 대부분의 사람들은 이러한 정보를 갖기 힘들다.

그래서 대부분의 사람들은 현실적으로 먼 미래의 상황보다는 가까운 현실의 상황을 고려하여 행위하는 것이다. 이러한 경향은 특히 '불확실한' 혹은 '불안정한' 사회일수록 크다. 예를 들면, 우리나라의 경우 많은 사람들이 먼 미래에 국민연금을 받을 수 있을지에 대하여 불안하게 생각하여 국민연금과 상관없이 개인저축을 하려는 경향이 강하다.

대부분의 국가에서는 국민연금제도가 도입되기 전에는 은퇴의 개념이 약해 많은 노인들이 일을 하였고, 은퇴 전과 후의 생활의 명확한 구분도 없었다. 이러던 것이 국민연금제도에 의하여 은퇴가 거의 강제화(?)－사실, 많은 나라에서 국민연금을 도입한 이유 중의 하나는 생산성이 낮은 노인들은 퇴출시키고 생산성이 높은 젊은 노동자들을 고용하려고 한 것이다.－되면서, 은퇴 후의 생활에 대한 대비의 필요성이 높아지고 또한 은퇴 후의 생활에서의 필요(needs)들에 관한 정보도 알게 되어 저축의 필요성이 더 높아질 수 있다. 즉 이러한 국민연금의 이른바 '전시효과(demonstration effect)'에 의하면, 상기의 '생애부축적효과'와 달리, 사람들의 개인저축이 늘어날 수 있는 것이다.

세 번째의 가정은, 국가의 총저축량의 측면에서 현재 일하는 근로자들의 저축량이 현재 은퇴한, 즉 연금을 수급하는 사람들의 소비량보다 적어야 한다는 것이다. 그래야만 국가전체로 볼 때 소비가 저축보다 많아져서 저축량이 줄어드는 것이다.

그러나 경제가 조금이라도 성장하는 상황에서는 젊은 세대의 소득이 노인세대의 그것보다 높고, 또한 젊은 세대의 숫자가 더 많기 때문에, 국민연금으로 비록 젊은 세대의 소득의 일부가 노인세대로 이전이 된다 하더라도, 현재 일하는 사람들의 저축액이 현재 은퇴한 사람들의 소비량보다 많을 가능성이 크다(70년대 후반부터 오늘날까지 서구복지국가들의 성장률이 둔화되고 노인세대의 숫자가 크게 늘어나는 반면 일하는 젊은 사람들의 숫자가 줄어드는 상황에서는 그렇지 않을 수도 있지만). 따라서 연금제도로 인한 국가의 총체적 저축량이 줄어들 가능성은 적다고 하겠다.

네 번째 가정은, 국민연금제도는 적립방식(funded system)이 아닌 부과방식(pay-as-you-go system)으로 이루어져야 한다. 적립방식이라 함은 개인들이 낸 보험료를 계속 적립하여 기금을 만들어 나중에 개인들이 은퇴할 때 그 기금으로부터 급여하는 제도를 말한다. 반면에, 부과방식은 개인들이 낸 보험료를 적립하지 않고(긴급한 상황에 대비해 극히 일부만 적립할 수 있지만), 현재 일하는 사람들이 낸 보험료를 현재 은퇴한 사람들에게 연금으로 지급하는 제도를 말한다. 오늘날 대부분의 선진산업국가들의 국민연금제도는 부과방식으로 운영되고 있으며, 우리나라를 비롯한 몇 나라들에서는 적립방식으로 운영하고 있다(우리나라의 적립방식은, 보험수리상으로 엄밀히 말한다면 모든 사람들에게 급여할 연금을 완전히 적립하는 '완전적립방식'이 아니라 부분적으로 적립하고 있다.).

부과방식에서는 적립된 저축(기금)이 없기 때문에 개인들의 저축이 줄면 국가전체의 저축량이 줄 수밖에 없다. 반면에 적립방식에서는 개인들의 저축이 준다 하더라도 국민연금의 적립된 기금의 형태의 국가저축은 존재하는 것이다(우리나라에서 초기에 국민연금을 도입하고자 하는 이유 중의 하나는 경제성장에 필요한 자본투자가 적은 상황에서 이러한 강제저축을 통하여 투자자본을 만들기 위한 점도 있다). 실제로 우리나라는 오늘날 약 500조원이 넘는 국민연금기금으로 다양한 형태의 투자가 이루어지고 있다.

그러나 국민연금이 부과방식으로 운영된다 하더라도, 서구복지국가에서는 대부분 적립방식의 기업연금이나 개인연금 등이 활성화되어 있기 때문에 국가전체의 저축량의 측면에서, 부과방식으로 인한 감소부분은 상당부분 상쇄한다고 볼 수 있다.

지금까지의 논의로 볼 때 국민연금이 개인들의 저축을 줄여 국가전체의 저축량을 줄였는지는 이론적으로 불확실하다. 그래서 실증적인 연구들이 필요한데, 대표적인 것이 Feldstein(1974)의 연구이다. 그는 이 연구에서 미국의 국민연금은 미국인들의 개인저축을 약 38% 감소시키고, 이것은 투자를 감소시켜 생산성이 낮아져 결국 국민총생산의 15%를 감소시켰다는 충격적인 결과를 발표하였다.

이 연구는 이후 많은 논란을 불러일으켰는데, 특히 연구방법에서의 몇 가지 문제점들이 노출되었다. 그래서 개인저축감소 정도를 지나치게 과대평가한 점이 지적되었다. 이러한 문제점들을 보완한 이후의 연구들은 비록 국민연금이 개인 저축량을 어느 정도 줄이기는 하나, 그것의 정도는 통계적으로 무의미한 정도에 불과하다는 것이다(Munnell, 1974; Barro, 1978; Lesnoy and Leimer, 1985).

일반적으로 사회복지제도가 발전할수록 개인들이 저축할 동기가 약화될 수 있다. 왜냐하면, 사람들이 살아가면서 봉착하는 여러 가지 위험들(노령, 질병, 실업, 장애, 빈곤 등)에 대하여 국가가 사회복지제도로 보장해 주기 때문에, 개인들 스스로 이러한 위험에 대비한 저축을 할 필요가 적어지기 때문이다. 실제로 유럽의 복지국가들의 가계저축률은 10% 이하로 낮다. 그러나 사회복지정책으로 개인저축이 어느 정도 줄었다 하더라도, 이것이 낮은 투자로 이어져 경제성장을 낮추는데 직접적으로 영향을 주는 것은 아니다. 왜냐하면, 경제성장을 위해서는 국가의 총투자량이 중요한데 개인저축으로 인한 투자량은 국가전체의 그것의 극히 적은 일부에 지나지 않는다(서구복지국가들의 경우 대략 10%)(Lampman, 1984). 따라서 국가의 총투자량을 늘리는 것이 중요한데, 이것은 정부의 다양한 재정정책(예, 정부의 흑자재정)과 금융정책(예, 이자율 조정) 등을 통해 이루어질 수 있고, 적립이 되는 기업연금과 개인연금을 세제상의 혜택을 주면서 확대시킬 수 있고, 안 되면 외국으로부터 자본을 빌려오든가 아니면 외국으로부터 직접투자를 장려하는 등의 다양한 정책을 펼 수 있는 것이다.

3) 생산부문에서 사용할 수 있는 자원의 축소

평등을 추구하는 사회복지정책이 경제적 효율을 해칠 수 있는 또 하나의 기제는 사회복지정책의 확대로 인하여 생산성이 높은 생산부문에서 사용할 인적·물적자원이 줄어들어 결국 경제성장을 둔화시킨다는 점이다. 이러한 관점의 기본전제는 첫째, 한 나라의 경제행위는 '생산부문'-시장에서 판매할 수 있는 재화나 서비스를 만드는 부문-에서의 경제행위와 '비생산부문' - 사회복지재화나 서비스처럼 시장에서 직접적으로 판매되지 않는 부문 - 에서의 그것으로 나눌 수 있고, 둘째, 생산부문의 생산성이 비생산부문의 그것보다 높아 생산부문에서의 경제행위가 많을수록 국민총생산이 더 크게 증가한다는 것이다.

이러한 전제하에서 '생산부문위축'의 관점의 핵심은 사회복지정책의 확대로 생산성이 높은 '생산부문'에서 사용되어야 할 인적·물적자원들이 생산성이 낮은 '비생산부문'에 사용되어 국민총생산이 줄어든다는 것이다. 예를 들어, 생산성이 높은 제조업에서 일하던 사람이 사회복지부문에서 일을 한다든지, 혹은 제조업에 투자할 자본이 줄어든다는 것이다.

오늘날 많은 서구복지국가들에서는 국민총생산의 약 30% 정도는 사회복지부문에 사용한다. 이렇게 확대된 사회복지부문에 사용될 재화나 서비스를 위하여는, 생산부문에서 더 많은 생산물을 만들어 내야 한다. 그러기 위하여는 생산성이 높아져야 되고, 생산성이 높아지기 위하여는 생산부문에의 자본투자가 있어야 한다. 그런데 여기서 사회복지부문의 확대 때문에 생산부문에 투자할 자본이 줄어든다는 것이다.

대표적인 예를 들면, 생산부문의 사용자가 피고용자를 위한 각종의 사회보장성 조세나 사회복지서비스 때문에 총노동비용이 커져서 생산성 향상을 위한 자본투자를 못한다는 것이다.

이렇게 생산부문에 투자할 자본이 줄어들게 되면, 생산부문에서의 경제행위는 줄어들게 되고, 이렇게 되면 생산부문의 인적자원들이 비생산부문으로 흡수되고, 이것은 다시 '비생산부문'이 더욱 확대되게 만들고, 이것은 결국 생산부문을 더욱 위축하게 만드는 악순환이 계속된다는 것이다. 따라서 이러한 관점에서는, 사회복지부문을 줄여야만 이러한 악순환의 고리를 끊을 수 있다고 주장하는 것이다.

과연 이러한가? '생산부문위축'의 관점은 다음의 세 가지 측면에서 한계가 있다.

첫째, 사회복지부문의 확대로 생산부문이 어느 정도 위축이 될 수 있지만, 사회복지의 확대가 생산부문의 위축의 근본적이고 직접적인 원인이 아니라는 점이다. 오히려 그 반대로 생산 부문의 위축이 사회복지의 확대를 필요로 했다는 것이 타당하다. 그렇다면 생산부문의 위축은 왜 일어나는가? 이것은 여러 가지로 설명할 수 있지만 크게 보면 가장 중요한 이유는 국가경제의 경쟁력의 약화에서 기인한다. 즉 인과관계로 볼 때, 국가경제의 경쟁력의 약화가 생산부문의 위축과 사회복지부문의 확대 둘 다를 초래한 것이다.

그렇다면 사회복지가 발전된 서구복지국가들의 국가경제의 경쟁력이 왜 약화되었는가? 이것은 국가들마다 다른 다양한 설명들이 있을 수 있지만, 공통적으로 중요한 이유는 다음의 두 가지다. 하나는 인구학적 측면으로 인구의 고령화와 출산율의 감소, 여성세대주가구의 증가 등으로 생산부문에 참여할 수 있는 절대인구가 줄어든 반면, 사회복지에의 수요는 증가된 점이다.

생산부문에 참여할 수 있는 절대인구가 줄면, 생산성 향상이 없으면 국민총생산량은 줄 수밖에 없다. 그런데 이렇게 출산율의 감소 등의 이유로, 근로가능인구가 주는 반면 노인인구가 늘게 되면(이것을 흔히 65세 이상 노인 한 명당 15~64세의 노동 가능한 인구 숫자의 비율인 '의존율(dependency ratio)'로 나타내는데 서구 복지국가들의 경우 1960년대에는 평균 7.5명이던 것이 1990년대에는 5.4명으로 줄었다), 그 만큼 생산부문에 참여하는 사람들의 생산성이 크게 높아져야 되는데, 국민총생산량이 줄어드는 상황에서는 생산성 향상을 위한 자본투자에는 한계가 있는 것이다. 이러한 이유로 결국 이러한 국가들의 국가경제의 경쟁력은 약화가 되는 것이다.

다른 하나는, 후기산업사회의 현상의 하나로 산업구조의 변화 때문이다. 전통적으로 산업사회의 생산부문의 핵심은 생산성이 높은 제조업이다. 이러던 것이 후기산업사회에 들어서면서, 이른바 '탈산업화(deindustrialization)'의 현상으로 제조업은 줄어들고, 일반적으로 생산성이 낮은 서비스산업의 비중이 커졌다. 예를 들어, 1960년대만 해도 서구복지국가들에서는 서비스산업에서의 고용인구가 40%이던 것이 1990년대에는 60%대로 늘었다.

이렇게 생산성이 낮은 서비스산업 중심으로 산업구조가 바뀐 것 그 자체가 국가경제의 생산성을 낮추어 경쟁력을 떨어뜨린다. 예를 들어, 서구복지국가들의 1960년대의 생산성 증가율은 약 4% 정도이던 것이 1980년대에는 1.5%로 줄었다.

특히 서비스산업에서는 기술이 중요하여, 전문적이고 숙련된 노동의 필요성이 높아지는데, 반숙련 혹은 미숙련 노동이 주종을 이루는 제조업이 줄자 이들이 대거 서비스 산업에 들어오게 되어 서비스 산업의 생산성은 더욱 떨어지게 되어, 전체적으로 국가경제의 생산성을 더욱 낮추는 것이다.

이렇게 사회복지정책의 확대와 관계가 없는 이유로 국가경제가 약화되어 생산부문은 위축이 되어 사회복지부문의 확대가 필요하게 된 것이다.

둘째, 사회복지부문에 사용되는 자원이 반드시 비생산적인 것만은 아니라는 점이다. '생산부문위축'의 관점의 기본적인 전제는 사회복지부문은 '비생산적'이라는 데 있다. 많은 사회복지정책들은 생산활동을 못하는 사람들에게 급여를 하기 위하여 사회적 자원을 사용한다. 대표적인 예가, 오늘날 대부분의 국가들에서 가장 규모가 큰(수급자 숫자나 지출액의 면에서) 노령연금이다. '생산적'의 개념을 재화나 서비스를 직접 생산하는 것으로 좁게 해석하면, 이러한 프로그램에 사용되는 자원은 '비생산적'이라 할 수 있다. 그러나 '생산적'의 개념을 넓게 해석해서, 생산 활동을 안 하는 사람들이 직접 생산은 안 한다 하더라도 연금급여를 통하여 이들의 구매력이 높아지게 되면 경기를 부양시켜 생산 활동이 촉진되게 되면 '생산적'이 되는 것이다. '생산적'의 개념을 더욱 넓게 해석하면, 이들에 대한 급여로 인해 가족의 부담이 줄어들게 되면 간접적으로 자식을 비롯한 가족들의 생산 활동이 촉진되거나 생산성이 높아질 수 있고 혹은 사회·정치적 안정을 통해 국가경제가 더 '생산적'이 될 수 있는 것이다.

많은 사회복지정책들은 또한 좁은 의미의 '생산적'의 개념에서도 '생산적'이다. 일반적으로 인적자본의 향상을 이룰 수 있는 모든 사회복지정책들은 '생산적'이라 할 수 있다. 예를 들어, 빈곤가정에 대한 소득안정프로그램들, 교육서비스, 의료서비스, 주택서비스, 영양을 높이는 각종의 프로그램들이 여기에 해당한다. 실제로 이러한 인적자본 향상을 위한 사회복지 정책들을 통하여 국민총생산의 증가에 상당히 기여한다 (Denison, 1979; Lampman, 1984).

셋째, 사회복지정책의 확대로 사회복지부문의 일자리들이 많이 늘어난 것은 사실이다. 이것은 앞에서 언급했듯이 이른바 '생산부문'이 위축되어서 발생한 필연적인 결과라 할 수 있다. 그런데 여기서 문제가 되는 것은 사회복지 부문의 일자리가 확대되는 것이 '생산부문'에서 일하는 사람들을 '유인'했느냐의 문제다.

이것은 실증적인 조사로 확인될 수밖에 없는데, 많은 조사들에 의하면 확대된 사회복지부문의 일자리들에는 기존의 '생산부문'의 사람들로 채워진 것이 아니라 그동안 노동시장에 참여하지 않은 사람들－대표적으로, 여성(주부)－로 채워졌다는 것이다(Klein et al. 1976). 이것의 가장 중요한 이유는 사회복지부문의 임금은 '생산부문'의 그것보다 낮고, 또한 '생산부문'에서 일자리를 잃었다 하더라도 후한 실업수당을 받을 수 있기 때문에, 생산부문의 실업자가 사회복지부문의 일자리를 찾지 않기 때문이다. 즉 사회복지부문과 '생산부문'의 노동시장은 분절이 되어 있어 두 부문간의 노동이동이 거의 없는 것이다.

4) 소비자 선택의 왜곡 : 사회적 자원의 비효율적 배분

사회복지정책이 경제적 효율을 해칠 수 있는 또 하나의 이유는 사회복지 급여는 소비자(수급자)들의 재화나 서비스에 대한 선택을 왜곡시켜, 결과적으로 사회적 자원을 비효율적으로 배분시킨다는 것이다. 앞에서의 파레토 효율의 개념에서 논의했듯이, 바람직한 사회적 자원의 배분은 모든 사람들의 효용을 극대화하는 방향으로 이루어져야 한다. 그런데 사회복지정책을 통한 사회적 자원의 배분은 많은 사람들의 효용을 줄인다는 것이다.

사회복지정책을 통한 급여의 형태는 크게 나누면 세 가지다. 첫째는, 각종의 소득보장프로그램들을 통한 현금급여이고, 둘째는, 음식, 주택 등의 현물이고, 셋째는, 교육, 의료 등과 같은 서비스의 형태다. 일반적으로, 사회복지가 발전한 국가일수록 현금급여의 비중이 크나, 오늘날 대부분의 서구복지국가들에서도 국가들 사이에 약간의 차이는 있으나 현물이나 서비스 형태의 급여가 전체 사회복지 지출의 대략 반(半) 정도를 차지한다. 우리나라의 경우는, 국민연금처럼 현금을 급여하는 소득보장 프로그램들은 미성숙한 반면, 교육과 의료 서비스를 제공하는 프로그램들은 발전되었기 때문에 현물이나 서비스의 비중이 압도적으로 커, 전체 사회복지 지출의 대략 4/5를 차지한다.

문제는 이렇게 현물이나 서비스로 급여를 하게 되면, 수급자들의 재화나 서비스의 선택에 제한을 두기 때문에 자신들의 효용을 극대화 할 수 있는 선택을 할 수 없게 되어, 불필요하게(즉, 자신들이 원하지 않는) 이러한 현물이나 서비스를 많이(?) 사용하게 되어, 결국 사회전체로 볼 때 사회적 자원이 비효율적으로 배분되는 즉 자원의 낭비가 발생하는 것이다.

만일 현물이나 서비스 대신 현금으로 급여하게 되면, 수급자는 이 돈으로 자신들의 효용을 극대화할 수 있는 재화나 서비스를 선택할 수 있고, 재화나 서비스의 공급자는 이러한 수요에 맞추어 적정한 가격과 양으로 공급하게 되어 사회적 자원은 낭비없이 효율적으로 배분될 수 있다.

예를 들어 보자. 우리나라에서는 얼마 전까지만 해도 생활보호제도 하에서 가난한 사람들에게 현금 대신, 정부가 쌀을 구매하여 급여하였다. 물론 많은 사람들은 급여된 쌀의 양이 많지 않기 때문에, 현금으로 급여했다 하더라도 이 돈으로 그 만큼의 쌀을 구입한다면 자신들의 효용이 극대화되기 때문에 이 경우는 쌀로 급여하나 현금으로 급여하나 차이가 없다.

그러나 어떤 사람들에게는(예를 들면, 농촌의 가족이나 친척으로부터 쌀을 지원받는 사람들), 정부로부터 지급되는 쌀이 불필요하거나 양이 너무 많을 수 있는데, 이 경우 이러한 사람들은 자신들이 원하지 않는 쌀을 불필요하게 많이 사용하도록 강요받게 되는 것이다. 만일 이러한 사람들에게 쌀 대신 현금으로 급여를 했다면, 이 사람들은 이 돈으로 자신들의 효용을 극대화할 수 있는 다른 재화나 서비스를 구입하게 하는 것이 사회전체로 볼 때 효용을 높일 수 있는 것이다.

따라서 이러한 사람들은 정부로부터 급여된 불필요한(?) 쌀을 몰래 시장에서 팔 동기가 생기는데, 이 때 쌀을 얼마에 팔 것인가는 이 쌀로부터의 효용에 의하여 결정된다.2)

만일 이것이 낮아, 예를 들면, 정부는 이 쌀을 10만원에 구입하였는데 이 쌀을 3만원이라도 받고 팔려고 한다면, 이 사람에게는 액면가 10만원의 쌀이 3만원어치의 효용밖에 안 주는 것이다. 다른 말로 이야기하면, 정부가 10만원을 주고 쌀을 구입하여 이 사람들에게 급여하는 것이나, 3만원의 현금을 급여하는 것이나 사회전체의 효용의 측면에서 같은 것이다. 즉 7만원어치의 사회적 자원이 낭비가 되는 것이다. 즉 사회적 편익(social benefit)이 사회적 비용(social costs)보다 작은 비효율이 발생하는 것이다.

현물이나 서비스 형태의 급여가 얼마나 효용을 낮추냐는 그것들의 형태나 사람들의 선호도에 따라 많은 차이가 있으나, 일반적으로 현물이나 서비스의 형태의 급여는 현금급여에 비하여 효용을 낮추는 것은 사실이다.3)

따라서 현물이나 서비스 급여는 현금 급여보다 사회적 자원을 비효

2) 필자도 개인적으로 미국 유학시절 이러한 경험이 있었다. 미국에는 WIC(Women, Infants, and Children)이라는 프로그램에서 가난한 임산부에게 영양을 높일 수 있도록 우유, 치즈 등의 음식물을 급여한다. 가난한 유학생으로 이 프로그램에 자격이 되어 이러한 음식물을 받았는데, 문제는 이것의 양이 많아 처치 곤란이라 결국 이것들을 한국 사람이 운영하는 가게에서 그 당시 한국에서 인기절정인 드라마가 담긴 비디오와 교환하였다. 물론 그 비디오의 액면가격은 음식물보다 낮았지만, 본인에게는 불필요한(?) 우유보다는 그 드라마부터의 효용이 더 높았기 때문이다. 필자의 이러한 행위는 명백히 불법이라 사법처리의 대상이 되므로, 여러분은 만일 미국에 유학을 갈 경우 이러한 행위는 하지 말기를 당부한다!.

3) 미국에서는 이러한 현물급여들의 실질 가치에 대한 많은 조사들이 있다. 대표적인 것이 'Food Stamp' 프로그램으로, 저소득층에게 현금 대신 식료품만을 구입할 수 있는 '쿠폰'을 주어, 사람들이 이 '쿠폰'으로 식료품을 구입하게 한다. 그래서 많은 사람들이 이 '쿠폰'으로 식료품 이외의 다른 재화나 서비스를 구입하는데 이때 암시장에서 사용하는 용도에 따라 공정가격(?)이 형성되어 있다. 예를 들면, 이 '쿠폰'으로 술을 구입하는 경우 가격(?)은 낮아지고, 심지어는 도박장이나 사창가에서도 사용되는데 이때는 더욱 낮아진다. 물론 이 '쿠폰'을 직접 현금으로 바꿀 때 가장 낮은 가격이 형성된다.

율적으로 배분한다고 할 수 있다.

이렇게 현물로 급여하면 수급자뿐만 아니라 사회 전체적으로도 손실이 큰데 왜 사회복지정책들은 현물이나 서비스로 급여를 하는가? 왜 수급자들에게 현금으로 급여하여 수급자들이 시장에서 이러한 현물이나 서비스를 구입하게 하지 않는가? 가장 중요하고 현실적인 이유는, 현물이나 서비스를 제공하는 집단들이 원하기 때문이다. 그래서 음식물의 경우 농산물업자, 주택의 경우 건설업자, 의료서비스의 경우 의료전문가 집단, 교육서비스의 경우 선생 집단들이 자신들의 이익을 위하여, 이러한 정책을 관리하는 관료들과, 표를 원하는 정치가와 이른바 '철의 삼각관계(iron triangle)'를 형성하여 이러한 정책들을 추진하는 것이다.

현물이나 서비스의 형태로 급여를 하는 또 하나의 이유는, 현금으로 급여할 때 수급자들이 이 돈으로 '합리적'으로 재화나 서비스를 선택하지 못한다고 보는데 있다. 현금급여를 통하여 수급자들의 효용을 극대화할 수 있는 것은 수급자들이 '합리적 선택'을 할 때만 성립하는데, 만일 수급자들이 이러한 '합리적 선택'을 못한다고 보면 현물이나 서비스의 형태로 급여하는 것이 바람직하다는 것이다.

무엇이 '합리적 선택'이냐에 대하여는 논란이 많을 수 있지만, 국가의 '보호자주의(paternalism)'－즉 '무지한' 일반 국민들에게 선택권을 주는 것보다 국가가 보호자로서 국민들을 위하여(?) 선택하는 것이 바람직하다는 입장－관점에서는, 수급자들의 '비합리적' 선택을 방지하기 위하여 현물이나 서비스로 급여하는 것이 국가 전체로 볼 때 바람직하다는 것이다[4](자세한 것은 16장을 참조).

또한 현물이나 서비스로 급여하는 것들은 대부분 교육, 의료, 영양, 주택 등의 재화나 서비스들인데 이러한 것들은 국민들의 생활에 가장

4) 극단적 개인주의나 자유주의(libertarianism)의 관점에서는, 개인들이 자유의지로 선택하는 한, 어떤 것을 선택해도 '합리적'이라고 볼 수 있다. 이 문제는 논란이 있을 수 있는데, 예를 들면, 지능이 낮은 사람들은 자신들에게 무엇이 좋은지를 합리적으로 판단하는 것이 어렵다고 하겠다.

기본적일 뿐만 아니라 수급자들의 인적자본을 향상시켜 생산성을 높일 수 있다. 따라서 이러한 것들이 현물로 급여하여 수급자들의 효용을 감소시키고 따라서 불필요하게 많이 사용하는 즉 사회적 자원의 낭비를 가져온다 하더라도, 이렇게 사회적으로 바람직한 쪽으로 사용되는 낭비는 어느 정도 감수할 수 있다. 특히 이러한 재화나 서비스를 통하여 긍정적인 외부효과가 많이 발생하게 되면, 장기적으로 볼 때 국가전체의 이득이 증가할 수 있기 때문에, 이렇게 현물이나 서비스로 제공함으로써 발생하는 소비자 선택의 왜곡으로 인한 비효율의 문제는 그렇게 심각한 것은 아니라고 볼 수 있다.

5) 가족구조의 변화

사회복지정책이 국가경제에 해를 줄 수 있는 또 하나의 기제는 사회복지정책 때문에 가족구조의 변화가 발생하여 생산활동에 참여할 수 있는 사람들의 숫자를 줄이는 반면에, 사회복지수급자의 숫자는 크게 늘릴 수 있다는 점이다. 오늘날 서구복지국가들에서 가족 구조가 변한 것은 사실이다. 그래서 노인 단독가구나 여성세대주 가구가 크게 늘어났는데, 이러한 가구들은 성격상 노동시장에 참여할 가능성은 적은 반면에, 빈곤할 가능성이 크기 때문에 사회복지 수급자가 될 가능성이 큰 것도 사실이다.

예를 들면, 오늘날 서구복지국가들에서는 65세 이상의 노인들 가운데 80~90%가 노인단독가구에서 살고 있다(OECD, 1994). 또한 아동을 키우는 여성세대주가구도 크게 증가하여, 미국의 경우 1960년에는 이러한 가구가 전체가구의 9.3%를 차지하던 것이, 1986년에는 16.2%로 증가하였고(Sawhill, 1989), 영국의 경우도 1970년에는 8%이던 것이, 1984년에는 13%로 증가하였다.

그렇다면 사회복지정책이 이러한 노인이나 여성세대주가구의 증가를 발생시켰는가? 이 문제에 답하기 위하여는 먼저 가족구조의 변화를 발생시킬 수 있는 요인들을 이론적인 측면에서 논의할 필요가 있다.

가족구조의 변화는 크게 보면 사회적 요인과 경제적 요인에 영향을 받을 수 있다. 가족구조의 변화를 경제적 요인으로 설명하는 핵심논리는 가족구성원들의 경제적 상황의 변화로 인하여 효용을 극대화할 수 있는 행위가 변화할 수 있다는 점이다(Becker, 1981). 사회복지정책은 대개 수급자들의 경제적 상황의 변화를 가져오기 때문에, 먼저 이러한 경제적 요인에 관한 이론적 배경을 검토하는 것이 중요하다.

가족 구성원들의 소득이 변화하였을 때 그들이 그 가구를 떠나거나 혹은 남거나 하는 결정은 경제학 이론에서는 흔히 소득효과(income effect)와 독립효과(independent effect)로 설명한다. 예를 들면, '맞벌이 부부'처럼 부부가 모두 소득이 있을 때, 성인 자녀가 소득이 있을 때, 혹은 노인이 국가로부터 사회복지급여를 받을 때, 부부가 이혼하거나, 성인자녀가 부모를 떠나거나, 노인이 자식들을 떠나거나 하여 독립가구를 구성할지에 관한 결정이다.

여기서 소득효과라 함은 가족 구성원 가운데 어떤 사람이 소득을 가져 기존의 가족소득이 늘어나게 되어 가족전체의 생활수준(소비수준)의 향상으로 가족 구성원들의 효용(만족)이 증가하여 가구의 결속이 강해질 수 있는 효과를 말한다. 예를 들어, '맞벌이 부부'의 경우, 남편(부인)이 혼자 벌었을 경우 소득이 낮아 생활하는데 많은 경제적 어려움이 생겨 여기서 부부간의 갈등이 초래하였는데 이제 부인이 일을 해서 소득이 생겨 소비수준이 높아져 경제적 문제에서 비롯되는 갈등이 줄어 부부관계가 좋아지는 것이다. 실제로 많은 국가들에서 이혼의 가장 중요한 이유 중의 하나는 경제적 문제와 관련된 부부간의 갈등 때문이다.

반면에 독립효과는 새롭게 소득을 가진 가족구성원이 이제는 더 이상 기존의 가구원 소득에 의존하지 않고 독립적으로 살 수 있기 때문에 그 가구를 떠날 가능성을 높이는 효과를 말한다. 상기의 '맞벌이 부부'의 경우의 예에서, 부인도 소득이 발생할 경우 이제는 남편의 소득에 의존하지 않고도 살 수 있기 때문에, 지금까지 부부갈등에도 불구하고 '참고 살았던' 상황을 과감히(?) 떠날 수 있는 것이다.

'맞벌이 부부'의 경우처럼, 일반적으로 가족 구성원 가운데 어떤 사람의 소득이 새롭게 발생할 때 소득효과와 독립효과는 동시에 나타난다. 따라서 이 사람이 가구를 떠날지 여부는 소득효과와 독립효과 가운데 어느 것이 지배적이냐에 따라 달려 있어, 소득효과가 강하면 그대로 남는 것이고 독립효과가 강하면 가구를 떠나게 되는 것이다. 즉 이 사람이 가구를 떠날 것인지는 경제적 이론으로는 예측이 불가능하고, 이것은 실증적 조사에 의해서만 알 수 있는데 여기에는 경제적 요인 이외의 많은 요인들이 관련되어 있어(생활양식의 변화, 결혼관의 차이 등), 단순한 경제적 상황의 변화가 가족구조의 변화에 어떠한 영향을 주는지는 불확실하다.

사회복지정책을 통하여 가족 구성원들의 소득도 변한다. 이때 사회복지급여를 받는 가족구성원이 가구를 떠날지의 여부는 사회복지정책의 형태에 따라 다를 수 있다. 일반적으로 사회보험유형의 프로그램들은 가족구조의 형태와 상관없이 급여를 하는데 이때는 소득효과와 독립효과가 동시에 나타난다. 예를 들면, 자식들과 같이 사는 노인의 경우도 국민연금으로부터 소득이 발생하는데, 이때 한편으로는 가구전체의 소득의 증가로 생활수준의 향상으로 인한 가족결속이 강해지는 소득효과가 나타나는 반면, 다른 한편으로는 이제는 자식들에게 의존하지 않고서도 어느 정도 살 수 있기 때문에 독립해서 단독가구를 형성하는 독립효과도 발생하는 것이다. 따라서 국민연금 때문에 노인들이 얼마나 독립적으로 노인세대 가구를 형성하여 살아가는지를 알기 위하여는 실증적 조사가 필요하다.

반면에 특정한 가족형태에만 급여를 하는 이른바 범주적 공공부조(categorial public assistance) 유형들은 독립효과가 강하게 나타날 수 있어 독립가구를 형성할 가능성을 높인다. 대표적인 것이, 아동을 키우는 여성세대주에게만 급여하는 공공부조 혹은 우리의 국민기초생활보장처럼 자식들과 완전히 독립해서 사는(실질적으로 자식들이 완전히 부양하지 않는) 노인들에게만 급여하는 것 등이다.

이러한 프로그램들은 속성상 수급자의 소득이 발생하여 가구전체의 소득이 증가하여 나타날 수 있는 소득효과는 나타날 수 없고, 오로지 독립효과만 나타난다. 따라서 아이를 키우는 여성세대주만 급여할 경우, 합법적인 결혼을 안한 상태에서 아이를 낳는다든지, 이혼이 증가한다든지, 재혼을 안 한다든지, 부모와 같이 살던 미혼모들이 독립한다든지 하여 아동을 키우는 여성세대주가구가 증가할 수 있는 것이다. 또한 노인의 경우, 자식들로부터 독립하여 노인세대가구를 형성하는 것이다. 문제는 이러한 사회복지정책으로 인한 독립효과가 어느 정도인가인데, 이것은 실증적인 조사에 의해서만 밝혀질 수밖에 없다.

서구복지국가들에서 사회복지정책이 확대된 것과 노인이나 여성세대주 가구가 증가한 것은 시간적으로 어느 정도 일치하는 것은 사실이다. 그렇다고 사회복지정책이 노인이나 여성세대주 가구증가에 직접적이고 가장 중요한 영향을 준 것은 아니다. 노인이나 여성 세대주 가구의 증가의 가장 중요한 이유는 산업사회 혹은 후기 산업사회의 일반적 특성, 예를 들면, 생활양식(life-style)의 변화, 남녀 평등권의 확대로 인한 여성권의 신장, 결혼, 이혼, 부모부양 등에 관한 가치관의 변화 등에서 찾아야 한다.

예를 들면, 산업사회 이전에는 유용했던 노인들의 경제적 가치가 산업사회에는 낮아져 대가족제도에서 핵가족제도로 변했다거나, 여성의 권리가 커짐에 따라 여성들의 노동시장에의 참여율이 높아져 독립해서 살 수 있는 경제적 여건이 좋아졌고, 따라서 전반적인 여성들의 사회적 지위도 높아지게 되어 이를 바탕으로 이혼에 대한 가치관도 변하게 된 것이다.

이렇게 가족구조의 변화에 사회문화적인 요인들이 중요한 영향을 줄 수 있다는 것은 사회복지가 발전한 국가들 사이에도 가족구조의 변화에서 큰 차이가 있다는 것에서 알 수 있다. 예를 들면, 서구 복지국가들 가운데서 문화적으로 가족결속을 강조하는 가톨릭 전통이 강한 프랑스나 이탈리아 등에서는 노인단독가구의 비율이 비교적 낮아 전체 노인 가운데 대략 30~40% 정도가 여전히 가족과 함께 살고 있다(미국이나 영국에는 이 비율이 대략 5% 정도이다). 또한, 유교문화의 전통이 강한 일본의 경우는 노인들의 약 50% 정도가 자식을 비롯한 혈연관계가 있는 사람들과 같이 사는 것으로 나타났다. 우리나라도 전체 노인들 가운데 대략 40% 가까이는 가족들과 같이 살고 있다.

우리의 경우 최근에 노인세대주 가구가 빠른 속도로 증가하는데, 이것의 중요한 이유는 빠른 산업화와 도시화과정에서 노인들은 농촌에 남게 되고 자식들은 도시로 떠나서 발생하는 것이지, 우리의 사회복지가 확대되었기 때문에 발생한 것은 아니다. 우리의 경우는, 설사 물리적으로 따로 살아도 물질적·정신적인 결속은 매우 강하게 유지되기 때문에 노인세대주가구의 증가의 문제는 상대적으로 덜 심각하다고 할 수 있다.

마지막으로 대부분의 서구복지국가들에서는 가족구조를 해체할 수 있는데 직접적인 영향을 주는 범주적 공공부조가 거의 없거나 비중이 매우 약하다. 이러한 국가들에서는 일정 이하의 소득이 있는 가구이면 가족구조의 형태에 상관없이 급여하기 때문에, 적어도 이론적으로 노인이나 여성이 이러한 프로그램 때문에 독립가구를 형성하는 동기가 큰 것은 아니다.

문제는 범주적 공공부조를 강조하는 미국과 같은 국가들인데, 이러한 국가들에서는 범주적 공공부조로 인한 가족구조의 변화가 어느 정도 나타날 수 있다. 대표적인 예가, 아이를 키우는 여성세대주에게 급여를 하는 AFDC프로그램인데, 실증적인 연구들에 의하면, 이 프로그램으로 여성세대주 가구가 불필요하게 어느 정도 증가한 것처럼 보인다. 특히 미혼모가 대거 독립가구를 형성하는 것이 가장 커 전체 여성세대주 가구의 증가의 대략 3/4을 차지한다(Bane and Ellwood, 1984). 이러한 이유로 최근 미국에서는 복지개혁의 일환으로 AFDC를 없애고, TANF(Temporary Assistance to Needed Families)로 대체하면서 여성세대주가구의 증가를 막고자 하였다.

지금까지의 논의로 볼 때, 사회복지정책이 가족구조의 변화에 영향을 줄 수 있는 것은 국가에 따라, 사회복지제도에 따라, 혹은 다양한 사회·문화적인 요인에 따라 다르기 때문에, 그것의 영향이 어느 정도인가는 단정적으로 말하기 어렵다.

설사 특정한 사회복지정책으로 노인이나 여성세대주 가구가 어느 정도 증가한다 하더라도, 이 자체로 국가경제에 크게 해를 주는 것은 아니다. 왜냐하면 노인이나 여성세대주들의 노동시장참여를 필요로 한다면, 국가가 다른 사회복지정책으로 이들의 노동시장참여를 유도할 수 있기 때문이다. 예를 들면, 스웨덴의 경우처럼 다양한 사회복지정책(노동시장정책, 탁아서비스, 남편에게도 주어지는 육아수당, 너그러운 질병수당 등)으로 노인이나 여성세대주들의 노동시장 참여율을 높일 수 있는 것이다.

6) 지하경제의 확대

사회복지정책이 확대되면 일반조세나 사회보장성조세의 부담이 증가하기 마련이다. 조세부담이 증가하게 되면 사용자, 피고용자, 자영업자, 자본소득자 등 모두가 소득신고를 안 하거나 혹은 과소보고할 동기가 커지게 되어 그만큼 지하경제의 규모가 커질 가능성이 있다. 특히 사용자의 경우 피고용자를 위한 사회보장세를 부담해야 되기 때문에, 사회보장세를 부담해야 하는 정규직 근로자들보다는 이러한 부담이 없거나 상대적으로 적은 혹은 임금명부에도 아예 없는 비정규직 근로자를 고용하려는 동기가 커질 수 있다.

이렇게 지하경제가 커지게 되면 사회적 자원은 탈세가 용이하거나 사회보장세 부담이 없는 부문으로 집중될 수 있어 결국 사회전체의 자원의 배분이 비효율적으로 이루어져 결국 국가경제에 해가 될 수 있는 것이다. 또한 지하경제가 커지게 되면, 즉 많은 사람들이 세금을 제대로 안 내게 되면, 지금까지 정직하게 세금을 납부하는 사람들도 조세를 안 내려 하는 조세저항이 커지게 되고, 이렇게 되면 조세수입을 늘리는 데 큰 어려움에 부딪히게 되어 결국 경제성장을 위한 투자가 어렵게 되어 경제에 해를 주게 되는 것이다.

사회복지의 확대로 인한 조세부담의 증가로 사람들의 탈세동기가 커지는 것은 어느 정도 사실이라 하더라도, 실증적인 자료들에 따르면, 사회복지의 확대가 직접적으로 지하경제를 늘렸다는 주장은 무리가 있다. 가장 중요한 이유는, 한 나라의 지하경제의 규모는 조세체계, 소득파악의 정도, 국민들 사이의 연대감의 정도, 조세에 대한 가치관 등의 다양한 요인들에서 결정되기 때문이다. 예를 들어, 아무리 탈세할 동기가 크다 하더라도 사람들의 소득파악이 정확히 되어 있는 나라에서는 실제로 행동에 옮기기가 어려운 것이다.

이러한 이유로 서구 복지국가들 가운데 사회복지를 위한 조세부담이 큰 국가라 해서 지하경제의 규모가 큰 것은 아니다. 예를 들면, 복지선진국인 스웨덴은 GDP의 12% 정도이고 독일, 프랑스, 영국 등은 10~12% 정도이다(Schneider, 2012). 반면에 사회복지를 위한 조세부담이 매우 낮은 우리나라의 경우 GDP의 20~25%로 추정하고 있다(LG경제연구원, 2012).

제 11 장

필요(need): 사회적 적절성

사회복지정책이 추구하는 또 하나의 목표(가치)는 사람들이 갖고 있는 필요(need)의 해결이다. 9장에서 논의했듯이, 사회복지정책은 본질적으로 볼 때 평등이라는 가치를 구현하는 것을 목표로 한다. 그런데 사회복지정책을 통하여 평등의 가치를 이룬다는 것은 너무 광범위하고 모호하여 논란이 많다. 그래서 어떤 사람들은 사회복지정책이 평등의 가치를 구현한다는 것이 비현실적이라고 비판하면서, 범위를 좁혀 사회복지정책은 사람들의 필요의 해결을 목표로 하는 것이 더 현실적이라고 주장한다.

1장의 사회복지정책의 정의에서 논의했듯이, 사회복지정책은 기본적으로 시장 기제를 통하여 일차적으로 결정된 재화나 서비스의 배분 상태를 재분배하는 것을 목표로 한다. 그렇다고 해서 사회복지정책이 시장에서 결정되는 모든 재화나 서비스의 재분배에 관여하는 것은 아니다. 다른 말로 표현하면, 사회복지정책이 평등의 가치를 추구한다고 해서 모든 재화나 서비스를 사람들에게 평등하게 재분배하는 것은 아니다. 현실세계의 사회복지정책은 대부분의 사람들이 살아가는 데 기본적(?)으로 필요한 재화나 서비스의 재분배에 관여할 뿐이다. 여기서 중요한 개념이 무엇이 기본적 필요(basic need)이냐는 것이다. 그래서 필요라는 가치에 대한 논의가 중요하다.

일반적으로 시장에서의 자원의 배분은 사람들이 '원하는 것(want)' 혹은 '바라는 것(desire)'을 만족시키는 과정에서 이루어진다. 예를 들어, 대부분의 사람들이 배보다 사과를 더 원하면 시장에서는 사과가 배보다 더 많이 배분된다.

반면에 사회복지정책을 통한 자원의 배분은 사람들이 원하거나 혹은 바라는 것에 따라 이루어지기보다는 사람들의 필요에 따라 이루어지는 성격이 강하다. 따라서 특정한 재화나 서비스가 시장 기제가 아니라 사회복지정책을 통하여 배분되어야만 하는 이유는, 다른 말로 이야기하면 사회복지정책이 필요한 이유는, 사람들의 필요를 만족시키는 것이 단순히 사람들이 원하는 것 혹은 바라는 것을 만족시키는 것보다 더 중요할 수 있다는 데 있다.

이 장에서는 먼저 필요와 '바라는 것' 혹은 '원하는 것'과의 차이를 분석하면서 필요의 속성에 대해 논의한다. 이어서 필요의 다양한 차원들, 즉 어떠한 필요들이 있는지를 논의하고, 마지막으로 누구의 필요를 해결해야만 하는지에 대해 서술한다.

1. 필요(need)란 무엇인가?

필요라는 개념을 명확히 이해하기 위해서는 필요와 유사한 개념인 '원하는 것(want)'이나 '바라는 것(desire)'과의 차이를 분석하는 것이 중요하다. 이것은 크게 다음의 일곱 가지 관점에서 논의할 수 있다 (Goodin, 1988).

첫째, 필요가 '원하는 것'과 개념적으로 다를 뿐만 아니라 필요를 해결하는 것이 '원하는 것'을 만족시키는 것보다 더 중요할 수 있다는 논리적 근거는 필요의 해결을 통하여 사람들이 단순히 '원하는 것'을 만족시키는 것보다 더 높은 목표를 달성할 수 있다는 것이다. 다른 말로 이야기하면, 필요를 해결하는 것이 '원하는 것'을 만족시키는 것보다

'객관적'으로 더 가치가 있기 때문이다.

일반적으로 시장 기제에서의 자원의 배분은 사람들이 '주관적'으로 (subjectively) 원하기 때문에 이루어지는데, 이때 분배되는 자원들이 실제로 그 사람들에게 '객관적'인 의미에서 가치가 있는 만족을 주는지는 불확실하다. 예를 들면, 환자가 술을 원한다 하여 시장에서 술을 구입하게 하는 것이 그 사람에게 '객관적'인 의미에서 가치가 있는 것은 아니다. 이 경우에도 자유지상주의자들(libertarian)은 본인의 자발적인 선택이라는 이유로 가치가 있다고 주장하지만, 대부분의 사람들은 이러한 행위는 가치가 없는 '만족'이라고 생각한다.

반면에 필요의 해결은 객관적으로 볼 때 더 가치가 있다. 예를 들면, 음식을 필요로 하는 배고픈 사람들이 음식을 소비하거나 병든 사람들이 의료서비스를 받는 것은 상기의 예의 경우보다 확실히 객관적으로 더 가치가 있는 것이다. 여기서 논란이 되는 것은 어떠한 상태에서 어떠한 재화나 서비스를 얼마나 제공하는 것이 사람들의 필요를 해결하는 것이냐는 문제이다. 즉, 어떤 필요가 필요로 인정되는가의 문제이다 (이것은 뒤에서 자세히 논의한다).

특히 오늘날과 같은 복잡한 산업사회(후기산업사회?)에서는 시장에서 재화나 서비스를 선택할 때 정보가 더욱 중요하며 많은 경우 충분한 정보 없이 재화나 서비스를 선택하는 경향이 있기 때문에, 사람들이 주관적으로 원하는 대로 자원을 배분할 경우 사람들의 진정한 복지를 이룰 가능성이 더욱 작아진다. 오늘날 대부분의 국가들에서 시장에서 소비자들이 비합리적(?)인 재화나 서비스를 선택하는 것을 막기 위한 정부 기구를 만드는 것은 이러한 이유 때문이다. 필요를 바탕으로 하는 자원의 배분이 '원하는 것'에 의한 배분보다 갈수록 더욱 중요해지는 것이다.

둘째, 필요의 해결이 '원하는 것'의 만족보다 중요할 수 있는 또 하나의 이유는 다음의 논리로 설명할 수 있다. 사람들이 '원하는 것'을 만족시키고자 하는 것이 주관적인 어떤 편익(benefit)을 얻기 위한 것이라면, 필요의 해결이 기본적으로 목표로 하는 것은 사람들이 경험하고 있거나 경험할 수 있는 어떤 해악(harm)을 막거나 줄이는 것이다. 그리고 일반적으로는 해악을 막거나 줄이는 것이 편익을 얻는 것보다 사람들의 복지에 더 중요할 수 있다. 다른 말로 이야기하면, 어떤 것들이 더 나빠지는 것을 막는 것은 더 좋게 만드는 것보다 중요하다.

예를 들어, 사람들이 골프를 치기를 원할 때 골프를 치면 즐거움이나 건강이라는 편익을 얻을 수 있으나 골프를 못 친다고 해서 대부분의 사람들에게 커다란 해악을 입히는 것은 아니다(사업상 골프를 치는 사람들이나 골프를 못 치면 병이 나는 사람들을 제외하고). 반면에 음식을 필요로 하는 아사 직전의 사람들에게 음식을 제공하는 것은 제공하지 않았을 경우에 발생할 수 있는 커다란 해악을 막을 수 있는 것이다.

이러한 주장은 이른바 '한계효용체감의 법칙(law of diminishing marginal utility)'에 의하여 설명될 수 있다. 한계효용체감의 법칙이란 재화를 더 많이 가지면 가질수록 그로부터 발생하는 효용은 점차 줄어든다는 것이다. 이 법칙에 따르면 사람들이 어떤 재화를 새롭게 얻음으로써 발생하는 편익(효용)의 증가는 사람들이 기존에 가지고 있던 재화를 잃게 됨으로써 사라지는 손실보다 작다.

예를 들면, 월 300만원으로 생활하고 있는 가족이 50만원의 소득이 줄었을 때 발생할 수 있는 생활의 불편함(해악)은, 50만원의 소득이 증가하여 350만원으로 생활하게 됨으로써 얻는 편익(효용)보다 큰 것이다.

셋째, 필요를 해결하는 것이 단순히 '원하는 것'을 만족시키는 것보다 이른바 '상대적 긴급성'의 측면에서 볼 때 더 빨리 해결해야 할 필요가 있다. 여기서 상대적으로 긴급하다는 것의 의미는 필요나 '원하는 것'이 늦게 해결될 경우 그 가치가 크게 줄어들거나 아예 없어질 수 있다는 것을 말한다. 반면에 긴급하지 않다는 것은 해결이 늦게 이루어지더라도 그 가치가 별로 감소하지 않거나 단순히 연기될 뿐이라는 것을 의미한다.

전자의 예로는 아사 직전의 사람에게 음식을 제공하거나 긴급한 수

술을 필요로 하는 사람에게 의료서비스를 제공하는 것 등이 있다. 이 경우 음식이나 의료서비스가 늦게 제공되면 그것의 가치는 거의 없어지게 된다. 반면에 후자의 예로는 여유 있는 사람들이 자신들이 원하는 다양한 취미활동을 하는 것을 들 수 있다. 이러한 것들은 늦게 이루어지더라도 그 가치가 크게 줄어들지 않는 것이다.

그런데 현실적으로 필요의 해결이 '원하는 것'의 만족보다 더 긴급한가를 판단하는 것이 쉽지 않고, 또한 그 판단을 위한 어떤 절대적인 기준이 있는 것도 아니다. 그럼에도 불구하고 일반적으로는 필요의 해결이 '원하는 것'의 만족보다 상대적인 긴급성이 크다고 볼 수 있다. 왜냐하면 필요는 대부분 생존의 문제와 더 밀접한 관계를 가지고 있고 이러한 생존에 필요한 재화나 서비스를 제공하는 것은 긴급성이 더 크기 때문이다.

넷째, 필요의 해결은 사람들이 추구하는 바람직한 목표들을 이루는 데 필요한 전제조건(precondition) 혹은 수단(instrument)이 된다는 측면에서 단순히 '원하는 것'의 만족보다 중요할 수 있다. 즉, 필요를 해결하는 것은 사회 구성원들이 원하는 목표들을 달성하는 데 필요한 '보편적이면서 필수적인 수단(universally necessary instrument)'들을 제공하는 데 반해, '원하는 것'의 만족은 일부의 사람들에게 비교적 제한적인 목표를 이루기 위한 수단에 불과할 뿐이다. 다른 말로 표현하면, 필요의 해결은 '원하는 것'의 만족에 비하여 사회에 긍정적인 외부효과(externality)를 더 많이 발생시키는 것이다.

예를 들어, 빈곤가구의 생존을 위한 필요를 해결하면 빈곤가구 자체의 복지가 높아질 뿐만 아니라 빈곤가구의 인적자본 향상으로 생산성의 증가, 건전한 시민으로서의 생활, 범죄율의 감소, 더 크게는 사회 전반의 안정 등과 같은 이웃과 사회 구성원 전체의 복지의 증가라는 목표를 이룰 수 있다. 반면에 사람들의 취미활동 등과 같은 '원하는 것'의 만족은 상대적으로 제한된 사람들에게 제한적인 목표만을 이룰 수 있는 것이다.

다섯째, 필요의 해결은 자발적인 선택의 여지가 적다는 측면에서도 '원하는 것'의 만족보다 더 우선적으로 해결할 필요가 있다. 필요는 일반적으로 '원하는 것'에 비하여 자발적인 선택의 여지가 적어 필요를 변경하기가 쉽지 않다. 예를 들어 긴급한 의료서비스에 대한 필요를 다른 필요의 해결로 대체하기는 어렵다.

반면에 사람들이 '원하는 것'을 만족시키는 데는 자발적인 선택의 여지가 커서 어떤 '원하는 것'의 만족이 이루어지지 않으면 쉽게 다른 '원하는 것'으로 변경할 수 있다. 예를 들어 테니스 치는 것이라는 '원하는 것'의 만족이 충분히 이루어지지 않는다고 판단하면 쉽게 골프라는 다른 '원하는 것'으로 대체할 수 있는 것이다.

이상의 예에서 보듯이, 사람들에게 특정한 필요가 발생하면 다른 대안이 상대적으로 적기 때문에 '원하는 것'의 만족보다 필요의 해결이 우선적으로 이루어져야 하는 것이다.

여섯째, 필요의 해결은 또한 '자율(autonomy)'이라는 측면에서도 '원하는 것'의 만족보다 중요할 수 있다. 일반적으로 사람들이 시장에서 자신들이 '원하는 것'을 만족시키는 것은 '자율적'인 거래를 통하여 이루어진다. 그런데 어떤 경우에는 이러한 '자율적'인 거래가 어려울 수 있다. 그래서 시장에서의 '자율적'인 거래가 이루어지기 위해서도 필요의 해결이 먼저 이루어져야 한다. 예를 들면, 긴급한 수술이 필요한 사람이 의사와 자율적인 거래를 할 수는 없다. 이 경우 수술이라는 필요를 먼저 해결해야만 자율적인 거래가 성립할 수 있다. 이 예에서 보듯이, 일반적으로 생존과 관련된 가장 기본적인 필요를 해결해야만 시장에서 사람들이 '원하는 것'에 대한 자율적인 거래가 가능해지는 것이다.

마지막으로, 필요의 해결이 단순히 '원하는 것'을 만족시키는 것보다 대부분의 사람들에 의해 우선적으로 받아들여진다는 점이 있다. 지금까지의 논의에서는 필요의 해결이 '원하는 것'의 만족보다 더 가치가 있다는 점을 강조하였다. 그러나 다원화된 가치가 존재하는 사회에서는 사실 어느 것이 더 가치 있는지가 논란이 될 수 있다. 그럼에도 불구하고, 필요의 해결이 '원하는 것'의 만족보다 사람들의 가치체계에서 상대적으로 논란이 적다고 볼 수 있다. 사람들의 생존과 관련된 기본적인 필요를 해결해야 한다는 것에 반대하는 가치관을 갖고 있는 사람들은 많지 않을 것이다.

2. 필요의 차원

지금까지 필요가 '원하는 것'과 어떠한 차이가 있는지를 개념적으로 논의하였다. 그런데 이러한 개념적인 논의만으로는 필요가 구체적으로 무엇인지를 밝히기에는 부족함이 있다. 필요의 범위는 넓고 모호하다. 그래서 어떠한 필요를 필요로서 인정하느냐는 것은 사람에 따라, 시대에 따라, 국가에 따라 다르다. 예를 들면, 오늘날 우리나라에서 거의 모든 사람들이 사용하고 있는 휴대전화는 우리나라에서는 필요한 재화로 인정받는다. 그러나 우리나라에서도 불과 20년 전만 해도 휴대전화는 필요로 인정되지 않았고, 오늘날에도 개발도상국들에서는 필요한 재화로 인정받지 못하고 있다. 또한 오늘날의 우리나라에서도 어떤 사람들은 휴대전화를 필요로 인정하지 않는다. 지금부터는 필요가 구체적으로 무엇인지를 알기 위하여 필요의 다양한 차원(형태)들을 논의하고자 한다.

1) 육체적 생존에의 필요 : 절대적 필요

육체적 생존에의 필요는 필요의 차원들 가운데 가장 기본적이라 할 수 있는 것으로서, 어느 사회에서나 대부분의 사람들이 이러한 필요를 인정하고 또한 역사적으로 볼 때도 가장 먼저 필요로 인정되었다. 20세기에 복지국가들이 등장하기 이전에는 모든 국가들의 사회복지정책(구빈법)들은 필요의 기준을 이러한 육체적 생존에 필요한 최소한의 수준으로 결정하였다. 또한 오늘날에도 사회복지가 발달하지 못한 대부분의 국가들에서의 필요의 기준은 육체적 생존에의 필요이다.

예를 들면, 오늘날 미국에서 빈곤율 계산이나 빈곤정책의 수급자 선정에 공식적으로 사용하고 있는 빈곤선(poverty line)은 기본적으로 육체적 생존에 필요한 최소한의 칼로리량을 정한 후 이를 달성하기 위해 필요한 음식비를 산출하고 그 값에 3을 곱하여 만들어진다(3을 곱하는 것은 빈곤선을 만든 1964년에 미국인들이 평균적으로 자신들의 소득의 1/3을 음식비에 사용한다는 것을 근거로 한다).

또한 우리나라에서 국민기초생활보장제도의 자격과 급여수준을 결정하는 데 기준이 되는 최저생계비도 기본적으로 육체적 생존에의 필요만을 고려한 것이라 할 수 있다. 우리의 최저생계비는 이른바 '전물량방식(market basket method)'이라 하여 우리나라 사람들이 살아가는 데 필요한 모든 '필수품'을 결정한 후 그것들의 최저수준을 정하고 이를 가격으로 계산한 값의 총합계로 결정한다.

우리나라 최저생계비의 경우 몇 년에 한 번씩(대략 3년) '필수품'으로 인정되는 항목들이 바뀌는데, 이것은 시대의 변화에 따라 '필수품'으로 인정되는 항목들이 변하기 때문이다. 예를 들면 2007년도 최저생계비의 산출에서는 인터넷 요금도 포함되었다. 이렇게 시대의 변화에 따라 '필수품'의 항목이 바뀌는 것은 후술할 상대적 필요의 개념을 어느 정도 반영한 것이라 할 수 있다. 그럼에도 불구하고, 전체적으로 볼 때 우리의 최저생계비는 육체적 생존에 필요한 절대적 필요에 근거한 것이라 할 수 있다.

2) 상징적인 필요

육체적 생존에의 필요는 단지 물질적인 측면만을 고려하고 심리적, 정신적, 상징적인 측면은 무시한다. 그런데 물질적인 것들은 많은 경우에 상징적인 의미를 갖고 있다. 그래서 어떤 경우에는 물질적인 것들이 갖고 있는 상징적인 의미가 물질적 가치보다 더 중요할 수 있다.

예를 들어, 음식이 갖고 있는 상징적인 의미를 몇 가지만 논의해 보기로 하자. 음식을 섭취하는 것은 육체적 생존에 필요한 칼로리를 높이는 기능만을 하는 것은 아니다. 음식에는 소속감, 사회적 지위, 정신적 의미 등의 상징적인 측면이 내포되어 있다(Stone, 1988).

먼저 대다수의 사람들과 같은 음식을 먹는다는 것은 소속감을 높이는 상징적인 의미를 갖는다. 예를 들어, 대다수의 학생들이 점심시간에 학교급식을 먹는데 일부 학생들은 급식을 먹지 못할 때, 이 학생들은 물질적인 필요뿐만 아니라 이 학교에의 소속감이라는 상징적인 필요가 해결되지 않는 것이다. 최근 우리 사회에서 모든 학생들을 대상으로 무료급식을 하자는 주장의 주요 논리 가운데 하나는 무료급식이 갖고 있는 상징적인 의미 때문이다.

음식은 또한 사회적 지위(social status)를 상징적으로 나타낸다. 일반적으로 자본주의 사회에서 잘 사는 계층의 사람들의 음식과 관련된 행위들(음식의 형태, 외식 장소와 빈도 등)은 못 사는 계층의 사람들의 그것과는 다르다. 예를 들면, 오늘날 우리나라에서 잘 사는 사람들은 고급 일식집에서 생선회를 즐겨 먹는 반면에 못 사는 사람들은 허름한 음식점에서 삼겹살을 먹는다. 여기서 중요한 것은 생선회와 삼겹살의 물질적인 측면, 즉 영양학적으로 어느 것이 더 우수하냐가 아니라, 상징적인 의미에서 차이가 있다는 점이다. 다른 말로 이야기하면 여기서의 필요는 생물학적인 필요성(biological necessity)에서 나오는 것이 아니라 '사회적 필요성(social necessity)'에서 나오는 것이다.

음식은 또한 종교적, 문화적인 의식(ritual)에서 중요한 의미를 갖는다. 서로 다른 문화를 갖고 있는 사회에서는 음식이 서로 다른 의미를 갖는다. 예를 들면, 한국에서는 개고기를 음식으로 여기지만 미국에서는 개고기가 아무리 영양학적으로 우수하다 할지라도 음식이 아닌 것이다. 또한 힌두교도들에게는 쇠고기가 음식이 아니고, 유태인들에게는 돼지고기가 음식이 아니다. 즉, 종교적 혹은 문화적인 차이에서 기인한 필요의 차이가 인정되어야 하는 것이다.

지금까지 음식을 예로 들어 물질적인 것들의 상징적인 의미를 이야기했지만, 음식 이외에도 '육체적 생존'에 필요한 많은 것들이 대부분 상징적인 의미를 가지고 있기 때문에 모든 물질적인 것들의 상징적인 의미를 고려하여 필요를 파악하는 것은 현실적으로 어렵다. 그래서 사회복지가 발전된 국가들에서는 물질적인 필요들이 갖는 상징적인 의미를 고려한 상대적 필요(relative need)의 개념을 사용하여 사회복지정책에 반영한다.

3) 상대적 필요

'인간은 사회적 동물이다'라는 말이 있다. 이것이 의미하는 것은 사람들은 다른 사람들과 어울려 살면서 자연스럽게 서로를 비교한다는 것이다. 사람들은 자신들이 살아가는 모습만 보는 게 아니라 다른 사람들의 사는 모습도 보게 되고 자연스럽게 서로의 살아가는 모습을 비교하게 된다. 여기서 대부분의 사람들이 살아가는 생활수준이 자신들의 그것과 다를 때 어떤 상대적 필요가 발생한다.

예를 들면, 오늘날의 우리 사회에서는 대부분의 사람들이 휴대전화를 사용하고 있기 때문에 휴대전화를 사용하고 있지 못한 사람들은 휴대전화에 대한 상대적 필요가 충족되지 않는 것이다.

상대적 필요는 어떻게 결정되는가? 일반적으로 상대적 필요는 사람들이 살아가는 특정 사회의 생활수준, 관습, 규범, 사회적 기준 등에 의하여 결정된다고 할 수 있다. 그래서 상대적 필요는 동일 시대, 동일 사회에서 다른 사람들과의 비교를 통해서만 나타난다고 할 수 있다.

예를 들어, 상대적 필요를 충족시키지 못하는 상태를 '빈곤'한 것으로 볼 때, 한국에서 '빈곤'하지 않은 사람들도 스웨덴에서는 '빈곤'한 것으로 여겨지거나, 한국에서 '빈곤'한 사람들도 인도에서는 '빈곤'하지 않은 것으로 판단될 수 있다. 또한 30년 전 우리나라에서 '빈곤'하지 않은 사람들은 오늘날의 상대적 필요의 기준으로 볼 때 대부분 '빈곤'한 것으로 여겨질 수 있다.

상대적 필요의 수준은 어느 정도인가? 이것은 국가에 따라, 시대에 따라 다르지만 일반적으로 사회의 전반적인 생활수준이 올라가면 상대적 필요의 수준도 올라갈 수밖에 없다. 오늘날 발전된 복지국가들에서는 상대적 필요를 충족시키지 못한 상태를 '빈곤'으로 여기는 상대적 빈곤을 사용한다. 이 때 주로 상대적 빈곤을 측정하는 방법은 그 사회의 평균소득 혹은 중위소득의 몇 %(흔히들 50% 혹은 60%)를 상대적 빈곤선으로 결정하는 것이다. 여기서 평균소득이나 중위소득이 올라가면 상대적 빈곤선의 수준도 높아지게 된다. 이렇게 볼 때 소득불평등이 존재하는 한, 상대적 빈곤의 상태에 있는 사람들은 일정 비율로 항상 존재할 수밖에 없다.

반면에 앞에서 논의한 절대적 필요를 기준으로 하는 절대적 빈곤은 지속적이고 높은 경제성장으로 사회의 전반적인 생활수준이 높아지면 계속 줄어들 수밖에 없다. 왜냐하면 절대적 빈곤은 문자 그대로 전반적인 생활수준과 무관하게 절대적으로 결정되기 때문이다.

두 가지 예를 보자. 한 조사에 의하면 1966년에 우리나라 사람들의 약 50%가 절대적 빈곤의 상태에 있었는데 1992년에는 이 수치가 약 1%로 줄었다(김태성, 1995). 그 이유는 그 기간 동안의 지속적이고 높은 경제성장율(연평균 8%)로 우리나라 사람들의 전반적인 생활수준이 높아졌기 때문이다.

우리나라 국민기초생활보장제도의 수급자 선정기준인 최저생계비는 앞에서 논의했듯이 본질적으로 볼 때 절대적 빈곤의 개념을 반영하여 산출되었다고 볼 수 있다. 이 수준은 2000년에는 근로자 가구 평균소득의 47.5%였는데 이후 계속 줄어 2008년에는 37.4%에 불과하다.

이러한 이유 등으로 오늘날 발전된 복지국가들에서는 사회복지정책의 수급자 선정, 급여액 산정 등에서 대부분 상대적 필요를 기준으로 한다. 또한 선진산업국가들 사이의 빈곤율 비교 등에도 상대적 빈곤을 사용한다(예, 룩셈부르크 소득조사). 예를 들면, 가난한 사람들에게 주는 급여액을 산정할 때 근로자들의 평균임금을 고려하여 평균임금이 올라가면 급여액도 상향조정한다. 또한 장애연금의 경우 수급자를 선정하는 데 있어 육체적인 장애 여부만을 고려하는 것이 아니라 그 지역 사회의 평균임금을 받지 못하는 경우도 수급자 자격이 있다고 판단하는 것이다.

4) 직접적 필요와 도구적 필요

사람들이 충족하기를 원하는 대부분의 필요들은 직접적인 만족을 위한 것들이다. 예를 들면, 사람들은 맛있는 음식을 먹거나 아름다운 옷을 입음으로써 직접적으로 만족한다. 반면에 어떤 필요들은 직접적인 만족보다는 보다 큰 목표들을 위한 수단으로서 충족되기를 원한다.

대표적인 예가 교육에의 필요이다. 오늘날 대부분의 사람들이 교육이라는 필요를 충족시키고자 하는 이유는 교육 그 자체를 통한 직접적인 만족의 증대에 있다기보다는, 교육을 받음으로써 다른 목표들, 예를 들면 좋은 일자리를 차지하는 것, 좋은(?) 배우자를 만나는 것 등의 목표들을 좀더 쉽게 이룰 수 있다고 생각하기 때문이다.

롤즈(Rawls)는 이러한 필요를 도구적 필요(instrumental needs)라 하여 직접적 필요와 구분한다. 그는 또한 이러한 도구적 필요를 해결할 수 있는 재화들을 사회적 일차적 재화(social primary goods)라 하고 이러한 재화들이 제공되어야만 사람들이 보다 높은 목표들을 이룰 수 있다고 강조한다(Rawls, 1972).

도구적 필요의 개념은 필요의 형태와 범위를 크게 확대할 수 있다. 특히 도구적 필요는 미래에 발생할 수 있는 필요(future needs)를 미리 예방할 수 있다는 점에서 중요하다. 예를 들면, 아동이 있는 저소득 가구들에게 현금이나 각종 사회복지서비스(미국의 경우 Head Start, 우리나라의 경우 희망스타트 등)를 제공함으로써 이들이 성인이 되어 노동시장에서 경쟁할 때 불이익이 없도록 하면 미래에 발생할 필요를 줄일 수 있는 것이다.

5) 공동체적 필요

사람들은 다른 사람들과 어울려 살아간다. 그래서 인간관계(human relationship)가 중요한데, 여기서 여러 가지의 필요가 발생한다. 구체적으로는, 사람들은 인간관계에서 발생하는 소속감(a sense of belongings), 연대감(solidarity), 우정, 사랑, 존엄성(dignity) 등의 필요를 갖는다.

이렇게 하나의 공동체 안에서 살아가면서 발생하는 공동체적 필요(communal needs)는 육체적 생존에의 필요보다 높은 차원의 필요라 할 수 있고 어떤 사회에서는 이러한 필요가 더 중요할 수 있다. 오늘날 선진산업국가들에서는 육체적 생존에의 필요는 대부분의 사람들의 경우 해결되었다고 볼 수 있다. 그래서 이러한 사회에서는 이른바 '사회적 배제'라는 용어를 사용하면서 공동체적 필요의 중요성을 강조한다. 여기서 사회적으로 배제되었다는 것은 공동체의 구성원이 되지 못한다는 것을 의미하기 때문이다.

공동체적 필요의 중요성은 많은 연구들에 의하여 뒷받침되고 있다. 예를 들면, 홍수로 인하여 자신들이 살던 지역을 떠난 사람들은 자신들의 재산을 잃은 것보다 이웃과의 공동체적 생활에서 가졌던 '관계'를 잃은 것을 더 아쉬워한다고 한다(Erikson, 1976). 또한 직장에 다니다가 실업이 되었을 때 사람들이 느끼는 상실감에는 일을 못해서 소득이 줄어든 것보다 일을 하면서 직장동료들과 가졌던 소속감, 연대감, 존엄성 등을 상실한 것이 더 중요할 수 있다는 것이다(Terkel, 1974). 최근에 우리나라에서도 이른바 '연평도 사건'으로 연평도에 사는 주민들이 육지로 대거 이주하였는데, 이 경우에도 이 사람들이 지금까지 갖고 있었던 '공동체적 삶'의 상실이 '육체적 삶'의 고통보다 크다고 한다.

공동체적 필요는 대부분 심리적인 측면에서 결정되기 때문에 물질적인 기준으로 측정하기가 어렵다. 그래서 현실적인 정책의 측면에서 이러한 필요가 어떻게 해결되어야 할지에 대해서는 많은 논란이 있을 수밖에 없다. 그럼에도 불구하고, 공동체적 필요를 해결할 노력이 필요하다.

예를 들면, 오늘날 많은 국가들에서는 환경평가보고서(environmental impact statement) 제도를 통하여, 어떤 정책들(고속도로 건설, 댐 건설, 철도 건설 등)이 어떤 지역의 사람들에게 줄 수 있는 물질적, 생물학적, 경제적인 해를 평가하여 이러한 해가 크다고 판단되면 정책을 허가하지 않는다.

마찬가지로 이른바 '공동체평가보고서(community impact statement)' 제도를 만들어, 어떤 정책이 지역사회 주민들의 공동체적 필요를 크게 훼손한다고 판단되면 정책을 집행하지 못하게 할 필요가 있는 것이다.

6) 공공의 필요

지금까지 다섯 가지의 필요, 즉 육체적 생존에의 필요(절대적 필요), 상징적 필요, 상대적 필요, 도구적 필요, 그리고 공동체적 필요에 관하여 논의하였다. 이러한 다섯 가지의 필요들은 모두 개인들이 갖고 있는 필요들이다. 반면에 공공의 필요(public needs)는 집단적인 혹은 사회 전체로서의 필요이다. 공공의 필요를 만족시키는 것은 개인적인 차원이 아닌 사회 전체의 이익(public interest) 공익 을 증가시키는 것이다.

물론 공익이 증가하면 그 사회에 살고 있는 대다수 사람들의 이익도 일반적으로 증가한다(일부 소수의 사람들은 손해를 볼 수 있지만). 그러나 이것은 공익이 증가한 결과로 나타난 것일 뿐, 공공의 필요의 해결이 개인적인 차원에서의 필요의 해결 그 자체를 직접적으로 목표로 하는 것은 아니다.

공공의 필요란 무엇인가? 이 개념은 앞에서 논의한 다섯 가지의 필요들보다 더 추상적이고 주관적이며 모호하다. 공공의 필요의 개념을 명확히 하기 위해서는 먼저 이 개념과 유사한 공공재(public goods)의 개념과 비교힐 필요가 있다.

널리 알려졌듯이, 공공재란 그 재화의 속성이 비배타적이고 비경쟁적이어서 그 재화에 대하여 비용을 지불하지 않고도 사용할 수 있고 또한 이러한 사용을 막을 수도 없는 재화를 말한다. 공공재의 이러한 성격 때문에 시장에서 사람들의 자율적인 거래에 맡겨두면 이러한 재화들은 사람들의 수요에 못 미치게 공급될 수밖에 없다. 그래서 공공재 성격을 갖고 있는 재화나 서비스들은 시장이 아닌 국가가 제공하는 것이 더 효율적인 것이다. 즉, 여기서는 재화의 속성이 중요하다.

반면에 공공의 필요는 원론적으로 볼 때 민주주의 사회에서 사회 구성원들이 갖고 있는 가치에 따라 정치적으로 결정된다고 할 수 있다. 따라서 그러한 가치들이 어떠한가에 따라 공공의 필요는 그 범위가 넓을 수도 있고 좁을 수도 있으며, 또한 시간적 혹은 공간적으로 다를 수밖에 없다. 즉, 동일 사회에서 과거에는 공공의 필요로 여겨지지 않았던 것이 오늘날에는 인정되거나, 어떤 사회에서는 인정되지 않는 것이 다른 사회에서는 인정될 수 있는 것이다.

예를 들면, 대표적인 공공의 필요는 모든 국민들이 기본적인 교육을 받아야 한다는 의무교육이다. 그런데 의무교육 제도는 20세기 이전에만 하더라도 대부분의 국가들에서 공공의 필요로 인정되지 않았으나, 오늘날 대부분의 선진산업국가들에서는 공공의 필요로 인정되고 있다.

또한 공공의 필요는 국가들 사이의 정치적, 사회적, 경제적, 문화적 환경의 차이로 인한 국가 구성원들의 가치관에 따라 다르다. 예를 들면, 사회 구성원들이 국방(national security)에 대하여 높은 가치를 두는 사회에서는 국방이 최우선의 공공의 필요로 간주되는 반면, 사회보장(social security)의 가치를 강조하는 국가에서는 사회복지가 최우선의 공공의 필요로 간주되는 것이다.

오늘날 서구 복지국가들의 사회복지정책들은 대부분 국가가 주도하여 제공하고 있다. 그 이유로는 한편으로는 사회복지정책들을 국가가 주도하여 제공하는 것이 민간(시장)에서 제공하는 것보다 더 효율적이라는 점도 있지만(시장의 실패 현상 때문에), 다른 한편으로는 대부분의 사회복지정책들이 이러한 사회에서 공공의 필요로 인정되기 때문이다.

사회복지정책이 확대된 역사는 공공의 필요의 확대의 역사라 할 수 있다. 서구 복지국가들의 역사적 발전 과정을 보면, 20세기 이전에만 해도 대부분의 국가들에서 빈민구제를 위한 사회복지정책들만 공공의 필요로 인정되었다. 그런데 이후 전 국민을 대상으로 한 사회복지정책들도 단계적으로 공공의 필요로 인정되면서 발전한다. 예를 들어, 대부분의 서구 복지국가들에서는 강제적인 기여를 조건으로 하는 사회보험들을 공공의 필요로 인정하였고, 이후 인구학적 조건만 갖추면 급여를 하는 보편적 프로그램들(예, 아동수당, 노인수당, 장애수당 등)도 공공의 필요로 인정되면서 크게 발전한 것이다. 사회보험들 중에서도 대개의 경우 산업재해보상보험이 가장 먼저 공공의 필요로 간주되었고, 이어서 노령연금, 질병보험, 실업보험의 순으로 공공의 필요가 확대되었다(Flora and Heidenheimer, 1981).

지금까지 여섯 가지의 필요의 차원(형태)들을 논의하였다. 그렇다면 어떤 필요를 어느 정도까지 인정해야 하는가? 이것은 사회에 따라 다를 수밖에 없고, 원론적으로 이야기하면 주어진 사회의 구성원들의 가치관에 따라 결정된다고 할 수 있다.

또한 다양한 필요들을 해결할 수 있는 사회복지정책들도 다를 수밖에 없기 때문에 특정 사회에서 특정한 사회복지정책의 채택 여부는 결국 그 사회 구성원들의 필요의 형태와 범위에 대한 합의가 이루어지는 과정에서 결정된다고 할 수 있다.

3. 누구의 필요를 해결하는가? : 자격

지금까지 다양한 형태의 필요에 관하여 논의하였다. 그렇다면 사회복지정책은 누구의 필요를 해결해야만 하는가? 사회복지정책은 일반적으로 모든 사람의 모든 필요를 해결하는 것이 아니라 특정한 사람들의 특정한 필요만을 해결하는 경향이 있다. 예를 들면, 육체적 생존에의 필요를 해결하는 것이 중요하더라도, 사회복지정책은 모든 사람들의 이러한 필요를 해결하는 것이 아니라 특정한 사람들만을 대상으로 한다. 이렇게 특정한 사람들의 필요만을 해결할 때, 사회복지정책에서는 자연스럽게 급여에의 '자격'의 문제가 중요해진다.

시장의 거래에서는 사람들이 무엇을 받기 위해서는 무엇인가를 해야 한다. 따라서 여기서는 자격의 문제가 자동적(?)으로 결정된다고 할 수 있다. 반면에 사회복지정책의 영역에서는 많은 경우 어떤 사람들은 특정 시점에서 직접적으로 아무것도 하지 않고서도 무엇을 받을 수 있기 때문에 자격의 문제가 쟁점이 된다. 역사적으로 많은 나라에서 이루어지고 있는 '자격 있는 빈자(deserving poor)' 대 '자격 없는 빈자(undeserving poor)'의 논쟁이 대표적인 예이다(Katz, 1989).

여기서는 사회복지정책에의 자격에 관하여 세 가지 측면에서 논의하고자 한다. 첫째는, 자격의 개념과 관련된 논의다. 일반적으로 시장에서 무엇을 받기 위한 자격이 생기기 위해서는 그것을 위해 의도를 가지고 자발적으로 어떤 행위를 해야 한다(시장에서는 '공짜'가 없다!). 이러한 의미의 자격을 적극적 개념(positive notion)의 자격이라 하고 대부분의 사람들은 자격을 이야기할 때 이러한 개념을 떠올린다.

반면에 사회복지정책의 영역에서는 이러한 적극적 개념으로서의 자격이 절대적이지 않다. 왜냐하면 사회복지의 영역에서는 사람들이 무엇을 하지 않고서도 어떤 것을 받을 수 있는 경우가 많기 때문이다. 기여를 조건으로 급여하는 사회보험의 경우에는 기여를 해야만 급여를 받을 수 있는 자격이 주어지기 때문에 적극적 개념의 자격이 사용될 수 있다(사실 이 경우에도 대부분의 사람들이 자신들이 낸 기여보다 훨씬 많은 급여를 받기 때문에 엄밀히 말해 완전한 적극적 개념의 자격이라 할 수 없다). 하지만 사회보험 이외의 대부분의 사회복지정책들(공공부조, 보편적 프로그램, 사회복지서비스 등)의 경우에는 적극적 개념의 자격이 사용되기 어렵다.

이러한 이유로 사회복지정책의 영역에서는 자격의 소극적 개념

(negative notion), 즉 자격이 안 될 만한 무엇을 의도적으로 했는지가 중요해진다(Goodin, 1988). 예를 들면, 노인들에게 노인수당을 지급할 때 그 자격은 노인들이 노인수당을 받기 위해 무엇을 적극적으로 했는지가 아니라, 노인들이 노인수당을 받지 않으려고 무엇을 의도적으로 했는지로 결정된다. 노인들이 의도적으로 노인수당을 받지 않으려고 하지 않는 한 노인들은 노인수당의 급여 자격을 갖는 것이다(사실 거의 모든 노인들은 노인수당을 거부하는 행위를 하지 않을 것이나, 드문 경우지만 어떤 노인들은 국가로부터 급여를 받는 것에 대하여 부정적인 생각을 갖고 노인수당을 받지 않으려고 할 수도 있다).

자격과 관련된 두 번째 쟁점은, 사회복지급여를 받을 자격을 결정할 때 따르는 책임의 문제이다. 즉, 자기 자신의 잘못(?)으로 어려움에 처했을 때는 사회복지를 받을 자격이 없고 자신의 잘못이 아닌 경우에만 사회복지에의 자격이 있느냐는 쟁점이다. 예를 들면, 근로능력이 있는 가난한 사람에게 사회복지급여를 할 것이냐의 문제이다. 오늘날 많은 국가들에서는 근로능력이 있는 빈자에게는 사회복지급여를 꺼리는 경향이 있는데 이것은 빈곤의 책임이 근로능력이 있는 본인에게 있다고 보기 때문이다. 본격적인 복지국가가 등장하기 이전에는 이렇게 사회복지의 급여에서 개인의 책임 여부를 매우 엄격하게 따졌다.

그러나 20세기 이후, 특히 20세기 중반 이후 복지국가가 고도로 발전된 국가들에서는 사회복지급여에서 개인의 책임 여부를 따지지 않는 경향이 있다. 왜냐하면 오늘날과 같은 복잡한 산업사회에서는 어떤 문제가 발생했을 때 그 문제는 여러 가지 요인들이 복합적으로 작용한 결과로 나타난 것이기 때문에 무엇이 혹은 누구의 잘못인지를 가리기가 매우 어렵기 때문이다. 대표적인 예가 산업재해보상보험이다. 오늘날 대부분의 국가들에서 작업 중에 사고가 발생했을 때 이른바 '무과실 원칙(no-fault principle)' 하에 사고에 대한 개인의 책임을 묻지 않고 보험급여를 한다. 이것은 근로자가 사고를 당했을 때 그 사고의 책임이 일부 본인의 부주의 등에 있다 하더라도, 다른 한편으로는 동료 근로자,

사용자 모두의 책임일 수도 있기 때문에 개인의 책임을 엄격하게 가리는 것이 무의미하다는 논리에 근거하고 있다.

실업보험도 마찬가지다. 오늘날처럼 복잡한 경제의 상황에서는 개인의 실업의 원인이 어느 정도는 개인의 잘못(?)에 있다 하더라도 다른 한편으로는 국내의 노동시장정책, 다른 거시정책들, 경기 상태, 세계경제의 흐름 등 다양한 요인들이 영향을 줄 수 있어 개인의 책임을 따지는 것이 무의미하기 때문에 실업급여를 하는 것이다.

반면에 최근 우리나라에서 논란이 되고 있는 국민기초생활보장제도의 부양의무자 규정은 빈곤을 개인(가족)의 책임이라고 보는 관점에서 만들어진 것으로 복지국가 이전의 구빈법 시대의 발상이라 할 수 있다. 오늘날의 빈곤의 원인은 상기의 실업이나 산업재해의 예에서처럼 복잡한 요인들 때문에 발생하기 때문에 빈곤을 개인의 책임으로 간주하여 급여를 하지 않는 것은 비합리적이라 할 수 있다.

이렇게 개인의 잘못(?)을 명확히 가리기가 어려운 상황에서는, 사회복지에 대한 필요(need)가 있다고 인정되면 사회복지급여를 받을 자격이 있다고 판단하는 것이 합리적이다. 이것은 법리의 세계에서 어떤 잘못이 있다는 의혹이 있다 하더라도 그것이 명확하지 않은 경우에는 의혹이 있는 사람에게 유리하게 해석하는 원칙과 같은 이치다('benefit of doubt'의 원칙).

마지막으로, 지금까지는 '개인의 잘못'의 여부가 불확실하기 때문에 사회복지급여에 대한 '자격' 여부를 따지는 것이 무의미하다고 보았는데, 그렇다면 '개인의 잘못'이 비교적 명확하다면 사회복지급여의 자격이 없는가? 이것은 두 가지 측면에서 논의할 수 있다. 하나는, 어떤 일이 발생했을 때 그것에 대하여 비록 개인적인 잘못이 크다고 하더라도 그것이 개인에 미치는 손해가 매우 큰 경우에는 사회복지급여에 대한 '자격'이 주어질 수 있다는 논리이다.

어떤 사람이 어떤 잘못된 판단으로 특정한 행위를 하였는데 그 행위로 인하여 확률적으로 예상했던 것보다 훨씬 더 큰 불행이 초래되었을 때, 비록 그것이 그 사람의 '잘못'으로 발생했다 하더라도 그 결과의 모든 것을 그 사람의 책임이라고 보는 것은 너무 가혹하다는 것이다.

예를 들어, 노후 생활에 대한 정보의 부족으로 노후의 상황을 충분히 예상하지 못하고 노후 생활에 대한 대비를 평소에 하지 못했다고 하더라도, 비참한 노후 생활에 대한 모든 책임을 본인이 져야 한다고 보고 사회복지급여를 하지 않는 것은 지나치다는 것이다. 사회복지정책들 가운데 많은 것들은 이러한 이유로 급여를 한다.

다른 하나는, 사회복지급여에 대한 '자격'을 따지는 것보다 사회복지급여에 대한 '필요'를 먼저 따지는 것이 더 바람직하다는 것이다. 예를 들어 가해자와 피해자가 명확히 구분되고 가해자가 피해자보다 더 큰 부상을 당한 교통사고의 경우, 비록 가해자가 잘못했다고 하더라도 치료에 대한 필요가 가해자가 더 크다면 가해자에 대한 치료를 먼저 하는 것이 합리적이다. 이러한 경우에는 누구의 책임인지가 중요한 것이 아니라 누가 먼저 치료를 받아야 하는지의 기준이 중요해진다. 마찬가지로 사회복지의 영역에서도 필요가 자격보다 급여의 우선적인 기준이 되는 것이다.

제 12 장
자 유

사회복지정책을 분석하는 데 있어 고려해야 할 또 하나의 중요한 가치는 자유(freedom)이다. 특히 자유는 국가에 의한 사회복지정책의 확대를 비판하는 사람들이 갖고 있는 중요한 가치이다. 이들은 사회복지정책이 자유의 가치를 침해한다고 본다. 사회복지정책을 확대하기 위해서는 세금이나 각종 사회보장성 조세(국민연금 기여금, 건강보험료 등)를 걷어야 하는데 이것은 자본주의 사회에서 중요한 요소인 사유재산권을 침해한다고 보는 것이다.

예를 들면, 우리나라에서 얼마 전에 어떤 단체의 주도로 '국민연금 기여금 납부 거부운동'이 벌어졌는데 여기서의 가장 중요한 논리는 강제로 국민연금 기여금을 납부하게 하는 것은 사유재산권을 침해한다는 것이었다.

또한 자유의 가치를 신봉하는 사람들은 시장에서의 '자유로운 선택'에 의한 자원의 배분이 가장 바람직하다고 본다. 이들은 국가가 시장에 개입하여 사람들의 '자유로운 선택'을 제한하는 것은 비효율적이라고 주장한다. 이 장에서는 이러한 주장들에 대해서 논의하고자 하는데, 그 전에 먼저 자유의 개념에 대하여 명확히 할 필요가 있다.

1. 자유의 개념

사회복지정책이 자유의 가치를 침해할 수 있다는 주장의 타당성은 자유의 개념을 어떻게 정의하느냐에 달려 있다. 그래서 자유의 개념에 대한 논의가 중요하다.

1) 소극적 자유와 적극적 자유

자유의 개념은 크게 두 가지로 나누어 설명할 수 있다. 하나는 소극적 자유(negative freedom)의 개념이고, 다른 하나는 적극적 자유(positive freedom)의 개념이다(Berlin, 1969).

소극적 자유란 간단히 말하면 다른 사람(주체)의 간섭(구속) 혹은 의지(will)로부터의 자유를 말한다. 이러한 소극적 자유는 대부분의 사람들이 생각하는 자유의 개념이다. 또한 이러한 소극적 자유는 사람들이 존중해야 할 보편적 가치이기도 하다. 오늘날 많은 국가들에서 사람들이 누리는 기본권인 인권 혹은 시민권(civil rights)의 기본적인 토대가 되는 것이 소극적 자유의 개념이다.

반면에 적극적 자유는 사람들이 자신이 원하는 것을 할 수 있는 자유를 말한다. 상기의 소극적 자유는 문자 그대로 소극적이어서 충분한 자유를 누리는 데 제한적일 수 있다. 자유를 누릴 여건이나 상황이 안 되는 상태에서 소극적 자유가 주어진다 해도 그 의미는 크게 줄어들 수 있다. 자신이 원하는 것을 할 수 있는 자유가 어떻게 보면 소극적 자유의 전제조건이라 할 수 있다. 이렇게 소극적 자유는 자유의 '기회(opportunity)'의 측면을 강조하는 반면, 적극적 자유는 자유의 '능력(capacity)'의 측면을 강조한다.

사회복지정책이 자유를 침해하는지 여부는 상기의 두 가지 자유의 개념 가운데 어느 것을 사용하느냐에 달려 있다. 사회복지정책을 위하여 사람들에게 세금을 부과하거나 강제로 건강보험료를 납부하게 하는 것은 소극적 자유를 침해하는 것이고, 반면에 사회복지정책을 통하여 사람들이 자신들이 원하는 것을 할 수 있는 능력을 갖게 하는 것은 적극적 자유를 신장시키는 것이다. 사회복지정책은 어떤 사람들의 소극적 자유를 줄이는 반면 다른 사람들의 적극적 자유를 늘리는 것이다. 그렇다면 어떠한 상태가 바람직한가? 즉, 어떤 사람들의 소극적 자유를 줄이더라도 다른 사람들의 적극적 자유를 늘리는 것이 사회적으로 바람직한가?

이러한 문제에 대한 대답은 기본적으로 사람들이 갖고 있는 자유에 대한 가치관에 따라 다를 수밖에 없다. 그래서 소극적 자유의 가치를 강조하는 사람들은 사회복지정책의 확대를 위하여 세금을 늘리는 것을 반대하고, 반대로 적극적 자유의 가치를 옹호하는 사람들은 사회복지의 확대를 주장한다. 따라서 어느 것이 사회적으로 바람직하냐는 민주주의 사회에서는 원론적으로 볼 때 어떤 가치관을 갖고 있는 사람들이 많은지에 따라 결정된다고 할 수 있다. 그래서 적극적 자유의 가치를 강조하는 사람들이 많은 사회에서는 사회복지의 확대가 선호되는 것이고, 반대로 소극적 자유를 강조하는 사람들이 많은 사회에서는 사회복지정책의 확대를 꺼리게 되는 것이다.

그럼에도 불구하고 사람들의 적극적 자유를 늘리는 것이 소극적 자유를 줄이는 것보다 사회적으로 더 바람직할 수 있다는 논리를 적어도 다음의 두 가지 측면에서 이야기할 수 있다. 하나는, 적극적 자유를 늘리면 소극적 자유의 가치를 높일 수 있다는 점이다(Rawls, 1972). 대부분의 병들고 가난한 사람들에게는 소극적 자유에서 강조하는 '자유로운 선택'은 그림의 떡이다. 예를 들어, 말기 암 상태에 있는 사람들이나 하루 한 끼의 식사도 제대로 못하는 사람들에게 자유롭게 행동할 수 있는 '기회'를 주는 것은 무의미한 것이다. 이러한 사람들에게는 치료를 하거나 음식을 제공하여 자신들이 원하는 것을 할 수 있는 적극적 자유를 먼저 늘려야만 이들의 소극적 자유의 가치가 높아지는 것이다.

다른 하나는, 어떤 사람들의 소극적 자유를 침해함으로써 감소하는 효용(utility)이 다른 사람들의 적극적 자유를 늘림으로써 증가하는 효용보다 적을 수 있다는 점이다. 이것은 사람들이 자유를 누릴 때 발생하는 한계효용은 자유가 커질수록 줄어들 수 있다는 논리에 근거하고 있다. 이른바 '자유의 한계효용체감의 원리(diminishing marginal utility of freedom)'인 것이다(Goodin, 1988). 자유가 없었을 때 자유가 주어지면 그 가치는 매우 크지만, 너무 많은 자유가 주어진 상태에서 자유의 가치는 상대적으로 적게 느껴지는 것이다. 지나친 자유는 '방종'이 될 수 있는 것이다.

가난한 사람들을 위하여 사회복지정책을 확대하고자 부자들에게 세금을 부과할 때 부자들의 자유(소극적 자유)가 줄어들어 효용이 감소한다. 그러나 부자들은 일반적으로 많은 자유를 향유하기 때문에 이러한 효용의 감소는 그렇게 크지 않을 것이다. 반면에 사회복지정책으로 급여를 받는 빈자들의 적극적 자유가 커짐으로써 나타나는 효용의 증가는 부자가 잃은 효용의 감소보다 큰 것이다. 즉, 평소 많은 자유를 누리는 사람들이 자유를 조금 잃더라도, 적은 자유를 누리는 사람들의 자유가 그보다 더 늘어난다면 사회 전체적인 자유의 양(?)은 커지게 되어 사회적으로 바람직한 상태가 되는 것이다.

2) 자유의 한계

국가에 의한 강제적인 사회복지의 확대는 다른 사람의 간섭 없이 자신의 의지대로 선택할 수 있는 소극적 자유의 가치를 침해한다. 그렇다고 자신의 의지에 의한 행위라고 해서 무제한적으로 허용되어야 하는가? 그렇지 않다. 소극적 자유에도 한계가 있다. 그렇다면 어떤 근거나 기준으로 소극적 자유를 제한할 수 있는가? 여기에는 다양한 근거들이 있을 수 있으나, 가장 기본적이고 중요한 기준은 나의 행위가 다른 사람에게 해를 주는지 여부이다(harm to others)(Mills, 1974). 다른 사람에게 해를 주는지의 기준은 크게 보면 두 가지로 나눌 수 있는데, 하나는 개인에게 미치는 해(harm to individual)이고 다른 하나는 사회에 미치는 해(harm to community)이다(Stone, 1988).

(1) 개인에게 미치는 해

어떤 사람의 자유의지에 의한 행위가 다른 사람들에게 미치는 해는 크게 보면 세 가지이다. 즉, 신체적인 해, 물질적인 해, 그리고 정서적 혹은 심리적 해이다. 이 세 가지 가운데 자유를 제한할 수 있는 가장 명확한 근거는 자유로운 선택에 의한 행위가 다른 사람들에게 신체적인 해를 줄 수 있다는 점이다. 예를 들면, 아이들이 뛰어놀고 있는 공원에서 빠른 속도로 자동차를 몰고 가는 행위는 아이들에게 심각한 신체적인 해를 줄 수 있다. 그래서 속도제한을 한다든지 아니면 공원에서는 아예 차를 운전하지 못하도록 제한하는 것이다.

그런데 문제는 어떤 사람의 행위가 다른 사람의 신체적인 해에 영향을 주는 인과관계가 불명확한 경우, 그 사람의 자유를 어느 정도까지 제한할 수 있느냐이다. 대표적인 예가 담배를 피울 수 있는 자유를 제한하는 문제이다. 오늘날 많은 나라에서 금연구역을 설정하여 애연가들의 자유를 제한하고 있다. 이것은 담배를 피우면 피우지 않는 사람에게도 해가 된다는 (이른바 간접흡연) 주장에 근거한다. 그런데 이러한 근거가 불명확하기 때문에 애연가들은 금연구역의 설정에 대하여 자유를 불필요하게 제한한다고 저항하는 것이다. 만일 흡연이 다른 사람들에게 명확히 신체적인 해를 준다고 입증되면, 금연구역을 설정하는 것이 아니라 아예 담배 제조를 금지시켜서 모든 흡연자들의 담배를 피울 수 있는 자유를 완전히 제한해야 하는 것이다.

특히 오늘날과 같은 복잡한 산업사회에서 살아가는 사람들에 미치는 신체적인 해는 매우 복잡한 요인들에 의하여 결정되기 때문에 누구의 행위(자유)를 제한할 것인지의 문제에 대해 논란이 클 수 있다. 예를 들면, 서울과 같은 대도시의 대기오염이 심각하여 사람들의 건강에 해를 줄 수 있다. 그런데 대기를 오염시킨 사람들이 누구인지에 따라 서로 다른 사람들의 자유를 제한시킬 수 있다. 자동차를 몰고 다니는 사람들일 수도 있고, 공장을 가동시키는 사람들일 수도 있으며, 아니면 대규모 아파트 단지에 사는 거주민일 수도 있는 것이다.

또한 어떤 행위가 다른 사람들에게 신체적인 해를 준다는 사실이 명확히 밝혀졌다 하더라도 그 해를 막는 방법이 다양하기 때문에 그 방법에 따라 서로 다른 사람들의 서로 다른 자유가 제한될 수 있다. 예를 들어, 어떤 화학물질을 사용하는 것이 태아에게 나쁘다는 것이 명확히 밝혀졌을 때 이 문제를 해결하는 방법에는 여러 가지가 있을 수 있다. 가장 적극적으로는 그 화학물질의 제조와 판매를 완전히 금지시키거나, 아니면 소극적으로는 임산부가 그 화학물질을 사용하는 직장에서 근무하는 것을 막거나, 혹은 잠재적인 해를 막기 위해서 그 직장에서 모든 여성의 근무를 막을 수도 있다. 즉, 어떻게 해결할 것인지에 따라 서로 다른 사람들의 자유가 제한될 수 있다.

자유(소극적 자유)를 제한할 수 있는 또 하나의 이유는 무제한의 자유가 주어졌을 때 사람들에게 물질적으로 해를 줄 수 있다는 점이다. 일반적으로 시장경제에서는 사람들의 자유로운 선택에 의한 자유경쟁으로 재화나 서비스가 거래된다. 그러나 어떤 경우에는 이러한 자유로운 선택이 많은 사람들에게 물질적으로 해를 줄 수 있다. 대표적인 예가 독점 현상이다. 하나의 경제 주체가 시장에서 재화나 서비스의 공급을 독점하게 되면 그 재화의 가격이 올라 소비자들이 물질적인 손해를 입거나 다른 많은 경제 주체들이 공정한 경쟁을 할 수 없게 되어 손해를 볼 수 있는 것이다.

그런데 어떤 사람들의 자유로운 선택이 다른 사람들에게 물질적인 해를 줄 때, 그 사람들의 자유를 어느 정도까지 제한해야 하는지에 대해서는 신체적인 해의 경우에 비해서 논란이 많다. 왜냐하면 시장경제의 자유로운 경쟁에서는 어떤 사람들은 물질적으로 이득을 보고 어떤 사람들은 손해를 볼 수밖에 없기 때문이다. 그래서 많은 사람들은 자유로 인하여 다른 사람들에게 신체적인 해를 주는 경우에는 자유를 제한하는 데 동의하지만, 물질적인 해를 준다 하여 자유를 제한하는 것에는 반대한다(특히 자유주의자들이 그러하다).

예를 들면, 우리나라에서는 얼마 전부터 어떤 재화나 서비스들은 대기업에서 제조 판매를 못하게 하고 중·소기업에게만 허용하는 제도를 만들었다. 이것은 시장에서의 자유로운 경쟁에만 맡겨두면 경쟁력이 떨어지는 중·소기업은 불리하기 때문에 만든 것이다. 이것에 대하여 자유주의자들은 시장에서의 자유로운 경쟁을 막는 것이라고 반대하는 것이다.

실제로 시장경제의 논리를 강조하는 국가들에서는(예, 미국) 사람들의 자유로운 선택이 다른 사람들에게 물질적으로 해를 준다 해도 그 사람들의 자유를 크게 제한하지 않는다. 즉, 이러한 국가들에서는 시장에서의 자유로운 경쟁의 결과를 그대로 받아들이기 때문에 소득불평등이 클 수밖에 없는 것이다. 반면에 자유에 의한 물질적인 해의 문제를 심각하게 생각하여 시장경제의 논리를 제한적으로 받아들이는 국가들에서는(예, 스웨덴) 국가가 시장에 개입하여 자유를 제한하고 결과적으로 소득불평등이 낮은 사회를 만드는 것이다.

개인들에게 미치는 해들 가운데 마지막으로 정서적 혹은 심리적(정신적)인 해가 있다. 사람들의 자유로운 의지에 의한 행위가 어떤 사람들에게 정서적 혹은 심리적으로 해를 줄 수 있다면 자유를 제한할 수 있다는 것이다. 대표적인 예로, '표현의 자유'라는 이름하에 어떤 사람들의 명예를 훼손할 수는 없는 것이다. 오늘날 선진산업국가들에서는 정서적인 해의 문제가 신체적 해나 물질적 해보다 더 중요하게 다루어지고 있는 경향이 있다. 이는 많은 민사·형사 사건의 소송에서 정신적인 피해에 대한 보상의 규모가 크다는 것에서 알 수 있다. 즉, 정서적인 해의 범위가 커짐에 따라 사람들의 자유에 대한 제한이 과거보다 점차 커지고 있는 것이다.

그런데 정서적인 해는 신체적 해나 물질적 해와 비교해 볼 때 그 해를 구체적이고 객관적으로 정확하게 측정하는 것이 쉽지 않다. 그래서 정서적인 해가 어느 정도이고, 따라서 사람들의 자유를 어느 정도까지 제한해야 하는지에 대해서는 논란이 많다. 여기서는 우리나라에서 최근 논란이 되고 있는 두 가지 예를 들어 논의해 보자.

하나는 이른바 '무상급식' 정책이다. 무상급식은 모든 아동(청소년)들에게 무료로 급식을 제공하는 것이다. 이러한 정책의 배경에는 다른 이유도 있지만 현실적으로 중요한 논리는 부잣집 아동과 가난한 집 아동 모두에게 무료로 급식을 제공하여 가난한 집 아동들이 받을 수 있는 정서적 해(치욕)를 없애자는 것이다. 그런데 '무상급식' 정책이 논란이 되는 것은 다른 이유도 있지만 이러한 정서적인 해가 과연 어느 정도인가에 대한 입장의 차이가 있기 때문이다. 일반적으로 시장주의자들은 정서적인 해가 크지 않다고 보는 반면, 사회복지의 확대를 주장하는 사람들은 정서적인 해가 매우 크다고 보고 보편적으로 급식을 제공해야 한다고 주장하는 것이다.

다른 하나는 '성희롱'의 문제이다. 오늘날 우리나라를 비롯한 많은 선진산업국가들에서는 '성희롱'이 범죄가 되는데, 그 이유는 성희롱이 정서적 또는 심리적인 해를 주기 때문이다. 그런데 이러한 정서적인 해가 어느 정도인지는 대개의 경우 객관적, 과학적으로 불분명하고 '성희롱'을 당한 사람들의 주관적인 판단에 크게 달려 있다. 그래서 '성희롱'의 범위가 논란이 되는 것이다. 사실 우리나라에서도 얼마 전까지만 해도 '성희롱'은 법적인 문제가 되지 않았고 오늘날에도 많은 국가들에서 문제가 되지 않고 있다.

이렇게 정서적인 해는 개념적으로 애매하고, 따라서 그것을 구체적이고 객관적으로 측정하는 것이 어려워 논란이 많다. 그럼에도 불구하고 문명화된 사회일수록 정서적인 해의 문제를 중요하게 여긴다. 그래서 사람들의 자유가 점점 더 제한되는, 즉 국가의 역할이 커지게 되는 것이 바람직하다고 여기는 것이다.

(2) 사회에 미치는 해

위에서는 사람들의 자유를 제한할 수 있는 근거로 자유로운 행위가 다른 사람들에게 개별적으로 해를 줄 수 있다는 점을 논의하였다. 반면에 여기서는 사람들의 자유로운 행위가 사회 전체에 집합적으로 해를 줄 수 있기 때문에 사람들의 자유를 제한해야 한다는 점을 강조한다. 그런데 사회에 미치는 해(harm to community)라는 개념은 개인에게 미치는 해와 달리 추상적이고 모호하여 논란이 많을 수 있다. 그래서 개인의 자유를 강조하는 사람들은 사회에 미치는 해라는 개념을 무시하는 경향이 있다. 반면에 사회복지의 확대를 주장하는 사람들은 사람들의 자유를 제한하는 근거로 자유로운 행위가 사회에 미치는 해가 클 수 있다는 점을 강조한다.

예를 들어, 사람들의 탈세 행위의 경우를 보자. 소수의 사람들이 탈세를 하는 것은 다른 사람들에게 직접적으로 큰 해를 주지는 않는다(세금이 적게 걷혀서 국가 재정에 의한 국민들에 대한 서비스가 줄어드는 간접적인 해가 있을 수 있으나 이러한 해는 전체 국민으로 분산되기 때문에 그 해의 규모는 미미하다). 탈세가 문제가 되는 것은 사회 구성원들 사이의 신뢰나 연대의식 같은 이른바 사회적 자본(social capital)을 훼손시켜 사회 전체적으로 해가 되기 때문이다. 우리가 세금을 정직하게 내는 것은 내가 내면 다른 사람들도 정직하게 낼 것이라는 신뢰에 기초한다. 실제로 신뢰가 큰 사회에서는 탈세 행위가 적다. 그래서 소수라도 탈세를 하게 되면 사람들 사이의 신뢰에 금이 가서 탈세가 만연하게 되어 결국 사회 전체의 기능에 해가 되는 것이다. 사람들의 자유로운 행위가 사회에 미치는 해는 세부적으로는 여러 형태가 있을 수 있으나, 여기서는 크게 세 가지로 분류할 수 있다.

첫째, 상기의 탈세 행위처럼 어떤 자유로운 행위가 공동 사회로서 기능하는 능력을 훼손하는 경우이다. 즉, 어떤 행위가 개별적으로 사회 구성원들에게 직접적으로 해를 주지는 않더라도 사회 전체에 집합적으로 해가 될 수 있다. 어떤 사회가 제대로 기능하기 위해서는 사회 전체적으로 질서가 있어야 하고, 안정되어야 하고, 또한 통합되어야 한다. 따라서 어떤 사람들의 자유로운 행위가 이러한 사회질서, 사회안정, 사회통합과 같이 사회가 바람직한 방향으로 기능하는 데 필요한 덕목들에 해가 된다면 그러한 자유는 일정 부분 제한될 수 있는 것이다.

두 가지 예를 들어보자. 최근 우리나라에서는 결혼식 비용만 3억 원 이상 드는 호화 결혼식이 논란이 되고 있다. 어떤 사람들은 이러한 행위가 자유민주주의 사회에서 아무런 문제가 되지 않는다고 보는 반면, 대다수의 우리나라 사람들은 이러한 행위는 여전히 가난한 사람들이 많은 우리 사회에서 사회계층 간의 위화감을 크게 하여 사회통합에 해가 되기 때문에 제한되어야 한다고 생각한다. 실제로 우리나라에서는 1970~80년대 권위주의 시대에 이러한 '호화 결혼식'이 위화감을 조성한다는 이유로 '금지'되었다.

유럽의 많은 국가들에서는 사립대학이 드물고 대부분 국립(공립)대학들만 있고, 또한 사회계층에 상관없이 누구나(?) 입학할 수 있는 기회가 주어진다. 우리나라에서도 얼마 전까지만 해도 사립초등학교 설립을 국가 차원에서 억제하였다. 이러한 정책의 취지는 사회계층에 상관없이 동일한 교육기회를 제공하여 사회통합을 이루는 것이 사회적으로 바람직하다고 보는 것이다. 즉, 부잣집 아이들이 다니는 학교와 가난한 집 아이들이 다니는 학교가 나뉘면 사회통합에 해가 된다고 판단하는 것이다.

둘째, 비교적 소수의 사람들의 개별적인 행위는 문제가 되지 않지만 다수의 사람들이 그러한 행위를 하게 되면 사회적으로 해가 되기 때문에 그러한 행위를 제한하는 경우이다. 이러한 것을 흔히 '축적된 해(accumulative harm)' 혹은 '혼잡비용(congestion costs)'이라 부른다. 예를 들면, 우리 주위에서 '잔디밭 출입금지' 표지판을 많이 보는데 이것은 소수의 사람들이 잔디를 밟고 다니는 것은 문제가 되지 않지만 많은 사람들이 일시에 잔디를 밟으면 잔디가 죽을 수 있기 때문이다.

강제로 보험 가입을 할 수밖에 없는 사회보험도 이러한 '축적된 해'의 논리로 설명할 수 있다. 가입과 탈퇴가 자유로운 보험의 경우, 비교적 소수의 사람들이 보험에서 탈퇴를 하더라도 그 보험에 별 문제가 없지만 많은 사람들이 일시에 집단적으로 보험에서 탈퇴를 하게 되면 그 보험 상품은 살아남기 힘들어진다. 그래서 이처럼 축적되면 발생할 수 있는 해를 막기 위해서는 가입과 탈퇴의 자유를 제한할 수밖에 없는 것이다. 그래야만 사회 전체적으로 이득이 되기 때문이다.

셋째, 어떤 사람들의 자유로운 행위가 사람들에게 개별적으로 해를 주는 데 그치지 않고 그것의 결과가 사회 전체에 해를 줄 수 있는 경우이다. 대표적인 예가 성차별이나 인종차별의 경우이다. 이러한 차별은 보편적으로 받아들여지듯이 반문명적 행위라는 이유 그 자체로 금지되어야 할 뿐만 아니라, 사회 전체에 여러 가지 측면에서 해가 된다.

예를 들면, 어떤 여성이 회사에 취업하려고 응시했는데 그 회사의 고용주가 여성을 차별하는 취향(?)을 갖고 있어 취업이 거부되었을 때, 그 해는 단지 그 여성 개인에게 그치는 것이 아니라 모든 여성에게 집단적으로 해를 줄 수 있고 궁극적으로는 사회 전체에 해를 줄 수 있다. 왜냐하면 이렇게 개별적인 여성차별이 만연하면 많은 여성들이 취업을 포기하거나 취업을 목적으로 인적자본에 투자할 동기가 약화되어 사회 전체의 노동력이나 인적자본의 축적이 줄어들어서 사회발전에 해가 될 수 있기 때문이다. 실제로 많은 국가들에서 여성차별이 금지된 이후에 여성들의 고등교육기관 진학률이 높아졌고, 또한 여성들의 노동시장참여율이 크게 높아져서 결과적으로 경제성장에 크게 기여하였다. 서구의 선진산업국가들에서 사회적 약자들의 권익보호를 위한 대부분의 정책들은(이른바 소수자 우대정책) 바로 이러한 사회적 약자 집단 전체에 미칠 수 있는 해가 중요하다고 판단하였기 때문에 이루어진 것이다.

지금까지 사람들의 자유를 제한할 수 있는 근거로 개인이나 사회에 미치는 해에 관하여 논의하였다. 그런데 개인이나 사회에 미치는 해 가운데 많은 것들이 객관적, 과학적으로 측정하기 어려운 추상적이고 주관적인 성격을 갖고 있기 때문에 개인들의 자유를 어느 정도까지 제한할 것인지는 항상 논란이 된다. 그래서 자유를 제한하는 정도는 사회마다 가지고 있는 사회적, 정치적, 경제적, 문화적인 배경에 따라 크게 다를 수밖에 없다.

예를 들면, 시장에서의 자유와 철두철미한 개인주의(rugged individualism)를 강조하는 미국에서는 사람들의 자유를 제한하는 정도가 약하고, 반면에 국가의 역할과 집합주의를 강조하는 유럽의 일부 국가들에서는 사람들의 개인적인 자유를 좀더 제한한다고 할 수 있다.

아주 일반적으로 이야기하자면, 사회복지정책이 발전된 사회에서는 그렇지 못한 사회보다 사람들의 자유로운 행위가 개인이나 사회에 미치는 해의 범위를 좀더 포괄적으로 해석하여 개인의 자유를 상대적으로 더 많이 제한한다고 할 수 있다. 지금부터는 사회복지정책과 자유의 관계를 보다 구체적으로 논의하고자 한다.

2. 사회복지정책과 자유

사유의 가치를 강조하는 사람들은 일반적으로 사회복지정책의 확대를 반대한다. 왜냐하면 사회복지정책은 그 성격 상 여러 가지 이유로 사람들의 자유를 제한하기 때문이다. 여기서는 사회복지정책이 사람들의 자유를 제한할 수 있는 대표적인 네 가지 측면에 관하여 논의하고자 한다.

첫째, 오랫동안 자유주의자들, 특히 극단적(?) 자유주의자들(libertarian)이 주장해온 바와 같이, 사회복지정책을 위하여 강제로 세금을 부과하는 것은 자본주의 사회에서의 가장 기본적인 권리라 할 수 있는 사유재산권을 침해한다는 점이다. 일반적으로 자본주의 사회가 작동하기 위한 가장 기본적인 요소는 사람들의 사유재산권과 그 행사의 자유를 보장해주어야 한다는 것이다. 내가 벌어 쌓아놓은 재산은 내 마음대로 행사할 자유가 있다는 것이다. 그래서 국가가 강제로 세금을 부과하여 나의 재산을 뺏는(?) 것은 나의 재산권 행사의 자유를 침해한다고 볼 수 있다. 그러나 자본주의 사회에서도 사유재산권의 자유를 무제한적으로 허용하는 것은 아니다. 여기서는 적어도 두 가지 측면에서 그 이유를 논의할 수 있다.

하나는, 나의 사유재산권의 자유가 다른 사람들의 사유재산권을 침해할 수 있다는 점이다. 이 경우 사유재산권에 일정한 정도로 제한을 둘 수 있다. 우리 주위에서 이러한 측면에서 어떤 사람들의 사유재산권 행사의 자유를 제한하는 것을 많이 볼 수 있다. 예를 들면, 조용한 단독주택(?)들만 있는 동네에 땅을 갖고 있는 사람이 이 땅에 30층짜리 아파트를 지을 수 있는 자유는 제한된다. 왜냐하면 이러한 자유는 단독주택에 살고 있는 사람들의 사유재산권을 침해할 수 있기 때문이다.

다른 하나는, 국가가 강제로 세금을 부과하는 것이 진정한 의미에서 개인의 사유재산권을 침해하는지에 대해 의문이 있을 수 있다는 점이다. 일반적으로 국가가 세금을 부과하는 것은 재원을 마련하여 국민들에게 사회복지정책을 포함한 다양한 형태의 공공서비스를 제공하기 위해서이다. 그런데 이러한 공공서비스는 공공재적인 성격, 즉 비배타적이고 비경쟁적인 속성을 갖고 있기 때문에 시장에서 사람들의 자유로운 선택에만 맡겨두면 그러한 서비스나 재화는 제공되지 않거나 대부분의 사람들이 원하는 만큼 제공되기 어렵다(이에 관해서는 이 책의 2장을 참고하기 바란다).

그런데 대부분의 국민들은 국가가 이러한 공공재적인 성격의 재화나 서비스를 제공하기를 바라고 있고, 또한 이를 위해 필요한 비용을 국민들이 부담해야 한다는 사실에 명시적 혹은 암묵적(?)으로 동의한다. 따라서 국가가 강제로 세금을 부과하는 것이 국민들의 자유를 줄인다고 보기보다는 민주주의 사회에서 국민들이 자신들의 자유를 집합적으로 줄이는 데 합의한 것으로 보아야 한다. 선진산업국가들의 경우 대부분의 사람들은 세금을 기꺼이 내는 것이다. 즉, 이 경우에 강제적인 세금

부과는 진정한 의미에서 강제적인 것이 아니라 상호합의(?)된 것으로 보아야 할 것이다(Olson, 1982).

둘째, 어느 나라나 사회복지정책의 핵심은 사회보험이다. 국민연금, 건강보험, 실업보험, 산재보험 등 사회보험의 특성은 강제로 보험에 가입하게 하는 것이다. 자유주의자들은 이렇게 강제로 보험에 가입하게 하는 것은 개인들의 선택의 자유를 침해하는 것이라고 비판한다. 왜 이렇게 강제로 보험에 가입시키는 것인가? 그리고 이러한 강제 가입이 진정한 의미에서 개인의 자유를 침해하는가?

앞의 2장에서 자세히 논의했듯이, 강제로 가입시키는 사회보험이 필요한 이유는 보험의 가입과 탈퇴를 자유롭게 할 경우에는 역의 선택, 비대칭적 정보의 문제, 도덕적 해이 등의 이유로 많은 사람들이 보험에 가입하지 못하거나 혹은 가입을 하더라도 불이익을 받을 수 있어 결과적으로 개인이나 사회 전체에 해를 줄 수 있기 때문이다.

대표적인 예가 미국에서의 의료보험이다. 널리 알려졌듯이, 미국은 의료보험이 사회보험이 아니어서 시장에서 사람들의 자유로운 선택에 의하여 가입과 탈퇴가 이루어지는 보험이다. 그러다 보니 역의 선택 현상 혹은 정보의 부족으로 비교적 건강하다고 생각하는 사람들은 가입하지 않아 결과적으로 보험료가 매우 비싸져서 많은 사람들이 가입하려고 해도 경제적인 능력이 부족하여 가입하지 못하고 있다. 그래서 오늘날 5,000만 명 정도의 사람이 어떤 형태의 의료보험에도 가입하지 않아 병이 나면 큰 고통을 겪고 있는 것이다. 즉, 개인의 선택의 자유가 개인이나 사회 전체에 해를 줄 수 있는 것이다. 이러한 의미에서 국가가 강제로 보험에 가입시키는 것이 개인의 자유를 침해했다고 볼 수 없는 것이다.

셋째, 사회복지정책들의 급여 형태는 크게 보면 현금, 현물, 그리고 서비스의 세 가지로 나눌 수 있다. 이 가운데 현물이나 서비스의 형태로 급여하는 것은 현금으로 급여하는 것보다 수급자의 선택의 자유를 제한할 수 있다. 현물이나 서비스는 현금처럼 수급자가 자신이 원하는 대로 소비하지 못하기 때문에 수급자의 효용이 현금으로 급여할 때보다 낮아질 수 있다. 그래서 효용과 선택의 자유를 강조하는 사람들은 현물이나 서비스를 제공하는 사회복지정책들을 비판하는 것이다.

현물이나 서비스의 형태로 급여하는 사회복지정책들이 수급자의 선택의 자유를 제한하여 개인적으로나 사회적으로 바람직하지 않은가? 그렇지 않다. 다음의 몇 가지 이유로 현물이나 서비스의 형태로 급여하는 것이 수급자 개인에게나 사회 전체적으로 바람직할 수 있다.

우선, 현금으로 급여하는 것이 선택의 자유를 줄 수 있다 하더라도 이를 위해서는 '합리적인 선택'이라는 전제조건이 필요하다. 합리적이지 않은 자유로운 선택은 수급자 개인이나 사회 전체에 해가 될 수 있는 것이다. 예를 들면, 영양실조 상태의 아동의 어머니에게 현금을 급여했을 때 이 어머니가 이 돈으로 자식을 위해 음식을 구입하지 않고 술을 산다면 수급자 개인뿐만 아니라 아동의 생산성 저하라는 측면에서 사회 전체적으로 해가 되는 것이다.

이러한 극단적인 예가 아니더라도 오늘날처럼 복잡한 사회에서는 수급자들의 합리적인 선택에 맡겨두기에는 정보의 문제가 심각하여 많은 재화나 서비스들을 수급자들의 자유로운 선택에 맡길 경우 오히려 불합리한 선택이 많이 발생할 수 있다. 예를 들면, 의료서비스의 경우 수급자들은 의료서비스의 공급자에 비해 정보가 적기 때문에(이른바 비대칭적 정보의 상황) 자유로운 선택에 맡길 경우 불합리한 선택을 하여 불이익을 받을 수 있는 것이다.

또한 현물로 급여하는 것이 현금으로 급여하는 것보다 정책의 목표효율성(target efficiency)을 높일 수 있어 수급자들의 필요(need)를 직접적으로 확실하게 해결할 수 있다. 그래서 필요가 많은 수급자들에게 집중적으로 급여할 수 있다. 예를 들면, 음식이 필요한 사람들에게는 음식을 주어야만 이 사람들에게 집중적으로 급여가 주어진다. 만일 현금으로 급여를 하면 음식이 꼭 필요하지 않은 사람들이 이 프로그램을 오용 혹은 남용할 수 있는 것이다.

무엇보다도 사회복지정책을 통하여 제공되는 현물이나 서비스는 대부분 인간다운 생활을 하는 데 반드시 필요한 음식, 주택, 피복, 교육, 의료서비스 등이다. 이러한 현물이나 서비스는 복지국가에서는 보편적으로 제공되어야 하는 가장 기본적인 것들이다. 따라서 이러한 현물이나 서비스에 대한 '선택의 자유'란 무의미한 것이다.

넷째, 어떤 사회복지정책들의 경우 급여를 받기 위해 수급자들의 자유가 제한된다. 대표적인 예로 범주적 공공부조(categorical public assistance)가 있다. 일반적인 공공부조는 일정한 소득이나 자산 이하이면 누구에게나 급여가 주어지나, 범주적 공공부조는 여기에다 일정한 인구학적 조건을 갖추어야만 급여가 이루어진다. 예를 들면, 노인과 같이 사는 가구에게만 급여를 한다든지, 아동을 키우는 여성세대주에게만 급여가 주어지는 경우가 있다. 이 경우 노인이 단독가구를 이루어 살 자유, 여성세대주가 결혼할 자유가 제한되는 것이다.

우리나라의 경우 국민기초생활보장제도에 '부양의무자' 기준이라는 것이 있어 수급자가 아무리 가난해도 '부양의무자'가 있다고 판단하면 급여를 하지 않는다. 이 경우 수급자나 '부양의무자'가 독립해서 살 자유를 제한하는 것이다.

오늘날 선진복지국가들에서는 범주적 공공부조와 같은 후진적인 사회복지 프로그램들은 드물다. 사회복지의 수급을 하나의 권리로 인정하기 때문이다. 그래서 사회복지 수급자들의 자유를 불필요하게 제한하지 않는다.

지금까지 사회복지정책과 자유의 관계에 대하여 논의하였다. 사회복지정책을 특정한 가치관으로 본다면 자유(소극적 자유)를 일정한 정도로 제한한다고 볼 수 있다. 그러나 앞에서 언급했듯이 사회복지정책은 적극적 자유를 크게 늘리는 데 기여한다. 적극적 자유가 없는 상황에서 소극적 자유의 의미는 크게 줄어들 수 있기 때문에, 사회복지정책이 자유의 가치를 침해한다는 비판에는 일정한 한계가 있다.

제 13 장

성장과 복지

성장이냐 복지냐? 성장과 복지를 둘러싼 논쟁은 오랫동안 사회과학의 대표적인 논쟁 중의 하나였다. 특히 우리나라처럼 사회복지를 확대하는 과정에 있는 국가들에서는 이러한 논쟁이 치열하고 정치적으로도 중요하다. 예를 들면, 우리나라에서 김대중, 노무현의 이른바 '진보정권'이 이른바 '보수정권'으로 교체된 중요한 이유 중의 하나는 '진보정권'이 복지를 지나치게 강조하여 성장에 해를 주었다는 주장(이른바 '잃어버린 10년')이 다수의 국민들에게 받아들여졌기 때문이다. 그래서 성장을 강조하는 정권이 등장한 것이다.

그런데 우리나라에서의 성장과 복지를 둘러싼 논쟁은 지나치게 이념적이고 도식화되어 있는 경향이 있다. 그래서 보수주의자들은 성장주의자이고, 진보주의자들은 복지주의자로 치부하는 경향이 있다. 성장과 복지의 관계에 대한 객관적이고 과학적인 관점이 부족한 것이다. 이에는 우리나라에서 오랫동안 '경제성장 제일주의'의 가치가 지배한 점도 일조한다.

성장과 복지를 둘러싼 논쟁은 크게 보면 두 가지이다. 하나는 경제성장만으로도 복지문제를 해결할 수 있느냐의 문제이다. 사실 경제성장만으로 복지문제가 저절로 해결된다면 가장 바람직하다. 시장에서의 일차적 분배만으로도 소득 불평등이나 빈곤의 문제가 크지 않다면 바람직한 것이다. 왜냐하면 일차적 분배에 의한 소득불평등이나 빈곤의 문제가 심각해 국가에 의한 이차적 분배(재분배)를 하다보면 사회적 비용이 클 수밖에 없기 때문이다. 그런데 현실세계에서는 경제성장만으로 복지문제가 해결되기에는 한계가 있다.

다른 하나는 복지정책을 확대하면 경제성장에 얼마나 해를 주느냐의 문제이다. 사실 이 문제가 복지주의자와 성장주의자 간의 대립의 핵심이라 할 수 있다. 성장주의자들은 복지정책은 경제성장을 크게 저해한다고 보는 것이다. 반대로 복지주의자들은 복지정책이 오히려 경제성장에 이롭다고 주장한다. 어느 쪽이 옳은가?

이 글에서는 이러한 두 가지 측면에서의 논쟁을 소개하고, 마지막으로 성장과 복지의 측면에서 바람직한 복지정책이 무엇인가를 논의하고자 한다.

1. 경제성장만으로 복지문제가 해결될 수 있는가?

많은 사람들이 경제성장 그 자체가 빈곤이나 소득불평등을 줄이는 가장 효과적인 방법이라고 생각하는 경향이 있다. 경제성장이 높으면 빈곤이나 소득불평등이 줄고, 경제성장이 낮으면 빈곤이나 소득불평등이 커진다는 것이다. 국가들 사이의 경제발전 수준이나 시대에 따라 다르지만, 실제로 과거에는 이러한 경우가 많았다.

예를 들면, 우리나라에서는 1960년대 중반부터 1990년대 후반의 이른바 'IMF 외환위기' 시기 이전까지 연평균 약 8%의 높은 경제성장을 이루었는데 이 시기에 빈곤(적어도 절대빈곤)이나 소득불평등이 줄었다. 가장 극적인 예를 보면, 1980년의 중위소득(물가상승을 고려한 불변가격으로 환산한 액수)의 50%의 소득수준을 절대적 빈곤선이라 했을 때, 1966년에는 우리나라 사람들의 약 50%가 이러한 빈곤선 이하에서 살았는데, 1992년에는 약 1%의 사람들만이 빈곤선 이하에서 살았다

(김태성, 1995). 그런데 이 시기에 우리나라에서는 사회복지정책을 비롯한 분배정책들이 매우 미미하였기 때문에 경제성장 그 자체 때문에 빈곤이나 소득불평등이 줄었다고 보는 것이 무리가 없다고 하겠다. 사실 이러한 경험으로 우리나라에서는 '성장제일주의' 가치가 지배하게 되었고, 그래서 유달리 많은 사람들이 '성장주의자'가 되었다고 볼 수 있다.

한편 우리나라보다 경제발전 수준이 높은 미국의 경우에도, 1960년대의 높은 경제성장의 시기에는 공식적인 빈곤율이 10% 포인트나 준 반면에(여기에는 이 시기에 이른바 '빈곤과의 전쟁(war on poverty)'을 통한 복지정책을 확대한 것도 부분적으로 기여한다), 1980년대 초에 경제성장이 둔화되자 빈곤율이 크게 높아졌다(Cutler and Katz, 1991).

그래서 이른바 '공급측면의 경제학(supply-side economics)'을 강조하는 사람들은 경제성장 그 자체가 가장 효과적인 복지정책이라고 주장한다. 이러한 사람들은 재화나 서비스를 공급하는 사람들에게 세금을 줄여주는 방법 등으로 그들의 생산 활동을 촉진시키면 분배할 사회적 자원이 늘게 되는데 이것이 이른바 '낙수(trickle-down)'가 되어 저소득층의 소득을 올려 결국 빈곤이나 소득불평등이 준다고 생각하는 것이다.

이러한 주장에 따르면 전통적으로 수요 측면을 강조하는 직접적인 복지정책들은 오히려 궁극적으로 빈곤이나 소득불평등을 늘린다. 왜냐하면, 복지정책을 위하여 세금을 올리거나 복지정책에 의존하여 사는 사람들이 많아지면 사람들의 생산 활동이 둔화되어 결국 분배할 자원 자체가 줄어들어 궁극적으로 저소득층들에 돌아갈 몫 자체가 오히려 줄기 때문이라는 것이다(Murray, 1984).

이러한 주장이 모든 국가에서나 모든 시기에서 유효한가? 그렇지 않다. 특히 오늘날 경제발전 수준이 어느 정도 이상이 되는 국가들에서는 이러한 주장이 맞지 않는다. 예를 들면, 우리나라의 경우 외환위기 이후인 2000년대에 들어와서 경제성장이 어느 정도 이루어졌는데도 불구하고 소득불평등은 오히려 늘어나는 현상이 나타난다. 미국의 경우도 1980년대 중반의 호경기에도 불구하고 과거와는 달리 빈곤이나 소득불평등이 늘었다. 사실 이러한 현상은 오늘날 대부분의 선진산업국가들에서 비슷하게 나타나고 있다. 즉 이제는 과거와 달리 '떠오르는 파도가 모든 배를 끌어올리는(rising tides raise all boats)' '낙수(trickle-down)' 효과가 나타나지 않거나 크게 둔화된 것이다.

왜 이러한가? 왜 어떤 경우에는 경제성장만으로도 빈곤이나 소득불평등이 줄어드는데 어떤 경우에는 그렇지 못한가? 이에 대해서는 이론적으로나 실증적인 측면에서 많은 논란이 있다. 지금부터는 이러한 논란에 대하여 논의하기로 한다. 먼저 이론적인 측면을 보자.

1) 경제성장으로 빈곤이나 소득불평등이 줄어들 수 있는 논리

경제성장으로 빈곤이나 소득불평등이 줄어들 수 있는 이유들은 여러 가지가 있을 수 있으나, 크게 보면 다음의 네 가지로 요약할 수 있다. 첫째, '공급측 경제학'의 핵심 논리로 경제성장이 지속되면 생산 활동이 커져서 일자리들이 늘어나 노동에 대한 수요가 많아져서 실업자들을 비롯한 저숙련 근로자들이 일자리를 잡을 기회가 높아져 결국 이러한 사람들의 소득이 향상된다는 점이다. 사실 경제발전 수준이 일정한 단계에 이르기 이전의 산업구조에서 기술의 중요성이 그렇게 크지 않은 상태에서는 이러한 논리가 설득력이 있다. 실제로 과거에는 많은 국가들에서 이러한 주장이 실증적으로 입증되었다.

둘째, 단순히 일자리가 늘어나는 것이 아니라 고임금 일자리가 많이 생겨 기존의 저임금 근로자들이 이러한 일자리들을 차지할 수 있어 그들의 소득이 향상될 수 있다는 점이다. 경제성장이 낮은 시기에는 저숙련(저임금) 근로자들이 아무(임금이 낮은) 일자리라도 잡으려고 하지만, 고성장의 시기에는 이러한 사람들이 고임금 일자리들을 차지할 가능성이 커지는 것이다.

그 이유는 다음의 세 가지로 설명할 수 있는데, 하나는 일반적으로 경제성장이 빠르게 이루어지는 시기에는 숙련 근로자들의 임금이 저숙련 근로자들의 임금보다 더 빠르게 상승하는 경향이 있다. 이 때 기업들은 숙련 근로자들의 높은 임금을 감당하기 힘들어 저숙련 근로자들로 대체하려는 경향이 있는데 이렇게 되면 저숙련 근로자들의 임금도 자연스럽게 상승할 수 있는 것이다.

다른 하나는, 이른바 내부노동시장이론(internal labor market theory)에 의하면 어떤 기업들은 근로자들의 이직을 막거나 이들의 근로의욕을 고취하기 위하여 생산성이 높은 양질의 근로자들에게 높은 임금을 주는 경향이 있다. 그런데 경제성장이 빠르게 이루어지는 시기에는 이러한 기업들이 양질의 근로자들을 구하기가 어려워 저임금 근로자들도 채용하는 경향이 있어 저임금 근로자들도 높은 임금을 받을 수 있다는 것이다(Okun, 1973).

마지막으로, 경제성장이 오랫동안 지속되면 사회에 전반적인 기술 향상이 이루어지는데 이 때 이른바 '기술 전파(skill diffusion)' 현상으로 저숙련 근로자들의 기술도 향상되어 이로 인해 이들의 임금이 상승할 수 있는 것이다.

셋째, 지금까지는 노동에 대한 수요의 측면만 논의했는데 노동 공급의 측면도 중요할 수 있다. 경제성장이 지속되어 일자리들이 늘어났을 때 학력, 숙련 정도, 연령, 성 등에 따른 근로자 집단들의 노동공급의 차이에 따라 집단별 임금 차이가 나타날 수 있다. 예를 들면, 숙련 정도가 높거나 학력이 높거나 연령이 장년층이거나 남성인 일반적으로 고임금 근로자들의 노동 공급이, 숙련 정도가 낮거나 학력이 낮거나 연령이 어리거나 여성인 저임금 근로자들의 노동 공급보다 많으면 후자의 근로자 집단들의 임금이 상대적으로 높아질 수 있어 임금불평등이 줄 수 있는 것이다. 이것은 미국에서의 실증적인 자료에 의하여 뒷받침되는데, 미국에서는 1970년대에 학력별 소득불평등이 줄었는데 그 이유는 고학력 근로자들의 노동 공급양이 저학력 근로자들의 그것보다 훨씬 커서 전자의 임금이 후자의 임금에 비하여 상대적으로 줄었기 때문이다(Cutler and Katz, 1991).

넷째, 경제성장이 지속되면 전반적인 소득 향상으로 국민들의 세금부담능력이 커질 수 있어 국가재정이 확대되는 경향이 있다. 이 때 두 가지의 이유로 저소득층의 소득이 높아질 수 있다. 하나는, 널리 알려진 '산업화 이론'에서 주장하듯이 경제성장이 지속되면 국가의 재정능력도 커지고 국민들의 국가의 복지정책에 대한 필요(needs)도 커져 직접적인 복지정책이 확대되어 저소득층의 소득이 향상될 수 있다.

다른 하나는 정부 지출을 통한 서비스들은, 특히 오늘날 크게 늘어나고 있는 사회 서비스들은, 대개 비숙련 근로자들(특히, 여성 근로자)에 대한 수요를 높이게 되어 이들이 일자리를 잡거나 임금이 올라갈 수 있다는 점이다. 예를 들면, 스웨덴의 소득불평등이 낮은 이유 가운데 하나는 이 나라의 대규모의 정부에 의한 사회서비스 분야에 많은 수의 여성 근로자들이 취업하고 있기 때문이다.

2) 경제성장으로 빈곤이나 소득불평등이 늘어날 수 있는 논리

위와는 반대로 경제성장은 빈곤이나 소득불평등을 오히려 늘릴 수 있는데, 그 이유는 다음과 같다. 첫째, 경제성장이 지속되어 경제발전이 일정한 수준을 넘어서면 요소소득(factor income)의 측면에서 국민총소득 가운데 노동에 주어지는 소득보다 자본에 돌아가는 소득의 비중이 커질 수 있다. 이 때 저소득층은 주로 노동소득에 의존하기 때문에 고소득층의 소득이 상대적으로 높아질 수 있어 소득불평등은 커질 수 있는 것이다.

최근에 선진산업국가에서 기업들의 생산성은 높아지는데 근로자들의 실질임금은 오르지 않는 현상들이 나타나는데, 그 이유 가운데 하나는 기업의 소득이 주로 자본에게 돌아가기 때문이다. 이러한 현상은 특히 자본집중적인 산업이 노동집중적인 산업보다 중요해지는 오늘날의 선진산업사회에서 많이 나타날 수 있다.

둘째, 위에서 언급했듯이 경제성장으로 소득불평등이나 빈곤이 줄어들 수 있는 핵심적인 기제는 경제성장으로 저숙련 근로자들이나 실업자들을 위한 일자리들이 많이 만들어지는 것인데, 오늘날에는 경제성장으로 일자리가 늘어나지 않는 이른바 '고용 없는 성장(jobless growth)' 현상이 많이 나타나고 있다는 점이다. 특히 이러한 현상은 기술집약적인 산업의 비중이 커질수록 더 많이 나타난다.

셋째, '고용 없는 성장'의 세부적인 이유는 기술발전과 이로 인한 산업이나 직업구조의 변화 때문이다. 기술이 발전하여 기술의 중요성이 커지게 되면 그 자체로 고학력 혹은 고숙련 근로자들에 대한 수요가 증가하는 반면에, 저학력 혹은 저숙련 근로자들에 대한 수요는 줄어든다. 이 때 고학력 혹은 고숙련 근로자들의 공급이 적절히 이루어지지 않으면, 즉 일자리와 기술이 적절히 부합되지 않으면—이것을 흔히 '일자리와 기술 부적합론(job-skill mismatch thesis)'라 부른다—고학력 혹은 고숙련 근로자들의 임금이 크게 상승하여 소득불평등이 커지는 것이다.

기술발전은 또한 산업구조와 직업구조의 변화를 가져와 소득불평등을 크게 할 수 있다. 일반적으로 1960~70년대까지만 해도 선진산업국가들에서도 제조업에서 일하는 근로자들이 다수였다. 그런데 제조업은 전통적으로 임금 수준이 높고 기술이나 학력의 측면에서 비교적 동질적인 사람들이 일을 하기 때문에 임금격차가 작아서 경제성장으로 제조업 일자리들이 늘어나면 자연스럽게 소득불평등이 줄어들 수 있었다.

그런데 1980년대부터는 서비스 산업에서 일하는 사람들의 숫자가 더 많아지는데, 서비스 산업은 속성 상 기술 차이가 커서 임금 격차가 크기 때문에 서비스 산업의 비중이 커지면 경제성장으로 일자리가 늘어난다 하더라도 임금불평등은 커지는 것이다.

이것은 세부적으로 두 가지로 설명할 수 있다. 하나는 기술발전이 이루어지면 일반적으로 고숙련 근로자들의 생산성이 저숙련 근로자들의 생산성보다 높아지기 때문에 발전된 기술을 필요로 하는 서비스 산업(예를 들면, IT 산업)에서는 고숙련 근로자들에 대한 수요만 있고, 저숙련 근로자들에 대한 수요는 기술이 중요하지 않은 산업(예를 들면, 사회서비스 산업)에만 있다는 점이다.

다른 하나는, 점차 커지는 시장의 세계화와 이로 인한 치열한 국제경쟁 때문에 저숙련 근로자들을 필요로 하는 산업은 해외로 나가게 되어(outsourcing), 국내에는 상대적으로 적은 숫자의 고숙련 근로자들을 필요로 하는 고기술 산업만 남게 되는 경향이 있다. 이러한 상황에서 제조업에서 밀려난 많은 수의 저숙련 혹은 반숙련 근로자들이 서비스 산업으로 진입하게 되는데, 이렇게 되면 서비스 산업에서의 임금 격차는 더욱 커지게 되는 셈이다.

이러한 이른바 '탈산업화(deindustrialization)' 혹은 '일자리의 양극화(job polarization)' 현상 때문에, 전통적인 제조업에서의 임금 격차가 작은 이른바 '중간층 일자리(middle class job)'의 숫자는 줄고 대신 '고임금 일자리'와 '저임금 일자리'의 숫자가 늘어나 결국 소득불평등이나 빈곤이 커지게 되는 것이다.

이것은 상기의 미국의 사례에서 볼 수 있다. 미국에서 1960년대에는 임금불평등이 줄어들고 1980년대에는 임금불평등이 늘어나는데, 그 이유는 1960년대에는 제조업에서의 저학력 근로자들의 고용이 크게 늘어난 반면에, 1980년대에는 이러한 근로자들이 약 25% 줄었기 때문이다(Cutler and Katz, 1991).

넷째, 지속적인 경제성장으로 경제발전이 일정한 수준 이상이 되면 노인 가구와 단일 부모가구(특히 여성세대주 가구)의 숫자가 크게 늘어날 수 있다. 실제로 오늘날 선진산업국가들에서는 이러한 가구들의 숫자가 과거에 비하여 크게 늘어났다. 그런데 문제는 이러한 가구들은 속성 상 노동시장에서 불리하기 때문에 소득이 낮거나 빈곤할 가능성이 크다. 따라서 경제성장으로 전반적인 국민들의 실질적인 소득이 늘어나도 이러한 가구가 늘어나면 빈곤이나 소득불평등은 줄어들지 않고 오히려 늘어날 수 있다.

또한 경제수준이 어느 정도가 되면 여성들의 경제활동참가율이 높아지는데 이 때 가구소득불평등에 두 가지의 서로 상반된 영향이 나타날 수 있다. 한편으로는, 가구 내의 주 소득자(primary earner)의 소득이 낮은 경우 가구 내의 2차 소득자(secondary earner)인 여성들이 일을 해서 주 소득자의 소득을 보충하면 가구소득이 높아질 수 있어 가구소득불평등이 낮아질 수 있다.

다른 한편으로는, 소득이 높은 사람들이 소득이 높은 배우자와 같이 사는 현상－이것을 흔히 'positive assortive mating'이라 한다－이 있을 경우에는 여성들의 경제활동참가율이 높으면 가구소득불평등은 커진다. 실제로 미국에서의 어떤 연구에 의하면 1980년대에 남편과 부인의 소득의 상관관계가 과거보다 높은 것으로 나타났다. 즉 남편의 소득이 높을수록 부인의 소득도 높거나, 아니면 남편의 소득이 낮을수록 부인의 소득도 낮은 것이다. 이렇게 되면 가구소득불평등이 가구 내의 주 소득자의 소득불평등보다 커지는 것이다.

지금까지 경제성장으로 빈곤이나 소득불평등이 줄어드는가 아니면 늘어나는가에 대한 이론적인 논의를 하였다. 어떤 경우에는 경제성장으로 빈곤이나 소득불평등이 줄어들고, 반대로 어떤 경우에는 빈곤이나 소득불평등이 늘어나기 때문에 이론적인 논의만으로는 불명확하다. 그래서 실증적인 조사가 필요한데, 지금부터는 경제성장과 빈곤이나 소득불평등의 관계에 대한 실증적인 연구들을 보기로 한다.

3) 실증적인 연구들

경제성장과 빈곤 혹은 소득불평등과의 관계를 실증적으로 분석하는 연구들은 크게 보면 두 가지로 나눌 수 있다. 하나는 국가들을 분석 단위로 하여 각 국가들의 경제발전 수준과 소득불평등의 관계를 비교·분석하는 것이고, 다른 하나는 국가 내에서 연도별로 경제성장과 빈곤이나 소득불평등의 관계가 어떻게 변하는가를 분석하는 것이다.

먼저 전자의 연구들을 검토하자. 사실 이러한 연구들은 경제발전 수준과 소득불평등의 관계를 분석하는 것이기 때문에 엄밀히 말한다면 경제성장과 소득불평등의 관계를 분석하는 것은 아니다. 그럼에도 불구하고 이러한 연구들을 검토할 필요가 있는데, 그 이유는 한 나라의 경제발전 수준은 오랜 기간에 걸친 경제성장에 달려 있기 때문에 이러한 연구들을 통하여 경제성장이 소득불평등에 미치는 장기적인 효과에 대한 이해를 높일 수 있다.

이러한 국가들 간의 비교 연구는 Kuznets(1963) 이래 많이 있어 왔는데, 아직도 많은 논란이 있다. 이러한 연구들은 크게 보면 세 가지의 연구결과로 요약할 수 있다. 첫째는, 경제성장이 지속될수록 저소득층의 소득이 지속적으로 높아져서 소득불평등이 감소한다는 것이다(Hewitt, 1976). 이러한 결과는 대개 경제발전 수준이 높은 국가들의 소득불평등이 경제발전 수준이 낮은 국가들(특히 저개발 국가들)의 소득불평등보다 낮은 것을 보여준다고 볼 수 있다. 다시 말하여, 경제발전 수준이 매우 높은 국가들과 경제수준이 매우 낮은 국가들과 비교하면 이러한 결과가 당연히 나타날 수 있는 것이다.

둘째, 경제발전의 초기 단계에서는 소득의 불평등이 커지지만, 후기 단계에서는 저소득층의 소득이 높아져 소득불평등이 줄어든다(Kuznets, 1963; Ahluwalia, 1976). 경제발전의 초기 단계에서 소득불평등이 커지는 것은 이른바 불균형 발전 때문이다. 이것은 남미국가들에서 흔히 나타났는데, 경제가 핵심부문(core sector) 중심으로 발전하여 주변부문(periphery sector)과의 차이가 커져서 소득불평등이 커지는 것이다. 이후에 경제발전 수준이 어느 단계를 넘어서면 불균형 발전의 모습은 사라지고, 앞의 이론적인 논의에서 언급했듯이, 이 단계가 되면 저숙련 근로자들에게 '기술 전파' 현상으로 기술 발전이 이루어지거나 고임금 일자리들이 주어질 수 있어 저소득 근로자들의 소득이 올라가서 소득불평등이 줄어들 수 있는 것이다.

셋째, 두 번째와 반대로 경제발전의 초기 단계에서는 소득불평등이 줄어드나, 후기 단계에서는 오히려 소득불평등이 커진다(Jackman, 1975). 이러한 결과는 오늘날의 선진산업국가들의 경제발전단계와 소늑

불평등의 관계를 잘 보여준다고 할 수 있다. 즉, 오늘날의 선진산업국가들은 1960년대까지만 해도 제조업 중심으로 고임금의 일자리들이 많아 저숙련 근로자들이 이러한 일자리들을 차지하여 그들의 소득이 높아졌으나, 1980년 이후 산업구조의 변화나 기술 양극화 등의 이유로 이러한 국가들에서 소득불평등이 커진다.

다음으로 국가 내의 경제성장과 빈곤이나 소득불평등과의 관계를 시계열 자료를 통하여 직접적으로 분석하는 연구들을 보자. 이러한 연구들은 국가들의 경제발전 수준 혹은 시기에 따라 서로 다른 결과들을 보여준다. 앞에서 언급했듯이, 우리나라의 경우는 2인 이상의 도시 근로자 가구만을 분석했을 때 1966~1992년 사이에 경제성장으로 실질 중위소득이 5배 이상 높아졌고 절대빈곤도 크게 줄어들었고, 1979~1992년 사이에는 소득불평등도 줄어든다. 예를 들면, 5분위 계층의 소득점유율로 볼 때 1979년에는 가장 못사는 20%의 가구가 전체 소득의 7.9%를, 가장 잘 사는 20% 가구가 전체소득의 39.3%를 차지하였는데, 1992년에는 이 수치가 각기 9.5%, 35.8%로 나타나 소득불평등이 줄었다는 것을 보여준다. 이는 지니계수로 볼 때도 뒷받침되는데, 1979년의 지니계수는 0.339이었는데 1992년에는 0.285로 줄어든다(김태성, 1995).

그러나 2000년 이후에는 경제성장이 빈곤이나 소득불평등을 줄이는 효과가 크게 약화되어 이후에는 경제성장에도 불구하고 소득불평등이 늘어난다. 예를 들어 구인회(2006)에 따르면, 1980년대 후반부터 외환위기 발생 시점인 1997년까지는 소득불평등이 꾸준히 완화되어 1997년의 지니계수는 0.284였으나, 외환위기 이후 다시 소득분배가 악화되어 2002년의 지니계수는 0.314로 나타났다. 이후 어느 정도 줄어 2012년에는 0.307, 2015년에는 0.295이다.

그렇다면 경제발전 수준이 우리보다 높은 미국의 경우는 어떠한가? 미국에서의 연구들도 시기별로 다르게 나타나는데, 우선 Blank and Blinder(1986)는 1950년대부터 1970년대 사이에 경제성장으로 실업률이

1% 포인트 줄어들면 빈곤율도 1% 포인트 줄어든다고 보고한다. 또한 Cutler and Katz(1991)에 의하면 1959~1982년까지는 경제성장으로 중위소득이 올라가거나 실업률이 낮아져 빈곤율이 줄어들거나 소득불평등이 줄어든다.

반면에 Blank and Card(1993)은 1967~1991년 사이의 자료를 분석한 결과 경제성장으로 인한 실업률의 감소나 중위소득의 증가가 소득불평등을 줄이는 데 기여하지 못한다고 보고한다. 또한 Cutler and Katz(1991)에 의하면 1983년 이후부터는 경제성장으로 빈곤이나 소득불평등이 줄어들지 않고 오히려 늘어난다. 그 주요 이유는 주 소득자(primary earner)들 사이의 임금불평등이 커졌기 때문이다.

또한 Freeman(2001)에 의하면 1960년대에는 경제성장이 빈곤율을 크게 줄였으나 그 이후에는 경제성장이 빈곤에 미치는 영향이 크게 둔화되었거나 오히려 빈곤율을 높였다. 구체적으로 보면, 1959년부터 1969년까지는 일인당 국민소득의 성장률이 34.6%이었고 이 기간 동안 빈곤율은 18.5%에서 9.7%로 낮아졌다. 이 기간 동안에는 경제성장의 '낙수(trickle down)' 효과가 뚜렷이 나타났다.

그러나 그 이후부터는 이러한 효과가 크게 둔화되는데, 1969~1979년 기간에는 일인당 국민소득 성장률이 23.8%이었는데 빈곤율은 9.7%에서 9.2%로 낮아진 것에 불과하다. 특히 1979~1989년 기간에는 일인당 국민소득 성장률이 22.9%인데도 불구하고 빈곤율은 9.2%에서 10.3%로 오히려 늘었다. 이후 1989~1999년 기간에는 성장률이 22.2%인데 빈곤율은 10.3%에서 9.3%로 약간 낮아졌다. 지난 30년간 전체로 볼 때, 일인당 국민소득 성장률은 73%인 반면에 이 기간 동안의 빈곤율은 1969년의 9.7%에서 1999년의 9.3%로 0.4% 포인트 낮아진 것에 불과한 것이다.

지금까지 소개한 연구들은 모두 시장소득, 즉 과세 전 소득(pre-tax income)이 아닌 과세 후 소득에다 이전소득까지 합한 가구 총소득을 분석하였다. 그런데 이러한 소득을 사용하면 경제성장이 빈곤이나 소득불평등에 미치는 영향을 정확히 알아내기가 어렵다. 왜냐하면 빈곤이나 소득불평등의 정도는 세금이나 이전소득에 따라 달라질 수 있기 때문이다. 따라서 경제성장의 효과를 좀더 명확히 알기 위해서는 시장소득을 사용하여 경제성장이 시장소득의 변화에 어떠한 영향을 주었는지를 분석해야 한다.

시장소득(market income)만을 분석한 Danziger and Plotnick(1977)에 의하면 미국에서 1965~1974년 사이 경제성장이 지속된 결과로 가구의 실질소득이 높아졌는데, 시장소득의 불평등은 커졌다. 지니계수는 0.4406에서 0.4765로 증가했다.

또한 좀더 긴 기간을 분석한 Blinder(1980)에 의하면 미국에서 1947~1977년 사이의 30년 동안 그 동안의 경제성장으로 미국인들의 실질소득이 약 2배 이상 높아졌으나, 소득불평등의 정도는 거의 변화가 없거나 오히려 약간 늘었다.

한편 빈곤에 초점을 맞출 경우 빈곤한 사람들의 시장소득만으로 볼 때 '빈곤갭(poverty gap)'—빈곤선 이하의 사람들을 빈곤선 소득으로 끌어올리는 데 드는 총 비용—은 지난 1963~1983년 사이에 경제성장에도 불구하고 지속적으로 증가하였다. 예를 들면, 1982년의 불변가격으로 1965년의 '빈곤갭'은 676억 불이었는데, 그 동안의 경제성장에도 불구하고 1983년의 '빈곤갭'은 1,162억 불에 이른다(Danziger and Weinberg, 1986).

그런데 지금까지 언급한 연구들은 그 동안의 가족구조의 변화로 인해 빈곤할 가능성이 큰 가구(노인 가구, 여성세대주 가구 등)들이 대폭 증가한 점을 고려하지 않았다. 사실 경제성장으로 빈곤이나 소득불평등이 줄었음에도 이러한 가구들이 대폭 늘어나 경제성장의 효과(?)가 희석될 수 있다. 따라서 가족구조의 변화를 통제한 후의 경제성장과 소득불평등의 관계를 분석할 필요가 있다.

Cutler and Katz(1991)에 의하면 가족구조의 변화는 빈곤이나 소득불평등의 정도에 어느 정도 영향을 준다. 예를 들면, 가족구조가 변화하지 않았다면 1989년의 빈곤율은 공식적인 빈곤율보다 1% 포인트 낮아질 수 있었다는 것이다. 그런데 이러한 가족구조의 변화로 인하여 빈곤이나 소득불평등이 커지는 것은 1970년대까지는 어느 정도 나타나는데 1980년대 이후에는 가족구조의 변화가 큰 설명력을 갖지 못하고 있다. 앞에서 언급했듯이, 1980년대 이후에는 가구주의 임금불평등이 커지는 것이 더 중요하다.

이와 유사하게 Blank and Card(1993)도 가족구조가 변화하지 않았다면, 1967~1991년 사이에 가장 잘 사는 가구들 20%의 소득은 줄고, 나머지 80%의 가구들의 소득은 올라갔을 것으로 분석한다. 즉, 가족구조의 변화가 소득불평등을 늘리는 효과를 나타낸다. 그러나 더 중요한 것은 노동시장에서의 임금불평등이고, 가족구조의 변화가 이러한 임금불평등이 가구소득의 불평등에 미치는 영향을 약화시키지는 못한다고 결론짓는다.

지금까지 경제성장이 빈곤이나 소득불평등에 미치는 영향에 관하여 이론적인 측면과 실증적인 측면에서 검토하였다. 위에서 논의했듯이 어떤 경우(국가나 시기)에는 성장이 빈곤이나 소득불평등을 줄이고, 어떤 경우에는 빈곤이나 소득불평등을 오히려 늘린다. 그렇다면 결론은 무엇인가? 지금까지의 논의를 종합해 보면 다음과 같은 결론을 내릴 수 있다.

첫째, 경제성장을 통하여 빈곤이나 소득불평등을 줄이기 위해서는 산업과 직업구조가 저소득층의 소득을 높일 수 있는 방향으로 이루어져야 한다. 선진산업국가들의 경우 1960~1970년대까지는 제조업의 비중이 커서 경제성장이 이루어지면 비숙련 혹은 반숙련 근로자들의 임금이 상승하여 소득불평등이 줄어들 수 있었다. 그런데 1980년 이후부터는 기술의 중요성이 커지고 기술 차이가 큰 서비스 산업의 비중이 커지면서 경제성장은 고숙련 근로자와 비숙련 근로자 사이의 임금 격차를 크게 하여 결국 소득불평등을 늘렸다. 한마디로 말하여 경제발전 수준이 어느 정도 이상이 되면 산업과 직업구조가 저소득층에게 불리한 방향으로 바뀌게 되어, 이러한 상황에서의 경제성장은 소득불평등을 높이는 것이다.

둘째, 경제성장이 소득불평등을 줄일 수 있는 것은 노동이 가능한 인구들 사이의 임금불평등의 완화를 통해서이다. 그런데 경제성장이 지속되어 경제발전이 어느 수준 이상이 되면 비노동인구(노인, 여성세대주 등)도 크게 늘어나기 때문에 노동인구의 임금불평등 감소에도 불구하고 사회 전체의 소득불평등은 줄어들기 어렵다.

다만 경제성장으로 사회 전반적인 소득이 증가하면 이러한 비노동인구에 대한 복지정책을 실시하는 데 상대적으로 좋은 여건을 갖추게 될 수는 있으나, 그렇다고 하여 반드시 비노동인구들에 대한 복지정책이 채택되는 것은 아니다. 이것은 국가들의 정치적, 사회적, 문화적 등의 차이에 따른 지배 가치의 차이에 따라 다를 수 있다. 예를 들면, 우리나라는 오랫동안 높은 경제성장을 이루었지만 복지정책은 등한시하였다. 반면에 스웨덴은 이른바 '스웨덴 모델'을 통하여 경제성장을 이루면서 동시에 복지정책도 확대하였다.

다시 말하여 경제성장 그 자체가 사회의 비노동인구를 비롯한 취약계층을 위한 복지정책의 확대를 보장하는 것은 아니다. 경제성장은 소득불평등 감소의 필요조건은 되지만 충분조건은 아닌 것이다.

셋째, 경제성장을 통하여 빈곤이나 소득불평등을 감소시킬 수 있다는 이른바 '낙수(trickle-down)' 효과는 경제성장을 통하여 일자리들(특히 고임금)이 많이 생겨 결국 이러한 일자리들이 저소득층 사람들에게도 돌아간다는 것이다. 그러나 이 과정에는 일정한 시간이 필요하고, 또한 저소득층 사람들이 이러한 일자리들을 차지할 수 있는지도 불확실하다. 반면에 적극적인 복지정책(예를 들면, 소득보장정책)은 빠른 시간 내에 확실하게 저소득층의 소득을 높일 수 있는 것이다.

결론적으로 말하면, 경제성장만으로 빈곤이나 소득불평등이 줄어들 수 있다면 더 이상 좋은 것이 없다. 왜냐하면 적극적인 복지정책들은 어떤 경우에 자본주의 경제에 어느 정도 해를 줄 수가 있기 때문이다.

그러나 지금까지 논의했듯이, 경제성장만으로 빈곤이나 소득불평등이 줄어들 수 있을지는 불확실하고, 기껏해야 경제성장은 적극적인 복지정책을 위한 필요조건에 지나지 않는다.

2. 복지정책을 확대하면 경제성장에 해로운가?

성장과 복지의 관계를 둘러싼 또 하나의 논쟁은 복지정책을 확대하면 성장에 해를 주느냐의 문제이다. 일반적으로 복지정책의 확대를 반대하는 사람들의 가장 중요한 논리는 복지를 강조하다 보면 성장에 해를 준다는 점이다. 실제로 많은 사람들은 오늘날의 서구 복지국가들이 지난 20~30년 동안에 저성장과 고실업을 유지하는 것이 이러한 국가들의 관대한 복지정책 때문이라고 생각한다.

과연 그러한가? 먼저 이론적인 측면에서 보면, 10장에서 자세히 논의했듯이, 복지정책은 인적자본을 향상시키는 등의 이유로 경제성장에 이로울 수도 있고, 다른 한편으로는 근로동기나 저축동기를 약화시키는 등의 이유로 경제성장에 해로울 수도 있다. 즉, 이론적으로는 알 수 없나. 그래서 실증적인 측면이 중요한데, 불행히도 그 동안의 성장과 복지에 관한 많은 실증적인 연구들도 서로 상반된 결과를 보여준다. 어떤 연구들은 복지정책이 성장에 해롭다는 결론을 내리는 반면에 어떤 연구들은 성장에 이롭다는 주장을 한다(Atkinson, 1995; Slemrod, 1995). 한 마디로 말하여, 복지가 성장에 이로운지 아니면 해로운지는 이론적으로나 실증적으로나 모두 불명확하다.

왜 이러한가? 가장 중요한 이유는 오늘날까지 성장과 복지에 관한 실증적인 연구들이 갖고 있는 한계 때문이다. 지금부터는 이러한 실증적 연구들을 둘러싼 쟁점들에 관하여 논의하고자 한다. 그래야만 성장과 복지의 관계에 대한 이해를 좀 더 높일 수 있기 때문이다.

성장과 복지의 관계에 관한 실증적인 연구들은 크게 보면 두 가지 형태로 나눌 수 있다. 하나는 이른바 '미시적 접근(bottom-up)'으로 개별 복지정책들이나 다양한 형태의 조세들이 경제성장에 어떤 영향을 주는지를 분석하는 것이다. 예를 들면, 국민연금이 저축이나 투자를 감소시켜 경제성장에 어떤 영향을 주는지를 분석하거나, 개인소득세의 세율 변화가 경제성장에 어떤 영향을 주는지를 분석하는 것 등이다. 그런데 이러한 연구들은 개별 정책들마다 다르기 때문에, 복지정책이 성장에 총체적으로 어떤 영향을 주는지는 알 수 없는 한계가 있다.

다른 하나는 이른바 '거시적 접근(top-down)'의 형태로, 집합적인 자료인 GDP 대비 복지정책지출과 일인당 GDP 혹은 성장률을 사용하여 국가 간 비교(cross-sectional)나 국가 내의 시계열 분석(time-series)을 하는 것이다. 그래서 GDP 대비 복지정책지출의 비율이 높을수록 일인당 GDP나 성장률이 늘어나는지 줄어드는지를 분석하는 것이다. 이러한 '거시적 접근'의 방식이 성장과 복지의 관계를 총체적으로 보여줄 수 있고 오늘날 특히 이러한 연구들이 논란이 많이 되기 때문에 여기서는 '거시적 접근'의 연구들에 관하여 논의하고자 한다.

오늘날 전 세계 국가들을 분석하면, 일반적으로 일인당 GDP가 높은 부자 국가일수록 가난한 국가들에 비해서 GDP 대비 복지정책지출의 비율이 높다. 또한 오늘날 선진산업국가들, 예를 들어 미국의 경우를 보면 1929~92년 기간 동안 GDP 대비 복지정책의 지출이 많을수록 일인당 GDP도 높아진다(Slemrod, 1995).

이상의 두 가지 사실로 볼 때 단순히 보면 복지정책을 확대하면 경제성장에 이롭다고 해석할 수 있다. 그러나 이런 식의 해석은 다음의 몇 가지 이유로 주의를 필요로 한다.

① 복지정책과 경제수준이나 경제성장과의 인과관계를 명확히 밝히기 어렵다는 점이다. 먼저 위에서처럼 일인당 소득수준과 복지정책의 수준이 正의 상관관계를 갖고 있다 하여 복지정책이 확대되어 일인당 소득수준이 높아졌다고 해석할 수 없다. 왜냐하면, 와그너의 법칙이 말

하듯이, 소득수준이 높아지면 사람들의 복지정책에 대한 요구도 늘어나고 또한 세금부담능력도 커지기 때문에 복지정책의 규모가 커질 수 있기 때문이다. 만일 후자라면 복지정책이 확대되어 일인당 소득수준이 높아졌다고 말할 수 없다. 즉, 반대의 인과관계인 것이다.

한편 복지정책과 경제성장과의 관계가 좀의 상관관계를 보일 때, 즉 복지정책이 커지면 경제성장이 낮아질 때 복지정책 때문에 경제성장이 낮아졌다고 해석할 수 있다. 그러나 이러한 해석도 위험하다. 왜냐하면 경제성장이 둔화되어 복지정책을 확대할 수밖에 없는 경우도 있기 때문이다. 예를 들면, 경제성장이 둔화되면 실업률이 높아지는 등의 이유로 빈곤층이 늘어나서 복지정책의 필요(needs)가 높아져서 국가가 복지정책을 확대할 수밖에 없는 것이다. 이것은 최근 우리나라에서 'IMF 외환위기'의 시기에 경제성장이 크게 둔화되어 실업자들이 크게 늘어나자 복지정책을 일시적이나마 확대한 예에서도 볼 수 있다. 만일 이렇다면 인과관계는 반대로 복지정책이 경제성장을 둔화시킨 것이 아니라, 경제성장이 둔화되어 복지정책이 확대된 것이다.

② 복지정책에의 지출의 성격이 국가들마다 다르다는 점이다. 복지정책과 경제성장과의 관계를 국가들 사이를 횡단적으로 분석하는 연구들은 대부분 독립변수로서 GDP 대비 복지정책지출의 비율을 사용한다. 따라서 이 변수가 중요한데, 문제는 복지정책지출의 성격이 국가들마다 다르다는 점이다. 어떤 국가들은 복지정책지출이 많은 것이 단순히 복지정책에의 필요(needs)가 많아서 그러하다. 예를 들면, 노인 인구, 실업자, 빈곤자, 여성세대주 가구 등 복지정책을 필요로 하는 사람들이 많아서 GDP 대비 복지정책지출 비율이 높은 것이다.

반면에 어떤 국가들은 복지정책지출이 많은 것이 복지정책의 내용 때문에 그러하다. 예를 들면, 복지정책들의 급여 수준이 높거나(소득대체율이 높다), 수급자격조건이 까다롭지 않아 많은 사람들이(특히 근로능력이 있는 사람들을 포함하여) 급여를 받는 것이다.

이 두 가지 경우는 복지정책이 경제성장에 영향을 주는 점에서 차이가 있다. 복지정책이 경제성장에 해를 줄 수 있는 것은 논리적으로 볼 때 전자보다는 주로 후자의 경우 때문이라 할 수 있다. 예를 들면, 급여액과 소득대체율이 높으면 사람들의 근로동기가 약해질 가능성이 크다든지, 급여자격이 관대하면 근로능력 있는 사람들도 일을 하지 않고 급여를 받으려고 하기 때문이다.

그런데 거의 모든 실증적인 연구들은 단순히 GDP 대비 복지정책지출의 비율만을 사용할 뿐 이 비율이 복지정책에의 필요가 많아서인지 아니면 복지정책의 내용 때문에 그러한지 구분하지 못하고 있는 것이다.

③ 복지정책의 규모를 측정하는 데에 문제가 있다는 점이다. 국가들마다 복지정책의 형태는 차이가 있다. 예를 들면, 오늘날 유럽의 복지국가들을 포함한 많은 국가들에서는 아동이 있는 가구들에게 가족수당을 지급한다. 반면에 우리나라나 미국을 비롯한 많은 국가들에서는 가족수당 대신에 아동이 있는 가구들에게 조세지출(tax expenditure)의 형태로 세금을 감면해 준다.

이 두 가지 제도는 아동이 있는 가구들에게 국가에 의하여 혜택이 주어진다는 점에서 기능적으로 동일한 역할을 한다고 볼 수 있다. 그런데 문제는 가족수당은 복지정책지출에 포함되는 반면에, 아동을 위한 조세지출은 포함되지 않는다는 점이다. 이렇게 되면 복지정책지출이 높은 것이 경제성장에 미치는 영향이 과대평가될 수 있는 것이다.

④ 복지정책이 경제성장에 이로운 점들을 측정하기가 어렵다는 점이다. 10장에서 논의했듯이 복지정책은 경제성장에 여러 가지 측면에서 도움을 줄 수 있다. 그런데 문제는 이러한 이로운 점들은 측정하기가 어려운 것이다. 예를 들면, 오늘날 가장 규모가 큰 복지정책인 사회보험들은 사람들이 살아가는 동안에 부딪히는 다양한 위험들을 해결해 주는데 이것은 여러 가지 측면에서 경제성장에 도움을 준다. 사회보험

은 무엇보다도 사람들의 노동력을 유지시켜 준다는 점에서 경제성장에 도움을 준다. 예를 들면, 질병에 걸렸을 때 의료서비스를 받을 수 있고 치료 기간 동안 생활비를 받을 수 있어 노동력의 재생산이 가능해지는 것이다.

또한 미래에 부딪힐 수 있는 위험을 해결하기 때문에 불확실성의 감소라는 정신적 · 심리적인 이득을 주는데 이 역시 경제성장에 기여할 수 있다. 복지정책은 또한 사회 · 정치적 안정이라는 이득을 주는데 이것도 경제성장에 다양한 이유로 기여할 수 있다.

문제는 이러한 복지정책의 편익들은 계량화하기가 어렵기 때문에 측정하기가 힘들다는 점이다. 그래서 실증적인 연구들에서 복지정책이 경제성장에 주는 긍정적인 효과가 과소평가될 수 있는 것이다.

⑤ 복지정책이 경제성장에 미치는 영향은 또한 임금, 고용, 근로시간 등의 근로조건을 결정하는 방식에 따라 다를 수 있다는 점이다. 어떤 국가들에서는 - 이른바 '조합주의적(corporatist)' 국가 - 임금, 고용, 노동시간 등의 근로조건이 국가, 노동을 대표하는 조직, 자본을 대표하는 조직의 3자의 협상으로 중앙집권적으로 집합적으로 결정된다. 반면에 어떤 국가들에서는 근로조건이 개별 노동자들과 개별 기업 혹은 산업들 사이에서 분권적으로 개별적으로 결정된다.

이러한 두 가지 형태의 국가들 중 일반적으로 조합주의적 국가들에서는 복지정책이 확대되어도 경제성장에 주는 부정적인 효과가 후자의 국가들에 비하여 적다. 왜냐하면 조합주의적 국가들에서는 노동조건이 집합적으로 결정되기 때문에 복지정책의 확대로 세금이 올라간다 해도 개인 노동자들의 입장에서의 행위의 변화의 여지가 적기 때문이다. 예를 들면, 조합주의 국가들에서는 높은 세금으로 인한 노동공급의 감소가 비조합주의적인 국가들에 비하여 적게 나타나는 것이다(Freeman, 1997).

⑥ 국가들 사이의 사회문화적인 차이도 복지정책과 경제성장의 관계에 영향을 줄 수 있다. 예를 들면, 동질적이고 국민들 사이에 신뢰감이 크고 연대의식이 강한 국가와 이질적이고 국민들 사이에 신뢰감이 약하고 연대의식이 약한 국가 사이에는 복지정책이 경제성장에 미치는 영향에 차이가 있다. 전자의 국가에서는 높은 세금에도 불구하고 탈세행위가 적거나 근로동기가 약화되지 않는 반면에, 후자의 경우에는 납세자와 복지정책의 수급자 사이의 반목이 커서 세금이 높아지면 쉽게 탈세할 동기가 커지거나 복지정책이 확대되면 쉽게 일을 안 하고 복지정책의 수급자가 되려고 하는 경향이 크다. 그래서 전자의 국가들에서는 복지정책이 확대되어도 경제성장에 미치는 부정적인 효과가 후자의 국가들에 비하여 적게 나타나는 것이다.

⑦ 국가들이 갖고 있는 복지정책들의 세부적인 형태의 차이도 중요하다. 예를 들면, 보편적인 사회서비스를 강조하는 국가와 일정한 자산이나 소득 이하의 사람들에게만 급여하는 공공부조를 강조하는 국가의 경우, 전자의 경우가 복지정책이 경제성장에 미치는 부정적인 효과가 후자의 경우보다 적다. 또한 스웨덴처럼 적극적 노동시장정책을 통하여 일을 하는 경우 많은 서비스가 급여되기 때문에 아무리 복지정책이 후해도 경제성장에 미치는 부정적인 효과는 적을 것이다.

⑧ 정부지출을 요하는 복지정책들 이외에 복지를 위한 정부의 여러 제도들도 경제성장에 중요한 영향을 줄 수 있다는 점이다. 예를 들면, 최저임금제도, 누진적인 소득세제 등을 비롯한 정부의 각종의 규제정책들도 경제성장에 큰 영향을 줄 수 있다. 만일 이러한 제도들이 경제성장에 해를 준다면 실증적인 연구들에서 정부지출의 복지정책들의 부정적인 효과가 과대평가될 수 있다.

⑨ 민간부문의 복지정책도 경제성장에 영향을 줄 수 있기 때문에 공

공부문의 복지정책이 경제성장에 미치는 영향을 과대평가할 수 있다. 예를 들면, 미국에서의 대학교육은 대부분 민간재원에 의존하는 반면에 유럽 국가들에서의 대학교육은 대부분 정부재원에 의존한다. 그런데 미국에서는 많은 학생들이 소득/자산조사를 근거로 장학금을 받을 수 있는데 이 때 이 학생들의 부모들에게는 소득이 늘어나면 장학금을 못 받기 때문에 실질적으로 묵시적인(implicit) 세금이 부과되는 효과가 나타난다. 이러한 효과는 노동력 공급의 감소를 가져올 수 있어 경제성장에 해를 줄 수 있다. 이렇게 볼 때 대학교육을 정부재정에 의존하는 유럽 국가들의 경제성장에 미치는 부정적인 효과가 미국과 비교해 볼 때 과대평가될 수 있는 것이다(Slemrod, 1995).

지금까지 복지가 성장에 해로운지에 대하여 이론적인 측면과 실증적인 측면에서의 쟁점들을 논의하였다. 그렇다면 결론은 무엇인가? 복지정책을 확대하면 경제성장에 해로운가? 답은 '모른다'이다. 이론적이나 실증적인 측면 모두에서 불명확하다.

따라서 복지와 성장의 관계의 문제는 결국 가치 혹은 이념적인 문제로 귀착된다. 그래서 이념적으로 복지정책을 확대하기를 원하는 사람들은 복지정책이 경제성장에 이롭다고 믿는 것이고, 반대로 이념적으로 복지정책을 축소하기를 원하는 사람들은 복지정책은 경제성장에 해롭다고 믿는 것이다.

3. 이상적인 복지정책들을 찾아서

전술했듯이 복지정책이 경제성장에 해로운지 아니면 이로운지는 이론적으로나 실증적으로나 불명확하다. 그럼에도 불구하고 세부적으로 보면 복지정책의 형태에 따라 경제성장에 미치는 영향은 다르다. 어떤 복지정책들은 경제성장에 이로운 것이다. 예를 들면, 인적자본 향상을 이룰 수 있는 정책들이 그러하다. 대표적으로, 건강보험, 노동시장정책,

저소득층 아동들을 위한 교육정책 등이다. 그러나 경제성장에 이로운 복지정책이라 하여 반드시 바람직한 것은 아니다. 복지정책은 또 하나의 중요한 목표인 소득재분배효과가 커야 한다. 이상적인 분배정책은 소득재분배효과가 크면서도 경제성장에 해를 주지 않는 정책인 것이다. 여기서는 이상적인 복지정책들을 찾기 위하여 다양한 복지정책들을 유형화하여 각 복지정책들이 소득재분배와 성장의 측면에서 갖고 있는 장점과 단점들을 논의하고자 한다.

한 나라의 국민들의 소득분배 형태에 영향을 줄 수 있는 정책들은 무수히 많다. 어찌 보면 국가의 모든 정책들이 직접적이든 간접적이든 분배 형태에 영향을 줄 수 있다. 여기서는 저소득층을 대상으로 직접적으로 영향을 주는 복지정책들만을 다루고자 한다. 실제로 대부분의 사람들이 생각하는 복지정책은 이러한 정책들이다.

복지정책은 크게 보면 일차분배정책과 이차분배정책으로 나눌 수 있다. 일차분배정책은 자본주의 사회에서 가장 중요한 소득원이라 할 수 있는 시장소득(market income)-근로소득, 자본소득 등-그 자체에서 변화를 추구하는 정책이다. 이러한 정책들은 사회의 저소득층(취약계층)을 대상으로 하여 시장에서 그들의 소득능력(earnings capacity)을 높여 궁극적으로 그들의 소득을 높이는 것이 목표이다.

일차분배정책은 크게 두 가지로 나눌 수 있는데, 하나는 사람들이 시장에 참여하기 이전에 개입하는 정책이고, 다른 하나는 사람들이 시장에 참여한 후에 제공되는 정책이다. 전자는 흔히 '기회평등정책(equal opportunity policy)'이라 불리는 것으로 저소득층(취약계층)의 사람들이 시장에 참여하기 이전에 시장에서의 경쟁에서 불이익이 없도록 미리 예방적인 차원에서 제공되는 정책이라 할 수 있다. 반면에 후자는 시장에 참여한 사람들을 대상으로 하여 그들의 소득능력을 높여서 소득을 높이려는 정책으로, 대표적인 것이 노동시장정책이다.

이차분배정책은 시장에서 일차적으로 결정된 분배형태를 다시 재분배하는 정책들을 말한다. 그래서 이러한 정책들은 재분배정책이라 불린다. 그리고 많은 사람들이 분배정책으로 생각하는 것은 이러한 재분배정책이다. 대표적인 것이 조세정책과 소득보장정책이다. 일반적으로 일차분배정책만으로 사회의 빈곤이나 소득불평등이 상당히 줄어들 수 있다면 이차분배정책의 필요성은 약하다. 특히 이차분배정책은 일반적으로 일차분배정책에 비하여 경제성장에 해를 더 많이 줄 수 있는 속성을 갖고 있기 때문에 가능한 한 일차분배정책에 의하여 빈곤이나 소득불평등이 크게 줄어들어 이차분배정책의 역할이 줄어드는 것이 바람직할 수 있다.

그러나 현실세계에서 대부분의 국가들의 복지정책은 이차분배정책에 비중을 크게 두고 있고 그 규모가 압도적으로 크다. 그 이유는 우선 대부분의 국가들에서 시장에서 결정된 소득의 불평등이 너무 크고, 또한 일차분배정책에 의한 소득분배효과가 미약하기 때문이다. 그래서 빈곤이나 소득불평등을 줄이기 위해서는 결국 이차분배정책에 의존할 수밖에 없는 것이다. 여기서는 지금까지 거론한 네 가지의 복지정책들이 분배와 성장의 측면에서 어떠한 장점과 단점들을 갖고 있는지를 논의하고자 한다.

1) 기회평등정책

자본주의 사회에서는 시장에서의 경쟁을 통하여 사람들의 경제적 지위가 결정된다. 따라서 시장에서의 공정한 경쟁이 중요한데 어떤 사람들은 시장에서의 경쟁에 참여하기 이전부터 불리한 조건들을 갖고 있어 공정한 경쟁을 하지 못하여 경제적 지위가 낮아진다.

기회평등정책은 사회의 취약계층 혹은 저소득층을 대상으로 하여 시기적으로 이들이 노동시장에 참여하기 이전에 개입하여 이들의 시장에서의 소득능력을 높여 시장소득에서의 불평등을 줄이는 데 목표가 있다. 기회평등정책은 현재의 분배문제보다는 미래의 분배문제를 해결하는 것을 목표로 하는 장기적으로 '예방적'인 정책이며, '결과의 평등'보다는 시장에서의 공정한 경쟁에의 기회의 평등을 강조하는 정책이라 할 수 있다.

기회평등정책은 기본적으로 저소득층 사람들의 인적자본(human capital)을 높이는 정책이다. 이것은 저소득의 원인이 인적자본에의 투자가 적어 생산성이 낮은 데서 기인한다고 보고 소득을 높이기 위해서는 각종 인적자본에의 투자가 필요하다는 인적자본이론에 바탕을 두고 있다. 그래서 세부적인 기회평등정책은 다양한 형태의 인적자본 향상을 위한 프로그램들로 구성되어 있다. 예를 들면, 저소득층 사람들의 건강상태를 좋게 하는 것, 이들이 살고 있는 주거환경을 개선하는 것, 저소득층 자녀들의 인지능력을 향상시키는 것, 저소득층 자녀들의 교육성취 기회를 제공하는 것, 기술훈련을 시키는 것 등이다.

기회평등정책은 성장과 분배라는 측면에서 어떠한 장점과 단점을 갖고 있는가? 기회평등정책은 후술할 재분배정책들에 비하여 경제성장에 기여하는 바가 크다. 왜냐하면, 이것은 저소득층 사람들의 인적자본을 향상시켜 생산성을 높일 수 있고, 또한 시장에서의 경쟁의 결과를 그대로 받아들이기 때문에 시장경제를 왜곡할 가능성이 적기 때문이다. 실제로 많은 실증적인 연구들에 의하면 저소득층들에 대한 인적자본 투자로 경제성장이 높아졌다. 이러한 이유로 기회평등정책은 정치적으로 인기가 있어 심지어는 복지정책의 확대를 반대하는 사람들도 선호한다. 예를 들면, 복지정책의 확대를 꺼리는 우리나라에서도 일찍이 초등학교 의무교육을 실시하거나, 저소득층을 위한 의료보호를 하거나, 최근에 '희망스타트'라 하여 저소득층 아동들의 인지능력 향상을 위한 프로그램을 확대하고 있다.

그렇다면 이러한 기회평등정책의 분배효과는 어떠한가? 기회평등정책에 의하여 저소득층의 소득이 향상되어 빈곤이나 소득불평등이 얼마나 줄어드는가? 불행히도 기회평등정책의 분배효과는 약한 것으로 알려졌다(Levin, 1977; Glazer, 1986). 그 이유는 다음과 같다.

첫째, 사람들의 시장에서의 경쟁에서 성공할 수 있는 능력은 상당 부분 유전적으로 결정될 수 있기 때문이다. 사람들의 능력이 유전과 환경

(nature VS nurture) 가운데 어떤 것에 의하여 주로 결정되는지는 여전히 명확하지 않다. 따라서 저소득층 사람들에게 여러 가지 환경적인 측면에서 '기회의 평등'을 추구해도, '유전인자의 평등'이 이루어지지 않는 한 기회의 평등정책을 통한 분배효과는 제한적일 수밖에 없다.

둘째, 사람들의 능력이 환경에 의하여 주로 결정된다 하더라도, 환경적인 측면에서 모든 '기회의 평등'을 이루는 것도 현실적으로 불가능하다. 사람들은 태어나는 순간부터 무수히 많은 '환경'에 접하게 되는데 모든 '환경'에서의 평등을 이루는 것은 어렵다. 이것은 서로 다른 가족환경에서 성장한 사람들이 인지능력이나 교육수준은 비슷함에도 불구하고 시장에서의 소득의 차이는 크다는 많은 실증적인 연구들에 의하여 뒷받침된다(Taubman, 1976).

셋째, 저소득층의 사람들에 대한 인적자본 향상을 위한 투자를 하여 그들의 생산성이 높아져도 그들의 소득이 반드시 높아지는 것은 아니기 때문이다. 이것은 그들의 노동시장에서의 상대적 위치가 여전히 낮을 수 있거나, 그들의 학력이 대다수 사람들의 학력보다 높아지지 않거나, 분절된 노동시장의 구조에서 그들이 이차노동시장에서 일자리를 차지하게 되면 그들의 소득이 크게 높아지기는 어렵기 때문이다(Thurow, 1975; Stiglitz, 1975; Doeringer and Piore, 1971).

지금까지 논의했듯이 기회평등정책은 경제성장에는 기여할 수 있으나, 빈곤이나 소득불평등을 줄이는 효과는 크지 않다고 볼 수 있다.

2) 노동시장정책

상기의 기회평등정책은 사람들이 노동시장에 참여하기 전에 제공하는 것이라면, 노동시장정책은 현재 노동시장에 참여하고 있는 사람들을 대상으로 그들의 시장에서의 소득을 높이는 것을 목표로 한다.

노동시장정책에 속하는 프로그램들은 다양한데, 크게 나누면 두 가지 형태가 있다. 하나는 노동공급 측면의 프로그램이고, 다른 하나는 노동수요 측면의 프로그램이다. 노동공급 측면의 프로그램들은 기본적으로 노동시장에 참여하고 있는 사람들의 생산능력을 높이는 것이 목표이다. 특히 오늘날처럼 산업구조가 바뀌면서 숙련 노동력의 필요성이 높아지고 기술이 급격히 변화하는 시기에는 이러한 프로그램들의 역할이 더욱 중요하다.

이러한 프로그램들에는 대표적으로 각종 기술훈련 혹은 재훈련 프로그램이 있고, 이 밖에 취업정보를 제공하는 프로그램, 기술을 배울 수 있는 환경을 제공하기 위한 이동수당(moving allowance), 훈련수당(training allowance), 그리고 동기강화와 적응 서비스 프로그램 등이 있다.

그런데 이러한 노동공급 측면의 프로그램들의 실질적인 효과는 불확실할 수 있다. 왜냐하면 노동시장에 참여한 사람들이 기술훈련을 받았다 하더라도 그들이 실제로 취업하느냐 혹은 취업을 했다 하더라도 저소득을 벗어날 수 있는 적절한 임금을 받을 수 있느냐가 불확실하기 때문이다. 특히 오늘날처럼 이른바 '고용 없는 성장(jobless growth)'의 시대, 즉 경제성장은 이루어지는데 일자리는 많이 창출되지 않는 상황에서는 더욱 그러하다. 그래서 필요한 것이 노동수요 측면을 강조하는 프로그램이다.

노동수요 측면의 프로그램은 기본적으로 저소득층들에게 적절한 임금을 주는 일자리를 제공하는 것이 목표이다. 여기에는 크게 보면 세 가지 형태가 있다. 첫째는, 공공부문의 일자리 창출 프로그램으로 정상적인 노동시장에서 적절한 임금을 주는 일자리를 찾지 못하는 저소득층의 사람들에게 직접적으로 공공부문의 일자리를 제공하는 것이다. 둘째는, 민간부문 고용 프로그램으로 민간부문의 사용자들에게 여러 가지 방법의 보조(subsidy)를 해주어 저소득층의 사람들을 고용하게 하는 것이다. 셋째는, 임금보조 프로그램(wage subsidies)으로, 상기의 두 가지 프로그램이 고용이라는 측면을 강조하는 것과 달리 저소득층의 임금을 높이는 것을 강조한다. 임금보조 프로그램은 여러 가지 형태를 취할 수 있으나 기본 골격은 사회적으로 바람직하다고 인정되는 목표 임금을 설정한 후 이 임금보다 적게 받는 근로자들에게 임금의 일정률을 보조하여 저임금 근로자들이 일을 많이 할수록 유리하게 만든 제도이다.

노동시장정책은 성장과 분배의 측면에서 어떠한가? 노동시장정책은 전술한 기회평등정책보다 더 직접적으로 경제성장에 기여할 수 있고, 후술할 이차분배정책들보다 시장경제를 왜곡할 가능성이 적다. 노동시장정책은 특히 오늘날처럼 기술의 중요성이 커지고, 새로운 기술이 빠르게 도입되는 상황에서는 경제성장을 위해서 그 필요성이 더욱 커지고 있다. 실제로 오늘날처럼 근로복지(workfare)를 강조하는 상황에서 많은 국가들이 노동시장정책을 확대하고 있는 실정이다.

노동시장정책은 전술한 기회평등정책보다 분배효과가 높다고 볼 수 있다. 왜냐하면 이것은 현재 노동시장에 참여하고 있는 사람들을 대상으로 그들의 생산 능력을 높이거나 일자리를 제공하기 때문이다. 특히 임금보조 프로그램은 저임금 근로자들에게 직접적으로 임금을 보조해주기 때문에 분배효과가 뚜렷하게 나타날 수 있다.

그러나 노동시장정책의 분배효과는 후술할 이차분배정책들보다 불확실하거나 낮다고 볼 수 있다. 왜냐하면 기술훈련 등의 노동공급 측면의 프로그램들을 제공해도 저임금 근로자들이 저소득을 벗어날 정도의 임금을 받을 수 있는 일자리를 차지할 수 있는지는 불확실하기 때문이다. 또한 노동수요 측면의 프로그램들도 시장경제를 왜곡시키지 않는 상태에서 적절한 임금을 주는 공공부문의 일자리 창출은 한계가 있고, 민간부문의 고용 프로그램도 실질적으로 저임금 근로자들의 취업이 매우 제한적이기 때문이다.

3) 조세 정책

지금까지는 시장소득(일차소득) 그 자체에서의 소득불평등이나 빈곤을 줄일 수 있는 정책들을 설명하였다. 지금부터는 시장에서 결정된 일차소득을 재분배하여 이차소득에서 소득불평등을 줄일 수 있는 이차분배정책들을 설명하는데, 여기에는 조세정책과 소득보장정책이 있다. 먼저 조세정책을 보자.

조세정책은 단순히 정부재원을 마련하는 데 관련될 뿐만 아니라 중요한 재분배정책이기도 하다. 그래서 한 나라의 소득분배 형태는 조세정책에 의하여 크게 영향을 받는다. 조세정책을 통하여 소득분배 형태에 영향을 줄 수 있는 방법이나 기제는 다양한데, 크게 보면 다음의 4가지로 설명할 수 있다.

첫째, 조세정책에 의하여 적극적인 재분배정책에 사용할 수 있는 재원이 결정된다는 점이다. 소득불평등을 줄이기 위해서는 적극적인 분배정책이 필요하고 이를 위해서는 재원이 필요한데, 이 때 조세정책에 따라 조세수입의 규모가 결정되고 이에 의하여 분배정책의 규모가 결정된다. 이것은 소득불평등이 비교적 작은 고도로 발전된 복지국가들은 대부분 조세수입이 많고, 반대로 소득불평등이 높은 나라들의 조세수입이 적다는 사실로 뒷받침된다.

둘째, 소득계층별 조세부담의 차이를 어떻게 하느냐는 측면이다. 조세수입이 늘면 일반적으로 분배정책에 사용할 재원이 늘어나서 소득불평등이 줄어들 가능성이 커지는 것은 사실이다. 그러나 더 중요한 것은 이러한 조세수입이 어떤 조세에 의존하고 또한 실질적인 조세부담을 누가 하느냐에 따라 소득분배형태가 크게 달라질 수 있다는 점이다. 그래서 소득이 높은 사람들의 조세부담률을 높게 하는 누진적인 조세에 주로 의존하면 소득불평등은 줄어들고, 반대로 소득이 낮은 사람들의 조세부담률이 높은 역진적인 조세에 의존하면 소득불평등은 늘어나는 것이다.

셋째, 조세지출(tax expenditure)을 통해서이다. 대부분의 나라들의 조세정책에는 조세지출 제도가 있다. 조세지출은 여러 가지 이유로 납세자들에 조세를 감면해 주는 제도이다. 이 가운데는 이른바 복지성 조세지출이 있어 노인, 장애인, 아동이 있는 가구들에게 혹은 의료비, 교육비, 주택비 등의 지출에 대하여 조세를 감면해 준다. 그런데 문제는 이러한 조세지출을 통하여 고소득층이 저소득층에 비하여 더 많은 혜택을 받는다는 점이다. 즉, 조세지출을 통하여 소득불평등은 더 커질 수 있다는 것이다. 따라서 소득불평등을 줄이기 위해서는 조세지출의 규모를 줄여 과세대상을 넓혀 조세수입을 늘려 적극적인 분배정책을 확대하는 것이 더 바람직하다.

넷째, 조세정책을 통하여 저소득층의 소득을 직접적으로 높일 수 있다. 대표적으로 우리나라에서도 시행되는 근로장려세제(Earned Income Tax Credit)가 있다. 이것은 근로빈곤자(working poor)들을 대상으로 일정한 근로소득 이하의 사람들에게 일정한 비율에 따라 급여액을 정하여 조세제도를 통해 급여하는 제도이다. 이것은 저소득 근로자들의 소득을 직접적으로 높이기 때문에 후술할 소득보장정책의 성격을 갖고 있다. 근로장려세제는 전통적인 소득보장정책들이 수급자들의 근로동기의 약화를 어느 정도 초래하는 것과는 달리 근로빈곤자들의 근로동기의 강화를 목표로 하고 있다.

이른바 '공급측 경제학(supply-side economics)'의 주장에 따르면 조세부담이 너무 높으면 노동공급과 투자가 줄어 경제성장에 해가 된다고 한다. 실제로 최근에 조세부담이 지나치게 높은 서구의 복지국가들은 조세율을 어느 정도 낮추었다. 그러나 10장에서 논의했듯이 많은 실증적인 연구들에 의하면 조세부담이 노동공급이나 저축과 투자에 미치는 영향은 미미하여 경제성장을 둔화시킬 정도는 아니다. 실제로 오늘날 서구 복지국가들은 조세부담률을 상당히 높은 수준으로 유지하면서(GDP의 50% 이상) 일정한 수준의 경제성장을 이루고 있다. 그럼에도 불구하고 조세정책은 앞에서 언급한 일차분배정책들에 비해서 성장에 미치는 부정적인 효과는 크다고 할 수 있다.

반면에 조세정책은 기회평등정책이나 노동시장정책들에 비하여 분배효과는 크다. 모든 복지국가들에서 조세정책은 소득불평등을 줄이는 강력한 도구이다. 과세 전의 시장소득에서의 커다란 불평등을 조세정책을 통하여 많이 줄이는 것이다. 특히 조세부담률이 높거나, 조세의 누진성이 크거나, 역진적인 성격의 조세지출이 크지 않은 국가들에서 더욱 그려하다.

4) 소득보장정책

지금까지 세 가지 분배정책들을 설명하였는데, 이러한 세 가지 분배정책들로 분배문제를 해결하는 것에는 한계가 있어 마지막으로 의존하는 것이 소득보장정책이다. 소득보장정책은 다른 분배정책들보다 분배효과가 가장 큰 반면에, 다른 한편으로는 경제성장에 미치는 부정적인 효과도 가장 크다. 그래서 성장과 분배의 측면에서 가장 논란이 많은 것이 소득보장정책이기도 하다.

그런데 소득보장정책들은 세부적으로는 무수히 많은 프로그램들이 있고 이러한 것들은 성장과 분배의 측면에서 서로 다른 장점과 단점들을 갖고 있다. 소득보장정책들은 크게 보면 세 가지 형태로 분류할 수 있다. 첫째는 비기여 그리고 비소득/자산조사 프로그램이고, 둘째는 기여 그리고 비소득/자산조사 프로그램이고, 셋째는 비기여 그리고 소득/자산조사 프로그램이다.

(1) 비기여 그리고 비소득/자산조사 프로그램

이것은 한 나라의 국민이면 일정한 인구학적인 조건(예를 들면, 노인, 아동, 장애인 등)만 갖추면 보험료 납부에 상관없이, 그리고 수급자의 소득이나 자산조사를 하지 않고 급여하는 프로그램이다. 그래서 흔히들 디모그란트(Demogrant) 혹은 보편적인 프로그램(universal program)이라 불린다. 대표적인 것들로, 가족수당(아동수당), 보편적 연금, 장애수당 프로그램들이 있다.

보편적 프로그램은 소득보장정책의 역사적 발전과정을 통해 볼 때 일반적으로 가장 늦게 도입되었으나 가장 발전된 형태라 할 수 있다. 왜냐하면 이것은 일반 국민들이 인간답게 살 수 있는 최소한의 소득을 보장받을 권리－사회권(social right)－를 갖고 있다는 이념을 반영하기 때문이다.

보편적 프로그램은 일반적으로 다른 소득보장정책들에 비하여 경제에 미치는 부정적인 효과가 적다. 왜냐하면 이러한 프로그램들은 사람들의 소득이나 자산 수준에 상관없이 급여를 하기 때문에 근로동기나 저축, 투자 동기를 약화시킬 가능성이 적기 때문이다. 또한 급여를 결정하는 데 있어 단순히 인구학적인 조건만 따지기 때문에 프로그램의 운영비가 적게 들고, 프로그램의 오용과 남용이 적고 그래서 지하경제가 커지지 않는다(소득신고를 하지 않거나 과소보고할 동기를 유발하지 않는다). 마지막으로, 이 프로그램은 가구의 세대주가 누구이냐에 상관없이 급여가 이루어지기 때문에 가족 해체를 유발할 가능성이 적어, 가족결속을 유지할 수 있어 사회복지 수급자의 숫자를 불필요하게 늘리지 않고 오히려 경제활동참가율을 높일 수 있다.

반면에 보편적 프로그램은 소득이나 자산 수준에 상관없이 급여하기 때문에 경제적 욕구가 많은 사람들에 집중적으로 급여가 이루어지는 대상효율성이 약하여 결과적으로 소득재분배 효과가 약하다. 또한 이것은 그 성격 상 수급자의 숫자가 많기 때문에 주어진 제한된 자원 내에서 급여액수를 높일 수가 없어 이것의 급여만으로 최저생활을 보장하기에는 한계가 있다는 측면에서도 분배 효과가 제한적일 수밖에 없다.

(2) 기여 그리고 비소득/자산조시 프로그램

서구복지국가들에서 수급자의 숫자나 지출액의 측면에서 가장 규모가 큰 것이 이 프로그램이다. 대표적으로 널리 알려진 국민연금, 질병보험, 실업보험, 그리고 산업재해보상보험 등 4가지 사회보험이 여기에 속한다.

사회보험은 몇 가지 측면에서 보편적 프로그램에 비하여 경제성장에 해를 줄 수 있다. 첫째는, 근로동기를 약화시켜 노동력 공급이 줄어들 수 있다. 예를 들면, 국민연금의 경우 노인들의 노동력 공급을 줄일 수 있거나 질병수당이나 실업보험의 경우 질병기간이나 실업기간을 불필요하게 연장시킬 수 있다. 둘째는, 미래에 발생할 여러 가지의 위험들을 사회보험이 해결해 주기 때문에 개인적인 저축이 줄어들어 결국 생산성 향상을 위한 투자가 줄어들 수 있다. 특히 국민연금의 경우 이러한 가능성이 있다(그러나 많은 실증적인 연구들에 의하면 국민연금에 의한 개인저축의 감소는 그다지 크지 않다). 마지막으로, 사회보험으로 사용자들의 부담이 커지게 되면 노동비용이 커져 투자할 여지가 줄어들거나 경쟁력이 떨어질 수 있다.

반면에 사회보험은 소득재분배 효과가 다른 소득보장정책들에 비하여 크다. 사회보험은 민간보험과 달리 급여를 하는 데 있어 소득재분배 장치를 갖고 있어 저소득층이 고소득층에 비하여 자신들이 낸 보험료에 비하여 더 많은 급여를 받기 때문에 그러하다. 이것은 소득보장정책으로부터 빈곤을 벗어난 사람들의 70%는 사회보험으로부터의 급여 때문이라는 조사로 뒷받침된다(Danziger et al., 1981).

(3) 비기여 그리고 소득/자산조사 프로그램

이러한 유형에 속하는 프로그램들은 소득보장 프로그램들 가운데 역사적으로 가장 오래되었고, 일반적으로 공공부조(public assistance)라 불린다. 이것은 상기의 두 가지 프로그램으로 소득분배 문제가 해결되지 않을 때 마지막으로 사용하는 분배정책이라 할 수 있다. 그래서 보편적 프로그램이나 사회보험이 확대되면 이러한 프로그램의 역할은 줄어든다. 오늘날 고도로 발전된 복지국가들에서는 이러한 형태의 프로그램의 규모는 크지 않다.

공공부조의 가장 큰 단점은 상기의 두 가지 소득보장정책들에 비하여 경제성장에 가장 부정적인 영향을 준다는 점이다. 우선 이것은 일정한 소득이나 자산 이하의 사람들에게만 급여하기 때문에 근로나 저축 동기를 약화시킬 수 있다. 또한 공공부조는 대개 일정한 인구학적인 조건도 갖추어야(예를 들면, 노인, 아동을 키우는 여성 세대주 등) 급여가 이루어지기 때문에 이 경우 가족해체를 유발시켜 불필요하게 복지에 의존해야 할 가구를 늘린다. 마지막으로, 공공부조는 소득과 자산조사를 해야 하기 때문에 운영비용이 많이 들고, 또한 소득신고를 하지 않거나 과소보고를 할 동기를 크게 만들어 지하경제를 커지게 할 수 있다.

반면에 공공부조는 사회복지에의 필요가 큰 사람들만을 선별하여 급여하기 때문에 대상효율성이 크고 따라서 주어진 자원 내에서 소득재분배 효과가 크다. 특히 사회복지에 사용할 자원이 적은 상황에서는 분배문제를 해결하기 위한 가장 효율적인 프로그램이라 할 수 있다. 그런데 사회복지가 어느 정도 발전하게 되면, 특히 사회보험이 충분히 성숙되면 사회보험의 소득재분배 효과가 공공부조의 그것보다 크게 된다. 이것은 사회보험의 수급자의 숫자나 급여액이 공공부조의 그것들보다 월등히 많기 때문이다.

지금까지의 논의를 정리하면, 보편적 프로그램은 경제성장에 미치는 부정적인 효과가 가장 적으나 대신 분배효과가 약하고, 반면에 공공부조는 경제성장에 가장 크게 해를 줄 수 있으나 주어진 제한된 자원으로 소득재분배 효과를 극대화할 수 있다. 사회보험은 경제성장에 어느 정도 부정적인 영향을 주지만, 현실세계에서 소득재분배 효과가 가장 크다. 따라서 성장과 분배라는 차원만 보면 사회보험이 가장 바람직한 소득보장정책이라 할 수 있다. 실제로 대부분의 복지국가들에서 사회보험이 가장 규모가 크고, 정치적으로도 가장 인기가 있는 프로그램이다.

제 4 부

정책내용 : 재원, 급여자격, 급여형태, 전달체계

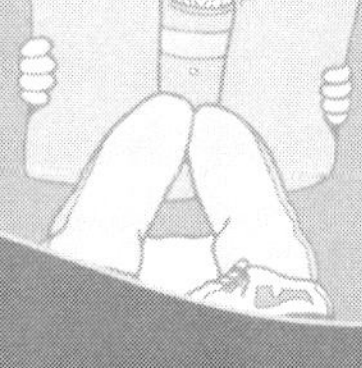

4부에서는 사회복지정책의 내용들을 분석한다. 14장의 재원에서는 사회복지정책의 재원을 크게 공공부문과 민간부문재원으로 나눈 후 각 부문들에서의 세부적 재원들의 필요성과 문제점들을 논의한다. 15장의 급여자격에서는 사회복지정책의 다양한 급여자격의 형태들을 소개한 후, 이러한 자격형태들이 사회복지정책의 주요 목표인 평등과 효율을 이루는 데 어떠한 장점과 단점들이 있는지를 논의한다. 16장의 급여형태에서는 급여가 현금과 현물(서비스 포함) 가운데 어느 것이 바람직한 것인지를 논의한다. 17장의 전달체계에서는 사회복지의 재화나 서비스를 어떻게 수급자들에 전달하는 것이 바람직한가를 논의한다.

제 14 장

재 원

사회복지정책을 집행하기 위해서는 재원이 필요하다. 그리고 정책의 내용—즉, 누구에게 무엇을 얼마나 어떻게 급여할 것인지에 대한 것—을 결정하는데 재원의 형태가 중요하다.

우리나라는 얼마 전까지만 해도 사회복지를 위한 재원이 빈약하였으나, 최근에 들어와서 사회복지 재원을 늘리고 있는 추세다. 2018년도 정부의 예산안을 보면, 전체 정부예산 429조원 가운데, 넓은 의미의 사회복지예산(보건·복지·노동 예산)이 약 146조원으로 정부 예산의 30%를 넘는다.

이 정도의 규모는 유럽의 복지국가들에서 정부예산의 50% 이상을 사용하는 것에 비추어 볼 때 여전히 작다고 할 수 있지만, 과거에 비하면 크게 늘어난 것으로 볼 수 있다.

그런데 단순히 사회복지에 사용한 재원이 늘어난다 하여 반드시 바람직한 것은 아니다. 사회복지를 위한 재원의 형태는 다양한데, 어떤 재원을 얼마나 늘려 어떻게 사용하는 것이 바람직한지를 판단하는 것이 중요하다. 즉 앞에서 논의한 사회복지가 추구하는 중요한 목표들(가치들)을 이루는데 어떠한 재원들을 사용하는 것이 바람직한가를 아는 것이 중요하다.

예를 들면, 아동을 위한 사회복지 정책들 가운데 아동을 키우는 가구들에게 조세를 감면해 주는 제도가 있다. 이것을 흔히 조세지출(tax expenditure)이라 하는데, 이 제도는 소득이 있거나 높은 가구일수록 더 많은 혜택이 돌아가고 소득이 없거나 낮은 가구에는 불리하다. 즉 소득불평등을 크게 하는 역진적인 제도이다.

따라서 평등의 목표를 이루기 위해서는 이러한 조세지출제도를 없애서 세수를 늘려 이 재원으로 아동을 키우는 저소득층 가구에게 집중적으로 급여를 하게 되면 소득 재분배 효과를 크게 할 수 있는 것이다.

사회복지정책을 위한 재원은 크게 보면 공공부문 재원과 민간부문재원으로 나눌 수 있다. 대표적인 공공부문 재원은 조세로 이루어지는 정부의 일반예산이다. 많은 사회복지정책들은 그 재원을 완전히 정부의 일반예산에 의존한다. 대표적인 예가 우리나라의 국민기초생활보장제도이다.

다음으로 중요한 공공부문재원은 4대 사회보험인 국민연금, 건강보험, 고용보험, 그리고 산재보험을 위한 사용자와 피고용자가 부담하는 보험료이다. 이것이 공공부문의 재원으로 분류하는 이유는 사회보험료는 국가에 의하여 조세처럼 강제로 부과하고 또한 관리, 운영도 공공기관에서 하기 때문이다. 그래서 많은 나라에서 사회보험료의 명칭도 사회보장성 조세(social security tax) 혹은 pay-roll tax로 불리우고, 또한 조세부담률에 포함시켜 조세수입으로 간주하는 경향이 있다.

세 번째 유형의 공공부문재원은 이른바 조세지출(tax expenditure)이다. 이것은 국가가 특별한 목표를(예를 들면, 사회복지) 위하여 대상자들에게 세금을 감면해 주는 것인데 국가의 입장에서는 세금을 감면 안 해 주고 거두어 특정한 목표로 지출할 수 있기 때문에 성격상 정부예산으로 볼 수 있기 때문에 공공부문 재원으로 분류하는 것이다.

한편 민간부문 재원은 다양하여, 첫째는 사용자부담(user fee)이 중요하다. 대표적인 예가 사회복지기관에서 어떤 서비스를 받을 때 수급자가 일정한 액수를 부담하는 것 혹은 우리의 건강보험에서 본인이 일정한 액수를 부담하는 것 등이 여기에 해당한다.

둘째는, 개인이나 기업 혹은 각종 사회복지재단 등에서 자발적으로 기여하는 재원이다. 대표적인 예가 미국의 United Way나, 우리의 사회복지공동모금회에 기여한 재원이다.

셋째는, 기업복지에 사용되는 재원이다. 기업복지의 재원 가운데 어떤 것은 국가에 의하여 법으로 강제화한 것이 있어 어떻게 보면 공공부문의 재원으로 분류할 수 있지만, 이러한 것들은 대부분 공공기관에서 관리운영되지 않기 때문에 사회보장성조세와 달리 공공부문으로 분류하는 것은 문제가 있다. 대표적인 예가 기업연금이다. 이것은 국가가 퇴직한 사람들의 복리를 위해서 국가가 법으로 사용자들에게 강제로(?) 기여금을 부과하는 제도이나, 기업연금의 운영은 사용자나 피고용자들에게 맡기기 때문에 민간부문의 재원으로 보는 것이 합당하다.

마지막으로, 가족 내 혹은 가족간 이전(intra 혹은 inter-family transfer)이다. 공공부문의 사회복지가 발달이 안 된 사회에서 중요한 민간부문의 재원이다. 특히 우리나라처럼 유교적 문화의 특수성으로 가족간 이전이 많은 사회에서는 더욱 중요한 재원일 수 있다.

1. 공공 부문 재원

공공 부문의 재원에 관해서 자세히 논의하기에 앞서 먼저 조세 부담률과 조세수입의 관계에 대한 일반적 논의가 필요하다. 즉 개인이나 기업에 부과하는 조세의 부담률이 높을수록 조세수입이 커져 사회복지정책에 사용할 수 있는 재원이 늘어날 수 있는가의 문제이다.

1) 조세부담률과 사회복지재원

공공부문의 사회복지정책을 확대하기 위하여는 조세수입이 늘어나야 한다. 조세수입이 늘어나기 위하여는 국민들의 조세부담이 늘어나는 즉 국민총생산 대비 국민들의 조세부담액의 비율인 조세부담률(국민부담률)이 늘어나야 한다. 실제로 사회복지가 발전된 서구의 복지국가들은 국민들의 조세부담이 높아 많은 국가들에서 조세부담률(사회보장성조세 포함)은 50%가 넘는다. 단순히 이야기하면 자신들이 벌어들이는 소득의 대략 50%는 세금으로 낸다는 이야기다.

〈표 14-1〉에서 보듯이, 2015년의 경우 GDP대비 총 공공부문지출이 스웨덴을 비롯한 여러 국가들에서 50%가 넘고, EURO 국가 평균은 48.5%에 이른다. 한국은 2015년의 경우 약 32%로 OECD 국가들 가운데 가장 낮다. 서구복지국가들의 경우 총 공공부문지출의 반 이상은 사회복지정책에 사용되기 때문에 사회복지정책이 확대되기 위해서는 조세부담률이 높아야 되는 것은 중요한 필요조건이 된다.

〈표 14-1〉 주요국가들의 총공공부문 지출(명목 GDP 대비 비율)

국가 ＼ 연도	1990	2000	2010	2015
오스트레일리아	35.5	34.6	36.7	36.1
오스트리아	51.5	50.3	52.9	52.2
덴마크	55.9	52.7	57.1	57.5
프랑스	49.4	51.1	56.5	56.9
독일	43.6	44.7	47.3	43.7
이태리	52.9	45.4	49.9	50.6
일본	31.8	38.7	40.7	41.6
스웨덴	61.3	53.6	52.1	52.2
영국	42.4	33.6	48.3	43.1
미국	37.1	33.9	42.8	37.7
한국	20.0	24.7	31.0	32.1
Euro국가 평균	50.4	45.6	50.5	48.5
OECD국가 평균	41.0	38.5	43.9	40.9

출처: OECD Economic Outlook, 2007; 2015.

반면에 한국은 GDP 대비 총 공공부문 지출이 낮을 뿐만 아니라, 총 공공부문 지출 가운데 사회복지 지출도 유럽의 복지국가들에 비하여 낮다. 2017년의 경우 정부의 총 예산 가운데 사회복지부문(보건·복지·

노동 분야)의 지출이 대략 30%를 조금 넘는 수준이다.

그렇다면 조세부담률이 높으면 반드시 조세수입이 늘어나 사회복지 재원이 늘어나는가? 한국의 경우처럼 조세부담률이 워낙 낮은 경우는 조세부담률을 상당히 높여도 조세수입이 늘어날 수 있으나 서구복지국가들처럼 조세부담률이 50% 이상인 경우는 그 이상으로 조세부담률이 높아질 경우 반드시 조세수입이 늘어나지 않을 수 있다.

일반적으로 조세부담률이 늘기 위하여는 일반조세나 사회보장성조세의 세율이 높고 과세대상(tax base)이 넓어야 한다. 과세대상은 세율에 의하여 크게 영향을 받기 때문에 특히 조세율이 중요하다. 세율이 낮아야 경제가 좋아져 과세대상이 늘어나 조세수입이 증가한다는 이른바 '공급측 경제학(supply-side ecomomics)'의 Laffer는 그림에서 보듯이 일정한 세율까지는 조세수입이 늘어나나 일정세율을 넘어서면 조세수입이 오히려 줄어든다고 주장한다.

〈그림 14-1〉 Laffer 곡선

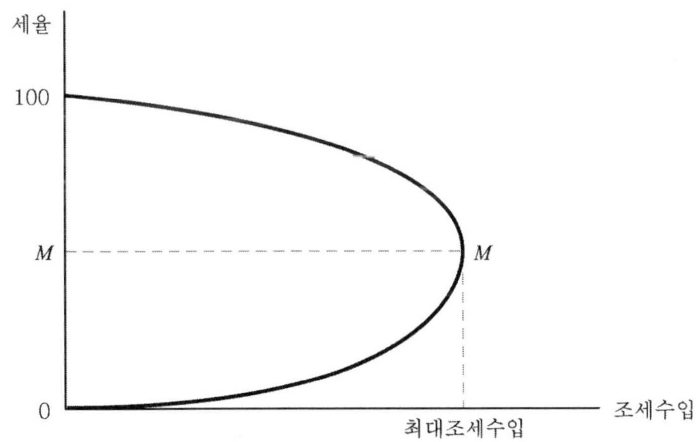

즉 세율이 M에서 최대조세수입이 이루어지고 그 이상의 세율에서는 오히려 조세 수입이 줄어든다는 것이다. 그 이유는 M 이상의 세율에서는 경제 행위자들의 생산활동이 위축되어 과세대상이 줄어들기 때문이

라는 것이다. 극단적인 예로 세율이 100%라면, 즉 경제 행위자들이 경제활동에서 얻는 소득 모두를 세금으로 뺏긴다면 누가 생산활동을 하겠는가!

그렇다면 어느 정도의 세율에서 국민총생산도 증가하고, 조세수입도 늘어나 사회복지정책에 사용할 수 있는 재원이 늘어날 수 있는가?

일반적으로 조세부담률, 국민총생산, 그리고 조세수입의 관계는 다음의 그림처럼 설명할 수 있다. 그림에서 보듯이, G점의 조세부담률까지는 조세부담률을 높일수록 국민총생산은 증가한다. 이것은 국가가 조세수입으로 각종의 물적(예, 사회간접자본) 자본이나 인적자본(예, 교육이나 국민건강 향상을 위한 자본)에의 투자로, 생산성 향상을 높이는 반면에, 이 정도의 조세부담률에서는 국민총생산을 줄일 수 있는 부정적인 효과가 아직 나타나지 않았기 때문이다.

〈그림 14-2〉 조세부담률, 국민총생산, 그리고 조세수입의 관계

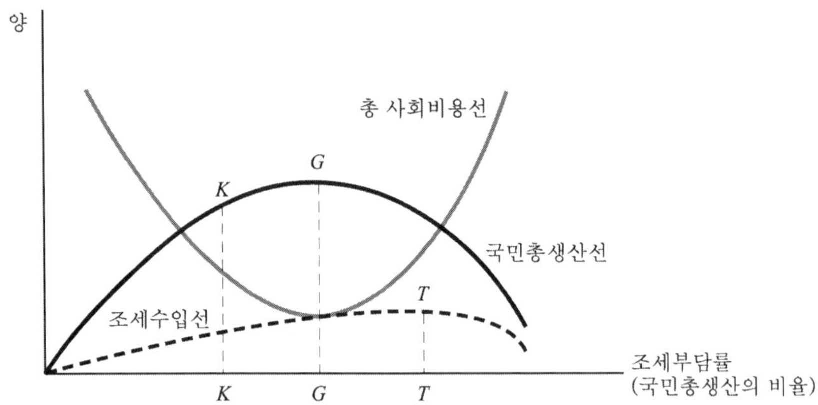

그러나 조세부담률이 G점을 넘어서면 국민총생산은 줄어들 수 있다. 이것은 높은 조세부담률에서 사람들의 근로 동기가 약해지거나 저축동기가 약해져 생산성 향상을 위한 자본투자가 줄어들고 기업들은 높은 사회보장성조세로 인하여 노동비용이 커져 경쟁력이 떨어지거나, 혹은 높은 조세부담률로 사람들의 탈세동기를 강화시켜 지하경제가 커져 경

제가 왜곡되는 등의 이유 때문이다. 한마디로 이렇게 높은 조세부담률에서는 경제행위자들의 경제활동이 위축되기 때문이다.

한편 조세수입은 국민총생산이 증가할수록 과세 대상이 늘어나기 때문에 당연히 늘어난다. 뿐만 아니라 조세부담률이 G점을 지나 국민총생산은 줄어들어도 T점까지의 조세부담률에서도 조세수입은 증가한다. 이것의 이유는 비록 G점을 지나면 국민총생산이 줄어 과세대상은 줄어드나 조세율이 높기 때문에 발생하기 때문이다. 왜냐하면, 조세수입은 국민총생산(과세대상의 숫자) × 조세율로 결정되기 때문이다.

그러나 조세부담률이 T점 이상으로 높아지게 되면 이 때부터는 조세수입도 줄어들게 된다. 이 정도의 높은 조세부담률에서는 국민총생산량이 크게 떨어지고 각종의 절세나 탈세의 방법으로 조세를 기피하려는 노력이 크게 늘어나기 때문이다. 이렇게 되면 국민총생산도 줄어들 뿐만 아니라, 사회복지정책을 위한 재원도 줄어들어 경제와 복지 둘 다에 최악의 상황이 되는 것이다.

그렇다면 어느 정도의 조세부담률이 사회적으로 바람직한가? 이것은 국가들이 처한 경제적, 사회적, 정치적, 문화적 상황들에 따라 다를 수밖에 없다. 우선 경제적인 측면에서 보면, '공급 경제학'에서 주장하듯이 낮은 조세부담률에서도 국민총생산이 커질 수 있다면 조세수입은 늘어나 사회복지정책에 사용할 재원이 늘어날 수 있다. 이것은 다른 말로 표현하면, 지속적으로 높은 경제 성장률을 이룰 수 있으면 낮은 조세부담률에서도 사회복지재원은 늘어날 수 있다는 것이다. 이러한 측면에서 볼 때, 오늘날의 서구 복지국가들의 문제는 지난 20여년간 경제성장의 둔화 속에서 고도로 발전된 사회복지정책을 유지하기 위해서는 높은 조세부담률을 유지하지 않을 수밖에 없다는 점이다. 따라서 높은 조세부담률이 국민총생산을 줄인다고 본다면 조세부담률을 낮추기 위해서는 사회복지정책을 축소할 수밖에 없는 딜레마에 빠지게 되는 것이다.

반면에 우리나라처럼 지난 20~30여년간 지속적인 높은 성장률을 보인 나라에서는, 낮은 조세부담률에서도 조세수입이 늘어날 수 있는 좋은 환경에 있다. 오히려 우리의 문제는 조세부담률을 어느 정도 높여도 국민총생산의 감소가 이루어지지 않으면서 조세수입이 증가하여 사회복지 정책을 확대할 수 있음에도 불구하고 조세부담률을 높이지 않는데 있다고 볼 수 있다. 즉 우리의 경우는 그림의 K지점, 즉 국민총생산이나 조세수입을 극대화하지 않는 조세부담률에 머물고 있다고 볼 수 있다.

둘째는 정치적 혹은 이념적인 측면에서 보면 사회민주적 세력이 강하거나 혹은 평등이나 국민연대감의 가치를 강조하는 국가들은 시장의 효율을 강조하는 국가들보다 비록 국민총생산이 어느 정도 줄더라도 조세부담률이 높아지는 것을 받아들일 가능성이 크다.

예를 들면, 사회민주적 세력이 강한 스웨덴이 시장의 효율을 유달리 강조하고 사회민주적 세력이 매우 약한 미국에 비하여 조세부담률이 높은 것은 이러한 정치적인 측면으로 설명할 수 있다. 이런 측면에서 볼 때 우리나라의 조세부담률이 낮은 것도 부분적으로 우리나라에서의 사회민주적인 세력이 약한데서 찾을 수 있다. 그래서 스웨덴 같은 국가들은 T지점까지 조세부담률을 높일 수 있는 반면, 미국이나 우리나라는 G지점까지의 조세부담률이 최대한계인 것이다.

셋째, 사회적 혹은 문화적인 측면에서, 조세부담률을 높여도 국민총생산에 미치는 부정적인 효과가 약하게 나타난다면 조세부담률은 높아질 수 있다. 예를 들면, 높은 조세부담률이 국민총생산(경제성장)에 미치는 대표적인 부정적인 효과가 사람들의 근로나 저축동기의 약화인데, 만일 문화적 혹은 사회적인 이유로 이러한 부정적인 효과가 약하게 나타난다면 조세부담률을 높일 수 있는 여지는 클 것이다.

예를 들어, 인구도 900만 정도이고 인종적, 종교적, 언어적인 측면에서 비교적 동질적이어, 그래서 사회적 연대의식이 강한 스웨덴은 이러한 측면에서 매우 이질적인 미국보다 조세부담률이 높은데도 불구하고 근로동기가 약화되지 않기 때문에 높은 조세부담률을 유지할 수 있는 것이다. 만일 미국이 스웨덴과 같은 높은 조세부담률을 갖고 있다면 근로나 저축 동기의 약화를 비롯한 여러 가지의 부정적인 효과로 국민총생산이 크게 줄어들 수 있는 것이다.

우리나라도 스웨덴처럼 비교적 동질적이고 또한 근로나 저축 동기가 문화적인 특수성으로 강하여 조세부담률이 높아도 부정적인 효과가 크지 않을 수 있어 국민총생산이 크게 줄어들 가능성은 적다고 추정해 볼 수 있다.

지금까지는 사회전체적인 측면에서의 적정한 조세 부담률에 대하여 논의하였는데 그렇다면 사회내의 개별 구성원들에게는 어떠한 조세부담률이 선호될 것인가?

우선, 비록 조세부담률이 높아도 조세수입이 증대되어 사회복지정책 등과 같은 국가정책의 확대로 순편익(국가정책으로부터의 편익-조세부담)이 증가되는 사람들은, 비록 높아진 조세부담률로 국민총생산이 어느 정도 줄더라도 조세수입이 극대화되는 T점의 조세부담률을 선호할 것이다. 예를 들어, 국가에 내는 조세는 없이 국가로부터 공공부조의 급여를 받은 가난한 사람들은 적어도 개인의 이익을 극대화하려는 동기를 갖고 있는 사람이라면, 조세수입이 극대화되는 것을 선호할 것이다.

반면에 조세부담과 국가정책으로부터의 편익 모두를 고려할 때 손해를 볼 수 있는 사람들은, 조세로 인한 사회적 총비용이 가장 낮으면서 동시에 국민총생산이 극대화될 수 있는 G점의 조세부담률을 선호할 것이다. 즉 이러한 사람들에게는 G점 이상의 조세부담률에서는 손해를 보기 때문이다. 왜냐하면, G점 이상부터는 국민총생산이 줄어드는 데도 불구하고 자신들이 부담해야 하는 조세는 높아지기 때문이다.

이렇게 자신들의 이익을 극대화하려는 두 집단 사이에서 조세부담률은 G점과 T점 사이의 어느 지점에서 결정된다. 이것은 국가전체의 이익이라는 차원에서 두 집단간의 합의로 이루어질 수 있고, 아니면 정치적 다원주의 하에서 두 집단간의 정치적 힘의 차이에 의하여 결정될 수 있다. 전자의 예가, 사회민주적 조합주의(social democratic corporatism)에서의 방법이고, 후자의 예는 이익집단정치(interest group politics)의 방식이라 할 수 있다.

한편 자신의 이익을 극대화하려는 합리적인 사람들이라면 G점 이하의 낮은 조세부담률을 선호하지 않을 것이다. 왜냐하면 이렇게 낮은 조세부담률에서는 국민총생산을 극대화하지 못할 뿐만 아니라 사회적 총비용이 크기 때문이다. 즉, 비용편익분석의 개념에서 볼 때 편익보다는 비용이 크기 때문이다.

따라서 이렇게 G점 이하의 낮은 조세부담률을 주장하는 사람들은 합리적이라기보다는 이념적이어, 대개 국가의 개입을 최소화하는 것을 중시하는 전통적인 자유주의자 혹은 오늘날의 신자유주의자들이 이 부류에 속한다 할 수 있다. 즉 이러한 사람들은 조세부담이 확대되는 것 그 자체를 반대하는 것이다.

반면에 T점 이상의 조세부담률을 주장하는 것도 비합리적이다. 왜냐하면 T점 이상의 조세부담률에서는 국민총생산도 큰 폭으로 줄어들기 시작하여 조세수입도 줄어들게 되어 사회복지 정책을 비롯한 국가정책이 축소가 되어, 모든 사람들이 손해를 볼 수 있기 때문이다.

T점 이상의 조세부담률을 주장하는 사람들도 이념적이어 결과의 평등의 가치를 강조한다. 즉 이러한 사람들은 국민총생산이 줄어들어, 분배할 자원이 줄어들더라도 모두가 평등한 자원을 갖는 것이 더 바람직하다는 이념을 갖고 있다고 할 수 있다.

그렇다면 현실세계에서 T점의 조세부담률은 과연 어느 정도인가? 이것은 관점에 따라 크게 다른데, 복지국가를 비판하는 사람들은 오늘날의 서구복지국가들은 이미 T점의 조세부담률을 넘겨 국민 총생산도 줄어들고 조세수입도 줄어들어 사회복지정책을 축소할 수밖에 없는 상태에 와 있다고 본다. 이러한 이유로 실제로 일부 서구복지 국가들에서 최근에 조세부담률을 낮추는 경향이 있다.

반면에 복지국가를 옹호하는 입장에서는, 서구복지국가들의 조세부담률은 T점을 넘지 않는 G점과 T점 사이에 있을 뿐인데, 다만 최근의 세계경제환경의 변화나 신자유주의 분위기에서 국민총생산의 증가를 강조하는 반면 조세부담률을 낮추는 것을 선호하는 상황에서 조세부담률이 높은 것으로 과장된 또 하나의 이념적인 공세라고 본다.

앞에서 언급했듯이, 모든 국가에 보편적으로 적용될 수 있는 적정 조세부담률이 없는 상황에서, 적정 조세부담률은 국가에 따라 다양한 요인들에 의하여 결정될 수밖에 없고, 따라서 그것을 찾는 것은 어렵기 때문에 각 국가들에서의 적정한 조세부담률은 상당부분 이념적으로 결정될 수밖에 없는 것이 또한 현실이다.

지금까지 조세부담률과 조세수입에 관한 관계를 이론적인 측면에서 원론적으로 논의했다. 지금부터는 공공부문의 재원에 관해서 세부적으로 논의하고자 한다.

2) 일반예산

(1) 공공부문 대 민간부문 재원 비율

일반적으로 사회복지가 발전할수록 사회복지 정책의 재원 가운데 공공부문의 재원의 비중이 높아진다. 서구의 복지국가들에서도 본격적인 사회복지정책들이 도입되기 이전인 19세기 말까지만 해도 사회복지에서 공공부문의 재원은 미약하여 민간부문의 재원(특히 가족간의 소득이전)에 크게 의존하였다. 그러던 것이 2차세계대전 이후 사회복지 정책이 크게 확대되면서 공공부문의 재원의 비중이 커지면서 오늘날의 서구복지국가들에서는, 비록 최근에 사회복지정책의 민영화를 강조하는 분위기에서 몇 국가들에서는 공공부문의 비중이 어느 정도 축소되었지만, 여전히 공공부문의 재원의 비중이 압도적으로 높다.

〈표 14-2〉에서 보듯이, 영・미권 국가들(오스트레일리아, 캐나다, 뉴질랜드 포함)은 제외하고, 대부분의 서구의 복지국가들에서는 전체 사회복지지출에서 공공부문 재원이 90%를 넘는다. 특히 스칸디나비아 국가들에서는 공공부문 재원의 비중이 압도적으로 높아, 민간부문의 재원은 5% 이내에 불과하다.

〈표 14-2〉 주요 국가들의 전체 사회복지 지출에서 공공부문 대 민간부문의 비율(%)

국가 / 부문	오스트레일리아	이태리	캐나다	독일	스웨덴	영국	미국	노르웨이
공공부문	85	93.3	80.4	91.6	93.1	83.2	65.3	96.9
민간부문	15	6.7	19.6	8.4	6.9	16.8	34.7	3.1

반면에 미국의 경우는 예외적으로 민간부문의 재원의 비중이 상대적으로 커 전체 사회복지지출의 약 35%는 민간부분의 재원에 의존한다. 이것의 가장 중요한 이유는 미국에서는 전국민을 대상으로 하는 공적인 의료보험이 없는 상황에서 대다수의 사람들이 민간 의료보험에 의존하고 있기 때문이다. 또한 미국에서는 기업연금이 발전되어 있고, 또한 사회복지 서비스 분야의 경우 전통적으로 민간부문의 역할을 강조해 왔기 때문이다.

우리나라는 어떠한가? 우리는 주로 공공부문 재원에 의존하는 4대 사회보험이 아직 미성숙하거나 혹은 건강보험의 경우 본인부담의 비율이 높거나 혹은 사회복지서비스 분야의 경우 민간부문의 역할을 강조해서 사회복지정책에서 공공부문 재원의 비율이 서구복지국가들에 비하여 크게 낮다.

그렇다면 우리나라에서 공공부문의 재원을 바탕으로 하는 사회복지지출은 어느 정도인가? 이것은 공공부문의 사회복지지출에 관한 정의에 따라 논란이 많지만, ILO의 국제적인 기준(법에 의한 강제적 시행과 공공기관 혹은 준 공공기관에 의한 관리 · 운영)에 따르면 2016년의 경우 GDP의 약 10.4%이다.

반면에 민간부문의 재원은 어느 정도인가? 우선 공식적(?)인 통계에 의하면 2013년의 경우 법으로 강제한 민간부문 사회복지지출(예, 법정퇴직금과 퇴직연금, 자동차책임보험금, 산전후휴가급여, 유급질병휴가급여, 취약계층을 위한 교통 · 통신비 요금 감면 등)이 대략 10.6조원이고,

자발적 민간부문 사회복지지출(기업부문, 사회복지시설, 민간모금단체 및 종교단체 등의 기여금)이 20.8조원으로 합계 대략 31.4조원이다. 이 해에 공공부문 사회복지지출이 대략 133.4조원이므로 공공부문 대 민간부문 재원의 비율은 대략 81% 대 19% 이다(고경환 외, 2013). 이것은 OECD국가들 가운데, 공공부문 대 민간부문의 비율의 측면에서 우리나라가 민간부문의 비중이 높은 편임을 보여준다.

이러한 공식적(?)인 통계 이외에 비공식적인 민간부문 사회복지재원을 포함하면 어떻게 될 것인가? 우리는 우리의 문화적인 이유로 사회복지의 문제가 가족간 소득이전에 크게 의존하여 왔고 지금도 여전히 그러하다. 최근 한 조사에 의하면, 1998년의 경우 가족(친척 포함)간의 사적소득이전이 공공사회복지로부터의 이전소득에 비하여 대략 5배 이상이다(손병돈, 1999). 예를 들어, 오늘날 노인가구들의 전체소득의 50% 이상이 자식(친척)들에 의한 이전소득이다(서구복지국가들의 경우 이 수치는 극히 미미하다).

이렇게 비공식적인 사적소득이전까지 고려한다면, 우리나라의 경우는 사회복지재원에서 민간부문이 차지하는 비율이 공공부문보다 높다고 추정할 수 있다.

최근 한 연구에 의하면, 우리나라의 총 사회복지지출은 2000년의 경우 대략적으로 국가에 의한 지출이 GDP의 6.1%이고, 기업복지가 5.5%이고 시장에서의 사회복지지출이 3.5%이고 비영리 사회복지조직에서의 지출이 0.3%이고, 마지막으로 가족에서의 지출이 9.2%에 이른다고 추계하였다. 이것에 의하면 우리나라는 사회복지의 재원이 공공부문보다 민간부문에 의존하는 비율이 약 3배 정도 높은 것이다(김진욱, 2005).

(2) 일반예산 대 사회보장성 조세

공공부문의 재원 가운데 가장 중요한 것이 일반 조세에 의한 정부의 일반예산과 사회보험을 위한 사회보장성 조세이다. 이 두 가지 가운데 어느 것의 비중이 큰가? 이것은 국가들의 사회복지제도의 재원소날방식에 따라 큰 차이가 있다. 어떤 국가들은 사회보험은 정부의 일반예산을 주재원으로 하는 반면, 어떤 나라들에서는 피고용자와 사용자가 부담하는 사회보장성 조세에 주로 의존한다.

〈표 14-3〉에서 보듯이, 스칸디나비아 국가들에서는 정부의 일반예산의 비율이 높다. 덴마크의 경우 전체 공공부문 사회복지 지출 가운데 약 90%를 정부의 일반예산에 의존하고, 스웨덴, 노르웨이 등도 50% 수준이다.

또한 영연방 국가들도 정부의 일반예산 비율이 높아 뉴질랜드와 오스트레일리아는 거의 90% 수준이고, 캐나다나 영국은 50%가 넘는다.

반면에 유럽대륙 국가들은 사회보장성 조세의 비율이 높아 프랑스, 독일, 이태리, 오스트리아 등의 국가들에서 70%가 넘고, 미국이나 일본의 경우도 50%가 넘는다.

〈표 14-3〉 주요 국가들의 사회복지정책에서의 공공부문재원 등의 비율, 1989

국가 \ 재원	사회보장성 조세		정부의 일반예산 (지방자치단체 포함)	기타 (자본소득 포함)
	피고용자	사용자		
캐나다	9.9	15.7	65	9.8
미국	25.5	33.9	28.3	11.8
일본	27.4	31.6	24.3	16.8
오스트리아	30.1	45.9	18.6	3.0
덴마크	4.3	5.0	88.2	2.5
프랑스	77.7		17.8	1.9
독일	36.9	34.3	26.1	2.7
이태리	16.6	51.4	30.0	2.1
스웨덴	2.8	38.0	50.8	8.5
영국	18.1	24.9	53.0	4.0
오스트레일리아	1.9	7.8	80.2	1.9
뉴질랜드	1.0	4.7	92.6	1.4

출처 : The Cost of Social Security, ILO(1996)

우리의 경우는, 상기의 ILO통계와 분류방식에 있어 차이가 있어 직접적인 비교는 문제가 있지만, 2016년의 경우 광의의 사회복지(보건·복지·노동 분야) 지출에 정부의 일반예산으로 대략 123조원이 사용된 반면, 사회보장성 조세에 의한 지출은 국민연금 약 19조, 건강보험과 장기요양보험 약 40조, 고용보험과 산재보험이 약 14조로 대략 73조원이다. 그래서 정부의 일반예산 대 사회보장성 조세의 비율이 대략 60% 대 40% 정도이다.

서구복지국가들의 경우 가장 큰 것이 국민연금 지출인데, 우리의 경우는 아직은 국민연금이 충분히 성숙되지 않아 수급자의 숫자가 많지 않으나 앞으로 본격적으로 수급자가 많이 발생하게 되면 사회보장성 조세의 비중이 더욱 높아질 것으로 예측된다.

(3) 왜 정부의 일반예산이 중요한가?

위에서 논의했듯이, 일반적으로 사회복지가 발전된 국가일수록 공공부문의 재원의 비중이 높고, 또한 공공부문 재원 가운데서도 일반예산의 비중이 높다. 왜 그러한가? 즉 왜 사회복지의 재원은 일반예산으로 하는 것이 바람직한가? 이것은 여러 가지로 설명할 수 있지만 여기서는 세 가지 측면에 초점을 맞추고자 한다.

첫째, 사회복지정책이 추구하는 가장 중요한 가치인 평등(소득재분배)을 구현하는데 가장 중요한 재원이라는 점이다. 이것은 다시 두 가지로 나누어 설명할 수 있는데, 하나는 대부분의 국가들에서 일반예산을 구성하는 조세들이 전체적으로 볼 때, 사회보장성 조세나 조세지출에 비하여 누진적이어 재원조달방법 그 자체에서도 소득재분배 효과를 높일 수 있다. 즉 일반예산의 비중이 높을수록 소득이 높은 사람들의 부담이 누진적으로 커지는 것이다.

다른 하나는, 사회복지정책을 통한 급여의 측면에서 일반예산으로 주로 재원이 이루어지는 사회복지정책들이 더 소득재분배적인 급여를 할 수 있다는 점이다. 예를 들어, 우리의 국민기초생활보장정책의 경우 재원을 일반예산으로 하여 일정소득 이하의 빈곤층에게 집중적으로 급여를 하기 때문에 소득재분배 효과가 크다.

반면에 사회보장성 조세를 재원으로 하는 사회보험의 경우(예를 들면, 국민연금)는 소득재분배효과가 제한적이다. 물론 대부분의 국가들에서 사회보험은 소득재분배를 고려하여 사회보장성조세(사회보험료)를 적게 부담한 사람들이 많이 부담한 사람들에 비하여 자기가 부담한 액수에 비하여 더 많은 급여를 받는 것은 사실이다. 그러나 사회보험도 보험이기 때문에, 보험수리원칙(acturial principle)을 완전히 무시할 수 없기 때문에, 사회보장성 조세를 많이 낸 사람들이 적게 부담한 사람들에 비해서 급여의 절대액이 더 많을 수밖에 없다.[1)]

따라서 소득재분배의 목표를 가장 확실히 이루기 위하여는, 사회보험도 정부의 일반예산으로 하는 것이 바람직할 수 있다. 실제로, 뉴질랜드나 오스트레일리아는 국민연금을 이렇게 정부의 일반예산을 주 재원으로 하고 있다.

둘째, 정부의 일반예산은 모든 국민의 조세로 이루어졌기 때문에 이것을 재원으로 한 사회복지정책도 급여대상을 전국민으로 넓힐 수 있고, 또한 급여내용의 보편성을 이룰 수 있다. 반면에 사회보장성 조세와 같은 목적세(ear-marked tax)는 사회보장세를 납부한 사람들만을 대상으로 특정한 목적에만 사용할 수밖에 없는 제한이 따른다.

또한 민간부문의 재원을 바탕으로 하는 사회복지정책은 대개는 그 대상이 특정지역이나 집단에 제한되는 경향이 크고, 급여의 내용은 정책에 따라 양과 질에 있어서 큰 차이가 있다. 즉 일반예산으로 한 정책만이 전국민을 대상으로 동일한 양과 질의 급여를 할 수 있는 것이다.

예를 들어, 스웨덴에서 정부의 일반예산을 주재원으로 하는 탁아서비스는 모든 가구를 대상으로 동일한 서비스의 양과 질을 제공하나, 우리

---

1) 그러나 실제적으로 많은 국가들에서 사회보장성 조세에 의한 사회보험(예, 국민연금)이 일반예산에 의한 공공부조보다 소득재분배 효과가 크다. 이것의 이유는 사회보험의 수급자들의 숫자나 지출액이 공공부조보다 훨씬 크기 때문에, 비록 같은 조건에서는 공공부조가 사회보험보다 이론적으로 소득재분배 효과가 커야 하지만, 이러한 현상이 나타나는 것이다.

처럼 민간부문의 재원에 크게 의존하는 탁아 서비스의 경우 급여의 대상이 제한되어 있을 뿐만 아니라, 서비스의 양과 질에 있어서 프로그램마다 큰 차이가 있는 것이다.

셋째, 일반예산을 재원으로 하는 사회복지정책은 안정성과 지속성의 측면에서도 바람직하다. 일반적으로 대부분의 국가들에서 조세수입은 안정적으로 이루어진다. 물론 극도의 경기침체로 조세수입이 다소 줄어들 수 있으나, 이 경우에도 적자재정을 통해서라도 정책에 필요한 재원의 안정은 이룰 수 있는 것이다. 즉 국가가 존재하는 한 국가의 공권력에 의하여 조세부과가 이루어지기 때문에 일반예산은 안정적이고 지속적으로 유지될 수 있는 것이다.

반면에 민간부문의 재원을 바탕으로 하는 사회복지정책은 불안정하고 지속성이 약하다. 민간부문의 재원은 경기변동에 민감하여 경기가 침체가 되면 민간부문의 재원은 크게 줄어드는 경향이 있다. 특히, 기업, 개인, 재단 등에 의한 자발적 기여에 의한 재원은 변동이 더욱 커 이러한 재원으로 하는 사회복지정책은 경기변동에 따라 크게 변하는 경향이 있다.

사회보장성 조세의 재원도 인구구조의 변화(노인인구 숫자가 일하는 사람들 숫자보다 더 빨리 증가하는 것 등)와 경기침체 등으로 일하는 사람들이 내는 사회보장성 조세보다 사회보험 급여액수가 더 많아실 수 있기 때문에 불안정할 수 있다. 실제로 오늘날 서구복지국가들에서의 어려움은 이러한 사회보장성 조세의 한계에서 비롯되는 재정위기인데, 이 문제를 해결할 수 있는 마지막 방법은 정부의 일반예산으로(비록 적자재정을 감수하더라도) 사회보험의 재정불안정을 해결하는 것이다. 즉 정부의 일반예산이 민간부문이던 공공부문이던 모든 사회복지정책에서의 재정불안정의 문제를 해결할 수 있는 최후의 보루인 것이다.

이렇게 정부의 일반예산은 다른 재원들에 비하여 장점들이 많은 데도 불구하고, 많은 사회복지정책들의 재원에서 일반예산이 차지하는 비중이 그렇게 높지 않은 것이 현실이다. 왜 그러한가? 가장 중요한 이유는 조세저항 때문이다. 특히 일반예산을 구성하는 조세들의 누진성이 크면 클수록 중산층을 포함한 일반 국민들의 조세저항이 커 조세수입을 늘리는데 한계에 부딪힌다.

대부분의 국가들에서 일반예산을 구성하는 조세들 가운데 누진성이 큰 개인소득세의 비중이 크기 때문에 일반예산은 누진성이 크다고 볼 수 있다. 반면에 뒤에서 자세히 논의할 사회보장성 조세의 경우 누진성이 약하고(오히려 역진적이다), 또한 사회보장성 조세는 많은 사람들이 나중에 받을 수 있는 일종의 강제저축으로 생각하기 때문에도 이것에 대한 조세저항은 비교적 약하다.

정부의 일반예산의 가장 큰 장점은 소득재분배 효과를 높일 수 있다는 점인데, 지금부터는 이러한 측면에 초점을 맞추어 다음의 세 가지를 논의하고자 한다: 누진성의 개념, 조세의 실질적 부담, 그리고 일반예산을 구성하는 조세.

(4) 정부의 일반예산이 얼마나 소득재분배적인 것인가?

① 누진성의 개념

정부의 일반예산이 소득재분배효과가 크기 위하여는 조세가 누진적이어야 한다. 그렇다면 여기서 누진적이란 무엇인가? 일반적으로 어떤 조세가 누진적이라 함은 경제적 능력이 클수록, 예를 들면, 소득이 높을수록, 조세부담률(예를 들면, 세율)이 높아지는 것을 말한다.

대표적인 누진적인 조세가 개인소득세로, 소득이 높아질수록 세율이 높아진다. 서구 복지국가들의 경우 1980년대만 해도 최고 소득자들에 대한 세율이 60-80%로 매우 높았다(오늘날에는 낮아져 50-60%대에 이른다). 우리의 개인소득세도 누진적이어서, 연 8,000만원 이상 소득자는 36%의 세율이 적용되고, 4,000-8,000만원은 27%, 1,000-4,000만원 경우는 18%, 1,000만원 미만은 9%의 세율이 적용된다.

반면에 역진적(regressive)인 조세는 경제적 능력이 높을수록 조세부담률이 낮아지는 것을 말하는데 대표적인 예는 동일세율로 사람들이 소비할 때 부과하는 조세들이다(예, 우리나라에서의 부가가치세). 이러한 조세들은 경제적 능력에 상관없이 동일세율을 부과하기 때문에, 실질적으로 경제적 능력이 높은 사람들의 조세부담률이 경제적 능력이 낮은 사람들의 그것에 비하여 낮기 때문에, 역진적이라 할 수 있다.

한편, 비례적(propotional) 조세는, 경제적 능력에 따라 조세부담률이 동일한 것을 말한다. 현실세계에서 엄밀한 의미의 비례적 조세의 예는 찾아보기 어려우나, 다른 경제적 능력이 유사한 경우 동일한 가치의 재산에 대한 동일한 세율을 적용하는 재산세가 여기에 해당된다고 볼 수 있다.

그러나 어떤 조세가 누진적이냐를 판단하는 것은 쉽지 않은데 우선 어떤 세율의 개념을 사용하느냐에 따라 달라질 수 있다. 일반적으로 가장 많이 사용되는 것은 평균세율(average tax rate)로 소득에 부과된 세액의 비율을 말하는 것으로, 소득이 증가할 때 이러한 평균세율이 증가하면 누진적인 조세이고, 반면에 감소하면 역진적인 조세가 되는 것이다.

〈표 14-4〉 평균세율과 한계세율의 비교

소득	세액	평균세율	한계세율
1000만원	100만	10%	
2000만원	300만	15%	20%
3000만원	500만	16.7%	20%
4000만원	700만	17.5%	20%
5000만원	900만	18%	20%

반면에 어떤 경우에는 한계세율(marginal tax rate)을 사용하여 조세의 누진성 여부를 판단한다. 여기서 한계세율이라 함은 소득의 변화에 따른 세액의 변화의 비율을 말하는 것으로, 소득이 증가할수록 한계세율이 높아지면 누진적이고, 낮아지면 역진적인 것이 되는 것이다.

따라서 조세의 누진성의 여부는 평균세율을 사용하느냐 아니면 한계세율을 사용하느냐에 따라 달라질 수 있다. 예를 들어, 〈표 14-4〉에서 보듯이 이 조세는 평균세율의 개념을 사용하면 소득이 많을수록 세율이 높아지기 때문에 누진적이 되나, 한계세율을 사용하면 소득이 많아도 세율이 똑같이 20%이기 때문에 누진적이 아니다. 따라서 어떤 조세의 누진성 여부를 가리기 위해서는 어떤 세율의 개념을 사용하는 것이 중요한데, 대부분의 경우는 평균세율의 개념으로 누진성 여부를 판단하는 경향이 있다.

② 명목세율(nomianl rate)과 실질세율(effective rate): 누가 부담하는가?

누진적인 조세는 역진적인 조세에 비하여 이론적으로는 소득재분배 효과를 높인다. 그러나 현실적으로 어떤 조세의 소득재분배효과를 정확히 알아내는 것은 어렵다. 이것의 이유는 여러 가지가 있을 수 있으나, 여기서는 세 가지 측면에서 논의하고자 한다.

첫째는 역진적인 조세이든 누진적인 조세이든 조세가 부과되면 사람들의 경제행위에 영향을 주는데, 이 때 이러한 영향이 어떠한 형태로 나타나느냐에 따라 소득재분배 효과는 달라질 수 있다. 대표적으로, 조세의 부과는 사람들이 소득으로 사용하는 형태(use of income)에 영향을 주고 또한 소득의 원천(income sources), 즉 사람들의 소득을 발생시키는 원천에도 영향을 주게 되는데 이때 두 가지 측면에서 어떻게 변화가 일어나느냐에 따라 소득재분배 효과는 달라질 수 있다.

예를 들면, 1,000원짜리 소주 한 병에 대한 세액이 100원에서 200원으로 올랐을 때, 소득재분배 효과는 어떻게 변할까? 우선 소득의 사용형태의 측면에서 보면, 소주가격이 그만큼 올랐기 때문에 소주를 많이 소비하는 사람들의 조세부담이 그만큼 높아진다. 이때 어떤 사람들이 소주를 많이 사용하느냐에 따라 소득재분배 효과는 달라진다. 만일, 다른 조건이 같다고 할 때, 소득이 낮은 사람들이 주로 소주를 많이 소비한다면 소득재분배는 더 악화되고, 반면에 소득이 높은 사람들이 주로 소비한다면 소득불평등은 줄어들 수 있다.

현실적으로 우리나라에서는 소주는 주로 저소득층(서민층)이 소비하기 때문에, 이러한 사용측면의 소득재분배효과를 고려하여 소주에 대한 세율은 가능한 한 낮게 유지하려고 하고, 반면에 비교적 고소득층이 많이 소비하는 양주에는 높은 세율을 부과한다.

한편, 소득의 원천의 측면에서 보면 소득재분배효과는 달라질 수 있다. 소주에 대한 세액이 높아지면 소비자가 부담하는 소주의 가격이 올라가서 소주에 대한 수요가 줄게 되어 소주를 만드는데 사용하는 요소소득(factor income)－생산에 투입된 요소인 노동, 자본, 토지에의 소득－이 줄 수 있다. 이 때 소주를 만드는데 어떤 요소가 주로 투입되었는가에 따라 소득재분배효과가 달라질 수 있다. 만일 소주가 주로 저소득층의 노동력에 의해서 만들어진다면, 소득재분배는 악화되고, 반면에 소주가 주로 자본집중적으로 만들어진다면, 즉 많은 노동력이 필요없이 자본투자에 의한 최첨단 기계 등의 시설로 만들어진다면, 자본가들의 소득이 줄어들어 소득불평등은 줄어들 수 있다.

둘째, 조세를 실질적으로 누가 부담하는가를 밝히는 것도 쉽지 않다. 왜냐하면 어떤 경제주체에 명목적(nominal)으로 세금이 부과되어도 실질적으로는 다른 경제주체가 그 세금을 부담할 수 있기 때문이다. 이러한 현상을 흔히 조세의 전가(tax shifting)라 하는데, 예를 들면, 명목적으로는 사용자에게 부과한 조세가 실질적으로는 피고용자 혹은 일반소비자가 부담하는 것이다.

대표적인 예가 사회보장성 조세이다. 오늘날 대부분의 국가들에서의 사회보험은 사용자로 하여금 피고용자를 위하여 일정한 비율의 사회보험료(사회보장성 조세)를 부담하도록 하고 있다. 대부분의 경우, 사용자와 피고용자가 동률로 부담하거나, 일부 국가들에서는 사용자의 부담률이 높다. 우리의 국민연금의 경우 사용자와 피고용자는 4.5%의 동률로 부담하고 있다.

이렇게 명목적으로는 사용자가 부담하는 것처럼 보이지만, 실질적으로는 이러한 사회보장성 조세가 피고용자에게 주어야 할 임금일 수도 있고 아니면, 사용자에 대한 부담으로 재화나 서비스의 가격에 올라간다면 결국 실질적인 부담자는 일반소비자가 될 수 있는 것이다(Lampman, 1984; Musgrave, 1981).

또한 재산세의 경우도 유사하다. 재산세는 명목적으로는 재산의 소유자가 부담하는 것처럼 보이나, 실질적으로는 세입자(예, 건물의 임대자)가 부담할 수 있다. 왜냐하면 재산세가 오르게 되면 건물주는 임대료를 높여 부담을 전가시킬 수 있기 때문이다.

마지막으로, 명목적인 세율(nominal rate)과 실질적인 세율(effective rate)에는 큰 차이가 있다는 점이다. 이것은 특히 개인소득세에서 많이 나타나는 현상이다. 앞에서 언급했듯이, 오늘날 대부분의 선진 산업국가들에서의 개인 소득세에 대한 명목세율은 여전히 높아 최고세율은 50%를 상회한다.

그러나 이렇게 명목적으로는 세율이 높아도 사람들이 실질적으로 부담하는 세액은 크게 낮아 실질적인 세율은 낮다. 이것의 이유는, 다양한 조세감면제도를 비롯한 합법적인 절세(tax avoidance) 방법들을 통하여 총소득(gross income)에 비하여 과세대상소득(taxable income)이 크게 줄거나 아니면 불법적인 탈세(tax evasion)로 소득 자체를 낮게 신고하기 때문이다.

이러한 이유로 대부분의 국가들에서 개인소득세의 명목세율과 실질세율은 차이가 난다. 예를 들면, 미국의 경우 개인소득세의 최고소득자의 명목세율이 50%가 넘었을 때(현재는 30%대이다), 실질세율은 약 25%에 불과한 것으로 나타났다(Pechman, 1986).

우리의 경우도 우선 합법적인 절세 등의 방법만으로도 실질적인 개인소득세 부담률이 크게 낮아진다. 예를 들면, 현재 우리의 조세체계에서는 소득이 1년에 6,000만원 정도이면 명목적인 개인 소득세율은 24%를 적용받는다. 그런데 각종의 비과세 등을 포함한 조세감면제도를 통하여 과세대상소득이 크게 줄어들어 대략 2,400만원 정도가 되는데 여기에 적용되는 세율이 15%로 최종 개인소득세액은 대략 300만원이 된다. 이렇게 되면 연소득 6,000만원에 대한 실질세율은 대략 5%에 불과한 것이 되는 것이다.

이러한 합법적인 실질조세율의 감소보다 더욱 심각한 문제는 불법적인 탈세로 소득 자체를 낮게 신고하여 조세의 실질부담이 낮아지는 것이다. 우리처럼 지하경제의 규모가 크고 또한 소득파악률이 낮은 상황에서, 많은 사람들(주로 자영업자들)은 그들의 실제 소득에 비하여 훨씬 낮게 소득신고를 한다(예를 들면, 실질소득은 1억원인데 신고소득은 2,000만원으로 하는 경우). 이렇게 되면, 이러한 사람들의 실질세율은 매우 낮게 되고, 심지어는 자신들보다 소득이 낮은 사람들보다 실질세율이 낮아지게 되는 것이다.

이렇게 명목세율과 실질세율의 차이가 크다면, 명목적으로 아무리 세율이 높다 하더라도 실질적인 소득재분배효과는 낮을 수밖에 없다. 이러한 이유로 많은 나라에서 조세를 통한 소득재분배는 일정한 한계를 보이는 것이다.

③ 일반예산을 구성하는 조세

일반예산이 얼마나 소득재분배적인가는 일반예산을 구성하는 세부조세들의 규모나 누진성의 정도에 의하여 결정된다. 일반예산을 구성하는 조세들은 크게 보면 세 가지 형태로 나눌 수 있다. 하나는 소득에 부과하는 소득세이고, 둘째는, 소비에 부과하는 소비세이고, 세 번째는 부(富)에 부과하는 부세이다.

㉮ 소득세

일반예산 가운데 소득재분배 효과가 가장 큰 조세는 소득세이다. 소득세는 개인소득세와 법인 소득세로 나눌 수 있는데, 특히 개인소득세의 소득재분배효과가 높다(법인소득세는 서구의 경우 대개 단일세율이다. 우리나라는 2017년의 경우 법인소득이 200억원이 넘는 경우, 22%이고 그 이하는 20%이고, 법인소득이 아주 낮은 2억원 이하는 10% 이다. 그래서 실질적으로 누진성이 약한 것이다). 개인소득세의 소득재분배 효과가 높은 이유는 두 가지로 설명할 수 있다.

하나는, 앞에서 언급했듯이, 개인소득세는 누진성이 커 고소득층의 세율이 저소득층에 비하여 높다는 점이다. 2017년 현재 우리나라의 개인소득세는 명목세율로 볼 때 과세표준소득이 1,200만원 이하는 6%, 1,200만~4,600만원은 15%, 4,600~8,800만 24%, 8,800만~1억 5천만 35%, 1억 5천만~3억원 38%, 3억원~5억원 40%, 5억원 초과는 42%로 되어 있다. 비록 명목세율에 비하여 실질세율이 낮아도 여전히 개인소득세는 누진적이다. 다른 하나는, 개인소득세는 다른 조세에 비하여 각종의 조세감면으로 저소득층의 조세부담을 면제 혹은 감면시키거나 혹은 근로소득과 자산소득을 구분하여 자산소득에 대하여는 감세를 주지 않는 등의 방법으로 소득재분배 효과를 높인다. 예를 들면, 우리나라의 경우 개인소득세는 전체 소득자의 대략 40%에게만 부과되고 있어, 저소득층은 거의 부담하지 않고 있다.

이러한 이유로, 많은 실증적인 조사에 의해서도 개인소득세는 소득재분배적인 것으로 나타난다. 예를 들면, 미국의 경우 어떤 조사에 의하면, 가장 잘 사는 10%의 사람들은, 가장 못 사는 10% 사람들에 비하여 실질적인 개인소득세 부담률이 10배가 넘는다(Lampman, 1984).

우리의 경우도 유사하여, 개인소득세의 실질 부담률이 가장 잘 사는 10%의 사람들이 가장 못 사는 10%의 사람들에 비하여 10배 이상이다(나성린 · 현진권, 1993).

따라서 전체 조세수입 가운데 개인소득세의 비중이 크면 클수록, 다른 조건이 같다면, 소득재분배효과는 커지는데, 개인소득세의 비중은 국가에 따라 큰 차이가 있다. 예를 들어, 미국의 경우 중앙정부의 조세수입 가운데 개인소득세는 대략 45%를 차지한다. 반면에 우리는, 2016년의 경우, 전체 국세 242조원 가운데 개인소득세는 약 68조원으로 약 28% 정도이다. 우리는 역진적인 조세라고 할 수 있는 부가가치세가 62조, 법인세가 52조원으로 둘은 합하면 약 50%에 이른다. 따라서 우리나라에서는 조세를 통하여 소득재분배 효과를 높이려면 전체 조세수입 가운데 개인소득세의 비중이 더 높아야 된다.

④ 소비세

상기의 개인소득세는 경제적 능력에 따라 조세부담의 차이를 두기 때문에 누진적인 반면, 소비세는 경제적 능력에 상관없이 사람들이 소비할 때 부과하기 때문에 성격상 역진적이다. 소비세는 크게 보면 두 가지로 나눌 수 있는데 하나는 어떤 재화나 서비스에 대하여 최종소비자가 부담하는 형태이고, 다른 하나는 재화나 서비스의 생산에서 최종소비에 이르기까지의 여러 단계에서 단계별로 부과하는 부가가치세(value-added tax)이다.

전자는 다시 두 가지로 나눌 수 있는데, 하나는 일반소비세로 모든 재화나 서비스에 동일세율을 부과하는 것이고, 다른 하나는 특별소비세로 특정한 재화나 서비스에 대하여 높은 세율을 부과한다. 일반소비세처럼 모든 재화나 서비스를 소비할 때 동일한 세율을 부과하게 되면 저소득층이 고소득층보다 부담이 크기 때문에 역진성이 크다. 반면에 특별소비세는 고소득층이 주로 소비하는 재화나 서비스(예, 귀금속, 고급호텔)에 높은 세율을 부과하기 때문에 소득재분배 효과를 높일 수 있다.

반면에 부가가치세는 생산에서 최종소비에 이르기까지 단계별로 부과하기 때문에 단계별 세율의 조정 등의 방법에 의해서 일반소비세에 비하여 소득재분배효과를 높일 수 있다. 유럽의 대부분의 국가들은 부가가치세 제도를 갖고, 또한 이러한 부가가치세로부터의 조세수입이 비교적 크다. 반면에 미국은 부가가치세가 없고 일반소비세라 할 수 있는 판매세(sales tax)가 지방세(주정부)의 주 수입원으로 되어 있다.

부가가치세이든 일반소비세이든, 소비세는 개인소득세에 비하여 역진적인 것은 많은 실증적인 조사에 의해서도 나타난다. 미국의 경우 일반소비세의 경우 가장 못 사는 10%의 사람들은 가장 잘 사는 10%의 사람들에 비하여 대략 3배 정도로 조세부담률이 높다(Lampman, 1984).

우리나라의 경우도 부가가치세는 어느 정도 역진적이어 가장 잘 사는 10%의 사람들은 자신들의 소득의 2.4%를 부담하는 반면, 가장 못

사는 10%의 사람들은 3.3%를 부담한다. 반면 특별소비세는 어느 정도 누진적이어 가장 가난한 사람들은 0.31%, 가장 잘 사는 사람들은 0.67%의 부담을 한다(나성린 · 현진권, 1993).

전체적으로 볼 때 소비세는 개인 소득세에 비해서 역진적이기 때문에 전체 조세수입 가운데 소비세의 비중이 낮은 것이 소득재분배 효과를 높인다. 우리나라는 2016년의 경우 부가가치세 62조, 개별소비세 9조, 교통 · 환경세 15조, 담배세(지방세) 12조 등으로 약 100조원 정도되어 전체 국세 수입의 대략 40%가 넘는다.

㉰ 부(富)세

사람들의 경제적 능력을 판단하는 것으로, 소득 이외에 부(富)도 중요하다. 따라서 부가 많으면 그만큼 경제적 능력이 크다고 할 수 있다. 그래서 부에 부과하는 부세는 누진적인 성격을 갖는다. 대표적인 부세로 상속세와 증여세가 있는데 이것은 부가 많은 사람들에게 매우 높은 세율을 부과하기 때문이다. 그러나 이러한 상속세와 증여세는 여러 가지의 이유로(탈세와 절세의 방법 등으로) 실제로 부과되는 조세는 극히 미미하다.

2015년 우리나라의 경우, 전체 국세 수입의 대략 2% 정도가 상속·증여세를 통한 수입이다. 또 하나의 대표적인 부세는 재산세인데, 이것은 우리나라를 비롯한 대부분의 국가들에서 지방세에 속한다. 선진산업국가들에서는 지방세 가운데 재산세의 비중이 가장 높은데, 우리의 경우는, 전체 지방세 수입 가운데 재산세의 비중은 대략 5% 정도에 머무는데, 이것은 재산세율 자체가 낮고(1% 미만), 또한 재산의 실질가치보다 훨씬 낮게 평가하기 때문이다. 이렇게 볼 때, 우리나라에서의 부세의 소득재분배효과는 그 본래의 누진적인 성격에 비추어 볼 때, 매우 미미하다고 볼 수 있다.

3) 사회보장성 조세 : 목적세

상기에서 논의했듯이 정부의 일반예산을 구성하는 조세들은 특별한 목적에 사용하는 것이 아니다. 다양한 목적으로 사용하기 위하여 거두어들인다. 반면에 목적세(ear-marked tax)는 특별한 목적을 위해서 부과하는 세이다. 우리나라의 경우 이러한 목적세가 많고 또한 조세수입도 비교적 크다. 우리나라는 교통세, 방위세, 교육세, 농어촌특별세 등의 목적세가 있고, 이러한 세들로부터의 조세수입도 커서, 예를 들면 2015년의 경우 교통에너지환경세가 대략 14.1조, 교육세가 4.9조, 농어촌특별세가 대략 3.8조에 이르러, 이 세 가지의 목적세의 수입이 근로소득세(2015년 기준 27.1조) 수입의 약 84%에 달한다.

서구복지국가들에서는 대표적인 목적세는 사회보장을 위한 조세로 어떤 국가들에서는 일반예산보다 규모가 크다. 우리나라의 경우도 2016년의 경우 국민연금의 기여금으로 41조원, 건강보험과 장기요양보험의 보험료로 약 60조원, 고용보험과 산재보험의 보험료로 약 17조로 4대 사회보험으로 약 118조원의 수입이 있어, 그 해의 광의의 사회복지 예산 123조원에 거의 육박한다.[2] 이러한 액수도 우리의 사회보장제도가 성숙해 갈수록 급격히 늘어나게 되기 때문에, 사회복지에서 사회보장성 조세의 중요성은 앞으로 더욱 커지게 된다. 그렇다면 왜 사회보장을 정부의 일반예산에 의하여 주로 의존하지 않고, 사회보장성 조세에 의존하는가?

(1) 왜 사회보장성 조세인가?

앞에서 언급했듯이, 사회보장성 조세란 4대 사회보험을 위하여 국가가 강제로 부과하는 보험료인데, 왜 이렇게 강제로 부과하는 보험료를 재원으로 하는가? 이것의 본질적이고 가장 중요한 이유는 사회보험도 보험이기 때문이다. 일반적으로 사람들이 보험에 가입하는 이유는 보험의 대상이 되는 위험(노령, 실업, 질병, 장애 등)이 발생할 때, 소득이 중단 혹은 감소를 대비하여 이전의 소득수준을 가능한 한 유지하고자

2) 여기에 각종의 특수직역연금인 공무원연금으로부터 3조 7,000억원, 군인연금에서 5,700억원, 사학연금으로부터 2조 6,000억원을 합하면 정부의 사회복지예산은 보다 많다고 볼 수 있다.

하는데 있다. 이러한 이유로 소득보장 프로그램은 흔히 소득유지(income maintenance) 프로그램으로 불리우기도 하는 것이다.

따라서 보험의 이러한 목표를 이루기 위하여는, 보험료를 많이 낸 사람들(고소득층)은 보험료를 적게 낸 사람들(저소득층)에 비하여 위험이 발생할 때 급여액의 차이를 두어 후자보다 전자에게 더 많은 급여를 해야 하는 것이다.

물론 대부분의 국가들에서의 사회보험은 소득재분배 효과를 높이려는 장치가 있어, 급여액 계산방식이나 보험료 갹출방법들에서 저소득층에게 유리하게 하여 저소득층이 자신들이 낸 보험료에 비하여 고소득층에 비하여 상대적으로 더 많은 급여액을 받는 것은 사실이나, 저소득층이 받는 급여의 절대액은 고소득층에 비하여 적다.

이러한 사회보험의 목표는 정부의 일반예산으로는 이룰 수가 없다. 일반예산은 문자 그대로 일반 국민들이 낸 세금이기 때문에 이러한 재원으로 고소득층에 더 많은 급여를 하는 것은 정치적으로 불가능하다. 오히려 사회보험을 정부의 일반예산에 주로 의존하는 경우는 저소득층에게 더 많은 급여를 할 수 있는데, 이렇게 되면 이것은 더 이상 사회보험이라 할 수 없고 공공부조라 할 수 있다(오스트레일리아와 뉴질랜드가 이러한 방법을 택하여 소득조사를 통하여 급여가 주어진다).

그렇다면 왜 일반조세처럼 강제로 부과하는가? 가장 중요한 이유는, 2장에서 논의했듯이, 사람들이 자발적으로 이러한 보험에 가입하도록 하게 하면 많은 사람들이 가입을 안해 이러한 위험이 발생했을 때 그들의 소득이 급격히 줄게 되면, 많은 빈자가 발생하게 되고, 결국 국가가 일반예산으로 공공부조제도로 해결할 수밖에 없기 때문이다. 즉 국가의 입장에서는 이러한 '강제저축'을 통하여 국가의 부담을 줄일 수 있는 것이다.

강제로 가입하게 하는 또 하나의 이유는 보험기술상의 여러 가지 좋은 점이 많기 때문이다. 즉 이른바 '역의 선택(adverse selection)'의 문제를 해결할 수 있고 또한 위험분산이나 규모의 경제 등의 이유로 보험의 재정안정을 이룰 수 있는데 유리하기 때문이다.

둘째, 사회보장성 조세도 일반조세처럼 강제로 부과하기 때문에 세금의 성격을 갖고 있으나, 사회보장성 조세는 일반조세와 달리 미래에 받을 수 있는 사회보장 급여에 대한 '권리'를 갖는 것으로 생각하기 때문에 조세저항이 상대적으로 적기 때문에 정치적인 측면에서 유리하다.

또한 많은 사람들은 정부의 일반예산으로 가난한 사람들에게만 급여하는 것을 일종의 '적선(dole)'으로 보아 거부감이 있는 반면에, 사회보장조세를 기여한 후에 사회보장급여를 받는 것은 자신들의 권리로 생각하기 때문에 더 선호하는 것이다.[3)]

우리의 경우는 특이하여 사회보장성 조세부담률이 서구복지국가들에 비하여 매우 낮은데도 불구하고, 이 조세에 대하여도 조세저항이 강하여 사람들의 건강보험이나 국민연금에 대한 보험료 납부율이 서구복지국가들에 비하여 크게 낮은 것이다. 이것의 주요 이유는 소득파악률이 낮아 피고용자와 자영업자들 간의 조세부담의 비형평성 때문이다. 또한 국민연금에 대한 이해부족으로 많은 사람들이 사회보장급여에 대한 '권리'의식이 약하고, 정부로부터의 급여에 대한 거부감(특히 중산층 사람들에게는)이 크기 때문이라고 생각할 수 있다.

셋째, 일반적으로 사람들은 자신들이 낸 세금이 어디에 사용되는가에 관심이 있다. 그런데 일반조세는 다양한 용도로 사용되기 때문에 많은 사람들은 자신들이 낸 세금이 '제대로' 사용되는가에 대하여 의구심을 가질 수 있어 일반조세 부담을 높이는 것에 대하여 막연한 거부감을 갖는 경향이 있다.

---

3) 오늘날 대부분의 서구 복지국가들에서의 사회보험 – 특히 국민연금 – 은 적립방식이 아닌 부과방식으로 운영되기 때문에, 즉 사회보장조세를 적립하지 않기 때문에 인구구조의 변동이나 경제성장의 둔화 등으로 사회보험재정이 불안정하여 정부가 재정적자를 감수하고도 일반예산으로부터 보조를 하기 때문에 엄밀히 말하여 이러한 '권리'는 허구이나, 많은 사람들은 이러한 '권리'를 의식하는 것은 사실이다.

또한 오늘날까지 대부분의 국가들에서 사회보장 급여의 수급자들은 자신들이 낸 사회보장성조세보다 더 많은 급여를 받기 때문에, 엄밀히 말하여, 일정부분은 정부로부터 '적선'의 형태로 받는 것인데 대부분의 사람들은 급여를 하나의 권리로 생각하여 선호하는 것이다.

반면에 사회보장성 조세와 같은 특정한 목적을 위하여 사용되는 목적세는 사용되는 용도가 비교적 명확하기 때문에 상대적으로 이러한 조세에 대한 거부감이 적다. 대표적인 예가 교육이나 사회복지의 재원을 마련하기 위하여 담배, 술, 도박 등의 사회적으로 바람직하지 않는 재화나 서비스의 사용에 세금을 높게 부과해도 조세저항이 크지 않는 것이다.

사회복지정책에서도 정부의 일반예산에 의존하는 정책(예, 공공부조)은 사회보장성 조세에 의존하는 사회보험에 비하여 조세부담을 늘리는 것에 조세저항이 크다. 예를 들면, 최근 미국에서 정부의 재정적자에 훨씬 크게 기여하는 국민연금은 그대로 둔 채, 일반예산에서 급여하는 공공부조−AFDC−를 없앴다.

지금까지는 사회보장성 조세의 필요성에 대하여 논의했는데, 그렇다고 사회복지정책의 재원으로 사회보장성 조세가 반드시 이상적인 것은 아니다. 사회보장성 조세의 가장 큰 문제점은 정부의 일반예산에 비하여 역진적, 즉 소득재분배를 악화시킬 수 있다는 점이다.

(2) 사회보장성 조세는 역진적인가?

국가들 사이에 사회보장성 조세의 부과방식에 따라 어느 정도 차이는 있지만 일반적으로 사회보장성 조세는 다음과 같은 이유로 역진적일 가능성이 높다.

첫째, 대부분의 국가들에서 사회보장성 조세는 피고용자의 경우 모든 근로소득에 동률로(우리나라의 국민연금의 경우 9%) 부과한다는 점이 역진성을 높일 수 있다. 왜냐하면, 고소득층은 자산소득(이자, 임대료, 주식배당금 등)이 많은 반면, 저소득층은 자산소득이 적거나 없기 때문에, 명목적으로는 동률이라도 전체소득의 관점에서 보면 실질적으로는 고소득층의 부담이 상대적으로 적기 때문이다.[4)]

---

4) 우리나라는 건강보험의 경우 소득파악이 제대로 안 되어 있는 상황에서 지역가입자(예, 자영업자 등)에 대하여는 재산도 고려하여 건강보험 보험료를 부과하나, 대부분의 경우 탈루소득이 많기 때문에 실질적으로 고소득인 자영업자가 소득이 낮

이러한 역진성을 줄이기 위하여 어떤 국가(예, 영국)에서는 사회보장성 조세도 소득계층에 따라 차등률(예, 소득계층에 따라 5-9%의 부담률)을 적용하거나, 독일과 같은 국가들에서는 소득이 매우 낮은 계층에 대하여는 조세부담을 면제시키나, 개인소득세의 누진성에 비하여 그 효과가 크지 않다(개인소득세의 최고세율은 50%가 넘는 나라가 많다).

둘째, 대부분의 국가들에서는 사회보장성 조세의 부과대상이 되는 소득의 상한액(ceiling)을 두고 있는데, 이것은 사회보장성 조세의 역진성에 기여한다. 예를 들면, 우리나라의 경우 국민연금의 경우 2015년 7월부터 2016년 6월까지 적용되는 상한액이 월소득 421만원인데, 월소득이 1,000만원인 경우 나머지 579만원에 대하여는 조세를 부과하지 않기 때문에 저소득층이 고소득층에 비하여 실질적인 부담이 크다고 하겠다.

따라서 사회보험의 소득재분배 효과를 강조하는 국가들에서는 이러한 상한액을 매우 높게 하든지 아니면 아예 상한액을 설정하지 않아 조세의 역진성을 어느 정도 줄이려고 한다[5](예, 스웨덴, 벨기에 등).

셋째, 대부분의 경우 사회보장성 조세는 사용자와 피고용자가 같이(동률 혹은 높은 사용자 부담률) 부담하는데, 이때 사용자가 부담하는 것이 피고용자에 줄 임금이라면 이것의 역진성은 더욱 커질 수 있다.

원론적으로 볼 때, 사용자는 생산요소인 노동의 한 단위를 사용할 때의 비용이 그 단위를 사용하여 얻는 가치와 최소한 같아야 그 노동을 사용한다. 따라서 총 노동비용의 개념이 중요해지는데, 만일 국가에 의해서 강제적으로 사용자에게 사회보장세를 부과하게 되면, 피고용자를 고용할 때의 총 노동비용이 그 만큼 늘기 때문에, 다른 조건이 같다면, 피고용자에게 급여할 임금이 그만큼 준다면, 사용자가 부담하는 사회보장성 조세는 피고용자의 줄어든 임금과 같게 되는 것이다(Munnell, 1977). 즉 사용자 부담의 사회보장성 조세는 실질적으로 피고용자가 부담하는 것이 되는 것이다.

은 피고용자보다 부담이 적기 때문에 역진성의 문제가 더욱 심각하다고 볼 수 있다.

5) 이 경우 급여액도 높아질 수 있으나, 소득재분배효과를 높이기 위하여 급여액에도 상한액을 설정한다.

한편 피고용자와의 단체협상 등의 이유로 피고용자의 임금을 줄이기 어려운 상황에서는, 사용자들은 총 노동비용이 증가한 상황에서 그들의 이윤이 줄지 않기 위하여는 사용자에게 부과한 사회보장세를 그들이 생산해 내는 재화나 서비스의 가격을 높여 소비자들에 전가시킬 수 있다. 이 때 일반적으로 물가의 상승은 저소득층이 고소득층에 비하여 상대적으로 부담이 크기 때문에 결국 역진성이 나타날 수 있는 것이다.

넷째, 전술한 개인소득세는 다양한 조세감면제도를 통하여 저소득층, 특히, 저임금 근로자들의 부담을 줄여주나, 사회보장성 조세는 모든 근로소득에 부과하기 때문에 저소득층의 부담이 크다.

이 문제를 해결하기 위하여 대부분의 국가들에서는 조세제도를 통하여 저소득근로자들이 낸 사회보장성 조세의 일부를 연말정산 때 환급해 준다. 대표적인 것이 미국에서의 EITC(Earnde Income Tax Credit) 제도인데, 이것을 통하여 경제적 필요(needs)가 높은 저소득 근로소득자들에게 일정한 급여계산방식에 따라 급여를 하여, 사회보장성 조세의 역진성을 줄인다. 우리나라도 2008년부터 시행하고 있는 근로장려세제가 여기에 해당한다.

4) 조세지출(tax expenditures)

지금까지 사회복지를 위한 공공부문 재원으로 일반조세와 사회보장성 조세에 관하여 논의하였다. 이 두 가지의 재원은 정부가 조세로 일단 거두어들인 다음 다양한 사회복지정책에 사용한다. 반면에 지금부터 논의할 조세지출은 특정한 목적을 위하여 세금을 거두어 지출하는 대신 각종의 조세감면 방법을 통하여 그 목적을 이루는 것이기 때문에 실질적으로 공공부문재원이라 할 수 있다. 이것을 흔히 조세지출이라 부르는 이유는 정부의 입장에서는 조세지출만큼 조세수입이 줄고, 따라서 그만큼 정부지출이 줄기 때문에 조세지출도 실질적으로 정부지출의 하나로 보기 때문이다.

예를 들어, 세금을 거두어 아동이 있는 가족에게 가족수당(아동수당)을 급여하는 대신에, 아동이 있는 가족이 낼 세금에서 일정한 액수를 면제시키는 것이다. 즉 아동의 복지라는 동일한 목적을 이룰 수 있는 것이다.

그렇다면 조세지출제도는 왜 필요한가? 우선은 조세를 부과하고, 거두어들이고, 지출하는데 필요한 많은 거래비용(transaction costs)을 줄일 수 있다는 점이다. 더 중요하고 본질적인 이유는 '과대정부' 혹은 '정부실패(government failures)'에 대한 비판을 피하고 민간부문의 효율성을 높이기 위한 것이다. 즉 '과대한' 정부의 지출에서 흔히 나타나는 관료성, 경직성, 비창의성 등의 문제를 줄일 수 있기 때문이다.

조세지출의 규모는 어느 정도인가? 이것은 국가들에 따라 차이가 큰데, 예를 들면 미국의 경우 2008년의 조세지출은 국세수입 및 세외수입을 합한 금액의 약 34%, GDP의 약 6%에 이른다. 우리의 경우는 2016년의 경우 국세수입 및 세외수입을 합한 금액 205조원의 약 17%인 34조원이다. 지방세까지 고려하면 그 해의 지방세 수입 약 62조 가운데 13조원이어, 합하면 47조원의 조세지출이 있었다.

조세지출 제도에 속한 조세감면의 형태들은 어떠한 것들이 있는가? 조세감면은 크게 나누면 2가지 형태가 있는데, 하나는 경제적 필요(needs)를 고려한 사회복지 성격의 조세감면이다. 여기에는 다양한 형태의 감면이 있는데, 우리나라의 예를 들면, 우선 비과세소득이라 하여 총소득(gross income)에서 일정한 액수를 과세대상 소득에서 제외시킨다.

다음으로는 각종의 소득공제(deduction)가 있는데, 여기에는 본인을 비롯한 배우자, 노인, 장애인, 아동 등에 대한 인적공제(personal exemption)가 있고, 다른 하나는 필요 경비적 공제라 하여 근로소득공제, 보험료, 의료비, 교육비, 주택비, 등에 대한 공제가 있다.

이 밖에 세액공제(taxcredit)라 하여 내야 할 세금 자체를 줄여주는 제도가 있는데 우리의 경우 근로소득, 재형저축, 주택자금에 대한 공제가 있다.

이러한 경제적 필요, 즉 복지성 조세감면보다 더 큰 조세감면의 형태는 경제활동 활성화를 위한 공제제도가 있는데 이것은 주로 기업(법인)을 대상으로 하는 것이다. 여기에는 경제성장을 촉진하는 것(예를 들면, 기술인력개발, 설비투자 확대 등)과 균형발전을 위한 것(예, 농어촌 경제활성화, 국토개발지원 등) 등이 포함된다.

조세지출의 형태별 비중은, 국가에 따라 차이가 있으나, 대개 경제활동 활성화를 위한 조세지출이 복지성 조세지출보다 크다. 예를 들면, 미국의 경우 전체 조세지출 가운데 전자가 대략 64% 이상을 차지한다. 우리의 경우도 유사하여, 2016년의 경우 사회복지 관련 조세지출은 약 12조원으로 전체 조세지출의 약 35% 정도이다. 나머지는 경제활동 활성화를 위한 조세지출이다.

조세지출제도는 소득재분배에 어떠한 영향을 주는가? 우선 조세지출의 대부분을 차지하는 경제활동 활성화를 위한 조세 감면이 주로 기업(자본가)에게 주어지기 때문에 이 자체로도 고소득층이 유리하다. 만일 이러한 조세감면을 안해 주고 세금으로 거두어 소득재분배를 높일 수 있는 정책에 사용하면 소득재분배 효과는 더 커질 수 있다.

복지성 조세감면도 역진적이어 소득재분배를 약화시킨다. 이것은 두 가지 이유 때문인데, 첫째로 많은 수의 저소득층은 소득이 낮아 과세대상에서 제외되어 이러한 복지성 조세감면혜택을 누리지 못한다. 예를 들어, 우리나라의 경우 현재 근로소득자 가운데 대략 40% 정도만이 개인 소득세를 납부하였고, 자영업자(사업소득자) 가운데는 대략 30% 정도가 세금을 납부하였다. 즉 각종의 조세감면 혜택은 다수의 미납세자들에게는 돌아가지 않는 것이다.

둘째는 납세자들 가운데서도 소득이 높을수록 조세감면의 혜택을 받는 액수가 커지기 때문이다. 이것은 다시 두 가지 이유 때문인데, 하나는 소득이 높은 가구일수록 조세감면 대상 항목과 절대액수가 커지기 때문이다. 우선 소득이 높을수록 부양가족수가 많아 조세감면의 액수가 크다. 예를 들면, 우리나라의 경우, 1994년의 경우, 가장 잘 사는 10%

의 가구의 평균 가구원수가 4.1명인데, 가장 못 사는 10% 가구의 평균 가구원수는 3.15명이다(통계청, 1994).

또한 소득이 높을수록 각종의 보장성 보험료지출(개인연금, 손해보험, 자동차보험 등)이 많고, 또한 의료비, 교육비, 기부금 등의 지출이 많아 소득이 낮은 사람들에 비해 필요경비적 공제액이 많다.

다른 하나는, 누진적인 개인소득세 때문에 소득이 높을수록 조세감면의 액수가 커지기 때문이다. 예를 들어, 우리나라의 경우 아동이 2명 있으면 300만원의 소득공제를 받는데, 1억원 정도의 소득이 있는 사람은 세율이 35% 대에 적용되기 때문에 대략 100만원 정도의 세금을 감면 받는 반면에, 1,200만원의 저소득자는 6%의 세율이 적용되어 18만원의 세금을 감면 받는다.

이렇게 조세감면제도는 역진적인 성격을 갖고 있는데 이것은 많은 실증적인 연구들에 의하여 뒷받침된다. 예를 들면, 미국에서의 한 조사에 의하면, 소득계층별 하위 50%의 사람들은 전체 조세지출의 약 12%를 차지하는 반면, 상위 7%의 사람들은 전체 조세감면 혜택의 약 49%를 차지하는 것으로 나타났다(Witte, 1988).

이러한 역진적인 조세감면제도를 폐지하고, 대신 세금으로 거두어들여 이 재원으로 적극적인 소득재분배정책으로 사용한다면 소득재분배를 크게 높일 수 있다.

예를 들어, 미국의 한 연구에 의하면, 1984년의 경우, 연소득 3만 달러 이상의 고소득층은, 아동을 위한 조세감면제도 하나만으로 볼 때도, 이것으로 인한 전체 조세지출 160억 달러 가운데 90억 달러 이상을 차지하는 반면, 연소득 5,000달러 이하의 저소득층은 이 제도로 아무런 혜택을 못 받는다.

만일 이러한 역진적인 아동을 위한 조세감면제도를 폐지하고 160억원을 세수로 거두어 아동을 위한 복지제도(예, 아동수당)에 사용하게 되면, 특히 저소득층에게 집중적으로 급여하는 제도의 경우, 연소득 5,000달러 이하의 가족들은 평균적으로 약 2,000달러의 혜택을 보고, 반면에 75,000달러 이상의 고소득자는, 이전의 조세감면제도와 비교할 때, 약 481달러의 손해를 보게 된다. 이렇게 되면, 1984년의 경우 아동이 있는 빈곤가구의 약 10%가 빈곤에서 벗어날 수 있는 효과가 있다(Pressman, 1992).

우리나라의 경우는 어떠한가? 우리나라에서는 아직은 조세지출에 관한 자료가 충분히 공개되지 않은 상황에서 정확한 조사는 어렵다. 따라서 개략적인 계산에 의하면 2016년의 경우 배우자와 아동이 2명이 있는 4인 가족을 기준으로 인적공제(기본공제)와 근로소득공제만 고려했을 때도 조세감면제도의 역진성이 뚜렷이 나타난다. 소득이 1억원인 가구는, 조세지출이 없는 경우는 대략 2,000만원이 넘는 세금을 내야 하나, 조세감면으로 1,420만원만 부담하게 되어 약 600만원의 혜택을 본다. 반면에 연소득이 1,200만원의 가구는 조세감면이 없을 때는 72만원의 세금을 내야 하나, 조세감면으로 세금을 부담하지 않아 72만원의 혜택을 보는 것이다.

만일 고소득층이 조세감면으로 혜택을 본 세금을 거두어 소득재분배 정책으로 사용하면 어떻게 될 것인가? 여기서는 아동을 위한 조세감면만을 논의해 보기로 하자.

우리나라도 2018년부터 아동수당 제도를 시행할 예정이다. 그런데 5세 이하의 아동에게만 10만원의 급여를 하여 유럽의 복지국가들에 비하면 매우 미미한 수준이다. 그래서 아동수당의 확대를 위해서는 세수가 늘어나야 하는데 이를 위하여 고소득층에게는 현재의 아동을 위한 조세감면제도를 없애면 세수가 확보되고 동시에 소득재분배 효과를 높일 수 있다.

만일 우리나라에서도 고소득층에 대하여는 조세감면 혜택을 주지 않는다면 대략 얼마정도의 조세수입이 늘어날까? 우리나라는 현재 아동 1인당 150만원의 인적공제를 해주고 있다. 인적공제대상이 되는 만 20세 이하의 아동들이 2015년 기준으로 대략 1,100만명 정도 되는데, 이 가운데 소득 상위 20%에 속하는 가구에 사는 아동들을 대략 220만명으로 가정하고, 이들에게 조세감면 혜택을 주지 않고, 이들의 평균소득세율을 대략 20%로 잡으면, 일인당 30만원의 세수 확대가 이루어질 수 있어 전체적으로는 대략 6,600억원의 조세수입이 늘어날 수 있다.

이 정도의 재원은 2014년 국민기초생활보장제도에서의 생계급여 집행 액수인 약 3조1천억 원의 20% 정도 수준이고, 가장 가난한 20만명의 아동들에게 월 275,000원의 급여를 할 수 있는 돈이다. 이렇게 고소득 가구의 아동들에게 불필요하게(?) 주어지는 사회적 자원을 저소득 가구의 아동들에게 집중적으로 급여하면, 사회전체적으로 소득 불평등도 줄일 뿐만 아니라, 무엇보다도 저소득 가구의 아동들의 복지도 크게 향상되어 그들의 인적자본이 높아지면 국가 발전에도 크게 기여할 수 있는 것이다.

요약하면, 우리의 조세지출제도는 역진적이어 소득 불평등을 증가시키는데, 그 이유는 첫째, 경제성장을 위한 조세지출이 불필요하게 너무 많다는 것이고, 둘째는 '복지성' 조세지출도 고소득층이 저소득층에 비하여 더 많은 혜택을 보기 때문이다. 따라서 조세지출을 대폭 줄여 과세대상을 넓히게 되면 개인소득세의 누진율을 크게 높이지 않아도(우리는 조세부담의 비형평성 때문에 세율을 높이는 것에 대한 조세 저항이 크기 때문에), 조세수입을 늘릴 수 있고, 이렇게 늘어난 조세수입으로 적극적인 소득보장 정책에 사용한다면 소득불평등도 줄고 가난한 사람들의 복지도 크게 높아질 수 있는 것이다.

2. 민간부문재원

앞에서 언급했듯이, 서구복지국가들에서는 사회복지에서 공공부문의 재원이 민간부문 재원보다 압도적으로 많다. 그럼에도 불구하고 민간부문의 재원을 통한 사회복지도 여전히 중요한 역할을 하고 있다. 특히 최근에 서구복지국가들에서의 공공부문재원의 한계로 '민영화'를 강조하는 상황에서 민간부문의 재원이 과거보다 더 중요한 역할을 하는 추세에 있다.

우리나라는 아직까지 공공부문의 사회복지의 미성숙으로 상대적으로 민간부문의 재원이 서구복지국가들이 비하여 더 중요한 역할을 하고 있고, 특히 가족간 소득이전이라는 비공식적인 민간부문의 사회복지까지 포함하면 민간부문의 재원이 공공부문의 재원보다 훨씬 크다. 따라서 우리나라에서는 민간부문의 사회복지재원에 관한 논의가 더 중요할 수 있다. 여기서는 민간부문의 재원을 크게 네 가지 1) 기업복지재원 2) 자발적 기여 3) 사용자부담 4) 가족간 소득이전으로 나누어 논의하고자 한다.

1) 기업복지재원

기업복지란 간단히 말하여 기업의 사용자가 피고용자에게 주는 사회복지성 급여를 말한다. 기업복지는 국가들마다 규모나 형태가 다양하다. 일반적으로 공공부문의 복지가 발전한 국가일수록 기업복지의 규모는 적다. 반면에 우리나라처럼 공공부문의 사회복지가 미성숙한 국가들에서는 기업복지의 규모도 크고 기업복지에 속하는 프로그램도 다양하다.

일반적으로 기업복지의 프로그램들은, 공공부문의 사회복지의 다양한 영역에서의 프로그램들을 거의 모두 갖고 있다. 예를 들면, 소득보장의 영역에는 대표적으로 기업연금이 있다. 기업연금의 규모는 국가에 따라 차이가 있는데 공적연금인 국민연금이 발전된 나라일수록 기업연금의 규모는 작은데, 예를 들면, 2014년의 경우 독일이나 프랑스는 국민연금에 GDP의 10% 이상을 사용하는데 반하여, 기업연금에는 GDP의 1% 정도가 지출되었다. 반면에 미국은 국민연금에 7%, 기업연금에 약 2%를 사용한다.

우리나라의 경우는 국민연금이 성숙되지 않아 서구와는 반대로 기업연금(퇴직연금)의 규모가 공적연금보다 더 크다. 2015년 자료에 의하여, 퇴직연금에 약 70조원이 지출된 반면에, 공적연금(국민연금, 공무원연금, 군인연금, 사학연금)에 대략 35조원이 사용되었다.

건강분야의 경우, 서구복지국가들 대부분은 전 국민을 대상으로 하는 공공의료보험이 잘 발달되어 있어 이 분야에서의 기업복지의 역할은 미미하다. 다만 질병수당의 경우 몇 나라에서는 기업에서의 집단 질병보험을 통하여 국가로부터의 질병수당 급여를 보충하는 역할을 한다. 예를 들면, 스웨덴의 경우 약 250만명의 사람들이 집단질병보험에 가입하고 있고, 전체 질병수당 급여액에서 대략 반 정도는 기업복지 차원에서의 질병수당이 차지하고 있다.

반면에 전 국민을 대상으로 하는 공적 의료보험이 없는 미국에서는 대부분의 피고용자들은 기업에서 제공하는 집단 의료보험으로부터 의료문제를 해결하기 때문에 이 분야에서의 기업복지의 역할은 매우 크다.

한편 우리의 건강보험은 질병수당제도를 포함하고 있지 않기 때문에, 대신 기업복지의 형태로 법으로 정한 유급질병휴가 급여 제도가 있어 사용자가 질병이 발생해서 일은 못하는 피고용자에게 급여하는데, 2013년의 경우 대략 1.3조 원이 지출되었다(고경환 외, 2013).

또는 우리나라의 여성근로자들을 위하여 산전 산후휴가 급여제도를 통하여 사용자가 피고용자에게 급여하도록 하는데, 2013년의 경우 대략 7천억 원이 지출되었다(고경환 외, 2013).

교육분야의 경우, 선진 산업국가들에서는 공교육제도가 발전되어 있어 기업복지차원에서의 이 분야에서의 역할은 미미하다. 우리나라는 이 분야에서 피고용자 본인 혹은 자녀들에 대한 학비를 보조하는 것이 대표적이다.

주택의 경우, 우리의 경우 기업복지 차원에서 제공하는 사원주택 혹은 주택 보조비(무이자 혹은 아주 낮은 이자로 주택마련을 위한 대출 등) 등이 있다.

마지막으로, 개별적 사회서비스에는 탁아프로그램을 비롯한 다양한 형태의 기업복지가 있다. 우리나라의 경우 법정외 복리비라 하여 다양한 기업복지의 지출이 많은데 여기에는 사회복지영역으로 포함시킬 수 없는 문화, 체육, 오락, 경조비 등도 포함되어 있는데, 2013년의 경우 이러한 기업의 법정외 복리비가 대략 18조 원에 이를 정도로 크다(고경환 외, 2013).

(1) 기업복지의 재원은 왜 필요한가?

공공부문의 사회복지가 발전이 안 된 우리나라의 경우는 할 수 없다치고, 왜 공공부문의 사회복지가 발전된 서구복지국가들에서도 기업복지가 여전히 중요한 역할을 하는가? 이것은 여러 가지로 설명할 수 있는데, 우선 사용자의 입장에서 보면 피고용자들에게 직접적인 임금을 주는 대신 이러한 기업복지의 형태로 지급하는 것이 조세부담의 측면에서 유리하기 때문이다.

사용자는 피고용자를 위해 각종의 사회보장성 조세를 부담하게 되는데, 이 때 임금이 높으면 높을수록 사회보장성조세의 부담이 커지게 되기 때문에 임금 대신 기업복지의 형태로 급여를 하면 그 만큼 조세부담이 줄어드는 것이다. 또한 기업 복지에 사용하면 국가에 의해서 여러 가지 세제상 혜택을 주기 때문에 그 만큼 과세대상소득이 줄어들어 세금부담이 경감될 수 있다. 예를 들면, 대표적인 기업복지인 기업연금의 경우 축적된 기금으로부터의 이자소득에 대한 세금감면으로 혜택을 볼 수 있는 것이다(Munnell, 1982).

둘째, 피고용자들을 위한 기업복지가 필요한 또 하나의 이유는 사용자의 입장에서 볼 때 양질의 피고용자들을 고용하거나 유지하는데 필요한 동기강화 때문이다. 이른바 내부노동시장이론(internal labor market)에 따르면, 피고용자들의 임금은 노동에 대한 수요와 공급 혹은 생산성에 따른 경쟁에 의해서 결정되는 것이 아니라, 주위의 산업 혹은 기업들의 임금을 고려하여 관행적으로 결정되는 경향이 있다. 그래서 아무리 이윤이 많이 발생하는 기업이라도 피고용자들에 대한 임금을 다른 기업에 비하여 크게 높일 수 없는 상황에 있다.

이러한 상황에서 사용자는 생산성이 높은 근로자들을 고용하고 유지하기 위하여는 임금 이외의 다른 부가 급여(fringe benefits)를 많이 제공하여야 하는데 이것을 위해서 기업복지가 필요한 것이다. 또한 양질의 근로자들을 유지하기 위하여는, 오랜기간 근무할수록 기업복지의 혜택이 더 많이 주어지도록 한다. 대표적인 예가 기업연금인데, 이것의 혜택을 완전히 받기 위해서는 일정기간의 근무기간(vesting period라 한다)이 필요한데, 이것은 피고용자들이 해당기업을 떠나는 것을 억제하는 효과가 있는 것이다.

셋째, 일반적으로 기업복지의 주요 수급자들은 저임금 근로자가 아니고 중간 혹은 고임금 근로자들이다. 공공부문의 사회복지제도는 전 국민을 대상으로 하고 또한 사회적 적절성의 가치를 반영해야 되기 때문에 고소득층과 저소득층의 급여의 차이를 줄여야 한다. 공공부문 사회복지의 이러한 특성 때문에, 중간 혹은 고소득층에게는 국가 복지의 급여액은 불충분할 수밖에 없고, 부족한 부분은 기업복지가 해결하는 것이다. 즉 국가의 입장에서는 기업복지 때문에 사회복지에 사용할 공공부문의 재원을 줄일 수 있는 것이다.

예를 들면, 오늘날 서구복지국가들의 노인들의 경우 국가들 사이에 어느 정도 차이는 있지만, 일차적으로는 공공부문의 연금(국민연금)에 크게 의존하나, 중간 혹은 고소득층의 노인들은 국민연금만으로는 부족하여 2차적으로 기업연금에 크게 의존하고, 마지막으로 개인연금에 의존한다. 반면에 저소득층은 일차적으로 국민연금에 의존하나 이것으로 부족할 경우 마지막으로 공공부조에 의존하는 경향이 있다.

마지막으로, 피고용자들의 입장에서도 임금 대신에 기업복지의 형태로 보상을 받는 것이 유리하다. 일반적으로 기업복지로부터의 급여는 과세대상에서 제외되기 때문에, 특히 개인소득세의 누진성 때문에, 고임금 근로자들에게는 더욱 그러하다.

(2) 기업복지는 무엇이 문제인가?

이상에서 논의한 것처럼, 기업복지는 여러 가지 이유로 필요하다. 그러나 기업복지는 다른 한편으로는 사회전체의 소득불평등을 더욱 악화시킬 수 있는 문제점을 갖고 있다. 이것은 두 가지 측면에서 이야기할 수 있는데, 하나는 기업복지에 사용하는 재원은 대부분 조세감면 혜택을 주는데, 만일 이러한 기업복지 대신에 세금을 거두어 조세수입을 늘려 국가복지의 적극적인 소득재분배 정책에 사용한다면 소득재분배 효과를 높일 수 있다는 점이다.

다른 하나는, 기업복지의 수급자들이 주로 중간 혹은 고소득층이라는 점이다. 이것의 이유는 우선 기업복지의 대상이 대개 일정한 수준 이상의 기업의 정규근로자들을 대상으로 하고(영세사업장의 근로자들은 대개 대상이 안 된다), 또한 급여도 중간 혹은 고임금 근로자들에게 집중적으로 이루어지기 때문이다.

설사 기업복지의 대상이 된다 하더라도 저임금근로자들은 이직률이 높기 때문에 기업복지로부터의 급여자격이 안 되는 경우가 많다. 또한 대표적인 기업복지인 기업연금의 경우 급여계산방식이 보험수리 원칙에 따라 이루어지기 때문에 고소득층과 저소득층의 급여에서의 차이도 크다. 이러한 이유들로 실제로 대부분의 국가들에서의 기업복지는 사회 전체의 소득불평등을 악화시키는 즉, 자본주의의 사회의 시장에서의 임금불평등을 반영하는 성격을 갖는다고 하겠다.

2) 자발적 기여(voluntary contribution)

자발적 기여라 함은 개인, 기업, 재단(foundation) 등이 사회복지를 위해서 자발적으로(즉 강제적이 아닌) 기여한 재원을 말한다. 이러한 자발적 기여는 서구선진사업 국가들에서도 공공부문의 사회복지가 발전되기 이전에는 중요한 역할을 하였고, 오늘날에도 국가에 따라 혹은 사회복지 분야에 따라 여전히 중요한 역할을 하고 있다.

예를 들면, 서구복지국가들 가운데서 이러한 자발적 기여를 재원으로 한 사회복지가 가장 잘 발전된 미국에서 1987년의 경우 사회복지의 재원 가운데 약 480억 달러는 자발적 기여에 의한 것이다. 이 해에 공공부문의 사회복지에 약 8,300억 달러가 사용된 것의 약 6%에 이른다(대부분의 유럽의 복지국가들에서는 이러한 자발적 기여는 매우 미미해 대략 1% 미만이다.).

미국의 경우 자발적 기여는 사회복지의 분야 가운데 대부분 사회복지서비스분야(아동, 노인, 장애인 복지 등)에 주어지어 이러한 서비스 기관들의 재원의 약 30%는 자발적 기여에 의해서다(반면에 정부재원은 38%, 사용자부담은 23% 정도이다).

우리나라의 경우는 어떠한가? 우리나라는 아직 자발적 기여에 대한 자료가 부족하여 정확한 규모를 파악하기 어려운데, 최근의 한 조사에 의하면, 우선 개인이나 기업이 낸 기여금을 모금하는 기관들(대표적인 것이 미국의 United Way와 유사한 사회복지공동모금회)이 사회복지분야에 배분한 금액은 2013년의 경우 대략 9,500억 원이다(참고로 사회복지공동모금회의 2013년 배분지원비는 약 4,200억 원이다)(고경환 외, 2013).

다음으로 기업의 사회공헌활동에 의해 사회복지 분야에 기여한 액수는 2013년의 경우 대략 6,000억 원이다. 각종의 모금기관에의 기여금 총액 가운데 기업이 기여한 것이 가장 크기 때문에, 전체적으로 볼 때 우리나라에서의 자발적 기여를 가장 많이 하는 주체는 기업이라 할 수 있다(이것은 미국에서는 사회복지서비스 분야의 기여 가운데 개인들에 의한 기여가 가장 큰 것과 대조적이다).[6]

(1) 왜 자발적 기여가 필요한가?

자발적 기여를 재원으로 하는 사회복지 급여는 대개 비영리 사회복지 조직들에 의하여 소규모 단위로 다양한 사회복지 수요를 해결하기 위하여 이루어진다. 이것은 전국민을 대상으로 대규모로 획일적(?)인 사회복지 급여를 하는 국가복지를 보완할 수 있는 것이다. 그래서 종교적, 언

6) 우리나라에서는 각종의 교회단체들이 '사회복지 활동'에 많은 기여를 하고 있다. 이러한 단체들의 주장에 의하면, 1999년의 경우 불교단체가 756억원, 천주교가 1,100억원, 기독교가 8,000억을 기여했다고 한다. 그러나 여기서의 '사회복지활동'이라는 것이 애매하여, 이러한 액수를 순전한 사회복지에 사용되었는지는 불분명하다. 어찌되었건 우리나라에서는 특이하게 각종의 교회단체를 통한 자발적(?)기여에 의한 사회복지가 큰 규모를 차지하고 있는 것은 사실이다.

어적, 인종적 등의 측면에서 이질적인 사람들로 구성된 사회에서는 특히 이러한 자발적 기여를 재원으로 하는 사회복지 급여가 중요할 수 있다.

대표적인 예가 미국인데, 미국은 잘 알려졌듯이 매우 이질적인 사람들로 구성된 사회이기 때문에 다양한 사회복지수요의 문제를 해결하기 위하여 이러한 자발적 기여를 재원으로 한 비영리 사회복지 조직들에 의한 다양한 사회복지급여가 중요한 것이다. 예를 들면, 미국에서는 유태인 사회복지조직들이 유태인들이 낸 자발적 기여를 재원으로 한 사회복지 활동이 매우 왕성하다.7)

또한 자발적 기여를 재원으로 한 사회복지급여는 새롭고 창의적인 사회복지서비스 개발이 용이하고 또한 급여를 다양한 수요에 맞도록 융통적으로 운영할 수 있다. 국민의 세금을 재원으로 하는 국가복지는 책임성(accountability)과 관료성(bureaucracy) 때문에 이러한 측면에서 불리하다.

미국에서는 많은 연구에 의하면 자발적 기여를 재원으로 한 민간 비영리사회복지 조직들이 공공사회복지조직들에 비하여 더 혁신적이고 창의적인 것으로 알려졌다. 우리나라의 경우 많은 민간부문의 사회복지 조직들이 자발적 기여만으로 재정적으로 독립하기가 어려워 대개 정부나 지방자치 단체로부터 재정적인 보조를 받는데, 여기에 정부의 간섭(?)으로 창의적이고 보다 질적으로 우수한 서비스 개발에 일정한 한계를 갖는 문제점이 있다.

(2) 자발적 기여의 문제점은?

자발적 기여를 재원으로 하는 사회복지 급여의 가장 큰 문제점은 공공사회복지 급여에 비하여 소득재분배효과가 낮다는 점이다. 앞에서 언급했듯이, 자발적 기여를 통한 사회복지급여는 다양한 사회복지 수요를

7) 필자가 유학시절 살았던 어떤 도시의 대표적인 공동모금기관인 The United Way의 자발적 기여의 총액보다, 유태인들의 사회복지모금기관에의 자발적기여 총액이 더 컸다. 이러한 풍부한 재원을 바탕으로 유태인 사회복지기관들의 사회복지서비스의 양과 질이 좋을 수밖에 없는 것이다.

해결하는 것이 가장 큰 목표이기 때문에 급여가 반드시 소득이 낮은 사람들에게 주어지는 것이 아니다. 미국의 한 조사에 의하면 정부재원을 바탕으로 하는 사회복지서비스의 약 57%는 가장 빈곤한 계층에게 주어지는 반면, 자발적 기여를 재원으로 하는 서비스들은 약 25%만이 이들에게 주어진다고 알려져 있다(Salaman, 1992).

우리나라의 예를 보면, 지역사회 사회복지관들의 다양한 사회복지 서비스의 수급자들 가운데는 소득계층별로 볼 때 중간층 이상의 사람들이 많다.

둘째, 자발적 기여를 재원으로 하는 사회복지 급여가 대상을 집단적 혹은 지역적으로 분화되어 발전되면, 일반국민 전체를 대상으로 하는 포괄적이고 통합적인 공공복지정책에 대한 필요성이 줄게 되고 따라서 이러한 정책의 확대를 위하여 세금을 올리는 것에 대한 조세저항을 비롯한 정치적 저항이 커져 공공복지정책의 확대가 위축이 될 수 있다.

서구복지국가들 가운데 미국이 상대적으로 공공복지가 낙후된 여러 가지 이유들 가운데 하나는 미국이 다른 어떤 국가들보다 자발적 기여를 재원으로 하는 민간부문 사회복지가 발전되었기 때문이라고 할 수 있다(김태성, 1990).

우리나라의 경우, 최근 자발적 기여를 통한 사회복지재원이 크게 늘어나는 추세이다. 이것은 공공부문의 사회복지가 충분히 발전되지 못하고 있는 우리의 상황에서 불가피한 측면이 있다. 그러나 이렇게 자발적 기여를 통한 사회복지가 확대되다 보면, 위에서 언급했듯이 가뜩이나 열악한 공공부문 사회복지의 확대의 필요성이 약화될 수 있는 문제가 있는 것이다. 실제로 민간부문의 사회복지를 강조하는 정책결정자들은 대개 공공부문의 사회복지를 확대 안 하려고 하는 의도를 갖고 있다. 따라서 우리의 경우는 먼저 공공부문의 사회복지가 확대되어야 하고, 자발적 기여를 통한 사회복지는 보충적인 역할을 하는 수준에 그쳐야 한다.

셋째, 자발적 기여는 기여하는 주체들인 개인, 기업, 재단 등이 문자 그대로 자발적으로 기여하는 것이다. 그런데 이러한 자발성 때문에 기여하는 주체들이 처한 상황의 변화(예를 들면, 기업의 경우 수지의 악화)로 기여액의 변화가 클 수 있다.

또한 자발적 기여에 주로 의존하는 사회복지기관에 어떤 문제가 생기면 자발적 기여액은 크게 변화한다.[8] 즉, 이렇게 자발적 기여의 재원은 불안정하기 때문에 이러한 재원을 바탕으로 하는 사회복지 급여는 지속적이고 체계적으로 이루어지기가 어렵다.

3) 사용자부담(user fee)

사용자부담이라 함은 공공부문이든 민간부문이든 사회복지서비스를 받는 사람이 사회복지서비스 비용에 대하여 본인이 일부분 부담하는 것을 말한다. 공공부문의 예는, 우리나라의 건강보험의 경우 의료서비스를 받을 때 일부는 건강보험을 통해서 지급이 되나 일부는 서비스를 받는 사람이 부담하는 것을 말한다. 민간부문의 예는, 지역사회 사회복지관의 어떤 서비스를 받을 때 완전히 무료가 아니라 서비스 수급자가 일부 부담하는 것을 말한다.

이러한 사용자부담은 공공부문 사회복지가 잘 발전된 서구의 복지국가들에서도 여전히 존재한다. 예를 들면, 전국민에게 무료(?)로 의료서비스를 제공하는 것으로 알려져 있는 영국의 NHS(National Health Service)의 경우도 전체비용의 약 3.4%는 서비스 수급자들이 부담한 액수다. 이러한 비율은 최근 민영화를 강조하는 분위기에서 더욱 높아지는 추세에 있다.

사회복지 분야에서 사용자부담의 비중이 가장 큰 영역은 주택이다. 예를 들면, 영국의 경우, 1980년대에 주택 서비스 지출의 약 50% 이상을 사용자들이 부담하였다(Glennerster, 1985). 이것은 다른 복지국가들

8) 이러한 예는, 우리나라에는 유달리 많은 것 같다. 몇 년 전에 이른바 '소쩍새 마을' 사회복지기관이 운영하는 사람의 비리 때문에 기여금이 크게 줄었다거나, 최근에 '꽃동네' 사건으로, '꽃동네' 사회복지 기관에의 기여금이 크게 줄어들어 운영하는 프로그램을 축소 내지는 변경해야 한다는 언론매체의 보도가 있었다.

에서도 유사한데, 그 이유는 주택서비스들을 완전히 무료로 제공하기에는 너무 많은 비용이 들기 때문이다. 우리나라의 경우, 저소득층을 위한 영구임대주택의 경우 입주자들이 비록 낮은(?) 액수이지만 집세의 일부를 부담하게 되어 있다.[9]

사용자 부담의 비중이 큰 또 하나의 영역은 상기의 지역사회 복지관 등에서 제공하는 서비스인 개별적 사회서비스(personal social service) 영역이다. 서구복지국가들에서도 이러한 서비스를 완전 무료로 제공하기보다는 본인이 일부 부담하게 하는 경향이 있는데, 이 때 이른바 'sliding scale' 제도로 소득계층별로 부담을 차등화하여, 소득이 낮은 사람들에게는 무료로 제공하고, 소득이 높은 사람일수록 본인 부담을 높인다.

(1) 사용자 부담은 왜 필요한가?

한국처럼 공공부문의 사회복지가 낙후된 상황에서는 일정한 정도의 본인 부담이 필요하다 하더라도, 공공부문 사회복지가 잘 발전된 서구의 복지국가들에서도 비록 크지는 않지만 사용자 부담을 하게 하는데 왜 그러한가?

가장 중요한 이유는 사회복지 수급자들의 '도덕적 해이(moral hazard)'의 문제를 해결하고자 하는데 있다. 일반적으로 사회복지서비스를 완전히 무료로 제공하게 되면, 수급자들은 그 서비스를 가능한 한 안 받으려는 행위들을 충분히 안 하게 되는 등의 이유로 서비스를 남용할 수 있다(Judge, 1980).

대표적인 예가 의료서비스다. 대부분의 국가들에서의 의료서비스 제도는 정도의 차이가 있지만 사용자 부담제도를 갖고 있어, 일정 액수 미만의 서비스의 경우 본인이 부담하게 한다든지, 아니면 전체 서비스 비용의 일정 비율은 본인이 부담하게 하는 등의 다양한 방법을 시행하고 있다.

9) 많은 수의 저소득층의 사람들이 이렇게 낮은(?) 액수도 부담이 되어 입주를 꺼린다는 것을 볼 때 이것이 반드시 낮다고 볼 수도 없다.

의료서비스에서 사용자 부담을 두는 가장 중요한 이유는, 사람들로 하여금 질병에 걸리지 않도록 예방하는 행위들을 할 동기를 줄 수 있기 때문이다. 만일 이러한 사용자 부담이 없으면 예방행위들을 등한시하여 사람들이 불필요하거나 지나치게 많은 의료서비스를 이용할 수 있기 때문이다. 이렇게 경미한 질병에 대한 사용자 부담을 두게 되면 전체 의료서비스 비용을 줄일 수 있고 이 재원으로 꼭 필요한 혹은 시급한 서비스를 비용이 많이 들더라도 제공할 수 있는 것이다.

우리나라의 경우는 반대로 경미한 질병(예, 감기 등)에 대하여 본인부담률이 낮아 많은 사람들이 불필요하게 이러한 서비스를 많이 사용하게 되어 결과적으로 꼭 필요하고 비용이 많이 드는 의료서비스에 대한 재원이 부족하게 되어 이러한 서비스를 받을 때 본인 부담률이 매우 높은 기이한 현상이 나타난다.[10)]

둘째, 사회복지서비스의 수급자들이 비록 일부분이지만 부담을 시키게 되면 그들은 제공되는 서비스의 형태와 질에 대하여 관심이 높아져, 서비스 제공자들로 하여금 보다 높은 질의 서비스를 제공하도록 하는 동기강화를 할 수 있다. 반면에 우리 속담에 '싼 것이 비지떡'이란 말이 있듯이 사회복지서비스를 완전히 무료로 제공되면 수급자나 제공자 모두 서비스의 질에 대하여 관심이 줄어들어 서비스의 질의 향상에 대한 동기가 약화되어 결국 질이 낮은 서비스가 제공될 가능성이 큰 것이다.

셋째, 사용자 부담은 또한 서비스를 완전히 무료로 받을 때 발생할 수 있는 일종의 치욕감을 줄여 자기존중(self-respect)을 높일 수 있는데, 이것은 수급자들로 하여금 서비스를 좀더 적극적으로 이용하도록 할 수 있게 하며 결과적으로 서비스의 목표인 문제해결을 더 용이하게 이룰 수 있는 것이다.

(2) 사용자 부담의 문제점은?

일반적으로 민간부문의 재원의 대부분이 그러하듯이 사용자부담의

10) 우리나라의 경우 건강보험의 보장성을 강화하는 노력이 꾸준히 있어왔으나, 오늘날 본인부담률은 대략 40% 가까이 된다.

가장 큰 문제점은 소득재분배를 악화시킬 수 있다는 것이다. 사용자에게 서비스 비용의 일부를 부담하게 하는 방법은 여러 가지가 있으나 대부분의 경우 전체 서비스 비용의 일정 비율 혹은 일정액을 소득수준에 상관없이 부담시킨다. 대표적인 예가 우리나라의 건강보험에서의 의료서비스에 대한 사용자 부담의 방법이 그러하다.

이렇게 소득수준에 상관없이 일정액 혹은 일정비율을 사용자로 하여금 부담하게 되면 소득수준이 높은 사람들은 낮은 사람들에 비하여 부담이 낮게 되는 전형적인 역진성의 문제가 발생하게 되는 것이다.

이러한 문제를 어느 정도 해결하기 위해서 이른바 'sliding scale' 방법에 의하여 소득이 낮은 사람들에게는 사용자부담을 적게 하고, 높은 사람들에게는 많이 부담시키나, 소득이 낮은 사람들이 비록 적으나마 사용자 부담을 하게 하는 한, 일반 예산의 재원보다 역진적인 것은 사실이다.

이렇게 저소득층들은 사회복지 서비스에 대한 사용자 부담이 문자 그대로 '부담'이 되게 되면, 그들은 서비스를 이용하기를 꺼리게 되어 결국 소득이 높은 사람들과 낮은 사람들의 서비스 이용에 있어서 불평등이 발생할 수 있다.

실제로 우리의 의료서비스의 경우 본인 부담률이 매우 높은 상황에서, 많은 저소득층 사람들은 중대한 질병이 발생했을 때 의료서비스를 이용하는 것을 꺼려, 결국 소득이 높은 사람들에 비하여 서비스 이용률이 낮게 되는 결과가 발생하여, 건강보험 제도의 근본적인 목표를 이루지 못하고 있는 실정이다. 최근에 우리나라는 이러한 문제를 해결하기 위하여 몇 개의 중대한 질병(예, 암)의 경우에는 본인부담의 상한액(예, 300만원)을 설정하여 본인부담을 줄이려는 노력을 하고 있다.

4) 비공식 부문 재원: 가족간 이전(inter-family transfer)

지금까지는 공공부문이든 민간부문이든 공식적인 사회복지제도에서 사용되는 재원에 관하여 논의하였다. 그러나 사람들의 복지는 공식적인 사회복지제도에 의해서 뿐만 아니라 비공식적인 방법으로도 많이 해결된다. 예를 들면, 노인들의 복지는 공식적인 사회복지 제도로 해결되기도 하지만, 일정 정도는 가족(예, 자식)들에 의하여 해결된다.

가족, 친척, 이웃 등의 비공식부문에 의한 사회복지는 어느 나라에서나 공공부문의 사회복지가 확대되기 이전에는 가장 중요한 역할을 했으나, 오늘날 서구의 복지국가들처럼 국가복지가 발전된 국가들에서는 그 중요성이 크게 줄었다. 그럼에도 불구하고 이러한 국가들에서도 비공식부문의 복지가 여전히 존재하고 있고, 특히 일부국가들에서는 매우 중요한 역할을 하고 있다.

우리나라의 경우는 문화적인 특수성 등의 이유로 여전히 이러한 비공식 부문의 재원이 매우 중요하다. 예를 들면, 한 조사에 의하면 2000년의 경우 가족이나 친척 등에 의한 사적소득이전이 대략 18조원으로 GDP의 3.5%에 이르고, 가족구성원들에 의한 아동이나 노인 등에 대한 보살핌의 경제적 가치는 대략 30조원, GDP의 4.8%로 둘을 합하면 GDP의 9.2%로 공공부문의 GDP의 6.1%보다 크다(김진욱, 2005).

또한 국가간 비교자료에 의하면, 서구복지국가들은 총소득에서 공공부문 사회복지로부터의 소득이 차지하는 비율이 가족간 소득이전으로부터의 비율보다 압도적으로 높은데, 우리는 그 반대로 가족간 소득이전으로부터의 소득이 압도적으로 많다.

예를 들면, 스웨덴의 경우 공공부문 사회복지로부터의 소득이 전체 소득에서 차지하는 비율이 약 29%인데 반하여, 가족간 소득이전의 비율은 거의 0%이고, 영국의 경우 전자가 17.2%, 후자가 1%, 미국의 경우 전자가 8%, 후자가 0.6%, 독일의 경우 전자가 16.5%, 후자가 0.2%이다(O'Higgins et al., 1990).

반면에 우리나라는 거꾸로 가족간 소득이전으로부터의 소득이 전체 소득에서 차지하는 비율이 약 3%인데 반하여, 공공 사회복지로부터의 소득은 약 0.5%에 불과하여, 가족간 소득이전이 대략 6배 정도로 중요하다(김기덕 · 손병돈, 1995). 최근에 우리나라도 공공부문의 사회복지가 어느 정도 확대가 되고, 유교문화의 약화로 가족 간 소득 이전 현상이 과거보다 줄어든 추세에 있어 공공부문 대 가족 간 소득 이전의 비율의 차이가 과거보다 줄어들었을 것으로 추정이 된다.

이렇게 가족간의 이전과 같은 비공식부문의 재원을 통한 사회복지가 바람직한가? 우선은 문화적인 특수성으로 인하여 어떤 국가들에서는 필요하다고 볼 수 있다. 예를 들면, 우리의 노인공경의 유교문화에서 자녀들이 그들의 연로한 부모들은 잘 모시는 것은 좋은 미덕이라 할 수 있기 때문에, 서구복지국가들처럼 노인들의 복지를 국가가 대부분 해결하는 방식이 우리에게는 적합하지 않을 수 있다.

따라서 우리의 경우 한편으로는 낙후된 공공부문의 사회복지를 크게 확대해야 하지만, 다른 한편으로는 우리의 문화적인 특수성을 고려하여 가족간 소득이전과 같은 비공식부문 사회복지를 적어도 유지할 필요는 있다고 할 수 있다.

또한 이러한 비공식부문의 사회복지는 비물질적인 측면에서 공식부문보다 더 우월할 수 있다. 예를 들면, 노인을 요양하는 서비스의 경우, 국가복지에 의하여 낯선 사람들에 의하여 노인을 요양하게 하는 것보다, 자녀들이 그러한 일을 하는 것이 노인의 정서적인 측면에서의 복지를 더 향상시킬 수 있는 것이다.

그러나 비공식부문 사회복지의 가장 큰 문제점은, 소득계층별로 비공식부문 사회복지의 수급의 불평등이 크다는 점이다. 일반적으로, 자본주의 사회의 세대간 불평등(generational inequality)의 속성 때문에 사회복지의 급여를 받아야 할 소득이 낮은 사람들은 대개 그들의 가족이나 친척들도 소득이 낮아 가족간 이전으로부터의 소득이 없거나, 낮을 수밖에 없다. 예를 들어, 가난한 노인들의 경우 그들의 자녀들도 대개 가난하여 그들의 부모를 도와줄 경제적 능력이 적은 것이다.

이것은 많은 실증적 연구들에 의하여 뒷받침되는데, 우리의 경우 한 조사에 의하면 가장 잘 사는 10%의 사람들은 전체 사적이전 소득의 약 48%를 점유하는데 반하여, 가장 못 사는 10%의 사람들은 전체 사적이전의 3%를 점유하고 있는 점이다. 이것은 일반적인 근로소득의 계층간 불평등보다 더 크다는 것을 의미한다(김기덕 · 손병돈, 1995).

따라서 국가복지가 미약한 상황에서 이러한 비공식부문의 사회복지에 크게 의존하게 되면, 소득이 낮은 사람들의 복지는 크게 낮아지고 결국 사회복지가 추구하는 근본적인 목표인 평등을 이루는데 한계가 있는 것이다.

이러한 이유 때문에도 특히 저소득층을 위한 국가복지가 크게 확대되어야 하는데, 우리의 경우는 특히 저소득층에게도 사적이전 소득에 의하여 그들의 복지를 해결할 것을 강요(?)하여 많은 문제가 발생하고 있는 것이다.

예를 들면, 부모가 가난하여 국민기초생활보장제도에 신청해도, 2015년의 경우 대도시에 거주하는 부양의무자(예, 아들) 가구(4인 가구인 경우)의 소득이 1,944,215원 이상이거나 재산이 대략 1억 5,755만 원 이상이면 부양능력 미약 혹은 부양능력이 있다고 판단하여 급여의 일부만 받든지(즉 부양의무자의 가구가 부양비를 내야 한다) 아예 급여를 못 받는다.

사실 부양의무자 4인 가구의 소득이 194만 원 정도이면 그들의 부모를 실질적으로 부양할 경제적 능력이 부족하다고 보아야 하는데, 이들에게 부양비를 부과하는 것은 국민기초생활보장제도의 본래의 취지를 크게 훼손하는 것이다. 또한 부모의 소득이 낮으면 대개 자식들도 소득이 낮을 가능성이 크기 때문에, 부양할 경제적 능력이 있는 부양의무자 가구는 그렇게 많지 않은 것이다. 예를 들어, 부양할 경제적 능력이 있다고 판단되는 부양의무자 가구(4인 가구의 경우)의 소득을 300만원이라 했을 때 이 이상의 소득이 있는 가구들은 많지 않을 것이다.

실제로 많은 수의 가난한 사람들이 이러한 부양의무자 규정 때문에 국민기초생활보장 제도로부터 급여를 못 받고 있어, 이 제도의 본래의 목표를 못 이루고 있는 실정이다. 따라서 우리도 서구복지국가들처럼 사회복지급여의 자격을 따질 때 핵가족 단위로 하여 부모가 가난하면 성인 자녀들이 소득이 많아도 부모에게 사회복지 급여가 주어지도록 해야 한다. 만일 이것이 우리의 문화적인 특수성으로 어렵다면, 실질 적으로 부양할 경제적 능력이 있다고 판단하기 위하여는 부양의무자 소득 기준을 크게 높일 필요가 있다(예, 4인 가구의 경우 월 300만원).[11]

11) 만일 이렇게 부양의무자 소득 기준액을 크게 높이면, 우리처럼 소득 파악이 제대로 안 되어 있는 상황에서 소득을 과소보고하는 등의 제도의 남용의 문제가 발생할 수 있다. 따라서 국민기초생활 보장제도가 제대로 정착하기 위해서도 전국민 소득을 제대로 파악해야 하는 것이 필요하다.

제 15 장

급여자격

사회복지의 재화나 서비스를 누구에게 급여할 것인가? 앞에서 논의한 사회복지에 사용할 재원이 확보되면 이제 사회복지 수급의 대상자를 결정해야 한다. 일반적으로 이야기하면, 사회복지에 사용할 재원이 풍부하면 급여자격을 따지는 것에서 비교적 논란이 적다.

예를 들면, 서구의 복지국가들의 경우 2차 세계대전 이후 1970년대 말까지의 이른바 '복지국가의 황금기'에서는 사회복지에 사용할 수 있는 재원이 풍부하여 사회복지에의 급여자격이 까다롭지 않아 인구학적인 조건만 충족되면 누구에게나 급여하는 보편적 사회복지 프로그램들을 확대하거나, 자격조건을 완화하여 가능하면 많은 사람들이 수급자가 될 수 있도록 하였다.

그러던 것이 1980년대부터는 서구의 복지국가들의 경제성장이 둔화되면서 사회복지에 사용한 재원이 줄어드는 이른바 '복지국가의 위기'의 시대에서는 급여자격을 까다롭게 하여 보편적 프로그램들을 어느 정도 축소하면서 점차로 선별주의(selectivism)를 강조하여 가능하면 급여 수급자를 줄이려고 하는 경향을 보이고 있다.

우리나라의 경우 얼마 전까지만 해도 사회복지에 사용할 수 있는 재원이 제한되어 있어 급여자격을 까다롭게 하여 수급자의 숫자를 최소한으로 줄이려고 하였다. 그러던 것이 대략 2000년대부터 우리나라도 사회복지에 사용하는 재원을 늘려 급여자격을 완화하는 경향을 보이고 있다.

이러한 상황에서 요즈음의 우리나라에서 급여자격을 둘러싼 논쟁이 치열하다. 예를 들면, 얼마 전에 서울을 비롯한 몇 개의 지방자치단체에서 청년 실업률이 높은 상황에서 이른 바 '청년 수당' 혹은 '청년 배당'이라는 이름하에 일정한 연령 이하의 모든 '청년'들에게 일정한 액수의 수당을 지급하는 프로그램을 만들었을 때 중앙정부 뿐만 아니라 많은 국민들이 반대를 하였다. 반대의 이유는 다양하나, 핵심적인 것은 근로능력이 있는 청년들에게 급여를 하는 것은 이들의 근로의욕을 약화시킨 다거나, 부잣집 청년들에게까지 급여하는 것은 재원의 낭비라는 이유에서 이다.

또한 기초연금의 경우 현재는 소득 하위 70%에 속하는 노인들에게 급여하는데, 한편으로는 모든 노인들에게 급여를 해야 한다거나 아니면 반대로 소득 수준이 어느 정도 높은 노인들까지 급여하는 것은 재원의 낭비라는 주장들이 있어 상당히 혼란스러운 상황이다.

급여자격의 문제는 또한 수급자들만의 문제가 아니라 비수급자(즉 일반국민)들의 행위에 여러 가지 측면에서 영향을 줄 수 있기 때문에 중요하다. 급여자격을 어떻게 정하느냐에 따라 사회전체에 주는 파급효과가 클 수 있다.

예를 들면, 최근에 국민기초생활보장제도에서 부양의무자 규정을 완화하려는 움직임이 있다. 지금까지 실제로 많은 가난한 사람들이 이 규정 때문에 급여를 못 받아 빈곤하게 살아가고 있어 이것을 완화하는 것은 바람직한 정책 방향이다. 그런데 문제는 이 규정을 없애거나 크게 완화하여 서구의 복지국가들처럼 핵가족 단위로 급여자격이 주어지면 우리나라처럼 소득파악이 제대로 안되어 있거나 가족 간 소득이전이 많은 나라에서는 불필요하게 수급자의 숫자가 크게 늘어날 수 있는 문제점이 나타날 수 있다.

어떠한 급여자격이 사회적으로 바람직한가? 이것은 결국 사회복지정책이 추구하는 목표(가치)들 가운데 어떤 것들을 사회구성원들이 선호하는가에 달려 있다고 할 수 있다. 예를 들면, 최근 우리나라에서 '기본소득'이라는 사회복지제도에 대한 논의가 있었다. 기본소득은 모든 국민들을 급여의 대상으로 하여 일정한 소득을 보장해 주는 제도이다.

이렇게 근로능력 여부 소득 수준에 상관없이 모든 국민들에게 급여자격을 주는 것이 바람직한가? 평등의 가치를 강조하는 사람들은 이 제도를 환영하나, 효율의 가치를 강조하는 사람들은 이 제도는 재원의 낭비고 국가경제에 해가 된다고 판단하여 부정적이다. 우리 사회는 평등보다는 효율의 가치를 강조하는 사람들이 다수이기 때문에 이러한 제도는 우리 사회에서 받아들여지기가 어렵다고 볼 수 있다.

어떠한 급여자격조건들이 있는가? 세부적인 사회복지정책들은 다양한 급여자격조건들을 갖고 있다. 이러한 다양한 급여자격조건들은 크게 보면 다음의 세 가지 형태로 분류할 수 있다: ① 인구학적 조건 ② 기여(보험료 납부)의 조건 ③ 소득/자산 조사의 조건.

1. 인구학적 조건

사회복지정책들 가운데 일명 '디모그란트(demogrant)'라 하여 인구학적 조건만으로 급여가 주어지는 것들이 있다. 물론 영국을 비롯한 몇 나라들에서 모든 국민들을 대상으로 소득 수준이나 기여(보험료 납부)에 상관없이 의료서비스를 제공하는 제도들이 있으나, 대부분의 이른바 '보편적 사회복지 프로그램'들은 급여를 받기 위한 자격으로 인구학적인 조건을 필요로 한다.

대표적인 예가 일부 유럽의 복지국가 등에서 시행하고 있는 보편적 연금(기초연금)으로 일정한 연령(대부분 65세 혹은 70세)을 넘는 모든 노인에게, 보험료 납부나 소득이나 자산 조사와 상관없이 급여가 제공된다.

우리나라도 내년부터 5세 이하의 아동이 있는 모든 가구 등에서 월 10만원의 양육수당을 급여하는 제도를 도입하였다(유럽의 복지국가들에서는 대개 18세 이하 혹은 대학을 다닐 경우 26세까지 이하로 대상을 한 것에 비하여 아직은 초기단계에 있다고 할 수 있다). 또한 몇 개의 지방자치단체들에서 일정한 연령의 청년(?)들에게 이른바 '청년 수당'이라는 이름하에 소득이나 자산 조사 없이 급여를 하는 제도들을 만들었다.

인구학적 조건만으로 급여가 이루어지는 사회복지정책들은 그 숫자가 제한적이고 따라서 전체 사회복지지출 가운데 차지하는 비중은 그렇게 크지가 않다. 그러나 이러한 유형의 사회복지정책은 다른 유형의 사회복지정책들보다 가장 발전된 형태라고 할 수 있다. 이것은 한 나라의 국민이면 누구나 사회복지의 급여를 수급할 권리, 즉 사회권(social right)을 가장 크게 반영할 것이라 할 수 있다.

왜 인구학적인 조건만으로 급여가 이루어지는 사회복지제도들을 만들었을까? 여기서는 대표적인 제도들인 기초연금과 아동수당의 예로 논의해보자. 먼저 기초연금의 경우, 현실적으로 많은 사람들을 기여(보험료 납부)를 해야만 연금을 받을 수 있는 국민연금을 받을 수 없기 때문에 최소한의 기본적인 생활을 이루기 위해서는 모든 노인에게 최소한의 연금은 주어져야 된다고 보기 때문이다.

예를 들면, 우리나라의 경우 2015년의 경우 국민연금 수급자는 60세 이상의 노인들 가운데 30% 정도에 불과하다. 그리고 이들이 받는 연금액도 평균 40만원 정도에 불과하여 최저생계비에 미달한다.

그렇다면 가난한 노인들에게만 소득이나 자산 조사를 통하여 급여하지 왜 모든 노인들에게 급여를 하는가? 여기에는 가치관에 따라 논란이 많은데 가장 중요한 이유는 사회통합을 이루자는 목표 때문이라 할 수 있다.

가난한 노인들에게만 급여를 하면, 수급자들은 인간의 존엄성이 훼손될 수 있는 치욕감을 발생시킬 수 있고, 또한 이들을 위해 세금을 내는 납세자들의 저항으로 인한 수급자 대 납세자 간의 반목과 대립이 발생할 수 있기 때문에 모든 노인들에게 급여를 하면 이러한 문제가 해결되어 사회통합이 이루어질 가능성이 커질 수 있기 때문이다.

아동수당의 경우는, 아동들의 미래의 인적자본의 향상으로 국가발전에 기여가 클 수 있기 때문에, 그래서 모든 국민들이 그 혜택을 볼 수 있기 때문에 모든 아동들에게 급여하는 것이 정치적으로 큰 저항이 없이 받아들여지기 때문이다.

인구학적 조건만으로 급여를 하는 사회복지제도들의 또 하나의 장점은 다른 제도들에 비하여 시장경제를 왜곡할 가능성이 적다는 측면이다. 후술할 기여(보험료 납부)의 조건이나 소득/자산 조사의 조건의 사회복지제도들은 정도의 차이가 있으나 시장경제를 왜곡할 가능성이 있다. 예를 들면, 일정한 소득 이상이 되면 급여가 줄거나 급여자격이 없어지기 때문에 근로 동기나 저축 동기가 줄어들 수 있기 때문이다. 반면에 인구학적 조건의 사회복지제도들은 소득에 상관없이 인구학적 조건만 갖추면 모든 가구들에게 급여가 되기 때문에 이러한 문제가 발생하지 않는 것이다.

인구학적 조건의 제도들은 또한 불필요한 가족구조의 변화를 발생시키지 않는다. 예를 들면, 미국의 공공부조제도는 일정한 소득 이하의 아동을 키우는 여성 세대주에게만 급여를 한다. 그래서 불필요하게 이러한 가구가 증가하여 많은 논란이 있었다. 반면에 아동이 있는 가구는 소득 수준에 상관없이 모두 급여를 받을 수 있는 가족수당은 이러한 문제를 피할 수 있을 뿐만 아니라 오히려 부부가 같이 살면서 아동을 키우는 가구들을 늘릴 수 있게 한다.

마지막으로, 인구학적 조건만으로 급여하는 사회복지제도들은 운영의 효율성이 클 수 있다. 급여자격을 결정할 때 인구학적 조건만 따지기 때문에 제도들의 운영이 용이하며 비용이 적게 든다. 예를 들면, 가족수당의 경우 대상가구의 아동의 유무와 연령만 알면 되기 때문에, 오용과 남용의 가능성이 적고 급여 방법도 간단하게 할 수 있다. 예를 들면,

우리나라의 경우 가족관계 증명서를 통하여 전자우편의 방식으로 급여가 이루어질 수 있다.

반면에 인구학적 조건만으로 급여하는 사회복지정책들은 다음과 같은 단점들이 있다. 첫째 사회복지정책이 추구하는 가장 중요한 목표라 할 수 있는 소득재분배(수직적 소득재분배)를 이루는 데 다른 자격조건들의 사회복지정책들에 비하여 한계가 있다는 점이다.

소득이 많은 사람들로부터 소득이 적은 사람들에게로의 재분배 효과가 약하거나 오히려 소득 불평등을 크게 할 수 있다. 예를 들면, 보편적 연금(기초연금)의 경우, 현재 일하면서 세금을 내는 사람들로부터 노인들에게도 소득재분배가 발생하는데, 이 때 노인들 가운데는 소득이나 자산이 많은 사람들이 있는 반면에, 현재 일하는 사람들 가운데는 소득이 낮은 사람들이 있을 수 있기 때문이다. 즉 소득이 낮은 일하는 사람들이 낸 세금으로 소득이나 자산이 많은 노인들이 보편적 연금을 받을 수 있기 때문이다.

우리나라의 이른바 '기초연금'은 완전한 보편적 연금의 형태가 아니어 소득 하위 70%의 노인들에게만 급여자격이 주어지기 때문에 이러한 문제가 다소 덜하다고 할 수 있으나, 상당한 숫자의 고소득(?)의 노인들이 저임금의 근로자들이 낸 세금으로부터 급여를 받고 있다. 따라서 수직적 효과를 극대화하기 위해서는 수급자격의 소득수준을 너욱 낮추어야 한다(예를 들면, 소득 하위 50%).

또한 아동(가족)수당의 경우도 아동이 없는 가구로부터 아동이 있는 가구에로 소득재분배가 발생하는데, 이때도 아동이 없는 가난한 가구로부터 아동이 있는 고소득 가구에게로의 소득이전이 발생한다. 많은 통계에서 나타나듯이, 일반적으로 아동이 있는 가구의 소득이 아동이 없는 가구의 소득보다 높기 때문에 이 경우에도 소득 불평등이 커질 수 있는 것이다.

이러한 문제를 해결하기 위하여 유럽의 복지국가들에서는 보편적 연금이나 가족수당으로부터의 급여를 과세소득에 포함시켜, 소득이 높은 사람들은 이러한 급여를 받을 때 나중에 세금의 형태로 환수한다. 이렇게 되면 저소득층에게만 실질적인 급여가 이루어지게 함으로써 이러한 정책들의 수직적 재분배 효과를 높일 수 있다.

둘째는 사회복지정책의 또 하나의 중요한 목표인 사회복지에의 필요(needs)가 높은 사람들에게 집중적으로 최소한의 생활을 보장해줄 수 있는 급여가 주어지는 것이다. 즉 대상효율성(target efficiency)과 사회적 적절성(social adequacy)의 목표가 중요한 것이다.

그런데 인구학적 조건의 사회복지정책은 대상자의 숫자가 많기 때문에 주어진 사회복지재원의 한계 내에서 급여수준을 높이기가 어렵고 사회복지에의 필요가 낮은 사람들에게도 급여가 주어지는 단점이 있다.

예를 들면, 우리나라의 기초연금의 경우 급여액이 월 20만원 정도에 불과하여, 현재 1인 최저생계비 약 50~60만원에 크게 못 미친다. 따라서 대상효율성과 사회적 적절성의 목표를 이루기 위해서는 기초연금의 수급자격 조건을 소득하위 50% 이하로 낮추어 나머지 재원으로 수급자에게 주는 급여액을 높이는 것이 바람직하다고 할 수 있다.

2. 기여의 조건(보험료 납부의 조건)

오늘날 대부분의 유럽의 복지국가들에서 가장 크고 중요한 사회복지정책들은 국민연금, 질병보험, 실업보험, 산재보험의 4대 사회보험들이다. 이러한 국가들에서는 이러한 4대 사회보험들에의 지출이 총 공공부문 사회복지지출의 70~80%를 차지한다. 특히 국민연금과 질병보험의 규모가 커 국민연금의 경우 많은 국가들에서 GDP의 10% 이상을 지출한다.

우리나라는 유럽의 복지국가들만큼 4대 사회보험들이 성숙되지 않아, 지출액이 다소 적지만 최근에 빠른 속도로 늘어나고 있어 총 공공부문 사회복지지출의 50% 이상을 지출하고 있다. 예를 들면, 2015년 자료에 의하면 이 해에 총 공공부문 사회복지지출이 약 157조원인데 이 가운데 공적연금이 약 42조, 건강보험과 보건이 약 62조, 고용보험이 약 8조원으로 전체의 약 70% 정도에 달한다.

이러한 사회보험들로부터 급여를 받기 위한 가장 중요한 조건은 수급자들에 의한 기여(보험료 납부)이다(다만, 산업재해 보상보험은 수급자가 기여하는 것이 아니라 사용자가 기여한다. 또한 일부 국가들에서는 (대표적으로, 미국) 실업보험도 사용자만이 기여한다).

그렇다고 보험료 납부 그 자체가 사회보험 급여의 유일한 조건은 아니다. 여기에는 다양한 다른 조건들이 뒤따른다. 우선 일정한 기간 동안의 납부라는 조건이 있다. 이것은 국가에 따라 사회보험의 종류에 따라 다양하다. 예를 들면, 국민연금(대부분의 국가들에서의 국민연금은 노령연금, 장애연금, 유족연금 세 가지로 구성되어 있다) 가운데 노령연금의 완전노령연금을 받기 위한 보험료 납부기간은 국가에 따라 달라 어떤 국가들은 40년의 납부기간을 조건으로 하는 반면, 어떤 국가들은 20년을 조건으로 한다. 우리나라는 완전노령연금을 받기 위하여는 20년의 납부기간을 필요로 한다.

또한 국민연금 가운데서도 대부분의 국가들에서 노령연금에 자격이 되는 납부기간은 긴 반면에, 장애연금의 경우는 짧다. 예를 들면, 우리나라의 경우 장애연금을 받기 위하여는 처음 도입할 때는 1년 이상 납부기간을 조건으로 급여하였으나, 현재는 이러한 조건이 없어졌다.

대부분의 국가들에서의 질병보험에서 의료서비스를 받을 자격은 보험료 납부기간의 제한이 없이 주어지나(즉 보험료 납부를 하는 즉시 주어진다), 질병보험의 또 하나의 프로그램인 질병수당은 일정한 납부기간을 조건으로 한다(우리나라는 질병수당제도를 갖고 있지 않기 때문에 해당이 안 된다).

실업보험의 경우는 대부분의 국가들에서 '최근의' 일정기간의 보험료 납부를 조건으로 한다. 예를 들어, 우리나라의 경우 실업이 되기 전 18개월 동안에 6개월 이상 취업하여 보험료 납부를 한 사람에게만 보험금 급여가 주어진다. 이것의 이유는 실업보험 급여는 최근에 적극적으로 취업활동을 한 사람들에게만 준다는 취지를 강조하는 것으로 실업보험의 오용이나 남용을 방지하기 위해서다.

둘째, 사회보험의 대상이 되는 위험의 발생 이외의 다른 조건도 필요로 한다. 대부분의 국가들에서의 노령연금은 보험료 납부를 하면서 일정한 나이(대부분의 경우 65세, 우리나라는 60세)에 도달했다 해서 보험 수급의 완전한 자격이 되는 것은 아니다. 완전 노령연금을 받기 위하여는 은퇴를 해야 된다. 즉 근로소득이 없어야 되는 조건이 있다(물론, 국가에 따라서는 이러한 은퇴의 조건이 없이 완전노령연금이 주어지기도 한다).

예를 들어, 우리나라의 경우 20년 동안 보험납부를 하고 60세가 되면 완전노령연금 수급자가 될 수 있으나, 만일 근로소득이 있으면, 즉 은퇴를 안 하면, 65세까지 일정비율로 급여액을 삭감한다. 그러나 65세가 지나면 은퇴를 하든 안 하든 상관없이 완전노령연금을 급여한다.

이렇게 은퇴여부를 보험급여 결정에서 중요하게 여기는 이유는 – 흔히 은퇴조사(retirement test) 혹은 근로소득조사(earnings test)라 한다 – 첫째는, 초기에 대부분의 국가들에서, 국민연금제도를 도입한 여러 이유 중의 하나가 생산성이 낮은 고령의 근로자들을 퇴직시키고 생산성이 높은 젊은 노동자들을 고용하기 위했기 때문이다.[1)]

둘째는, 오늘날 대부분의 국가들에서의 노령연금 수급자들은 자신들이 낸 보험료보다는 훨씬 많은 보험급여를 받는다. 즉 후세대로부터의 일종의 이전소득(transfer income)을 받는 것이다. 이렇게 볼 때, 은퇴를 안 하고 일을 해서 소득이 있는 사람들에게도 이전소득을 전부 주게 되면 형평성에 문제가 되는 것이다. 극단적인 예로, 가난한 젊은 사람이 열심히 일을 해서 번 소득의 일부를 소득이 높은 노인에게 이전소득의 형태로 주게 되는 결과가 되는 것이다.

1) 오늘날에는 노인인구의 증가로, 노인노동력이 필요한 상황에서는 은퇴조사가 오히려 노인노동력의 감소를 야기시켜 국가에 따라서는 또다른 문제가 된다.

또한 대부분의 국가들에서 질병수당은 취업자에게만 급여를 한다. 이것의 논리적인 이유는 취업자가 질병이 발생하여 소득이 중단되는 것을 막기 위하여, 즉 소득을 유지시키고자 하기 때문이다. 취업을 안하고 있는, 즉 소득이 없는, 예를 들면, 주부에게 줄 필요가 없는 것이다.

산재보험의 경우는 '작업중' 혹은 '업무기인성' 장애의 조건이 필요하다. 여기서 '작업중' 혹은 '업무기인성' 장애를 어떻게 정의를 내리느냐가 중요하다. 오늘날 세계적인 추세가(우리나라를 포함하여) '작업중' 장애의 정의를 넓혀 급여의 조건을 완화시키고 있다.

예를 들면, 출근과 퇴근시에 장애가 발생했을 경우나, 퇴근 후 동료들과 회식자리에서 발생한 장애 등도 '업무기인성' 장애로 인정하는 추세다.

기여의 조건 이외에 가장 까다롭게 다른 조건들을 요구하는 것은 실업보험이다. 이것의 근본적인 이유는 2장에서 논의한 도덕적 해이(moral hazard)의 문제가 실업보험에서 가장 크게 나타날 수 있기 때문이다. 그래서 실업보험의 급여를 받기 위하여는 여러 가지 조건들이 필요한데 우선 비자발적 실업이어야 한다. 이것은 일견 너무나 당연한 것처럼 보이나, 실제로 비자발적 실업과 자발적 실업을 구분하는 것은 쉽지 않다. 그래서 많은 자발적 실업이 비자발적 실업으로 보일 수 있다. 또한 유사하게 자기과실에 의하지 않은 실업 혹은 파업으로 발생하지 않은 실업이어야 한다. 또한 실업보험을 받기 위하여는 실업 후 고용사무소에 등록하고 정기적으로 취업노력에 대한 보고를 해야 한다. 마지막으로 고용사무소에서 알선한 '적절한' 일자리를 정당한 이유없이 거부해서는 안 된다.[2)]

2) 복지선진국들에서는 '적절한' 일자리의 정의가 비교적 좁아 실업자의 교육이나 기술수준에 맞는 일자리라는 점을 강조한다. 그래서 기술수준이 높은 실업자에게 미숙련 노동자들이 하는 일자리를 제공했을 때 실업자가 거부를 해도 실업급여는 주어진다.

기여를 조건으로 하는 사회복지정책은 평등과 효율의 측면에서 어떠한 장점과 단점을 갖고 있는가?

① 기여의 조건은 어떠한 평등을 이룰 수 있는가?

우선 수량적 평등(결과의 평등)을 부분적으로 이룬다. 예를 들어, 국민연금의 경우, 기초연금과 소득비례연금의 이중체계(two tiered system)를 갖고 있는 국가들에서는 모든 사람들에게 동일한 급여를 하는 기초연금이 이러한 목표를 이룬다. 또한 많은 나라에서 국민연금의 급여계산방법이 저소득층, 즉 보험료를 적게 납부한 사람들에게 유리하여 저소득층은 고소득층과 비교할 때 보험료를 적게 납부한 것에 비하여 급여액은 상대적으로 많이 받을 수 있게 되어 있어 수량적 평등, 즉 수직적 소득재분배를 이룬다.

우리나라도 이러하여 2017년 현재 우리나라의 국민연금 급여계산방식은 1.36(A+B) × (1+0.05n/12)으로 연금급여액이 결정된다. 여기서 A는 전체 국민연금 가입자들의 평균소득월액인데 이것을 통하여 수량적 평등을 이룰 수 있는 것이다. 즉 저소득층의 평균소득월액은 전체 가입자의 그것보다 낮기 때문에 이러한 계산방식에 의해서는 저소득층에의 급여액이 자신들이 낸 보험료에 비하여 상대적으로 고소득층에 비하여 많아지는 것이다.

반대로 고소득층은 평균소득월액이 가입자 전체의 평균소득월액보다 높기 때문에 상대적으로 적은 급여를 받게 된다. 이러한 이유로 실제로 저소득층에게의 급여액의 소득대체율(일할 때의 평균소득 대비 급여액의 비율)이 고소득층의 그것보다 높다. 예를 들어, 40년 가입자의 경우, 전체가입자 평균소득보다 2배의 소득자의 소득대체율은 45%인데 반하여 평균소득의 半인 저소득층의 소득대체율은 90%이다.

실업보험의 경우도 수량적 평등을 부분적으로 이루어 대부분의 국가들에서 저소득층이 실업했을 때 받는 급여액이 실업전의 임금에의 비율인 소득대체율이 고소득층에 비하여 높다. 우리나라의 경우, 실업급여액이 실업자가 되기 전의 임금의 50%를 지급하게 되어 있으나 최고액과 최저액 제도가 있어, 저소득층이 상대적으로 소득대체율이 높다.

그러나 기여를 조건으로 하는 사회보험은 비례적 평등 – 공평(equity) – 도 이룬다. 예를 들어, 국민연금의 경우 보험료를 많이 납부한 사람들(고소득층)이 적게 납부한 사람들(저소득층)에 비하여 급여액(절대액수)이 많다. 이것은 이중체계를 갖고 있는 국가들에서 소득비례연금이 이러한 결과를 가져오고, 우리나라의 급여계산 방식에서, B에 해당하는, 즉 개별 가입자들의 가입기간 전체의 평균소득월액이 이러한 효과를 나타낸다. 즉 이것이 많으면 많을수록 급여액이 커지게 된다.

민간보험의 경우는 보험수리원칙(actuarial principle)에 엄격히 따라 보험료 납부에 정비례하여 급여액이 결정된다. 기여를 조건으로 하는 사회보험도 보험이기 때문에 이러한 보험수리 원칙을 완전히 벗어날 수는 없어, 비록 완전 정비례는 아니더라도 보험수리원칙을 부분적으로 수용해 보험료를 많이 낸 사람들에게 많은 급여를 할 수밖에 없는 것이다. 즉 보험료를 적게 납부한 사람들에게 급여액을 많이 줄 수 없는 것이다. 이렇게 되면 이것은 보험이 아니라 국가의 일반예산에 의한 공공부조와 유사해지고, 결국 '기여'의 의미가 없어지는 것이다.[3)]

기여를 조건으로 하는 사회보험은 또한 수평적 소득재분배 효과도 나타난다. 예를 들어, 질병보험의 경우 건강한 사람들로부터 질병이 발생한 사람에게로, 국민연금의 경우 현재 보험료를 납부하는(즉, 일을 하는) 사람들로부터 은퇴한 사람들에게로, 혹은 배우자가 없는 사람들로부터 배우자가 있는 사람들에게로, 실업보험의 경우 취업자로부터 실업자에게로 소득재분배가 이루어진다.

이렇게 수평적 소득재분배가 나타나면, 전술한 인구학적 조건의 경우처럼, 수직적 소득재분배 효과는 약화될 수 있다. 즉 건강하거나, 현재 일을 하거나, 배우자가 없거나, 취업한 사람들이 소득수준이 낮을 수도 있기 때문이다. 예를 들어, 우리의 경우처럼, 소득이 높은 사람들이 소

3) 실제로 오스트레일리아나 뉴질랜드는 국민연금을 정부의 일반예산을 재원으로 하여 소득조사를 통하여 급여를 하는데, 즉 수급자들의 기여없이 급여를 하는데, 이렇게 되면 이것은 더 이상 사회보험이라 할 수 없다.

득이 낮은 사람들에 비하여 건강보험을 더 많이 이용하게 되면 수직적 소득재분배는 오히려 더 악화가 될 수 있다.

또한 국민연금의 경우, 많은 나라에서 연금 수급자의 배우자에게도 수급액의 일정비율이나 일정액을 급여하는데(미국에서는 연금수급자 수급액의 50%, 우리나라의 경우는 부양가족연금액이라 하여 배우자에게, 2015년의 경우 연 247,870원을 급여한다), 이 때 일반적으로 배우자가 있는 가구가 배우자가 없이 혼자 사는 가구에 비하여 소득이 높기 때문에 여기서도 수직적 소득재분배는 악화가 될 수 있는 것이다.

지금까지 논의했듯이, 기여를 조건으로 하는 사회보험은 한편으로는 수량적 평등도 이루고, 다른 한편으로는 비례적 평등을 강조하고, 마지막으로 수평적 소득재분배도 나타난다. 그렇다면 전체적으로 볼 때 어느 정도의 평등을 이룰 수 있는가?

이것은 실증적인 연구를 통해서만 알 수 있는데, 대부분의 국가들에서 사회보험, 특히 국민연금은 사회의 소득불평등을 낮추는 데 가장 큰 기여를 하는 것으로 나타난다. 이것의 이유는, 비록 수량적 평등이 부분적으로 발생하지만, 사회보험의 수급자 숫자나 지출액이 다른 정책들보다 압도적으로 크기 때문에 그러하다.

② 기여의 조건은 효율적인가?

첫째, 기여의 조건으로 하는 사회보험이 사람들의 근로동기를 약화시키는가? 기여의 조건의 사회보험은 사람들의 근로동기에 두 가지 측면에서 영향을 줄 수 있다. 하나는 보험료를 납부할 때이고 다른 하나는 급여를 받을 때이다.

오늘날 서구복지국가들 가운데 많은 국가들에서 사람들의 총 소득의 대략 1/3 가까이를 세금처럼 강제로 사회보험료로 납부한다. 이렇게 많은 사회보험료를 강제로 납부하게 되면, 두 가지 효과가 나타날 수 있다.

하나는 보험료 납부로 인하여 가처분 소득(실제 소비에 사용할 수 있는 돈)이 줄어들게 되면 이전의 소득수준(생활수준)을 유지하기 위하여는 더 많이 일을 해야 하는 소득효과(income effect)가 발생한다. 다른 한편으로는, 보험료 납부 때문에 실질적인 임금이 떨어지는 효과가 있어 여가의 값이 이전보다 싸져 여가를 선호하는 대체효과(substitution effect)도 발생한다. 즉 일을 해 보아야 세금(보험료 납부)으로 다 '뺏기니' 무엇 때문에 일을 하는가라는 이유에서 일을 안 하려는 효과이다.

이렇게 소득효과와 대체효과가 모두 나타날 때 어느 것이 사람들의 행위에 지배적이냐에 따라 보험료 납부로 인한 근로동기의 감소여부가 결정된다. 이것은 이론적으로는 알 수 없고, 실증적인 연구가 필요한데, 많은 연구들에 의하면 사람들이 많은 보험료를 납부한다 해서 근로동기는 크게 약화되지 않는 것으로 나타난다.

이것의 가장 중요한 이유는 사회보험료는 순수한 세금과 달리 미래에 어려운 상황이 발생했을 때 받을 수 있는 급여를 축적해 나가는 성격이 있기 때문이다. 즉 순수한 세금처럼 총소득에서 완전히 '뺏기는' 것이 아니라, 보험료를 많이 내면 미래에 급여를 많이 받을 수 있어, 여가를 선호하는 대체효과는 거의 나타나지 않게 되어 근로동기를 약화시키지 않는 것이다.

반면에 사회보험 수급자의 경우는 근로동기의 약화가 어느 정도 나타난다. 이것은 사회보험에 따라 다른데, 먼저 노령연금을 보자. 앞에서 언급했듯이, 대부분의 국가들에서의 노령연금은 조기 퇴직제도와 퇴직조사 혹은 근로소득조사제도를 갖고 있는데 이것들이 노인들의 근로동기를 약화시킬 수 있다.

대부분의 서구복지국가들에서 완전노령연금을 받기 위하여는 65세가 되어야 하나, 급여액이 어느 정도 삭감되는 것을 감수하면 62세부터 급여를 받을 수 있는 조기퇴직제도가 있다(우리나라의 경우 가입기간이 10년 이상이고 55세가 되면 60세가 되기 전에 조기노령연금을 받을 수 있다). 이러한 조기퇴직제도 때문에 서구의 복지국가들의 노인들의 노동력감소가 가장 크게 나타난다. 이렇게 조기퇴직하는 가장 중요한 이유는, 조기퇴직하면 여가의 값이 상대적으로 낮아지기 때문이다. 즉 가능한 한 젊어서 노는 것이 주어진 자원으로 여가로부터의 효용을 극대화할 수 있기 때문이다. 늙고, 건강하지 않은 상태에서는 아무리 돈이 많아도 여가의 효용을 극대화할 수 없는 것이다(우리의 민속가요에 '노세노세 젊어서 노세'가 바로 이러한 현상을 나타낸다고 볼 수 있다).

또한 65세(우리나라의 경우처럼 60세)가 지나서도 일을 해서 근로소득이 있을 경우, 근로소득 조사 제도에 의하여, 일정한 소득 이상이면 연금급여액을 줄이기 때문에 대체효과가 발생하여(실질임금률이 줄어드는 효과가 나타나기 때문에) 근로동기가 감소될 수 있다. 이 경우에는 급여액이 줄기 시작하는 소득상한선이 어느 정도이고 또한 급여가 감소되는 비율이 얼마인가에 따라 차이가 있다. 소득상한선이 매우 높고 급여감소율이 낮으면 근로동기에 별로 영향을 안 미치는 반면에, 반대의 경우, 즉 소득 상한선이 낮고, 급여감소율이 높으면 근로동기에 크게 영향을 줄 수 있다. 어찌 되었든 이러한 제도는 65세 이상의 노령층의 노동력 감소를 가져올 수 있다.

노령연금이 노령층의 노동력 감소를 어느 정도 가져온다 해도, 사회 전체의 국민 총생산의 측면에서 이러한 사람들의 생산성이 낮기 때문에 총생산량의 감소는 상대적으로 적기 때문에 정책적으로 큰 문제가 되지 않는다.

문제는 실업보험이다. 실업보험의 수급자는 대부분 한참 일할 청·장년기의 사람들이다. 실업보험이 수급자들의 근로동기를 약화시키는가? 일견 보면 앞에서 언급한 도덕적 해이의 문제가 심각할 수 있기 때문에 실업보험 수급자들의 노동력 감소 효과가 클 수 있다고 생각할 수 있다. 그러나, 대부분의 국가들에서의 실업보험의 노동력 감소 효과는 의외로 적다.

이것은 여러 가지 이유로 설명할 수 있는데, 우선 앞에서 언급했듯이 실업보험의 급여를 받기 위한 조건들 – 비자발적 실업, 일정한 대기기간, 고용 사무소 등록 등 – 이 까다롭고, 둘째는, 실업보험의 급여기간이 대부분 짧다는 것이고(대개의 경우 6개월-1년, 우리나라의 경우 3개월-8개월), 셋째는, 실업보험의 급여를 받기 위하여는 최근의 일정기간의 취업이 필요한데 이것이 오히려 노동력 공급의 증가효과를 가져올 수 있기 때문이다. 이것을 흔히 '자격효과(entitlement effect)'라 하는데, 실업보험제도가 있기 때문에 많은 사람들이 노동시장에 참여하여 적극적으로 일자리를 구하는 현상이 나타나는 것이다.

마지막으로 질병수당인데, 오늘날 일부 서구 복지국가들에서 수급자들의 노동력 감소에 큰 영향을 주는 제도로 평가되고 있다. 특히 경미한 질병의 경우가 더욱 그러한데, 질병을 이유로 일을 안 하거나, 불필요하게 질병기간을 연장(?)한다든지 하여 노동력 감소가 발생할 수 있다. 그래서 오늘날 서구 복지국가들에서는 질병수당의 급여 자격조건을 까다롭게 하여 경미한 질병의 경우 급여를 안 주기 위하여 대기기간(질병이 발생했다 하여 즉시 급여하는 것이 아니라 일정한 기간 대기한 후에 급여한다)을 길게 하거나, 아니면 초기의 질병수당을 사용자로 하여금 주도록 하여 불필요한 노동력 감소를 막는 등의 다양한 방법을 사용한다.

둘째, 사회보험은 저축과 투자동기를 약화시키는가?

앞의 10장의 '효율'에서 자세히 논의했듯이 기여를 조건으로 하는 사회보험은 사람들의 저축과 투자 행위에 영향을 줄 수 있다. 일반적으로 사람들이 저축을 하는 동기는 다양하여 미래에 발생할 수 있는 위험에 대비하여 현재 저축하기도 하고, 자녀들을 교육시키기 위하여, 그리고 자녀들에게 물적자원을 주기 위하여도 저축을 한다.

강제로 기여를 하게 하는 사회보험은 미래에 발생할 수 있는 위험 – 즉 노령, 장애, 질병, 실업 – 에 대비하기 위한 '강제저축'의 성격을 갖고 있기 때문에, 적어도 이론적으로 사람들은 이러한 '강제저축' 이외의 자발적인 개인저축을 적게 할 동기를 주는 것은 사실이다. 실제로 사회보험이 충분히 성숙한 서구복지국가들에서의 가계저축률이 우리나라를 비롯한 복지 후진국들에서의 그것보다 낮은 것은 사실이다.

그러나 사회보험이 성숙한 일본의 가계저축률이 서구 복지국가들에 비하여 크게 높은 것을 볼 때, 사람들의 개인저축의 동기가 반드시 미래에 발생할 수 있는 위험에 대비하는 것 이외의 다양한 사회·문화적 요인에 기인하기도 하기 때문에 사회보험이 반드시 사람들의 개인저축을 줄이는지는 이론적으로는 불명확하다고 하겠다.

4대 사회보험 가운데 특히 국민연금이 사람들의 저축 행위에 크게 영향을 주는 것으로 알려졌다. 이것은 사람들의 저축 동기의 가장 중요한 이유는 장기간의 은퇴 후의 생활에 대비하기 때문이라고 보기 때문이다. 그러나 위에서 언급했듯이, 사람들은 자녀에게의 인적·물적 자원에의 투자 등의 이유로도 저축하기 때문에 이론적으로는 불명확하다.

그래서 많은 실증적인 연구들이 시도되었는데, 이러한 연구들을 종합해 보면 국민연금 그 자체 때문에 사람들의 개인 저축이 크게 줄어들지는 않는 것으로 나타난다.

특히 서구 복지국가들처럼 국민연금을 부과방식으로 운영 안하고 우리나라처럼 사람들이 낸 보험료를 적립해 나가게 되면, 비록 개인저축이 준다 하더라도 국가 전체의 저축량은 줄지 않기 때문에 문제가 없다.

특히 우리나라처럼 가족간 결속이 강한 문화적 특수성으로 인하여 가족간 이전을 위한 저축이 많기 때문에 사회보험으로 인한 저축감소 효과는 별 문제가 되지 않는다고 볼 수 있다.

셋째, 기여의 조건의 사회보험이 가족구조를 변화시키는가? 여기서도 4대 사회보험 가운데 국민연금이 중요한데, 국민연금은 자녀들과 같이 살아도 혹은 자녀들의 소득수준에 상관없이 급여가 주어지는데 이 때 한편으로는 국민연금으로부터의 소득 때문에 가구전체의 소득이 증가하여 생활수준이 향상되어 같이 살 동기가 커지는 이른바 '소득효과'가 발생하나, 다른 한편으로는 노인들이 이제는 국민연금의 급여로 인해 독립적으로 살 수 있는 가능성이 커져 노인독립세대를 구성할 '독립효과'도 나타난다. 그래서 이 두 가지 효과 가운데 어느 것이 지배적이냐에 따라 노인독립세대의 증가여부가 결정된다 할 수 있다.

한편 국민연금의 배우자 급여제도(우리나라에서의 가급연금제도) – 국민연금 수급자가 배우자가 있어야만 일정한 급여를 첨가해 주는 제도 – 는 명백히 부부가구를 유지할 동기를 준다.

오늘날 서구복지국가들에서의 노인세대 독립가구 비율은 매우 높은데 여기에는 국민연금제도가 일부 기여한 것은 사실이다. 그러나 노인세대 독립가구를 결정하는 것은 다른 사회·문화적 가치관의 변화도 중요하다. 실제로 국민연금제도가 발전된 프랑스와 이태리 등은 미국이나 영국에 비해 노인 독립세대 가구 비율이 크게 낮다. 우리의 경우는 아직은 국민연금이 미성숙되어 있지만, 앞으로도 성숙된다 하더라도 우리의 문화적 특수성으로 노인 단독 가구의 증가에는 일정한 한계가 있다고 볼 수 있다.

넷째, 사회보험이 지하경제를 확대시키는가? 오늘날 서구복지국가들에서의 4대 사회보험에의 사용자나 피고용자 혹은 자영업자들의 보험료 납부액은 대개 피고용자 총소득의 30%를 상회하는 정도이다. 이렇게 사회보험료 부담이 큰 상황에서는 사용자나 피고용자 모두 소득을 과소보고할 동기를 크게 만들 수 있어 지하경제의 규모가 커질 가능성이 있다.

그러나 사회보험료 부담이 크다 해서, 반드시 소득을 과소보고하는 것은 아니다. 이것은 다른 여러 가지 이유로 한계가 있다. 예를 들면, 아무리 소득을 과소보고할 동기가 크다 하더라도 소득파악이 제대로 되어 있는 조세체계에서는 어려운 것이다. 또한 사회전체의 연대감이 큰 상황에서는 도덕적인 측면에서도 과소보고 하기가 어려워진다.

실제로 스웨덴처럼 사회적 연대감이 큰 국가들에서는 사회보험료 부담이 다른 국가들보다도 큰데도 불구하고 소득을 탈루한다든지 과소보고하는 일은 극히 드물다.

문제는 우리나라처럼 소득파악이 제대로 안 되어 있어 국가조세체계에 대한 불신이 매우 큰 국가들이다. 우리는 현재 사회보험료 부담이 매우 적은데도 불구하고 – 예를 들면 국민연금의 경우 사용자와 피고용자 합하여 9%, 건강보험은 4.3% 정도로 매우 낮다(서구 복지국가의 경우 국민연금의 경우 약 20% 정도, 건강보험의 경우 약 10%가 넘는 국가들이 많다) – 소득을 과소보고하는 경향이 크다. 우리의 경우, 앞으로의 사회보험의 성숙과 확대는 소득파악률을 높이는 데 달려 있다 하겠다.

3. 소득/자산 조사의 조건

사회복지정책의 급여에의 자격조건으로 소득/자산 조사의 조건은 역사적으로 가장 오래되었다. 상기의 인구학적 조건의 사회복지정책이 대부분의 서구 복지국가들에서 20세기 초·중반에 등장하였고, 기여의 조건의 사회보험은 19세기 말에 시작되었다. 반면에 소득/자산조사를 조건으로 하는 사회복지정책은 공식적인 제도(법)로는 17세기 초 영국의 '엘리자베스 빈민법'을 시작이라 볼 수 있고, 비공식적으로는 대부분의 국가(우리나라를 포함)들에서 그 이전부터 시작되었다고 볼 수 있다.

우리나라의 경우도 현대적 의미의 사회복지제도 가운데 소득/자산조사를 자격조건으로 하는 '생활보호법'이 다른 어떤 사회복지제도보다 먼저 1962년에 도입되어 1964년에 가장 빨리 도입된 사회보험인 산업재해보상보험보다 빠르다.

이렇게 소득/자산의 조건의 사회복지정책은 역사적으로는 가장 오래되었지만, 일반적으로 사회복지정책 가운데 가장 발전이 안된 것으로 평가된다. 왜냐하면, 인구학적 조건의 사회복지정책은 사회권을 가장 크게 반영하는 것이고, 기여의 조건의 그것은 '계약상'의 권리를 반영하여 모두 수급자의 권리를 상당부분 인정하는 것이다. 반면에 소득/자산의 조건의 사회복지정책은 수급자에게 권리로서 급여하는 성격이 약하여 일종의 '적선(dole)'의 형태로 수급자에게 주어지기 때문이다.

물론 일부 서구복지국가들에서는 소득/자산 조사 조건의 정책에의 수급을 '복지권(welfare right)'이란 용어에서 보듯이 일종의 '권리'로서 이루어질 수도 있으나, 대부분의 국가들에서 소득/자산 조사에 의한 사회복지정책은 '권리'라는 측면에서 다른 두 가지 조건의 사회복지정책들보다 약하다.

그래서 서구복지국가들의 역사적 발전과정을 보면, 사회보험이나 인구학적 조건의 사회복지정책이 발전되고 확대되는 시기에는(대략 2차 세계대전 이후부터 1970년대 중반), 이러한 소득/자산 조사를 조건으로 하는 공공부조 제도의 비중이 낮아지고, 이후 복지국가들이 재정적으로 어려워지자 최근에 공공부조 제도의 비중이 높아지기 시작한다.

소득/자산조사의 조건은 크게 보면 두 가지로 나눌 수 있다. 하나는, 소득/자산 조사만의 조건으로 급여가 이루어지는 것으로, 잘 발전된 복지국가들에서 근로능력 여부나 다른 인구학적 조건에 상관없이 일정한 소득/자산 이하면 급여가 주어진다.

다른 하나는 소득/자산 조사 이외의 다른 여러 가지의 조건이 충족되어야만 급여가 주어진다. 이러한 제도를 이른바 범주적 공공부조(categorical public assistance)라 하는데, 대표적인 것이 인구학적 조건이 충족되어야 한다. 예를 들면, 대표적인 미국의 공공부조 제도의 하나인 SSI(Supplemental Security Income)의 경우 일정한 소득/자산 이하이면서 65세 이상 노인이든 아니면 장애인이어야 한다.

우리의 국민기초생활보장제도는 과거의 생활보호법에 비하면 추가 조건들의 숫자가 줄었지만, 수급자의 소득/자산의 조건 이외의 다른 조건들이 있는데 가장 문제가 되는 것이 부양의무자의 조건이다. 즉 일정한 소득/자산 이상의 부양의무자가 있으면 급여가 주어지지 않는다. 또한 근로능력이 있는 사람으로 판단되면 조건부수급자라 하여 교육, 훈련, 취업에의 조건으로 급여가 주어진다.

그렇다면 소득/자산 조사를 조건으로 하는 사회복지정책은 어떠한 평등을 어느 정도나 이룰 수 있는가?

우선 이러한 사회복지정책들은 수량적 평등(결과의 평등)을 가장 확실히 이룰 수 있다. 즉 수직적 소득재분배의 효과가 가장 뚜렷하다. 이것은 우선 이러한 정책의 재원이, 누진성이 높은 정부의 일반예산에 의존하고 무엇보다도 급여가 소득이 낮은 사람들에게만 선별적으로 이루어지기 때문에 비교적 명확하게 고소득층으로부터 저소득층으로 소득이전이 이루어지기 때문이다.

그러나 소득/자산조사의 정책들의 규모가 수급자 숫자나 지출액의 측면에서 사회보험에 비하여 크게 적기 때문에 현실세계에서의 소득재분배효과는 사회보험보다 낮을 수 있다. 실제로 많은 실증적인 조사에 의하면 공공부조의 수직적 소득재분배 효과가 사회보험보다 낮게 나타난다.

또한 인구학적 조건도 필요하는 범주적 공공부조의 경우 수평적 소득재분배 효과도 나타난다. 즉 똑같이 빈곤하다 하더라도, 근로능력이 있는 세대주 가구나 아동이 없는 가구로부터 근로능력이 없는 가구나 아동이 있는 가구에로의 소득이전이 발생한다. 즉 경제적 필요(needs)는 동일한데, 인구학적 조건이 다르다 해서 급여를 달리하는 것은 수평적 불평등(horizontal inequality)이라는 또다른 문제를 야기시킨다. 이러한 이유로 발전된 복지국가들에서는 인구학적 조건 등의 다른 조건을 충족시키지 않아도 일정한 소득이나 자산 이하이면 어떤 가구에게나 급여를 하는 것이다.

소득/자산 조사를 조건으로 하는 사회복지정책은 어느 정도의 평등을 이룰 수 있는가? 이것은 다음의 몇 가지 측면에서 다르게 나타날 수 있다.

첫째, 소득과 자산 가운데 어느 하나만을 택하는가 아니면 둘 다 조건으로 해야 하는가의 문제이다. 일반적으로 사람들의 경제적 능력

(economic capacity)을 판단하는 방법은 소득, 부(자산), 소비 세 가지로 나눌 수 있다. 일반적으로, 이 세 가지는 상관관계가 높아 부(자산)가 많은 사람은 소득도 많고 또한 소비도 많이 한다.

그런데 문제는 자산은 많은데 소득이 적거나, 소득은 많은데 소비는 적은 경우이다. 예를 들면, 임대소득이 발생하지 않는 부동산은 많은데 소득은 없거나, 소득은 많은데 소비를 하지 않아 가난하게 사는 경우이다.

이러한 경우 소득/자산 조사의 사회복지정책으로부터 급여를 해야 하는가? 이 경우가 소득과 자산조사 모두를 필요로 한데, 대부분의 국가들에서 이러한 경우 사회복지 급여를 하지 않는다. 그 이유는 간단하여, 부(자산)가 많다는 것은 잠재적 소득 혹은 소비 능력이 높다는 것을 의미하기 때문이다.

예를 들어, 100억원의 가치가 있는 임야를 소유한, 그러나 소득이 없어 가난한(?) 사람에게까지, 국가가 사회복지정책 급여를 하는 것은 사회적 자원의 낭비이다. 왜냐하면, 이 사람은 국가의 도움 없이도 자기 자산의 극히 일부분만 양도를 하면 소득이 발생할 수 있기 때문이다. 즉 이러한 사람들의 독특한 취향(?)을 인정해 줄 필요는 없는 것이다.

그러나 사회복지가 발전한 복지국가들에서는 일반적으로 소득과 자산조사 둘 다 하지 않고, 대개의 경우 소득조사만을 한다. 이것의 이유는 단순하여, 대부분의 가난한 사람들은 자신들이 거주하는 집이나 현대 산업사회의 필수품이라 할 수 있는 자동차 이외의 자산은 거의 없기 때문에, 자산조사가 실질적으로 필요가 없기 때문이다. 즉 자신이 살고 있는 집이나 자동차와 같은 필수재에서 별도의 소득이 발생하지 않는 것으로 보기 때문이다.

우리의 국민기초생활보장제도에서는 소득과 자산조사 둘 다를 한다. 우리는 2003년부터 '소득인정액'이라 하여 자산을 소득으로 환산하는 방식으로 자산조사를 하여 수급자 자격 여부를 결정한다. 이 방식의 자산 기준은 자주 바뀌는데, 2013년의 경우 대도시에 사는 사람이 대략 1

억원 정도의 집을 소유하고 있으면 급여자격이 주어지나 그 이상이 되면 급여자격이 상실된다.

둘째, 소득조사를 할 때 어떠한 항목을 소득에 포함시키냐도 어느 정도의 평등을 이루느냐에 중요한 영향을 준다. 일반적으로 이상적인 의미에서의 소득의 개념은 일정한 기간에 자신의 부를 줄이지 않으면서 소비할 수 있는 – 실제로 소비를 하는 것과 관계없이 – 화폐의 양으로 정의를 내린다(Atkinson, 1983).

그런데 현실세계에서 대부분의 국가들에서 사회복지정책의 수급조건으로 소득조사를 할 때, 이상적인 소득의 개념으로 볼 때 포함되어야 하나 포함시키지 않는 것들이 있는데 대표적인 것이 전가임대료(imputed rent)와 현물소득(in-kind income)이다.

예를 들어, 주택을 소유한 사람은 주택을 소유하지 않은 사람들이 내는 주택임대료 만큼의 소득이 있다고 보아야 한다는 것이다. 왜냐하면, 이상적인 소득의 개념으로 볼 때 주택을 소유한 사람은 그렇지 않은 사람들에 비해 전가임대료 만큼의 소비능력이 크기 때문이다.

오늘날 서구복지국가들의 공공부조의 대상자들 가운데 주택이 있는 빈자들이 많다. 특히 노인의 경우가 대표적이다. 이 경우 만일 전가임대료를 소득에 포함시키면 많은 노인들은 공공부조에의 급여자격을 잃게 될 수 있다.

그러나 대부분의 복지국가들에서는 전가임대료를 소득에 포함시켜 주택이 있는 빈자들의 공공부조 수급자격을 박탈하지 않고, 대신 주택이 없는 사람들에게 주택수당 등의 주택서비스를 제공하여 주택이 있는 사람과 없는 사람의 소비능력의 차이의 문제를 적극적으로 해결하는 것이다. 이것의 이유가, 앞에서 언급했듯이, 주택은 기본적인 필요(needs)의 해결에 필수불가결한 것으로 보기 때문이다.

현물급여도 이상적인 소득의 개념에 포함되어야 한다. 왜냐하면 현물급여를 받으면 그만큼 소비능력이 커지게 되기 때문이다. 예를 들면, 쌀 한 가마니를 현물급여로 받았다면, 수급자는 그렇지 않은 사람들에 비하여 다른 재화나 서비스를 구입할 수 있는 능력이 그만큼 커지게 되기 때문이다.

그러나 대부분의 복지국가들에서는 공공부조 수급자들에 대한 소득조사를 할 때 현물급여는 이들의 소득에 포함시키지 않는다. 예를 들어, 미국의 경우 가난한 사람들이 의료서비스를 무료로 받았을 때 이것을 현금화하여 소득에 포함시키지 않는다. 이러한 국가들에서 현물급여를 소득에 포함시키지 않는 주요 이유는 이러한 의료, 교육, 주택, 음식 등의 현물급여는 사람들의 가장 기본적인 필요(needs)를 해결하기에 필요한 것으로 보기 때문이다.

우리의 국민기초생활보장제도에서는 교육이나 주택서비스 등과 같은 현물급여나 서비스를 현금화하여(예, 2012년의 경우, 4인 가구의 타 지원액은 271,093원으로 책정) 수급자의 소득에 포함시켜 현금급여액에서 제외한 후에 나머지만 급여를 한다.

셋째, 소득/자산 조사의 단위를 어떻게 결정하느냐도 평등의 정도를 결정한다. 소득조사의 단위는 크게 보면 개인, 가구, 가족으로 나눌 수 있다.[4] 일반적으로, 개인을 단위로 했을 때 소득 불평등이 가장 확실히 나타난다. 왜냐하면, 개인을 단위로 했을 때는 많은 수의 미성년자와 주부 등과 같은 무소득자가 포함되기 때문이다.

그러나 현실적으로 개인 단위로 소득조사를 하는 것은 극히 드물다. 왜냐하면 실질적인 소비단위는 가구 혹은 가족이고, 또한 가구 혹은 가족 내의 소득이전(intra-family transfer)이 발생하여 이동이나 주부도 실질적인 소비능력이 있기 때문이다. 예를 들어, 세대주만 소득이 있어도 배우자나 자녀들도 이 소득으로 소비를 할 수 있는 것이다.

이러한 이유로 소득/자산조사는 대부분 가족이나 가구를 대상으로 이루어지는데 이때 두 가지 문제가 발생할 수 있다.

하나는 가족 혹은 가구내의 소득 분배가 매우 불평등한 경우이다. 즉

4) 가구와 가족의 차이는 가족은 혈연관계를 갖고 있는 사람들로 구성된 하나의 소비단위이고, 가구는 혈연관계와 상관없이 하나의 소비단위를 구성한 것이다.

가족소득은 높아도 특정 구성원이 소득의 대부분을 사용한다면 다른 구성원의 소비능력은 크게 낮아질 수 있다. 예를 들면, 가구의 세대주의 소득이 높아도 이 소득으로 배우자나 자녀들에게 소득이전을 안하고 본인이 대부분 사용한다면 나머지 구성원들의 복지는 낮게 된다. 이 경우 세대주의 소득이 높아 이 가족은 사회복지 급여 대상에서 제외가 되는데 이렇게 되면 나머지 구성원들의 복지에의 필요(needs)를 해결 못하게 되는 것이다.

다른 하나는 가족 숫자에 따라 급여액의 차등을 어떻게 두어야 하느냐의 문제이다. 일반적으로, 가족 숫자가 많으면 경제적 필요가 많기 때문에, 가족 숫자가 많을수록 사회복지 급여를 많이 하는 것이 바람직할 수 있다.

그러나 어떤 경우에는 사람들은 비경제적인 동기 때문에 가족 숫자를 늘리는 것을 선호한다. 예를 들면, 아이를 키우는 재미(?) 때문에 경제적인 어려움을 감수하면서도 아이를 많이 갖기를 원하는 사람들이다. 반면에 어떤 사람들은 경제적인 문제로 아이를 적게 갖기를 원한다. 이때 단순히 가족 숫자의 차이(즉 아동 숫자의 차이) 때문에 전자에게 사회복지 급여를 많이 하고, 후자에게 적게 한다면 물질적인 것과 비물질적인 측면에서의 효용을 모두 고려한다면 전자에게 사회복지 급여를 많이 하는 것은 공평하지 않을 수 있다.

이러한 이유로 소득조사를 통한 공공부조의 급여는 대개의 경우 가족 숫자에 단순 비례하여 주어지는 것이 아니라, 규모의 경제(economy of scale)를 고려한 일정한 균등화지수(equivalant scale)에 따라 급여한다. 즉 두 사람의 경제적 필요는 한 사람의 그것의 두 배가 아니라 그것보다 작다. 대표적인 균등화지수는 1인이 60이라면, 2인은 100, 3인은 124, 4인은 161, 6인은 222의 경제적 필요가 있는 것으로 본다.

우리의 국민기초생활보장제도의 기준이 되는 최저생계비에서도 2012년의 경우, 1인 가구가 553,354원인데, 2인 가구는 942,197원, 3인 가구는 1,218,873원, 4인 가구는 1,495,550원 등이다.

넷째, 소득조사를 할 때 어떤 기간의 소득을 사용할 것이냐도 평등의 정도를 결정할 수 있다. 소득을 측정하는 기간은 가장 짧게는 일일소득(예, 일용직 근로자들의 일당)이 있고, 주간소득, 월소득, 연소득이 있고, 실제로는 사용하지 않지만 개념적으로는 평생소득(life time income)이 있다. 이 가운데 대부분의 국가들에서 실제로 가장 많이 사용하는 것은 월소득과 연소득이다.

일반적으로 사람들의 소득은 측정기간이 짧을수록 변동이 심한 반면 길수록 소득의 변동을 평균화할 수 있기 때문에 안정적이다. 예를 들면, 건설노동자들의 경우 대개 겨울철에는 일거리가 많지 않아 대개 소득이 크게 줄어드나, 반면에 여름철에는 소득이 크게 늘어난다.

이 경우 소득조사를 月소득으로 할 경우, 겨울철에는 소득이 거의 없는 것으로 되어 공공부조의 급여자격이 될 수 있다. 반면에 연소득으로 하게 되면 소득이 높아지게 되어 급여자격이 주어지지 않을 수 있다.

그렇다면 소득의 측정기간을 어떤 것으로 정하여 사회복지 급여를 하는 것이 바람직한가? 일반적으로, 경제적 필요(needs)가 많은 사람들만 엄격히 선별하여 집중적으로 급여를 하는 것이 바람직하다는 입장에서는 가능한 한 측정기간이 긴 소득을 선호한다.

이 경우에 해당하는 것이 평생소득인데, 평생소득이란 개념적으로 사람들이 평생에 벌 수 있는 총소득을 말하는데 구체적으로는 소득을 벌어들일 수 있는 능력(earnings capacity)을 기준으로 측정한다.

예를 들어, 현재는 가난하지만 앞으로 소득을 벌어들일 수 있는 능력이 큰 대학생은 평생소득의 개념으로 볼 때 공공부조의 급여대상이 될 수 없는 것이다.

반면에 현재의 기본적 필요를 해결하는 것이 중요하다고 보는 관점에서는 가능한 한 짧은 측정기간의 소득(예, 월소득)을 사용하는 것이 바람직하다고 본다. 이 경우 상기의 대학생은 소득조사를 통한 공공부조의 급여대상이 될 수 있는 것이다.

그래서 대부분의 복지국가들에서 소득조사를 할 때에는 대개 월소득을 기준으로 한다. 우리의 국민기초생활보장제도에서도 월소득을 기준으로 한다.

소득/자산조사를 조건으로 하는 사회복지정책은 효율적인가?

첫째, 수급자(잠재적 수급자 포함)들의 근로동기를 약화시키는가?

소득/자산조사를 조건으로 하는 공공부조정책은 위에서 논의한 인구학적 조건이나 기여의 조건의 사회복지정책들보다 수급자들의 근로동기를 더 약화시킬 수 있다.

이것은 이론적으로 볼 때 공공부조정책에서 급여하는 기본급여액의 수준과 수급자가 일을 해서 소득이 발생하면 급여에서 삭감하는 급여감소율에 따라 결정된다. 그래서 기본급여액의 수준이 높고(예를 들어, 기본적인 생활을 할 수 있을 정도), 급여감소율도 높으면(예, 100%), 수급자들은 적어도 경제적인 동기만으로 볼 때 근로동기가 약화될 수 있다. 왜냐하면, 기본급여액이 높기 때문에 소득효과의 측면에서 근로동기가 약화되고, 급여감소율이 높으면 그만큼 실질임금률이 떨어지기 때문에, 여가의 값이 싸져 대체효과가 나타나서도 근로동기가 약화되기 때문이다.

그러나 사람들의 근로동기가 반드시 경제적인 동기에 의해서만 결정되는 것은 아니기 때문에, 즉 일에 대한 가치관에 따라 다른 여러 가지 동기가 있기 때문에(예, 일을 해서 얻는 성취감, 주위 사람들의 시선 등), 수급자들이 반드시 근로동기가 약화되는 것은 아니다.

그래서 공공부조의 수급자들의 근로동기는 결국 실증적인 연구에 의하여 밝혀질 수밖에 없는데, 이것은 국가들에 따라 다르게 나타난다. 예를 들어, 미국에서는 오랜 기간 동안 대표적인 공공부조인 AFDC의 수급자들의 근로동기가 약화되는 것으로 나타나, 일반국민들로부터 많은 비판을 받게 되어 결국 최근의 '복지개혁'으로 AFDC를 없애고 수급자들의 근로동기를 강조하는 TANF(Temporary Assistance to Needed Families)로 대체하였다.

반면에 스웨덴과 같은 스칸디나비아 국가들에서는 공공부조 수급자들의 근로동기의 문제가 심각하지 않다. 이것은 물론 이러한 국가들에서의 공공부조 수급자들의 숫자가 많지가 않기 때문이기도 하지만, 더 중요한 이유는 비교적 동질적이고 연대감이 강한 사회적 분위기에서 일을 안 하고 급여를 받는 행위를 하는 것이 쉽지가 않기 때문이다.

우리의 경우는 어떠한가? 우리는 얼마 전까지만 해도 대표적인 공공부조 제도인 생활보호법에서는 근로능력이 있는 사람들은 아예 수급자격이 없기 때문에 수급자들의 근로동기의 문제는 없었다. 그러나 최근에 국민기초생활보장법이 도입되면서 근로능력이 있는 빈자들도 수급자격을 갖게 되면서 근로 동기의 문제가 어느 정도 중요해지기 시작했다. 그래서 처음 도입시기에서부터 사회복지의 확대를 반대하는 사람들로부터 이제도가 수급자들의 근로동기를 크게 약화시킨다고 비난을 받아 왔다.

우리의 국민기초생활보장제도가 수급자들의 근로동기를 약화시킬 수 있는가? 우선 우리의 제도에서는 근로능력이 있는 사람들은 "조건부수급자"라 하여 "자활사업"(직업훈련, 공공근로사업, 자활 공동체사업 등)에 참여하여야만 급여가 주어지기 때문에 수급자가 일을 한하고 급여를 받는 문제가 상당부분 해소된다고 볼 수 있다.

또한 급여액이 4인 가족의 경우 2012년의 경우 1,495,550원으로 비교적 낮기 때문에 근로능력이 있는 사람이 이 정도의 급여 때문에 일을 안 할 수 있는 소득 효과가 발생하기는 어렵다고 볼 수 있다.

문제는 우리의 제도가 수급자들이 근로 소득이 있을 때 급여액에서 전액 제하고 나머지만 주기 때문에, 즉 급여감소율이 실질적으로 100%이기 때문에 근로 능력이 있는 수급자들이 "자활사업"에 머무르려고 하거나 민간 부문의 진짜(?) 일자리를 적극적으로 찾으려는 동기를 약화시키는데 있다. 즉 일을 하나 안 하나 동일한 급여를 받을 수 있기 때문에 이 제도에 안주할 수 있는 것이다.

또한 수급자들은 현금 급여 이외에 의료 교육 주택 등에서 다양한 혜택을 볼 수 있기 때문에 열심히 일을 해서 소득을 올려 이 제도에서 벗어나려는 동기가 약화될 수 있다. 즉 이른바 "빈곤 덫(poverty trap)"에 빠져들 위험성이 있다. 이 경우 현재는 수급자는 아니지만 수급자 소득기준보다 약간 많은 소득을 갖고 있는 사람들(흔히 "차상위 계층"이라 한다)도 이 제도의 수급자가 되려는 동기를 유발시켜 이들의 근로 동기도 약화될 수 있다.

마지막으로 우리의 국민기초생활보장제도에서는 "부양의무자"제도가 있어 수급자들의 부양의무자(대개의 경우 수급자들의 자녀들)가 일정한 소득이나 자산 이하이어야만(2012년의 경우, 수급자 가구가 2인이고, 부양의무자 가구가 4인인 경우 월소득 1,944,215원, 자산의 소득환산액이 1,023,854원) 수급자는 급여를 받을 수 있고, 그렇지 않을 경우 급여를 못 받는다. 즉 부양의무자 가구로부터 도움을 받으라는 것이다.

이렇게 되면 수급자들처럼 부양의무자들도 근로동기가 약화될 수 있다는 것이다. 특히 부양의무자가 저임금 근로자 가구라면(예를 들어, 상기 예의 경우 월소득이 대략 194만원 가까이에 있는 사람들) 열심히 일을 하여 소득을 높일 동기는 약화시킬 수 있다. 즉 부양의무자가 자녀인 경우, 이들은 월소득을 194만원 이하로 유지하는 것이 자신들의 부모가 국가로부터 급여를 받을 수 있기 때문에 더 이익이 될 수 있는 것이다.

둘째, 소득/자산 조사의 조건은 수급자(잠재적 수급자)의 저축 동기를 약화시키는가? 대부분의 서구복지국가들에서의 공공부조 제도에서는 자산 조사는 안하고 소득조사만을 한다. 그리고 설사 자산 조사를 한다 하더라도 사는 집이나 자동차와 같은 필수품은 자산 조사에서 제외한다. 공공부조 수급자는 대부분 이러한 것들 이외의 자산은 거의 없기 때문에 실질적으로 자산 조사는 없는 것과 같다.

이러한 현실적인 이유 이외에도, 자산 조사를 안 하는 또 다른 이유는 자산 조사를 할 경우 수급자들의 저축 동기를 크게 약화시키기 때문이다. 왜냐하면 수급자들이 열심히 일을 하여 소득의 일부를 저축하여 자산이 증가되면 수급자격을 잃어버릴 수 있고, 잠재적 수급자들도 저축하여 자산이 증가되면 수급자격을 얻을 수 없기 때문이다.

반면에 우리의 국민기초생활보장제도에서는 소득조사와 자산조사 둘 다를 한다.

이렇게 자산조사가 있으면 수급자 혹은 잠재적 수급자들은 저축을 하여 자산을 형성할 동기가 약화될 수 있고, 또한 우리의 경우 부양의무자들도 저축하여 자산을 형성하면 수급자들이 자격을 잃게 되기 때문에 저축동기를 약화시킬 수 있다.

우리의 경우 대도시에 살고 있는 수급자나 잠재적 수급자들이 거주하는 주택의 값이(소유든지 임대든지) 비싸기 때문에 수급자나 부양의무자들에게의 자산조사에서의 한도액이 너무 낮다고 볼 수 있기 때문에 이러한 사람들의 저축동기는 더욱 낮아질 수 있다.

그렇다면 우리나라에서는 왜 자산조사를 할까? 이것의 주요 이유는 소득은 적은데 자산은 많은 사람들이 많이 있다는 가정 때문인데, 우리의 경우 소득파악을 제대로 못하는 상황에서, 많은 사람들이 소득을 과소 보고하기 때문에 비교적 파악이 용이한 자산을 기준으로 하고자 하는데 있다고 볼 수 있다.

셋째, 소득/자산 조사의 조건은 가족 구조를 변화시키는가?

근로능력 여부나 인구학적 조건에 상관없이 누구에게나 일정한 소득 이하의 사람들에게 급여하는 공공부조는 가족 구조를 변화시킬 가능성이 적다. 문제는 노인세대주 가구나 여성 세대주 가구 등에게만 급여를 하는 범주적 공적 부조는 가족 구조를 변화시킬 수 있다(자세한 것은 10장의 효율을 참조하라). 대표적인 예가, 미국의 AFDC로 이것이 주로 여성세대주 가구에게만 급여했기 때문에 여성 세대주 가구(특히 미혼모 세대주 가구)를 크게 증가시켰다는 비난 때문에 결국 폐지가 되었다.

우리의 국민기초생활보장제도는 어떠한가? 우리의 제도는 외견상 범주적 공공부조는 아니어서 누구나 일정한 소득/자산 이하면 수급자격을 주어지게 되어 있다. 그래서 일견 우리의 제도는 가족 구조를 변화시키지 않는 것처럼 보인다.

그러나 우리의 부양의무자 제도에서는 자격조건 때문에 수급자들이 부양의무자들로부터 부양도 받지 않고 완전히 독립할 동기를 부여할 수 있다. 실례로 최근에 국민기초생활보장제도로부터 급여를 받기 위하여, 노인들이 독립해 살고 부양의무자들도 부양하지 않는 사례가 늘고 있다. 제도적으로는 부양의무자가 일정한 소득/자산 이상이면 수급자들에게 급여를 안 하도록 되어 있어, 부양의무자가 실질적으로 부양을 안 하게 되면 수급자들은 제도로부터 급여도 못 받고, 부양의무자로부터 부양도 못 받는 사례가 많아지고 있는 것이다.

넷째, 사회복지정책들 가운데 공공부조가 가장 많은 현물 급여를 한다고 볼 수 있다. 그래서 가난한 사람들은 의료 서비스, 교육, 주택, 음식 등의 형태의 현물이나 서비스 급여를 받는다. 특히 우리의 경우는 현금급여의 사회보험(예, 국민연금, 실업보험)이 아직 성숙되지 않아 의료서비스나 교육 등의 서비스가 전체 사회복지 지출에서 가장 큰 비중을 차지하고 있다.

이렇게 소득/자산 조사를 조건으로 하는 공공부조가 현물 급여를 많이 하기 때문에 다른 정책들에 비하여 수급자들의 선택을 왜곡하여 자신들의 효용을 극대화하지 못하고, 불필요하게(?) 현물이나 서비스를 많이 사용하게 되어 결국 사회적 자원을 비효율적으로 배분되게 하는, 즉 자원의 낭비라는 문제가 클 수 있다.

예를 들어 우리의 국민기초생활보장제도에서 수급자들은 의료 서비스를 완전히 무료로 받을 수 있어 의료 서비스를 지나치게 많이 이용할 수 있다. 만일 수급자들에게 의료 서비스 비용에 해당하는 현금을 급여했다면 자신의 효용을 극대화하는 방향으로 현금을 사용한다면 의료 서비스 이용은 줄 수 있기 때문에 과대 이용한 만큼의 의료자원의 낭비를 가져온 것으로 볼 수 있기 때문이다.

또한 국가가 인정하는 사회복지 시설에 있는 수급자들은 아직도 쌀 등의 현물 급여를 받는다(예, 하루 456g의 쌀). 이 경우에도 쌀 대신에 현금으로 급여를 하게 되면, 현금 가운데 일부를 수급자가 효용을 극대화하는 방향으로 사용하기를 원한다면, 쌀이라는 형태의 현물 급여는 사회적 자원을 부분적으로 낭비하는 것이라 볼 수 있다. 즉 사회전체의 효용에서 그만큼 줄어드는 것이다(자세한 것은 10장의 효율을 참조하라).

다섯째, 소득/자산 조사의 조건은 또한 지하경제를 크게 할 수 있다. 공공부조의 조건은 일정한 소득이나 자산 이하이어야만 수급자격이 주어지기 때문에 어떤 사람들은 자신들의 소득이나 자산을 낮게 신고하여 수급자격을 갖추고자 할 수 있다.

서구복지국가들의 경우, 전국민에 대한 소득 파악이 비교적 잘 되어 있어 이러한 소득의 과소보고나 탈루 현상은 많지 않으나, 우리처럼 소득 파악이 제대로 안 되어 있는 상황에서는 문제가 심각할 수 있다. 현재 우리의 국민기초생활보장제도의 기본 급여액이 그렇게 높지 않고 또한 사회복지 전담공무원들의 까다로운 심사나 조사 때문에 소득의 과소보고의 문제는 아직은 심각하지 않다고 할 수 있다.

그러나 앞으로 기본 급여액이 높아지게 되는 등의 제도가 성숙해지면 수급자(잠재적 수급자)나 부양의무자들이 자신들의 소득을 과소보고하거나 은폐할 동기가 커질 수 있다. 이것은 역으로 말하면, 국민기초생활보장제도가 발전하기 위한 전제조건으로 전국민들에 대한 소득 파악이 제대로 되어야 한다는 것을 의미한다.

마지막으로, 소득/자산 조사의 조건의 공공부조는 운영을 하는데 많은 비용이 들어 운영의 효율성의 측면에서 문제가 있다. 전술한 인구학적 조건이나 기여의 조건의 사회복지 정책 등에 비하여, 운영비용이 많이 든다. 이것은 소득/자산 조사를 수급자 개별적으로 모두 해야 할 뿐만 아니라, 이들의 여러 가지 행위들에 대한 조사 혹은 상담 등도 이루어지기 때문이다.

우리의 국민기초생활보장제도에서도 이러한 업무만을 위하여 사회복지 전담공무원이라는 별도의 공무원들을 대거 선발하였는데, 이들에 대한 인건비 등을 포함하여 많은 비용이 드는 것이다. 미국의 예를 보면,

1980년대 미국의 대표적인 공공부조인 AFDC의 운영비는 전체 프로그램 비용의 약 13%를 차지하는 것으로 알려졌다(Dolgoff and Fieldstein, 1984). 반면에 규모가 훨씬 큰 국민연금의 운영 비용은 전체 비용의 1.6%에 불과하다.

지금까지 소득/자산 조사의 조건의 공공부조를 평등과 효율의 두 가지 측면에서 논의하였다. 그렇다면 소득/자산 조사의 공공부조는 평등과 효율 모두를 이루는 것이 가능한가? 여기서는 우리의 국민기초생활보장제도를 예를 들어 논의하고자 한다.

우리의 제도에서는 2012년의 경우 기본급여액이 4인 가족의 경우 약 120만원이고, 급여감소율이 거의 100%에 가까워, 수급자격의 소득 수준은 약 120만원이어 그림으로 보면 유형I에 속한다.[5)]

유형 I

기본 급여액 120만원 급여 감소율 100% 급여 자격 소득 120만원		
근로소득	급여액	총소득
0	120만원	120만원
20만원	100만원	120만원
60만원	60만원	120만원
120만원	0	120만원

이 제도의 기본급여액이 120만원인데 이것을 평등의 가치를 어느 정도 이룰 수 있다고 볼 수 있고, 또한 급여 자격소득은 120만원 이하로만 제한되기 때문에 가난한 사람들에게 집중적으로 급여가 이루어지는 이른바 목표 효율성(target efficiency)도 어느 정도 높일 수 있다.

그러나 문제는 급여감소율이 100%이어, 수급자들의 근로 동기가 크게 떨어지는 것이다. 즉 그림에서 보듯이 근로소득이 전혀 없는 사람이

5) 원칙적으로 수급자격 소득은 2012년도 4인 가구의 최저 생계비로 약 149만원이나 다른 급여도 있기 때문에 현금급여액을 최저생계비보다 낮게 책정하였다.

나 근로소득이 120만원인 사람이나 총소득은 같게 되기 때문에 일을 할 동기가 크게 줄어들 수 있는 것이다.

그래서 수급자들의 근로동기를 높이려면 유형 Ⅱ처럼 급여감소율을 낮추어야 한다.

유형 Ⅱ

기본 급여액 120만원 급여 감소율 50% 급여 자격 소득 240만원		
근로 소득	급여액	총소득
0	120만원	120만원
60만원	90만원	150만원
120만원	60만원	180만원
240만원	0	240만원

유형 Ⅱ에서처럼 급여감소율을 50%로 낮출 경우 사람들의 근로동기는 커진다. 왜냐하면 일을 해서 얻는 소득의 전액은 아니지만 50%는 가질 수 있기 때문에 총소득이 일을 많이 할수록 커지게 되기 때문이다. 즉 평등도 어느 정도 이룰 수 있고, 근로 동기도 어느 정도 강화시킬 수 있다.

그러나 이와 같은 프로그램을 위해서는 프로그램 총 비용이 적어도 2배 이상으로 늘어날 뿐만 아니라, 이제는 소득이 240만원 이상이어야만 급여가 주어지지 않기 때문에 많은 수의 불필요한(?) 사람들도 급여를 받을 수 있어 목표효율성이 크게 떨어져 어떻게 보면 사회적 자원이 낭비가 될 수 있다. 이러한 프로그램은 사회복지에 사용할 재원이 많은 국가들에서는 가능할지 모르나 우리나라처럼 사회복지 재원이 적은 상황에서는 시행하는 것이 거의 불가능하다고 볼 수 있다. 또한 이 정도로 수급자격의 범위가 커지면, 현재 수급을 받지 못하나 잠재적으로 수급자가 될 수 있는 많은 수의 저임금 근로자들이 이 제도로 들어

올 가능성이 있다.

그렇다면 근로 동기도 유지하고, 목표 효율성도 이루려면 어떻게 해야 하는가? 이것은 유형 Ⅲ에서처럼 기본 급여액을 줄일 수밖에 없다.

유형 Ⅲ

기본 급여액 60만원 급여 감소율 50% 급여 자격 소득 120만원		
근로 소득	급여액	총소득
0	60만원	60만원
30만원	45만원	75만원
60만원	30만원	90만원
120만원	0	120만원

유형 Ⅲ에서처럼 기본 급여액을 현재의 반인 60만원으로 줄이면 급여자격소득은 120만원으로 줄어들어 목표 효율성을 이룰 수 있고, 무엇보다 총비용을 유형 Ⅱ에 비하여 반 이상으로 줄일 수 있다.

그러나 여기서의 문제는 기본 급여액이 반으로 줄어 평등의 가치를 이룰 수가 없는 것이다. 즉 기본급여액이 이렇게 낮으면, 근로능력이 없는 사람들은 말할 것 없고, 어느 정도 일을 해서 근로 소득이 있는 사람들도 인간다운 최소한의 생활을 할 수 있는 급여를 못 받는 것이다.

이상에서 보듯이 우리의 국민기초생활보장제도와 같은 공공부조에 사용할 재원이 제한되어 있는 상황에서는, 공공부조는 평등과 효율 모두를 이루는 것은 불가능하다. 즉 주어진 재원으로, 평등의 가치를 구현하기 위하여 기본급여액을 높게 책정하면, 제한된 재원에서는 급여 감소율을 높일 수밖에 없는데, 이렇게 되면 근로동기는 약화될 수밖에 없는 딜레마에 빠지게 된다.

현재 우리의 국민기초생활보장제도의 딜레마는 바로 여기에 있다. 그래서 평등과 효율의 가치를 모두 이루려면 재원을 크게 늘려 기본급여액도 높이고 급여감소율을 낮추어야 한다. 그런데 이렇게 하면 목표효율성이 떨어질 뿐만 아니라, 우리의 열악한 복지재정에 비추어 볼 때 국민기초생활보장제도의 재원을 크게 높이는 것은 현실적으로 어렵다고 할 수 있다.

제 16 장

급여형태

사회복지정책을 통하여 제공되는 급여의 형태는 다양한데, 크게 보면 현금, 물질적 재화, 서비스, 증서, 기회, 그리고 권력 등의 6가지이다. 우리나라의 예를 들면, 국민연금이나 국민기초생활보장제도에서는 현금으로 급여하고, 소년 소녀 가장이나 사회복지시설에 거주하는 사람들에게는 쌀이나 옷 등과 같은 물질적 재화를 부분적으로 급여를 한다. 대표적인 서비스는 건강 보험을 통한 의료 서비스이다. 기회의 형태는 장애인이나 저소득층 자녀들에게 취업이나 진학 등에서 유리하게 배려하는 것을 들 수 있다. 증서의 형태는 일부 민간 부문의 사회복지의 수급자들에게 주는 상품권을 예를 들 수 있다. 마지막으로 권력의 형태는 주로 사회복지 정책의 결정과정에 사회적 약자를 대표하는 사람들(예를 들어 시민단체나 수급자들의 조직들)을 참여시키는 것을 예를 들 수 있다.

왜 이렇게 급여를 다양한 형태로 제공하는가? 왜 모든 급여를 가장 단순한 현금으로 제공하지 않는가?

이것의 이유는 다양한 급여형태는 서로 다른 장점과 단점들을 갖고 있기 때문이다. 지금부터는 다양한 급여형태가 필요한 이유들을 자세히 논의하고자 한다.

1. 현 금

오늘날 서구 복지국가들에서 급여형태 가운데 지출액이나 수급자 숫자 등에서 가장 비중이 큰 것이 현금이다. 총 사회복지 지출의 세부 내용을 분석해 보면 이러한 국가들에서 총 사회복지 지출의 1/2에서 3/4은 현금의 형태로 이루어지고 있다.

일반적으로 사회복지가 발전된 나라일수록 현금의 비중이 커지는 경향이 있다. 예를 들면, 사회복지가 발전이 안 된 우리나라의 경우는 현금의 비중이 유럽의 복지국가들에 비하여 낮다. 2012년 자료에 의하면, 우리나라의 총 공공부문 사회복지지출 가운데 의료서비스가 전체의 43%를 차지하고, 보육 등의 가족관련 서비스가 대략 9.6%를 차지하는 등의 이유로 현금의 비중은 대략 40% 정도에 그친다. 우리나라도 국민연금을 비롯한 사회보험들이 성숙하게 되면 현금의 비중이 앞으로 더욱 커질 수 있다.

그렇다면 왜 사회복지가 발전할수록 현금급여를 선호하는가?

이것의 가장 중요한 이유는 현금으로 급여할 때 수급자의 효용(만족)이 극대화되기 때문이다. 다른 말로 이야기하면 수급자가 현금으로 받으면 이 돈으로 자신들이 원하는 재화나 서비스를 구입할 수 있어 만족을 극대화할 수 있는 것이다. 모든 수급자들이 이렇게 행위를 하게 되면, 사회적 자원을 가장 효율적으로 사용하게 되는 것이다.

예를 들어 설명해 보자. 월 60만원의 소득으로 살아가는 가난한 사람의 경우, 이 사람은 이 돈으로 자신의 효용을 극대화하는 재화나 서비스를 구입하고자 할 것이다. 그래서 이 사람은 육체적 생존을 위하여 일정한 양의 쌀을 비롯한 음식을 구입하고, 나머지는 다른 재화나 서비스를 구입해서 최대한의 만족을 얻고자 한다.

이것을 그림으로 나타내면 다음과 같다.

〈그림 16-1〉 현금급여와 현물급여의 효용의 차이

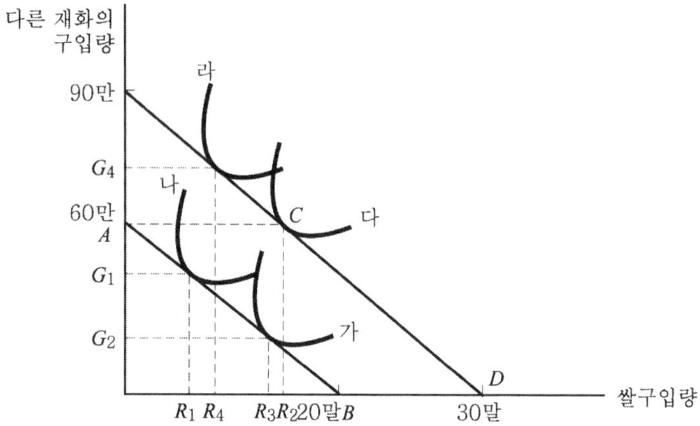

*쌀 1말을 3만원으로 할 때

이 사람은 60만원의 예산으로 다양한 재화를 구입할 수 있다.

예를 들면, 무차별곡선 '가'가 예산선과 접하는 지점의 R_3 양의 쌀과 G_2 양의 쌀 이외의 다른 재화나 서비스를 구입할 수 있다. 그러나 60만원으로 이러한 방식으로 구입하는 것은 이 사람의 효용(만족)을 극대화하는 것은 아니다. 왜냐하면, 이 사람의 효용을 극대화하는 것은 무차별곡선 '나'가 예산선과 접하는 지점의 R_1 양의 쌀과 G_1의 다른 재화를 구입하는 것이기 때문이다. 그림에서 보듯이 이 경우의 무차별곡선(indifference curve)이 전에 비하여 우·상위 쪽에 위치하고 있다(무차별 곡선이 우·상위에 위치하는 것이 효용이 더 크다는 것을 나타낸다).

만일 국가의 사회복지 정책에 의하여 이 사람이 가난하다 해서 쌀을 10말을 급여한다면 이 사람의 효용은 어떻게 변할 것인가? 물론, 당연히 이 사람의 효용은 증가할 것이다. 그림에서 보듯이, 이제 이 사람은 무차별곡선 '다'가 예산선과 접하는 지점인 R_2의 양의 쌀을 소비할 수 있고, 또한 현금 60만원 내에서 다른 재화나 서비스를 구입할 수 있어 효용을 증가시킬 수 있기 때문이다(현물로 급여했기 때문에 이 사람의 예산선은 여전히 60만원을 넘지 못한 ACD선이다). 그림에서 보듯이 이 경우의 무차별 곡선이 이 전의 것보다 우·상위에 위치하고 있다.

그렇다면 쌀 10말 대신에 현금 30만원을 이 사람에 급여하면 이 사람의 효용은 어떻게 변할 것인가? 이제 이 사람의 예산은 90만원으로 증가했기 때문에, 증가된 예산으로 자신의 효용을 극대화할 수 있는 쌀과 다른 재화를 적절히 구입할 수 있게 된다.

쌀이라는 현물로 급여를 하게 되면 이 사람의 예산은 여전히 60만원인 것과 다른 것이다.

그래서 이 사람의 효용을 극대화하는 것은 무차별곡선 '라'가 이제 증가된 예산선과 접하는 지점인 R_4의 쌀과 G_4의 다른 재화를 구입하는 것이고, 이것은 그림에서 보듯이 현물로 급여할 때의 무차별 곡선보다 우·상위에 위치해서 이 사람의 만족을 더 높이는 것이다.

구체적으로 이야기하면, 이 사람의 효용을 극대화하는 쌀의 소비량은 R_4인데, 쌀이라는 현물을 국가에 의하여 강제로 소비하게 함으로써 이 사람은 R_4 R_2만큼의 쌀을 효용의 증가없이 불필요하게 소비하게 되는 것이다. 또한 이 사람은 G_4A만큼의 자신이 원하는 재화를 더 소비할 수 있어 효용이 증가되는 것이다.

이 상황에서 이 사람에게 쌀 10말을 주는 것은 R_4 R_2만큼의 사회적 자원을 효율적으로 배분하지 않는, 즉 낭비를 하는 것이라 할 수 있다.

지금까지의 논의처럼 현금 급여가 현물 급여보다 일반적으로 수급자들의 효용을 더 높일 수 있다. 그렇다고 이것은 반드시 그러한 것은 아니며, 어떤 경우에는 현금 급여나 현물 급여나 수급자들의 효용에 있어서 별 차이가 없을 수 있다. 이것은 사람들의 소비 형태에서의 취향에 따라 다르다. 상기의 예에서 어떤 사람들은 쌀에 대한 소비를 매우 선호할 수 있는데, 이 경우에는 쌀로 주나 현금으로 주나 이 사람의 효용에는 차이가 없다.

이것은 다음의 〈그림 16-2〉에서 보여진다. 그림에서 보듯이 쌀 10말을 현물로 주나, 쌀 10말에 상응하는 현금 30만원을 주나, 이 사람의 효용은 무차별곡선 '나'와 증가되지 않은 예산선과 접하는 지점의 R_6의 쌀과 G_6의 다른 재화를 구입할 때 극대화가 된다. 다른 말로 이야기하면, 이 사람은 현금으로 30만원을 주어도, 쌀에 대한 선호가 강하여 예산이 90만원으로 증가되지 않는 효과가 발생하여, 〈그림 16-1〉과 같은 무차별 곡선 '라'의 형태의 모습이 안 나타나는 것이다. 쉽게 이야기하면, 이 사람에게 현금 30만원을 주어도 이 사람은 그 돈으로 더 많은 쌀을 구입하는 것을 선호하기 때문에 쌀로 주나 현금으로 주나 별 차이가 없게 되는 것이다.

이렇게 볼 때, 현금이 현물보다 사람들의 효용을 더 높이는 지는 이론적으로는 불확실하여, 사람들의 취향에 달려 있기 때문에 실증적인 조사가 필요하다. 많은 조사들에 의하면, 일반적으로 현금 급여가 현물 급여보다 효용을 더 높이는 것으로 나타난다. 그런데 여기서도 어떤 형태의 현물 급여냐에 따라 큰 차이가 난다.

〈그림 16-2〉 현물급여와 현금급여가 효용의 차이가 없는 경우

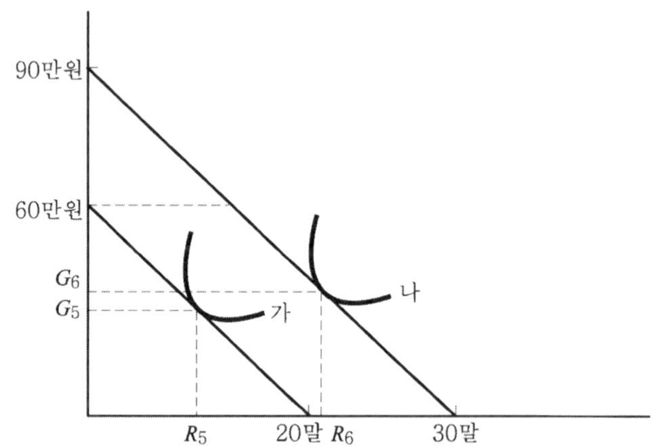

예를 들면, 많은 조사들에 의하면 음식(예, 쌀) 형태의 현물 급여는 주택이나 의료 서비스 등보다 수급하는 사람들의 효용을 덜 낮춘다. 일반적으로 사람들이 현물 급여를 받을 때 효용이 얼마나 늘어나는가는 사

람들이 현물 급여에 대한 가치를 얼마나 두는가에 따라 결정된다.

이러한 수급자 가치는 현물의 형태에 따라 다른데, 일반적으로 음식은 시장가치(현금가치)를 100으로 했을 때, 조사에 따라 83~97로 나타나 시장가치에 비교적 근접한다. 예를 들어, 쌀 10말을 급여했을 때, 쌀 10말이 시장가치가 30만원이면, 수급자는 쌀 10말을 30만원의 83%~97%의 가치가 있는 것으로 평가한다는 것이다. 즉 그 만큼 현금 급여의 효용에 근접한 효용을 준다는 것을 의미한다.

반면에 주택은 시장 가치를 100으로 했을 때 48~82, 의료 서비스는 59~74 정도의 가치만을 주는 것으로 나타난다. 즉 이 두 가지의 현물(서비스) 급여는, 음식에 비하여 수급자들의 가치가 크게 떨어진다. 즉 그만큼 수급자들의 효용을 크게 낮춘다는 것을 의미하는 것이다.

이렇게 음식이 다른 현물보다 수급자의 효용을 현금으로 급여할 때와 비교하여 덜 낮추는 이유는, 음식은 다른 것들에 비하여 육체적 생존에 더 중요하기 때문이다. 단순히 말하여, 집 없이는 살아도 먹지 않으면 죽기 때문이다! 즉 수급자의 선택의 여지가 적기 때문이다.

지금까지 논의했듯이, 현금 급여의 가장 큰 장점은 현물 급여에 비하여 수급자의 효용을 높일 수 있다는 점이다. 그러나 여기에는 두 가지 측면에서 비판이 있을 수 있다. 하나는, 현금 급여가 수급자의 효용을 높일 수 있는 전제 조건은 수급자가 현금으로 재화를 구입할 때 "합리적인 선택"을 해야 하는데, 어떤 사람들은 이러한 "합리적인 선택"을 못할 수 있다는 점이다.

상기의 예에서, 30만원의 현금급여를 했을 때 수급자가 이 돈으로 쌀은 전혀 구입하지 않고 모두 도박으로 날려 버린다면, 급여를 하는 입장에서 볼 때 이 사람의 '객관적' 효용도 낮아질 뿐만 아니라 이 사람과 같이 사는 다른 가족 구성원들의 효용도 낮아지는 것이다.

이러한 극단적인 예가 아니더라도, 오늘날과 같이 복잡한 사회에서는 수급자들의 합리적 선택에 맡겨 두기에는 복잡한 재화나 서비스(예, 의료서비스)들이 많이 있기 때문에 현금으로 급여했을 때 수급자가 합리적인 선택으로 효용을 극대화하기가 어려운 경우가 많이 있을 수 있는 것이다.

다른 하나는, 현금 급여가 비록 수급자 개인들의 효용은 높일 수 있어도 사회전체의 효용은 낮출 수 있다는 점이다. 상기의 예에서, 쌀로 급여를 하면 비록 수급자 개인의 효용은 현금 때보다 낮아지지만, 사회전체의 효용은 증가할 수 있다. 왜냐하면, 수급자들의 영양 상태가 좋아져 그들의 생산성이 높아진다면 사회전체가 이득을 볼 수 있기 때문이다. 반면에 현금으로 줄 때 수급자가 이 돈으로 도박 등의 사회적 일탈 행위에 사용한다면 사회전체에 해를 주어 사회전체의 효용은 낮아질 수가 있는 것이다.

이른바 '가치재(merit goods)'라 불리우는, 사회적으로 필요하다고 판단되는 재화들은, 비록 수급자들 개인의 효용이 낮아진다 해도 사회전체의 효용이 높아질 수 있기 때문에, 이러한 이유로도 어떤 재화들은 현물로 급여하는 것이 바람직할 수 있다.

현금급여의 두 번째 장점은 현물급여에 비하여 수급자의 수급에의 권리를 인정하여 인간의 존엄성의 가치를 높일 수 있다는 점이다. 사회복지 프로그램 가운데 어떤 것들은, 특히 공공부조, 수급자에게 치욕감을 주는 경향이 있다.

이러한 수급자의 치욕감은 급여를 신청할 때, 급여를 받을 때, 그리고 급여를 소비할 때의 세 가지 단계에서 나타나는데, 현금급여는 적어도 소비단계에서는 수급자와 비수급자의 구분이 어렵기 때문에 수급자들에게 치욕감을 주지 않는다(그러나 현금급여도, 공공부조의 경우, 급여를 신청할 때나 받을 때는 수급자의 치욕감을 불러일으킨다)

반면에 현물급여는 소비단계에서 치욕의 문제가 심각할 수 있다. 예를 들면, 우리나라는 얼마 전부터 저소득층을 위해 영구임대아파트를 지어 매우 저렴한(?) 임대료로 살게 해준다. 그런데 이러한 아파트들이 중산층들이 사는 아파트들과 인접해 있어 영구임대 아파트에 사는 가난한 사람들이 치욕감을 더욱 느끼는 경향이 있다(예를 들어 이러한 아파트에 사는 아동들이 학교에서 따돌림을 당한다든지 하여 등교하기를 꺼린다.).

이러한 이유로 서구복지국가들에서는 주택을 지어 가난한 사람들을 살게 하기보다는 주택수당을 주어 수급자가 주택시장에서 자유롭게 선택하게 하는 방법을 강조한다.

이렇게 현물급여는 현금급여보다 치욕감을 발생시키기 때문에 많은 사람들이 현물급여 프로그램에 수급자격은 갖추었는데도, 즉 필요(needs)가 있는데도 불구하고 수급신청을 하지 않아 급여를 안 받는 경향이 있다. 예를 들어, 미국의 대표적인 현물프로그램인 'Food Stamp'(음식만을 구입할 수 있는 증서)에 자격이 되는 사람들 가운데 약 40%만이 실제로 신청해서 수급을 받는 것으로 조사되었다(Moffit, 1983). 사회복지정책이 사람들의 경제적 필요를 해결하는 것이 주요 목표인데 현물급여의 치욕 때문에 이러한 목표를 못 이루는 것은 심각한 문제라 할 수 있다.

우리나라에서도 많은 가난한 사람들이 영구임대 아파트에 사는 것을 꺼리는 경향이 있는데, 이것은 임대료가 비싸다든지 아니면 기존에 살던 지역과 거리가 너무 멀리 떨어져 있어 기존의 삶의 형태와 너무 차이가 난다는 등의 이유 때문이기도 하지만, 한편으로는 치욕감 때문이라고 볼 수 있다.

현금급여의 세 번째 장점은 수급자들의 선택의 자유와 이른바 소비자 주권(consumer sovereignty)을 높일 수 있다는 점이다. 현금급여는 수급자들의 선택의 폭을 넓혀 다양한 취향을 반영할 수 있고, 무엇보다도 민주주의 사회에서 그 자체로 매우 중요시되는 가치인 자유나 자기결정(self-determination)의 권리를 높인다는 점이다. 이와 대조적으로, 현물급여는 국가로부터의 '보호자주의(paternalism)'에 따라 수급자의 소비의 '강제화'를 통해서 개인의 자유나 자기 결정은 침해하는 것이다.

그러나 오늘날과 같은 사회에서 진정한 소비자 선택의 자유라는 것이 허구일 수 있다. 왜냐하면, 그러한 자유라는 것이 생산자들에 의하여 광고 등의 방법으로 왜곡될 수 있기 때문이다. 소비자의 자유로운 선택이 진정한 독립적인 선택이 아니라, 생산자들에 의하여 '만들어진' 선택일 수 있다. 즉 소비자의 선택은 생산자에 의존할 수 있기 때문에 소비자 선택의 자유라는 것의 의미가 크게 줄 수 있는 것이다. 즉 현금급여의 장점이 크게 훼손될 수 있는 것이다.

마지막으로, 현금급여는 현물급여에 비하여 프로그램의 운영비용이 적게 든다. 현물급여를 하기 위하여는 현물을 보관, 관리, 전달하는데 있어 많은 비용이 든다. 예를 들어, 우리의 영구임대아파트의 경우 관리, 유지비가 상당할 수 있다. 이러한 관리, 유지를 제대로 하지 못할 경우 영구임대 아파트가 '슬럼(slum)'화될 가능성이 큰 것이다.

실제로 미국에서의 대부분의 저소득층을 위한 공공아파트들은 관리, 유지를 제대로 안 하여 슬럼화가 되었다. 주택수당처럼 현금으로 급여를 하면 이러한 문제가 발생하지 않는다.

2. 현물급여(물질적 재화와 서비스)

앞에서 언급했듯이, 일반적으로 사회복지가 발전할수록 현금급여가 현물급여보다 비중이 크다. 예를 들어, 서구 복지국가들 가운데 복지후진국으로 알려진 미국의 경우 현물급여의 비중이 크다. 특히 저소득층을 위한 사회복지 프로그램의 경우 전체지출의 대략 80%가 현물급여의 형태이다. 이것의 주요 이유는 의료비가 비싼 상황에서 저소득층을 위한 의료 서비스(Medicaid) 때문이다. 전체 사회복지프로그램에서도 현물급여가 현금급여보다 지출액에서 약간 많다(Bixby, 1991). 우리나라의 경우는, 앞에서 언급했듯이, 현물급여가 현금급여보다 비중이 높다.

대부분의 나라들에서 현물급여 가운데 가장 큰 것이 의료와 교육서비스인데, 대부분의 복지국가들에서 이 두 가지 서비스에 GDP의 10% 이상을 사용한다. 우리나라의 경우도 의료와 교육 서비스에 GDP의 대략 8% 가까이를 사용하여, 이 두 가지 서비스에의 지출이 광의의 사회복지지출의 대략 3/4을 차지한다. 이 밖의 현물급여의 형태는 음식, 주택, 에너지, 각종의 직업훈련서비스, 상담서비스 등이다.

왜 현물급여가 필요한가? 가장 중요한 이유는 정책의 목표효율성(target efficiency)을 높일 수 있다는 점이다. 모든 정책은 세부적인 목표들을 갖고 있고, 정책결정자들에게는 정책의 성공여부는 이러한 목표들을 얼마나 효율적으로 이루었는가에 따라 판단한다. 이러한 측면에서 현물급여가 현금급여보다 더 효율적으로 정책목표를 이룰 수 있다는 점에서 선호될 수 있는 것이다.

예를 들면, 정책의 목표가 가난한 사람들로 하여금 인간다운 생활을 할 수 있는 주택에 살도록 하는데 있다면, 직접 주택을 지어 가난한 사람들이 살게 하는 것이 효율적이다. 만일 주택수당을 줄 경우, 수급자가 이 돈을 주택비용으로 사용하지 않고 다른 용도로 사용한다면 본래의 정책목표는 이루지 못하여 비효율적이 되는 것이다. 즉 현물로 급여할 때가 수급자의 소비단계에서의 통제력이 크기 때문에 정책목표에 맞는 쪽으로 소비가 이루어지는 것이다.

일반적으로 국가나 민간부문에서 사회복지 급여를 제공하는 사람들은 수급자들의 필요(needs)를 직접적으로 확실하게 해결하기를 원한다. 그래서 배고픈 사람들에게는 빵을, 옷이 남루한 사람에게는 옷을, 치료를 요하는 사람들에게는 의료 서비스를 제공해야만 필요가 가장 확실히 해결되는 것이다.

예를 들어, 남한정부에서 북한의 헐벗고 굶주린 사람들을 위하여 쌀, 밀가루, 비료 등의 현물로 급여하는데, 이것의 이유는 북한의 우리 동족들이 비참한 생활에서 벗어나는 것을 확실히 보고 싶기 때문이다(보수적인 시각에서는, 만일 현금으로 주면 군사비로 전용할 것이라는 우려도 이유가 된다).

특히 이러한 현물급여는 민간부문에서 많이 이루어지는데 급여를 제공하는 많은 사람들은 배고픈 수급자가 배를 곯지 않는 것을 보는 것으로부터 큰 만족감을 느끼기 때문이다(어떻게 보면 급여를 하는 사람의 효용의 증가가 주요 이유일 수도 있다).

둘째, 현물급여는 또한 현금급여보다 경제적 필요(need)를 많이 가진 사람과 그렇지 않은 사람을 더 확실하게 구분할 수 있어 급여가 필요한 대상자들에게 집중적으로 급여를 할 수 있는 장점이 있다. 앞에서 언급했듯이, 현물급여는 현금급여보다 수급자들의 효용이 낮고 또한 치욕을 불러일으키기 때문에 경제적 필요가 매우 높은 사람들만 신청하는 경향이 있다. 즉 현금급여를 하게 되면 수급을 위해 신청을 해도, 현물급여에는 신청할 동기가 약해져 급여를 받을 필요성이 강하지 않는 사람들은 신청을 안 해, 두 집단이 명확히 구분될 수 있는 것이다.

이러한 이유로 현물급여의 수급자들은 현금급여의 수급자들에 비하여 급여의 남용이나 오용을 할 가능성이 적다. 현금급여의 경우에는 불필요한(?) 수급자들이 급여를 받기 위하여 비도덕적이고 불법적인 행위를 할 가능성이 큰 것이다.

따라서 사회복지에 사용할 자원이 적은 경우, 정말로 경제적 필요가 높은 사람들에게 선별적으로 급여를 하기 위하여는 현물급여가 현금급여보다 대상효율성이 높기 때문에 선호될 수밖에 없는 것이다. 우리나라에서 얼마 전까지만 해도 생활 보호제도에서 현물급여를 한 이유도 우리의 제한된 사회복지 자원에서 사회복지에의 필요가 매우 높은 소수의 사람들에게만 급여를 할 필요가 있었기 때문이다.

셋째, 현물급여는 현금급여에 비하여 정치적인 측면에서 선호된다. 일반적으로 납세자들은 자신들이 낸 세금이 어떤 용도로 사용되고, 어떤 목표를 이루었는가에 대해 막연하나마 관심이 있다고 볼 수 있다. 즉, 사람들은 자신들이 낸 세금으로 가시적이고 구체적인 어떤 성과를 보기를 원한다. 예를 들면, 가난한 집안의 아동들이 의료서비스를 받아 건강해졌다든지, 무상교육을 받아 진학률이 높아졌다든지 등이다. 현물급여는 이렇게 납세자들이 원하는 구체적인 목표를 비교적 명확히 이룰 수 있기 때문에 납세자들은 일반적으로 현금급여보다 현물급여를 선호한다. 그래서 현금급여를 확대하는 것에는 강력히 반대를 해도 현물급여를 확대하는 것은 비교적 저항이 덜하다. 이러한 현상은 특히 이념적으로 사회복지의 확대를 반대하는 세력이 강한 국가들(예를 들면, 미국)에서 강하게 나타난다고 볼 수 있다. 오늘날 미국에서 현물급여가 현금급여보다 더 많은 것의 이유 가운데 하나는 이러한 측면에 기인한다고 볼 수 있다.

현물급여는 또한 특정의 현물을 생산하거나 제공하는 집단들에 의해서도 선호되어 정치적으로 채택될 가능성이 크다. 예를 들면, 음식을 제공하는 프로그램은 농산물 생산업자들에게, 저소득층을 위한 공공주택 프로그램은 건설업자들에게, 의료 서비스 프로그램은 의료전문가들에게, 수요가 증대됨으로 인해서 많은 이득을 볼 수 있기 때문에 이러한 이익집단들의 선호에 의해서도 채택될 가능성이 크다.

예를 들면, 미국에서의 대표적인 음식을 제공하는 프로그램인 'Food Stamp'가 갖고 있는 여러 가지의 비효율적인 문제점으로 한때 현금급여로 대체하려고 할 때 대규모 농산물 생산업자들의 강력한 로비 때문에 입법화가 안 되었다.

현물급여는 또한 현물 프로그램을 관리·운영하는 정부관료들에 의해서도 선호된다. 가장 중요한 이유는 현물의 경우가 현금프로그램보다 자신들이 관리하는 조직이 더 커질 수 있어 그들이 행사할 수 있는 권력이 커지고 또한 다양한 이익들을 얻을 수 있기 때문이다.

예를 들어, 공공주택 프로그램을 관리하는 것이 주택수당과 같은 현금 프로그램을 관리하는 것보다 조직의 규모가 훨씬 커지는 것이다. 즉, 관료들은 공공주택의 건설, 유지, 배분 등의 과정에서 조직이 커질 수 밖에 없고 이 가운데서 많은 권력을 행사할 수 있는 것이다(Weicher, 1980).

마지막으로, 대부분의 사람들은 평등이라는 이야기가 나올 때 막연히 소득의 평등보다는, 어떤 필요한 물품(특히, 필수품)의 평등에 더 많은 관심을 가진다. 이것을 흔히 물품평등주의(commodity egalitarianism)

이라 한다(Tobin, 1970).

예를 들면, 막연한 소득이나 부의 평등보다는, 사람들이 기본적인 삶에 필요한 물품들(예를 들면, 먹는 것, 자는 것, 치료하는 것에 필요한 재화나 서비스들)의 평등에 훨씬 더 관심을 갖는다. 따라서 일반국민들을 대상으로 이러한 물품의 평등을 주장하는 것이 훨씬 더 쉽게 받아들여진다. 이러한 이유로도 현물급여가 현금급여보다 정치적으로 선호될 수 있는 것이다.

3. 증서(voucher)

지금까지는 현금급여와 현물급여의 장점과 단점을 논의하였다. 현금급여는 개인의 선택의 자유를 넓히고, 수급자의 효용을 극대화할 수 있고, 인간의 존엄성의 가치를 높일 수 있는 장점을 갖고 있고, 반면에 현물급여는 정책의 목표효율성을 높일 수 있고, 물품평등의 가치를 반영하고, 또한 정치적으로 선호될 수 있는 장점이 있다.

이러한 현금급여와 현물급여의 장점들을 살릴 수 있는 제 3의 급여형태가 증서이다. 증서는 수급자가 일정한 용도 내에서 원하는 재화나 서비스를 자유롭게 선택할 수 있게 해주는 급여형태이다. 가장 널리 알려진 것이 미국에서 오늘날 수천만 명이 사용하는 'Food Stamp'라는 증서이다. 이것은 마치 미국 화폐처럼 20불, 10불, 5불, 1불짜리들로 나뉘어졌다. 정부는 가난한 사람들에게 소득수준에 따라 매달 차등 급여를 한다. 수급자들은 이 증서로 음식물만을 구입할 수 있고, 음식물 내에서는 다양한 선택을 할 수 있다.

또 하나의 대표적인 증서는 교육증서이다. 지금까지의 교육서비스에서는 수급자들의 선택권이 없이 자신들이 거주하는 지역의 특정 학교에 배정받았는데, 교육증서는 수급자들로 하여금 다양한 학교들 가운데 어느 하나를 선택할 수 있게 한다. 우리나라도 얼마 전부터 사회복지관

등을 통한 다양한 사회복지서비스를 제공할 때 이러한 '바우처' 제도를 시행하고 있다.

증서는 현금급여와 현물급여의 중간적인 성격을 갖고 적어도 이론적으로는 현금과 현물 형태의 장점을 살리면서 단점을 줄일 수 있다. 증서는 현금급여의 장점인 소비자 선택의 자유를 비록 제한적이지만 살릴 수 있으면서 현금급여의 단점인 무제한의 선택의 자유에서 발생하는 '비합리적 선택'의 문제를 어느 정도 줄일 수 있다. 예를 들면, 음식물 증서의 경우 음식물 이외의 용도 – 예, 술의 구입 – 로는 사용할 수 없기 때문이다.

증서는 또한 재화나 서비스 공급자들 사이의 경쟁을 유발시켜 재화나 서비스의 질은 높일 수 있다. 이것은 특히 교육서비스에서 중요하다. 지금까지의 교육서비스는 배정받은 학생들에게 일방적으로 제공만 하면 되었으나, 교육증서 에서는 수급자들이 학교 선택을 할 수 있게 되기 때문에, 질이 낮은 교육서비스를 제공하는 학교들은 선택을 안 하기 때문에 학교들끼리의 경쟁을 통해서 질이 높은 교육서비스를 제공해야 하는 동기부여를 할 수 있다.

증서는 현물급여의 장점인 정책의 목표효율성이나 대상효율성을 부분적으로 이룰 수 있다. 그래서 음식물 증서의 경우 수급자들의 영양상태의 개선이라는 목표를 현금급여보다 확실히 이룰 수 있고, 경제적 필요(needs)가 높은 사람들을 선별하여 급여할 수 있다.

증서는 현물급여보다 비록 제한적이나마 수급자들의 효용을 높일 수 있다. 음식물 증서의 경우 음식물이라는 넓은 범위에서 선택의 폭이 넓어지기 때문에 자신들의 효용을 높이는 음식물을 선택할 수 있다. 예를 들어, 쌀이라는 현물을 급여할 경우 쌀을 싫어하는 사람들에게는 효용은 낮추나, 음식물 증서로 주면 쌀 대신에 수급자가 선호하는 빵이나 다른 음식물을 구입할 수 있기 때문이다.

증서는 외형상 거의 현금과 같기 때문에 현물급여에 비하여 관리·운영하는데 드는 운영비용이 직세 든다.

마지막으로, 증서는 정치적인 측면에서 현물급여와 유사한 기능을 한다고 보아, 자신들이 낸 세금으로 구체적인 목표를 이루는 것을 보는 것을 원하는 납세자들에 의하여 선호된다. 또한 증서로 사용될 재화나 서비스를 만들거나 제공하는 사람들에 의하여서도 지지를 받을 수 있다.

지금까지 논의했듯이 증서는 적어도 이론적으로는 현금급여와 현물급여의 이상적인 속성을 갖고 있다. 그럼에도 불구하고, 대부분의 복지국가들에서 증서는 주요한 급여형태가 아니다. 대부분 현금 아니면 현물(서비스 포함)이고, 증서는 극히 드물다. 특히 유럽의 복지 국가들에서는 증서의 형태는 거의 없다. 시장에서의 효율을 유달리 강조하는 미국에서 부분적으로 사용될 뿐이다.

왜 그럴까? 가장 중요한 이유는 역설적이지만, 바로 증서의 '중간적 성격'에서 찾을 수 있다. 일반적으로 민주주의 사회에서 어떤 정책이 채택되고 유지되기 위해서는 강한 정치적 지지세력이 있어야 한다. 그런데 증서는 그것의 중간적인 성격 때문에 확고한 지지세력이 존재하기 어렵다.

예를 들면, 수급자의 효용 극대화나 개인의 선택의 자유의 가치를 중시하는 사람들은 현금급여를 강력히 주장하여, 중간적인 증서를 지지하지 않는다. 반면에 목표효율성의 가치나 물품평등주의의 가치를 강조하는 사람들은, 이 가치를 가장 확실히 얻을 수 있는 현물 급여를 선호하는 것이다.

이렇게 현금 대 현물의 대결구도(?)에서, 증서는 확실하게 그리고 강하게 지지하는 사람들의 숫자가 적을 수밖에 없어, 정책결정과정에서 정치적으로 불리한 것이다.

또 하나의 이유는, 현실세계에서 증서는 많은 오용과 남용의 문제가 발생하여, 이론적인 측면과 달리 현물급여의 장점인 목표 효율성을 이루는데 큰 어려움이 있다는 점이다. 예를 들어, 미국의 'Food Stamp'의 경우 많은 사람들이 이 증서로 음식 이외의 용도로 사용하여(예, 술,

도박, 심지어 매춘부 구입 등) 원래의 목표를 이루지 못하고 있다. 그래서 많은 미국사람들은 이 제도의 폐지를 주장하는 실정이어, 정치적으로 강력한 지지는 못 받고 있다. 우리나라에서도 최근 일부 전문가들에 의하여, 미국의 'Food Stamp'와 같은 증서 제도를 도입하자는 주장을 하는 사람들이 있는데, 우리나라처럼 지하경제가 큰 나라에서는 이 제도가 도입되면 많은 오용과 남용의 문제가 발생할 가능성이 크기 때문에 신중해야 할 필요가 있다고 하겠다.

4. 기 회

지금까지의 급여형태는, 형태의 차이는 있지만 모두 수급자들의 경제적 안녕(economic well-being)을 직접적으로 높이는 것들이다. 반면에 기회는 수급자들에게 경제적 능력을 높일 수 있는 '기회'만을 제공한다. 대표적인 것이 사회의 '불이익 집단(disadvantage group)(우리나라에서는 흔히들 '취약계층'이라는 용어를 사용한다) – 예를 들면, 소수인종, 여성, 노인, 장애인, 빈곤층들 – 들에게 진학, 취업, 진급 등에서 유리한 기회를 주어, 시장에서의 경쟁에서 불이익을 제기하여 평등한, 즉 공성한, 경쟁을 하도록 해주는 형태이다.

기회라는 형태의 급여를 하는 논리적 근거는 이러한 집단에 속하는 사람들은 사회에서 부정적 차별(negative discrimination)을 받고 있기 때문에, 이것을 보상하기 위해서는 다른 사람들과 적극적 차별(positive discrimination)을 해야 한다는 것이다.

대표적인 예가, 미국에서 널리 알려진 'Affirmative Action' 프로그램에 따라, 소수인종, 여성 등에게 대학입학, 취업, 진급 등에서 유리하게 하기 위하여 입학정원이나 일자리의 일정정원을 이들에게 미리 할당하는 것이다.[1)]

우리나라도 얼마 전부터 이와 유사한 형태로, 여성, 노인, 장애인, 빈곤층 자녀들에게 대학입학이나 취업 등에서 이들에게 일정한 정원을 할당해 주고 있다.

기회의 형태로 제공하는 정책의 궁극적인 목표는 수급자들이 노동시장에서의 경쟁에서의 차별 등의 이유로 불이익을 당하는 것을 없애 이러한 집단들의 소득을 높이는 데 있다. 그러나 현실적으로 여러 가지의 문제 때문에 이들에게 단순히 기회를 준다 하여도 이들의 소득이 크게 높아지는 것은 아닌 것으로 나타난다.

예를 들면, 미국에서의 'Affirmative Action'에도 불구하고 여성들의 임금은 여전히 남자의 임금의 대략 60% 수준이고, 흑인들의 임금은 백인의 임금의 대략 70% 정도에 그친다.

우리나라의 경우도 유사하여, 예를 들면 일정한 인원의 장애인을 의무적으로 고용하게 되어 있으나 대부분의 기업들이나 심지어는 정부기관에서도 이러한 정책을 따르지 않아 유명무실이 되고 있다. 또한 대학진학 등에서 유리한 기회를 주어도 이러한 불이익 집단의 사람들이 나중에 취업이나 진급 등을 통하여 이들의 소득이 향상되는지도 불명확하다.

결론적으로, 기회라는 형태로 급여하는 것은 앞에서 논의한 급여의 형태들에 비하여 사회복지정책의 궁극적인 목표인 소득의 평등을 이루는 것이 어려운 한계를 갖고 있다.

5. 권 력

지금까지의 모든 급여의 형태들은 정책 결정자들이 일방적으로 결정하여 수급자들에 급여하는 것이다. 반면에 권력의 형태는 수급자들로

1) 그러나 최근 미국에서는 '신보수주의'의 분위기에서 이 제도가 많은 주에서 사라지고 있다. 폐지를 주장하는 가장 중요한 논리는 이 제도가 오히려 많은 사람들을 '역차별'한다는 것이다.

하여금 사회복지정책의 결정 과정에 참여시켜 정책내용, 즉 누구에게 무엇을 얼마나 주는가를 결정하게 하는데 수급자들의 입장을 반영하게 하는 것이다.

원론적으로 볼 때 이렇게 수급자들에게 정책 결정에의 권력을 부여하는 것은 소극적인 다른 급여형태들에 비하여 수급자들의 이익을 가장 적극적이고 진보적으로 높일 수 있다.

권력의 형태로 급여하는 대표적인 예가, 미국에서 1960년대 중반 이후의 시민참여(citizen participation)를 강조하는 다양한 지역사회운동프로그램들이다(community action program). 이 프로그램들을 통하여 지역사회의 다양한 사회복지프로그램에 수급자들을 참여시켜 정책을 결정하게 하여 수급자들의 이익을 반영하려고 한 것이다.

우리나라의 경우도 사회복지정책 결정과정에서 각종의 위원회에 수급자 대표를 참여시킨다. 예를 들면, 건강보험 정책위원회에서는 건강보험과 관련한 각종의 정책 결정을 하는데, 여기에 각종의 이익집단들의 대표(예, 의사, 약사, 간호사, 경영자, 노동자 등)뿐만 아니라 수급자(일반국민)들을 대표하여 다양한 시민단체의 대표들도 참여한다. 특히 최근의 '참여정부'의 '참여복지'라는 구호 아래 각종의 정책 결정에 수급자 혹은 시민들의 참여를 강조하고 있는 상황에서 앞으로 이러한 시민참여의 중요성은 더욱 커지고 있다.

그러나 시민참여는 이러한 이상적인 측면과 달리, 현실세계에서는 수급자들에게 정책결정에의 권력을 준다 해도 이것은 다분히 명목적(nominal)이어서 – 이러한 현상을 이른바 '토큰이즘(tokenism)'이라 한다 – 정책결정에는 실질적인 영향을 주지 못하는 경우가 대부분이다.

이것의 가장 중요한 이유는 수급자들이 결정하는 정책에 대한 전문성이 부족하여, 주요 정책결정자(예, 관료)들의 입장을 따르는 경향이 크기 때문이다. 또한 대개의 경우 수급자 대표(?)들은 주로 정책 결정자들에 의하여 선발되는 경향이 크다. 이러한 이유로 수급자 참여는 대부분 형식적인 참여에 그치고, 정책의 내용을 실질적으로 수급자들의 이익에 부합되도록 결정할 수 있는 권력을 주어지는 것은 아니다. 즉 수급자 참여라는 것도 기회의 경우처럼 주요 정책 결정자들의 결정을 합리화하기 위한 도구에 그칠 가능성이 큰 것이다.

제 17 장

사회복지 전달체계

지금까지 사회복지정책들의 내용으로 재원을 어떻게 마련하고, 누구를 대상으로 급여할 것인지, 그리고 무엇을 급여할 것인지에 대하여 논의하였다. 지금부터는 사회복지정책들의 내용의 또 하나의 중요한 요소로서 사회복지 재화나 서비스들을 수급자들에게 어떻게 전달하는가, 즉 전달체계에 관하여 논의하고자 한다.

사회복지 재화나 서비스를 수급자들에게 전달하는 방법은 다양하다. 이것은 크게는 전달하는 재화나 서비스의 성격(속성)에 따라 다를 수 밖에 없고, 작게는 전달체계의 형태(예를 들면, 조직이나 인력의 측면)가 다양하기 때문이다.

몇 가지 예를 들어 보자. 대부분의 국가들에서 국민연금, 건강보험 등과 같은 사회보험은 중앙정부가 급여자격, 재원, 급여액 등에 관한 주요 정책들을 결정하여 산하에 공공기관을 두어 집행한다. 우리나라의 예를 들면, 국민연금과 건강보험은 보건복지부가, 산재보험과 고용보험은 노동부가 주요 정책들을 결정하고 집행한다.

반면에 많은 국가들에서 사회복지서비스(노인, 아동, 장애인들을 위한 서비스)는 민간부문이 전달주체가 되는 경우가 많다. 예를 들면, 우리나라의 경우 보육서비스는 대부분 민간부문에서 제공된다. 또한 다양한 사회복지서비스를 제공하는 사회복지관도 대부분 민간부문에의 위탁의 형태로 운영된다. 즉, 정부가 운영비의 일부를 보조하고 운영은 민간부문에 맡기는 형태인 것이다.

위의 에에서 보듯이 왜 사회보험의 전달주체는 중앙정부이고, 사회복지서비스의 전달주체는 민간부문인가? 이것을 알기 위해서는 바람직한 전달체계의 기준에 대한 이해가 필요하다.

1. 바람직한 전달체계의 결정 요인

어떤 전달체계가 바람직한가? 바람직한 전달체계를 판단하는 기준들은 무수히 많을 수 있으나 여기서는 두 가지 측면을 논의하고자 한다. 하나는 전달하는 재화나 서비스가 갖고 있는 속성이고, 다른 하나는 전달체계가 갖고 있는 특성의 측면이다.

1) 사회복지 재화나 서비스의 속성

사회복지정책을 통하여 제공되는 재화나 서비스는 다양하다. 어떤 재화나 서비스들은 전 국민을 대상으로 국가에 의하여 강제적으로 제공되는 반면에, 어떤 것들은 일부 국민들을 대상으로 민간부문에서 자발적으로 제공된다. 이와 같이 전달체계가 차이가 나는 가장 중요한 이유 중의 하나는 전달하는 재화나 서비스가 갖고 있는 속성의 차이 때문이다. 이러한 속성의 차이는 크게 세 가지 측면에서 논의할 수 있다.

첫째는, 공공재적인 성격이나 외부효과가 얼마나 큰가의 측면이다. 일반적으로 사회복지 재화나 서비스는 공공재적인 성격이 있고 외부효과도 나타난다. 그런데 재화나 서비스에 따라 이러한 측면에서 차이가 있어, 어떤 것들은 공공재적인 성격이 강하고 외부효과도 큰 반면에, 어떤 재화나 서비스들은 공공재적인 성격이 약하고 외부효과도 약하다.

일반적으로 재화나 서비스의 공공재적인 성격이 강하고 외부효과가 크면, 이러한 재화나 서비스에 대한 사회적 필요성은 높은 반면에, 이러한 재화나 서비스를 시장에서 자발적으로 제공되도록 맡겨두면 사회적으로 필요한 만큼의 적정한 양의 재화가 공급되기 어렵다. 왜냐하면 공공재적인 성격 때문에 이러한 재화의 공급에 내가 부담을 하지 않고 남이 부담해도 나도 이득을 볼 수 있기 때문에 누구나 무임승차하려고 하기 때문이다.

예를 들면, 누군가의 도움의 의하여 나의 이웃의 빈자가 줄어들면 나도 이득을 볼 수 있기 때문에 사람들은 적극적으로 빈자를 도우려고 안 하기 때문에 빈자를 도와주는 행위가 사회적으로 바람직한 양만큼 이루어지지 않는다.

따라서 공공재적인 성격이 강한 재화나 서비스가 사회적으로 바람직한 양만큼 제공되기 위해서는 국가가 나서서 모든 사람들에게 세금의 형태로 강제적으로 부담을 시켜야 되는 것이다. 위의 예에서, 빈자를 줄이기 위한 재원을 마련하기 위해서는 이웃의 모든 사람들에게 강제적으로 부담을 시켜야 하는 것이다. 실제로 모든 복지국가들에서 빈자를 줄이기 위한 재화나 서비스는 거의 대부분 국가가 강제로 부과한 세금에 의하여 제공되지, 민간부문에서 제공되는 재화의 양은 극히 미미하다.

반면에 공공재적인 성격이 약하거나 외부효과가 약한 재화나 서비스들은 국가가 반드시 제공해야 할 필요가 적다. 따라서 이러한 재화나 서비스들은 국가가 반드시 제공해야 할 필요가 적다. 따라서 이러한 재화나 서비스들은 민간부문의 비영리기관 혹은 시장논리에 따른 영리를 추구하는 조직에 의해 제공되는 것이 바람직하다 할 수 있다.

둘째는, 사회복지의 재화나 서비스들은 수급자들이 충분한 정보 하에서 합리적인 선택을 할 수 있는가에도 차이가 있다. 사회복지의 재화나 서비스의 수급자들이 재화를 선택할 때는 정보가 필요하다. 그런데 어떤 재화나 서비스들은 선택할 때 많은 정보가 필요하거나, 정보를 구하기가 어렵거나, 구하는 데 많은 비용이 드는 반면에 어떤 재화들을 그렇지 않다.

이렇게 불충분한 정보의 문제 때문에 수급자들의 합리적인 선택이 어려운 재화나 서비스는 민간부문에서 제공되면 이러한 재화의 공급의 양이나 질, 가격 등에서 비효율적인 배분이 일어날 수 있기 때문에 이러한 경우에는 국가에 의해 제공되는 것이 바람직하다.

대표적인 예가 의료서비스다. 일반적으로 의료서비스에 대한 정보는 일반 소비자들은 많이 갖고 있지 않고 또한 이러한 정보를 구하기 위해서는 많은 비용이 들기 때문에, 의료서비스의 공급자에 비하여 불리하다. 따라서 의료서비스를 민간부문의 시장원리에 완전히 맡겨두면, 서비스의 형태, 질, 가격 등에서 서비스 공급자들에게 유리하게 결정될 가능성이 크다. 이러한 상황에서는 국가가 개입하여 소비자들을 보호하기 위해서 의료서비스의 형태, 가격, 공급의 양과 질을 결정하는 것이 바람직한 것이다.

반면에 어떤 재화나 서비스들은 소비자들이 선택하는데 많은 정보가 필요하지 않고, 정보를 구하기도 쉽다. 이러한 재화나 서비스들은 민간부문의 시장원리에 의해 제공되는 것이 바람직할 수 있다. 예를 들면, 사회복지관에서 제공되는 다양한 주민들의 정서 함양을 위한 서비스들이다. 이러한 서비스를 선택할 때는 많은 정보가 필요 없고, 또한 정보를 구하기도 비교적 쉽기 때문에 수급자들이 이러한 정보를 바탕으로 서비스를 합리적으로 선택할 수 있기 때문에 이러한 서비스들은 민간부문에서 제공되는 것이 바람직할 수 있다.

셋째는, 사회복지의 재화나 서비스는 제공될 때 규모나 강제성 여부에 따라 차이가 있다. 어떤 재화들은 대규모로 제공되거나 혹은 강제적으로 제공하는 것이 바람직한 반면, 어떤 것들은 그렇지 않다. 전자의 대표적인 예가 사회보험이다. 일반적으로 보험 프로그램은 가입자가 많을수록 보험의 대상이 되는 위험의 분산효과가 커져 재정 안정이 이루어질 수 있어 보험료는 적어지고 보험급여액은 커질 수 있다.

또한 어떤 프로그램의 경우, 가입을 자발적으로 하게 되면 이른바

'역의 선택(adverse selection)'의 문제가 발생하여, 위험발생의 가능성이 높은 사람들이 보험에 집중적으로 가입하게 되어 보험료는 크게 높아져 궁극적으로 이 보험프로그램은 시장에 존재하기 어렵게 된다. 따라서 '역의 선택'의 문제가 심각한 보험 프로그램은 민간부문의 보험시장에서 자발적 가입의 형태로는 어렵다.

이러한 문제를 해결하는 방법이 국가가 나서서 강제적으로 많은 사람들을 가입시키는 사회보험인 것이다.

반면에 어떤 재화나 서비스는 소규모로 혹은 자발적인 방법으로 제공하는 것이 바람직하다. 예를 들면, 지역사회 주민들을 위한 다양한 사회복지서비스들은 주민들의 다양한 필요(needs)에 대응하기 위해서는 소규모 단위로 자발적인 방법으로 제공하는 것이 바람직하다. 특히 이러한 서비스들은 인종적, 종교적, 언어적, 지역적인 배경이 다른 사람들로 구성된 국가(예, 미국)에서 더욱 바람직하다.

2) 전달체계의 측면

바람직한 전달체계는 또한 전달체계의 특성에서 찾을 수 있는데, 흔히 다음의 9가지의 측면에서 전달체계를 평가한다. 첫째, 전달체계가 얼마나 평등의 가치를 구현할 수 있는가? 사회복지 정책이 추구하는 가장 중요한 가치는 평등이기 때문에, 전달체계도 평등가치를 가능한 한 최대한 이룰 수 있도록 만들어져야 한다.

둘째, 얼마나 통합적(integration)인가? 사회복지의 재화나 서비스는 다양한 전달체계들을 통하여 다양한 필요(needs)를 가진 사람들에게 전달된다. 이때 전달체계들 사이의 조정(coordination)이 이루어지지 않아, 단편적(fragmented)으로 운영되면 수급자들의 필요(needs)에 적절하게 재화나 서비스가 제공되지 않아 중복이나 누락현상이 발생할 수 있다.

셋째, 얼마나 지속적(continuity)인가? 사회복지 수급자들의 필요(needs)는 다양할 뿐만 아니라 시간에 따라 변하기도 한다. 그래서 전달체계도 변화하는 수급자들의 필요에 따라 대응을 해야 한다. 그러기 위해서는 전달체계들 사이의 연계나 의뢰(referral)를 통하여 재화나 서비스가 안정적으로 제공되어야 한다.

넷째, 얼마나 효율적(efficiency)인가? 효율적인 전달체계는 가능한 한 적은 자원으로 가능한 한 최대한의 목표를 이루어야 한다. 그러기 위해서는 불필요한 자원의 낭비 없이 필요(needs)가 많은 수급자들에게 재화나 서비스가 집중적으로 주어지도록 전달체계가 만들어져야 한다.

다섯째, 얼마나 경쟁적(competition)인가? 전통적으로 사회복지 재화나 서비스는 시장에서 거래되는 일반적인 재화나 서비스와 다른 성격을 갖고 있어 시장에서의 경쟁의 원리를 통하여 제공되는데 어느 정도 한계가 있다. 그럼에도 불구하고 사회복지 재화나 서비스들도 어느 정도는 경쟁적으로 제공될 필요가 있다. 왜냐하면 서비스가 독점적으로 제공되면 서비스의 질은 낮아지고 가격은 높아질 수 있기 때문이다.

여섯째, 얼마나 재화나 서비스에 쉽게 접근(accessibility)할 수 있는가? 많은 잠재적 사회복지 수급자들은 필요(needs)가 많은데도 불구하고 사회복지 재화나 서비스를 실제로 이용을 못한다. 이것은 정보의 부족 등의 여러 가지 이유가 있지만 전달체계가 잘못 이루어져 잠재적 수급자들이 전달체계에의 접근이 어렵기 때문이다. 그래서 전달체계는 공간적으로나 시간적으로 수급자들에게 접근이 용이하도록 만들어져야 한다. 즉 전달체계는 가능한 한 수급자들에게 가까이 위치해야 하고 급여하는데 걸리는 시간도 가능한 한 짧아야 한다.

일곱째, 얼마나 수급자들의 필요에 대응적이고 책임적(accountability)인가? 오늘날처럼 복잡한 산업사회에 살고 있는 사람들의 필요는 빠르게 변화하는 경향이 있다. 그래서 사회복지 재화나 서비스도 이러한 변화된 필요에 빠르게 대응할 수 있도록 전달체계가 만들어져야 한다. 또한 전달체계가 수급자들의 필요에 제대로 대응을 못하는 경우에는 책임을 질 수 있도록 만들어져야 한다. 그래서 극단적인 경우 그러한 전달체계는 폐지되어야 한다.

여덟째, 얼마나 수급자들의 선택의 자유를 넓힐 수 있는가? 위에서 언급했듯이 사회복지 재화나 서비스는 시장에서 거래되는 재화나 서비스와 다른 성격을 갖고 있어 수급자들의 선택의 자유의 여지가 크지 않다. 그럼에도 불구하고 사회복지 전달체계는 수급자들의 재화나 서비스의 선택의 자유를 최대한도로 이룰 수 있도록 만들어질 필요가 있다.

아홉째, 얼마나 수급자들의 재화나 서비스에의 남용과 오용을 막을 수 있는가? 사회복지 재화나 서비스는 시장에서의 쌍방적인 교환과 달리 대개 일방적으로 주어지기 때문에 잘못하면 오용과 남용의 문제가 발생할 수 있다. 따라서 전달체계는 이러한 오용과 남용을 최대한 줄일 수 있도록 만들어져야 한다.

2. 전달체계의 형태

사회복지 전달체계의 형태들은 무수히 많을 수 있는데 크게 보면 두 가지 방법으로 분류할 수 있다. 하나는 미시적 혹은 세부적인 분류방법으로 전달체계들을 조직과 인력의 두 가지 축에서 분류하는 것이다. 이것은 사회복지 조직들 간의 정책결정의 권한을 어떻게 배분할 것인가, 누구에게 어떤 임무를 줄 것인가 등의 차원에서 전달체계를 분류하는 것이다.

예를 들면, 사회복지 전달체계는 전달체계의 행정체계를 중앙집권화로 할 것인가 아니면 분산할 것인가? 다양한 사회복지 재화나 서비스를 통합적으로 제공할 것인가 아니면 서비스 들을 개별적으로 제공할 것인가? 다양한 서비스들을 제공하는 사회복지 기관들을 물리적으로 하나의 건물 안에 둘 것인가 아니면 개별적인 건물들에서 제공하게 할 것인가? 사회복지기관들 사이에 조정기관을 둘 것인가 아니면 독립적으로 운영하도록 할 것인가? 서비스 제공자들을 주로 전문사회복지사들만을 고용할 것인가 아니면 서비스 수급자들이나 자원봉사자들을 고용할 것인가? 정책결정에의 권한은 사회복지 전문가들에게만 줄 것인가 아니면 서비스 수급자들에게도 권한을 줄 것인가? 등의 차원에서 다양하게 분류할 수 있다(N. Gilbert and P. Terrell, 1998).

이상의 분류방법이 미시적이라면, 좀더 거시적인 분류방법은 사회복지재화나 서비스를 전달하는 두 개의 커다란 축인 공공부문과 민간부문 사이의 다양한 역할분담의 형태의 차이에 따라 분류하는 것이다. 이러한 차원에서의 전달체계의 분류는 첫째, 누가 재원을 부담하는가, 둘째, 누가 재화나 서비스를 제공하는가, 셋째, 누가 조정하는가에 따라 다양하게 분류할 수 있다.

이 글에서는 거시적인 분류방법으로 전달체계를 다섯 가지 즉 1) 완전중앙정부 2) 완전지방정부 3) 중앙정부와 지방정부의 혼합체계 4) 정부와 민간부문과의 혼합체계 5) 완전 민간부문으로 분류하여 논의하겠다.[1]

1) 완전중앙정부

오늘날 대부분의 서구의 복지국가들에서 수급자의 숫자나 지출액에서 가장 큰 사회복지 재화나 서비스들은 대개 중앙정부에서 재원의 부담, 조정, 급여방법 등에 관하여 결정하여 제공된다. 대표적인 예가 사회보험으로 대부분의 서구의 복지국가들에서는 국민연금, 건강보험, 산재보험, 실업보험은 중앙정부에 의하여 주도적으로 제공된다. 우리나라의 경우도 4대 사회보험은 모두 중앙정부에 의하여 제공된다.

사회복지의 전달체계에서 중앙정부의 역할이 중요한 이유는 다음의 몇 가지로 설명할 수 있다. 첫째는, 중앙정부가 사회복지정책이 추구하는 가장 중요한 가치인 평등을 이루는데 유리하다는 점이다. 이것은 중앙정부만이 모든 국민들을 대상으로 사회복지정책을 위해 재원을 마련

1) 사회복지 전달체계의 형태들에 대한 미시적인 논의들은 교과목 영역으로 볼 때, 주로 사회복지 행정에서 많이 다루어지기 때문에 여기서는 다루지 않는다.

하거나 급여를 하는 측면에서 소득재분배 효과를 극대화할 수 있기 때문이다.

예를 들면, 전 국민을 대상으로 하는 국민연금제도를 재원의 마련이나 급여액의 산정에서 저소득층에게 유리하게 만들 수 있는 것이다. 실제로 대부분의 복지국가들에서의 국민연금의 소득재분배 효과는 크다.

반면에 사회복지 재화나 서비스의 재원과 급여가 모두 지방정부 단위에서 결정되는 경우에는 지방정부 사이에 소득불평등이 커질 것이다. 예를 들면, 미국에서의 공공부조는 오늘날 재원이나 급여 모두 지방정부 단위에서 결정되는데(재원은 중앙정부와 공동으로 결정한다), 이렇게 되면 주들 사이에 급여액의 차이로 인한 소득불평등이 커진다.

또한 일반적으로 평등추구의 소득재분배 정책들은 누진적인 조세부과 때문에 일반 국민들의 정치적인 저항을 받을 수 있는데, 이 때 전 국민을 대상으로 하는 중앙정부의 정책이 지방정부에 비하여 정치적 저항을 적게 받을 수 있다. 이것은 전 국민을 조직화하고 동원화하는 것이 일부 국민들을 그렇게 하는 것보다 어렵기 때문이다. 즉 중앙정부의 정책으로 인한 부담은 전체 국민으로 분산되기 때문에 개별적으로 볼 때 크게 부담이 안 되기 때문에 중앙정부의 정책에 적극적으로 저항을 할 동기가 약한 것이다.

둘째, 사회복지의 재화나 서비스들 가운데 어떤 것들은 그 속성상 공공재적인 성격이 강하거나, 급여의 대상이 되는 사람의 숫자가 많을수록 기술적인 측면에서 유리하다. 이러한 경우에는 모든 국민들을 대상으로 강제적으로 급여하는 것이 바람직한데 이것은 현실적으로 중앙정부가 하는 것이 가장 바람직한 것이다. 전자의 대표적인 예가 전 국민을 대상으로 하는 의료서비스이고, 후자의 대표적인 예가 사회보험 등이다.

셋째, 사회복지의 재화나 서비스에 관한 주요한 정책결정은 중앙정부가 하면 다양한 사회복지에의 필요(needs)들을 체계화할 수 있어 안정적으로 유지할 수 있다. 특히 사회복지 프로그램 등의 운영에서 재원안정의 문제가 중요한데 중앙정부가 다른 어떤 전달체계보다 재원을 지속적으로 안정적으로 마련할 수 있는 장점을 갖고 있다.

반면에 중앙정부에 의해서 사회복지의 재화나 서비스를 독점적으로 제공되는 전달체계는 몇 가지 문제점들이 있다. 첫째, 중앙정부에 의해서 독점적으로 제공되는 전달체계는 공급자들이 다수인 경쟁적인 전달체계에 비하여 제공되는 재화나 서비스의 가격과 질에 있어서 수급자에게 불리할 수 있다는 점이다. 즉 불필요하게 서비스의 가격이 비싸거나 혹은 가격이 통제된 상황에서는 서비스의 질이 낮아질 수 있다.

대표적인 예가 노인, 아동, 장애인 등을 위한 각종의 사회복지서비스인데, 이러한 서비스들은 중앙정부가 직접 제공하는 것보다는, 중앙정부가 재원을 부담하더라도 민간부문의 많은 서비스 제공자들과 계약을 통하여 경쟁적으로 제공하게 하는 것이 서비스의 가격과 질의 측면에서 바람직한 것이다. 실제로 우리나라를 비롯한 많은 국가들에서 사회복지 서비스는 이러한 형태로 제공된다.

둘째, 중앙정부를 통하여 제공되는 재화나 서비스를 중앙정부 조직의 관료성과 경직성 때문에 수급자들의 필요(needs)에 대한 대응이 느리고, 책임성이 약하고, 지역특수적인 필요에 대한 대응이 융통적이지 못하다. 즉 새로운 혹은 변화된 필요에 대한 대응이 늦어 창의적이거나 새로운 서비스의 제공이 어렵다.

또한 중앙정부의 전달체계는 지방정부 혹은 민간부문의 전달체계에 비하여 수급자들이 쉽게 접근하기 어려운 문제점도 있다. 물론 중앙정부의 전달체계는 전국에 걸쳐 하부 단위(지방사무소)를 갖고 있지만, 그럼에도 불구하고 중앙정부의 조직과 인력의 측면에서 여전히 지방정부나 민간부문보다 수급자들이 접근하기 어려운 것은 사실이다.

셋째, 중앙정부에서 제공되는 재화나 서비스들은 대개 수급자들의 선택이 반영되지 않은 채 중앙에서 일방적으로 결정되어 제공된다. 그래서 수급자들의 효용을 극대화하는 측면은 무시되어 잘못하면 자원의 낭비, 즉 비효율적으로 재화나 서비스가 제공될 수 있다.

지금까지 논의한 것처럼 중앙정부의 전달체계는 장점과 단점을 모두 갖고 있기 때문에 어떤 재화나 서비스를 중앙정부의 전달체계로 제공하는 것이 바람직한가는 결국 제공되는 재화나 서비스의 속성에 달려 있다. 그래서 재화나 서비스의 속성이 공공재적인 성격이 강하거나, 재화의 선택에서 정보의 문제가 중요하거나, 기술적으로 대규모로 강제적으로 제공하는 것이 바람직한 것들은 중앙정부에서 제공하는 것이 바람직하다. 그렇지 않은 경우에는 중앙정부에서 독점적으로 제공하는 전달체계는 바람직하지 않다.

2) 지방정부

위에서 언급했듯이 서구의 복지국가들에서는 전통적으로 중앙정부가 사회복지의 재화나 서비스를 전달하는데 중추적인 역할을 해왔다. 그런데 최근에 미국과 영국 등의 이른바 자유주의 복지국가들에서는 '신연방주의(new federalism)' 혹은 '지방분권화(devolution)'의 기치 하에 사회복지에서 지방정부의 역할을 강조하여 과거에 비하여 지방정부의 역할이 더 중요해졌다.

사회복지의 재화나 서비스 가운데 특히 교육서비스, 사회복지서비스, 그리고 공공부조가 주로 지방정부에서 제공된다. 예를 들면, 미국에서는 교육서비스를 재원부담, 조정, 급여의 세 가지 측면 모두에서 거의 대부분 지방정부의 주도 하에 제공된다. 또한 다양한 사회복지 서비스들과 공공부조도 재원의 반 이상은 지방정부가 부담할 뿐만 아니라 자격조건, 급여액, 급여방법 등에 관한 모든 결정은 지방정부가 결정하여 제공된다.

우리나라도 교육, 사회복지서비스, 공공부조의 영역에서는 지방정부가 일정한 역할을 한다. 그러나 우리나라는 전통적으로 중앙집권적인 정부이기 때문에 지방정부의 역할이 미국에 비하여 약하다. 특히 지방정부의 재정이 취약하기 때문에 지방정부의 재정독립이 약하여 중앙정부로부터의 재정지원에 크게 의존하고 있다. 그래서 정책내용에 대한 중요한 결정은 중앙정부에서 하고 지방정부는 다만 집행만을 할 뿐이다.

예를 들면, 우리의 대표적인 공공부조인 국민기초생활보장제도는 재원의 대부분은 중앙정부에서 나오고 또한 급여액, 급여자격 등에 관한 정책내용의 모든 결정은 중앙정부에서 결정한다. 그래서 지방정부는 집행만을 하는 역할을 한다.

지방정부의 전달체계는 왜 필요한가? 가장 중요한 이유는 지방정부가 제공하는 것이 지역 국민들의 지역 특수적인 필요(needs)에 대한 대응이라는 측면에서 더 효율적일 수 있다는 점이다. 중앙정부는 모든 국민들을 대상으로 획일적인 재화나 서비스를 제공할 수밖에 없기 때문에 지역 주민들 사이의 필요의 차이를 해결할 수 없는 것이다.

예를 들면, 노인들이 많은 농촌지역과 젊은 사람들이 많은 산업화된 도시지역은 주민들의 필요에서 큰 차이가 있기 때문에 제공되는 사회복지 재화·서비스의 형태나 양이 달라야 한다.

둘째, 지방정부 단위로 제공되면 지방정부들 사이의 경쟁을 유발시켜 경쟁원리에 의해서 재화의 가격과 질의 측면에서 수급자들에게 유리해질 수 있다. 예를 들면, 우리나라에서 각종의 사회복지서비스들을 제공하는 사회복지관은 지방정부에서 독립적으로 운영되는데 이로 인하여 서비스의 가격과 질에서 지방정부들 사이에 많은 차이가 발생하는 것이다.

셋째, 지방정부의 전달체계는 공간적으로나 정서적으로 지역주민들이 접근하기가 쉽고 또한 중앙정부에 비해서 지방정부의 정책결정에는 수급자들의 입장이 반영될 가능성이 크다.

반면에 지방정부의 전달체계는 몇 가지 단점들을 갖고 있는데, 가장 큰 문제점은 지역 간의 불평등이 커질 수 있어 사회통합에 해가 될 수 있다는 점이다. 이러한 현상은 지방정부의 독립성이 큰 미국 같은 나라에서 흔히 볼 수 있는데 대표적인 예가 교육서비스다. 미국에서의 교육서비스는 거의 완전히 지방정부(정확히 말하며 작은 단위의 교육지역)에 의하여 제공되는데, 이렇다 보니 재원이 풍부한 지역과 가난한 지역

사이의 교육서비스의 질은 큰 차이가 난다. 그래서 부자(?) 지역의 학교들은 교사, 시설, 학생 등의 모든 교육환경이 우수하여 가난한 지역의 학교들과 비교해 볼 때 훨씬 양질의 교육서비스를 제공한다.

우리나라는 아직은 지방정부의 독립성이 약하여 이러한 현상이 미국에 비하여 나타나지 않고 있지만 앞으로 지방정부의 재정적 독립성이 커지게 되면 이것은 큰 문제가 될 수 있다. 예를 들면, 최근에 우리나라도 교육서비스에 있어 서울과 지방, 서울 내 에서도 이른바 강남과 강북 사이의 교육서비스의 질의 차이가 어느 정도 나타나기 시작하는 모습을 보이고 있다.

둘째, 지방정부의 전달체계는 재정적인 측면에서 불완전하기 때문에 안정성과 지속성의 측면에서 문제가 있을 수 있다. 이것은 지방정부의 재정적인 독립성이 약한 경우에 특히 그러하다. 예를 들면, 우리나라의 경우 일반적으로 지방정부의 재정적 독립성은 매우 낮고, 특히 사회복지의 경우 더욱 그러하다. 그래서 중앙정부의 재정지원에 크게 의존할 수밖에 없다. 이렇게 되면 중앙정부의 정책변화에 따라 지방정부에의 재정지원이 변할 수 있어, 기존의 사회복지 프로그램들이 안정적으로 지속적으로 운영되기가 어려운 것이다.

3) 중앙정부와 지방정부의 혼합체계

오늘날 대부분의 복지국가들에서 지방정부가 완전히 독립적으로 사회복지 재화나 서비스를 제공하는 것은 드물다. 대개의 경우는 지방정부가 중앙정부로부터 재정지원을 받고 따라서 일정한 규제를 받는다. 그리고 이러한 규제의 정도는 중앙정부의 재정지원의 방식에 따라 다르다. 중앙정부의 재정지원의 방식은 크게 세 가지로 나눌 수 있다.

첫째는, 흔히 범주적 지원(categorical grants)이라 불리는 조건적 지원(conditional grants)의 방식으로 재원으로 사용될 세부적인 항목을 지정하여 재정지원을 하는 것이다. 예를 들면, 중앙정부가 지방정부로 하여금 아동복지 가운데 아동학대 예방 프로그램에 사용하도록 지정하여 재정지원을 하는 것이다. 따라서 이러한 재정지원 방식에서는 지방정부의 독립성이 가장 약하게 나타난다.

이렇게 조건적 지원의 방식에서는 지방정부의 프로그램에 대한 책임성이 약할 수 있기 때문에 이것을 막기 위하여 이른바 'matching'의 방법으로 지방정부도 일정 부분 재정부담을 하도록 유도한다.

둘째는, 이른바 'block grant'로 상기의 범주적 지원처럼 세부적인 프로그램 항목별로 지원하는 것이 아니라 프로그램의 기능별로 크게 묶어 지원하는 방식이다. 예를 들면, 대상 인구집단별 세부적인 프로그램 항목이 아니라 정신건강 향상, 소득보장 등의 프로그램들의 추구하는 기능에 따라 지원하는 것이다. 이렇게 되면 지방정부의 독립성이 높아져 지방정부별 특수한 필요들에 따라 융통성 있게 프로그램들을 운영할 수 있는 것이다. 또한 이 방식을 통해서 중앙정부는 지방정부에 지원할 재정부담을 줄일 수 있다.

셋째는, 중앙정부가 예산의 일부를 아예 지방정부에 넘겨주는 방식이다. 이렇게 되면 지방정부의 독립성이 가장 크게 나타날 수 있어, 지방정부는 중앙정부로부터 받은 재원으로 프로그램의 설정, 수급자의 자격, 급여액, 세부적인 전달체계의 방법 등에 관한 모든 것들을 독자적으로 결정할 수 있는 것이다. 그래서 지방정부의 전달체계가 갖고 있는 장점들을 가장 크게 살릴 수 있는 것이다.

이상의 세 가지의 중앙정부의 재정지원 방식에 따라 중앙정부에 의한 규제들도 다양하게 나타나는데 크게 보면 두 가지다. 하나는 프로그램 규제로, 특히 범주적 지원의 경우에 많이 보여지는 것으로 세부적인 프로그램의 내용들, 대상 자격, 급여의 형태와 액수, 세부적인 전달방법 등에 관하여 규제를 하는 것이다. 이러한 규제에서는 지방정부의 독립성이나 융통성이 나타나기 어렵다.

다른 하나는 절차적 규제로, 규제 가운데 가장 약한 것으로 지방정부의 프로그램의 운영에서 일정한 절차를 요구한다. 예를 들면, 정책결정과정에 수급자를 참여시킬 것, 급여자격 심사나 급여할 때 어떤 차별을 금지할 것, 프로그램의 진행에 대한 보고와 감사를 필요로 한다는 것 등이다. 이러한 절차적 규제를 하는 가장 중요한 이유는 지방정부의 남용과 오용을 막거나, 인권의 존중이나 시민의 참여 등과 같은 중앙정부가 이루고자 하는 가장 기본적인 목표를 이루는가를 감독하고자 하기 때문이다.

4) 정부와 민간부문의 혼합체계

전통적으로 서구의 복지국가들에서는 사회복지에서 국가가 주도적인 역할을 하였다. 그러던 것이 1980년대부터 이른바 '복지국가의 위기 시대'에 접어들면서 이른바 '복지다원주의(welfare pluralism)' 혹은 '민영화(privatization)'라는 이름하에 민간부문의 역할을 강조하기 시작한다.

그러나 민영화라 해서 민간부문이 완전히 독자적으로(재원까지 포함하여) 사회복지 재화나 서비스를 제공하는 경우는 드물다. 대개의 경우는 정부가 재정지원을 하든가, 아니면 재정지원을 안 하더라도 일정한 규제를 한다. 즉 정부와 민간부문의 혼합체계로 제공되는 것이다.

또한 사회복지의 재화나 서비스 가운데 민간부문에서 제공되는 것은 대개의 경우 사회복지 서비스 분야이고, 소득보장 프로그램들(4대 사회보험, 공적부조, 아동수당, 노인수당 등)은 국가가 주도하기 때문에 민간부문의 참여가 극히 미미하다. 그래서 전체 사회복지지출에서 사회복지서비스 지출이 차지하는 비율이 매우 적기 때문에, 정부와 민간부문의 혼합체계로 제공되는 재화나 서비스는 제한적이라 할 수 있다(대부분의 서구 복지국가들에서 사회복지 지출은 GDP 20%가 넘는데, 이 가운데 사회복지서비스 지출은 대략 3% 미만에 그친다).

그렇다면 왜 정부와 민간부문의 혼합체계가 필요한가? 가장 중요한 이유는 이른바 '정부의 실패'를 해결하면서 민간부문에서의 시장원리의 장점들, 예를 들면 효율성, 경쟁성, 선택의 자유, 융통성 등을 살릴 수 있기 때문이다.

정부와 민간부문의 혼합체계의 형태는 다양하다. 우선 가장 흔한 것으로 특정의 사회복지서비스를 정부가 특정의 민간 사회복지기관들과 계약하여 구입하는 형식으로 소비자에게 제공해 주는 형태이다. 즉 정부가 재원을 부담하되 사회복지 프로그램은 민간기관에서 운영하도록 하면서 급여자격조건, 급여액 등에 관하여 일정한 규제를 하는 것이다.

이러한 형태는 전통적으로 비영리 민간 사회복지기관들과 계약이 주로 이루어졌으나, 최근에는 영리를 추구하는 민간기관들과의 계약도 늘어나는 추세이다. 예를 들면, 오늘날 미국에는 영리를 추구하는 노인요양원(nursing home)들과의 계약을 통하여 정부의 재원이 지원되는데, 이러한 기관들의 수입의 반 이상을 차지한다. 우리나라의 경우도 보육서비스의 경우 영리추구 기관들에게 계약을 통하여 정부의 재정지원이 이루어지고 있다.

둘째는, 정부가 사회복지서비스를 제공하는 민간기관에 재정적으로 보조를 해 주는 방법이다. 상기의 계약의 형태는 정부가 특정의 서비스를 지정하여 민간기관에 재정지원을 하는 것이라면, 이것은 민간 사회복지기관에 일반적인 재정지원(grants)을 하여 다양한 서비스를 융통성 있게 제공하도록 하게 하는 것이다. 예를 들면 우리나라의 종합사회복지관들은 정부로부터 재정지원을 받아 다양한 서비스들을 제공하고 있다.

셋째는, 정부가 특정의 사회복지 재화나 서비스를 구입할 수 있는 증서(voucher)를 소비자에게 제공하여 소비자들이 민간부문에서 서비스를 이용하게 하는 형태이다. 상기의 계약의 형태나 재정보조의 방법은 정부가 서비스 제공자(사회복지기관)에게 재정보조를 하는 것이라면, 이 형태는 정부가 소비자에게 직접 보조를 해 주는 것이다. 이 형태는 소비자들의 서비스 선택의 자유를 넓힐 수 있고, 또한 서비스 제공자들 사이의 경쟁을 높일 수 있기 때문에 서비스의 질이 높아질 수 있고 서비스의 가격도 낮아질 수 있다. 대표적인 예는 미국에서 시행하고 있는 교육증서(voucher)이다.

넷째, 정부가 소비자들이 민간부문에서 사회복지서비스를 구입할 때

지출한 비용의 일부를 소비자에게 상환(reimbursement)해 주는 형태이다. 이것은 정부와 민간부문의 혼합형태 가운데 민간부문적인 요소를 가장 강조하는 것이라 할 수 있다. 즉 이것은 상기의 증서의 형태보다 더 소비자 선택의 자유를 높일 수 있는 것이다.

그러나 이 방법은 민간부문의 단점들이 크게 나타날 수 있다. 예를 들면, 소비자들이 불완전한 정보 하에서 재화나 서비스를 잘못 선택할 수 있고, 또한 소비자들의 오용과 남용의 문제가 심각해질 수 있다. 이러한 형태는 미국 등 일부국가에서 보육서비스의 영역에서 부분적으로 시행되고 있다.

다섯째, 소비자들이 민간부문에서 사회복지재화나 서비스를 구입할 때 드는 비용의 일부를 나중에 세금 감면의 형태로 보조해 주는 형태이다. 이것은 흔히 조세지출(tax expenditure)이라 불리는데, 대표적인 예가 소비자들이 의료, 교육, 주택 서비스에 지출한 비용의 일부를 소비자들이 세금을 낼 때 감면해 주는 것이다.

지금까지 논의한 형태들은 직접적이건 간접적이건 모두 정부가 민간부문에 재정지원을 하는 것들인데, 다음의 두 가지 형태는 정부의 재정지원이 없는 형태이다.

여섯째, 흔히 기업복지라 불리는 것으로 정부가 민간기업으로 하여금 사회복지 재화나 서비스를 피고용자나 그 가족들에게 의무적으로 제공하도록 하는 형태이다. 대표적인 예가 우리나라에서 실시하고 있는 퇴직금제도나 임산부에 대한 산전・산후 유급휴가제도 등이다.

일곱째, 정부의 재정지원이 없어도 사회복지기관들에 대한 서비스의 가격, 질, 종류 등에 대한 규제를 하는 방법이다. 이것은 정부와 민간부문의 혼합 형태 가운데 정부의 역할이 가장 소극적인 방법이라 할 수 있다. 예를 들면, 우리나라에서는 영리추구의 사회복지기관들(예를 들면, 노인요양원)에 대하여 정부의 재정지원은 안하지만 각종 규제를 하고 있다.

5) 순수 민간부문

순수한 민간부문의 전달체계는 사회복지 재화나 서비스를 제공하는 기관의 소유자가 민간인이고, 필요한 재원도 모두 민간부문에서 나오고, 운영도 민간인이 하고, 또한 정부로부터 어떠한 규제도 받지 않고, 정부로부터 어떠한 세제상 혜택도 없어 따라서 정부에 대한 책임도 갖고 있지 않은 형태를 말한다.

이러한 의미의 순수한 민간부문의 전달체계는 오늘날 서구복지국가들에서는 드물다. 다만 민간부문의 역할을 유달리 강조하는 미국에서 부분적으로 존재할 뿐이다. 예를 들면, 영리추구의 보육서비스나 노인요양서비스기관들이 순수 민간부문에 가까운 형태라 할 수 있다(사실 이러한 기관도 정부로부터 최소한의 규제는 받는다.).

이렇게 순수 민간부문의 형태가 드문 이유는 사회복지 재화나 서비스는 성격 상 국가가 어떤 형태로든 개입해야 할 속성을 갖고 있기 때문이다.

참고문헌

고경환 외, "2013년 기준 한국의 사회복지지출", 서울: 보건복지부 · 한국보건사회연구원, 2015.

_____ 외, "한국의 사회복지지출추계 : 1990-1999", 서울 : 한국보건사회연구원, 2002.

구인회, 『한국의 소득불평등과 빈곤: 소득분배 악화와 사회보장정책의 과제』, 서울대학교 출판부, 2006.

김기덕 · 손병돈, "1982-1992년간 근로자가구의 소득분배변화추세", 『사회복지연구』, 6호, 서울대학교 사회복지연구소.

김진욱, "한국 복지국가 공급체계의 혼합 구성" 2005년 한국사회복지학회 추계 공동학술대회 발표문, 서울 : 한국사회복지학회, 2005.

김태성, "저소득층 소득분배형태의 변화 추세: 1966~1992," 『사회복지연구』, 6호, 1995.

_____, "한국의 사회복지는 왜 낙후되었는가", 『사회복지연구』, 8호, 사회복지연구회, 1996.

김태성 · 성경륭, 『복지국가론』, 서울 : 나남, 1993.

손병돈, "사적소득이전의 빈곤완화효과", 『한국사회복지학』, 39, 서울 : 나남, 1999.

송근원 · 김태성, 『사회복지정책론』, 서울 : 나남, 1993.

Aaron, H. J., and C. M. Lougy, *The Comparable Worth Controversy*. Washington, D. C. : Brookings Institution, 1986.

Aaron, H. J., *Economic Effects of Social Security*. Washington, D. C. : Brookings Institution, 1982.

Atkinson, A. B., *Social Justice and Public Policy*. Brington, Sussex : Wheatshef Books, Ltd., 1983.

Atkinson, A. B., *The Economics of Inequality*. Oxford : Clarendon Press, 1983.

Atkinson, A. B., "The Welfare State and Economic performance", *National Tax Journal*, 1995: 171~198.

Bane, M. J. and D. Ellwood, *Single Mothers and Their Living Arrangement*. Washington, D. C. : U. S. Department of Health and Human Services, 1984.

Barr, N., *The Economics of the Welfare State*, Standford University Press, 1998.

Barro, R., "The Impact of Social Security on Private Savings : Theory and Historical Evidence", *Social Security Bulletin*, Vol. 48, 1985 : 14-30.

Beeghley, L., "Illusion and Reality in the Measurement of Poverty", *Social Problems*, Vol. 31, 1984.

Berlin, I., "Two Concepts of Liberty", in I. Berlin(ed.) *Four Essays on Liberty*, N.Y.: Oxford University Press, 1969: 118-172.

Bixby, A.K., "Social Welfare Expenditure, 1988", *Social Security Bulletin*, Vol. 54, 1991 : 18.

Blank, R. and D. Card(1993), "Poverty, Income Distribution, and Growth: Are They Still Connected?", *Brookings Papers on Economic Activity*, 1993: 285~339.

Blank, R. M. and A. S. Blinder, "Macroeconomics, Income Distribution, and Poverty", in S. H. Danziger and D. H. Weinberg(eds.), *Fighting Poverty*. Cambridge: Harvard University Press, 1986.

Blinder, A.S., "The Level and Distribution of Economic Well-being", in M. Feldstein(ed.), *The American Economy in Transition*. Chicago : University of Chicago Press, 1980.

Boulding, Kenneth E., "The Boundaries of Social Policy", *Social Work*, Vol. 12 (Jan.), 1967.

Bowles, S., "Schooling and Inequality from Generation to Generation", *Journal of Political Economy*, Vol. 80, 1972 : 219-251.

Browning and Johnson, "The Cost of Reducing Economic Inequality", *Cato Journal*, Vol. 6, No. 1, 1986 : 85-109.

Clotfelter, C.T., "The Distributional Consequences of Nonprofit Activities", *Clotfelter, Who Benefits from the Non-profit Sector*. Chicago : Univ. of Chicago Press, 1992 : 1-23.

Cutler, D. M. and L. F. Katz, "Macroeconomic Performance and the Disadvantaged", *Brookings Papers on Economic Activity*, 1991: 1~61.

Cutright, Phillips, "Political Structure, Economic Development, and National Social Security Programs", *American Journal of Sociology*, Vol. 70 (Mar.), 1965 : 537-550.

Danziger, S.H and D.H. Weinberg, *Fighting Poverty*. Cambridge : Harvard Univ. Press, 1986.

Danziger, S. et al., "How Income Transfer Programs Affect Work, Savings, and Income Distribution : A Critical Review", *Journal of Economic Literature*, Vol. 21, 1981 : 975-1028.

Davis, K. and W.E. Moore, "Some Principles of Stratification", *American Sociological Review*, Vol. 20, 1945 : 242-249.

Denison, E.F., *Accounting for Slower Economic Growth*. Washington, D.C. : The Brookings Institution, 1979.

Doeringer, P. B. and M. J. Piore, *Internal Labor Markets and Manpower Analysis*, Lexington: Lexington Books, 1971.

Dolgoff, R. and D. Feldstein, *Understanding Social Welfare*. N. Y. : Longman, 1984.

Duncan, G. J. et al., *Years of Poverty and Years of Plenty*. Ann Arbor : University of Michigan Press, 1984.

Dye, *Understanding Public Policy*. Englewood Cliffs : Prentice Hall, 1981.

Ehrenberg, R. G. and R. S. Smith, *Moderan Labor Economics. Glenview*, Illinois : Scott, Foreman and Company, 1982.

Ellwood, D. T., *Poor Support*. New York : Basic Books, 1988.

Erikson, K. T. *Everything in its Path*, N.Y.: Simon and Schuster, 1976.

Esping-Andersen, G., *Politics Against Market*. Princeton : Princeton Univ. Press, 1985.

Esping-Andersen, G., *The Three World of Welfare Capitalism*, Princeton : Princeton Univ. Press, 1990.

Flora, P. and A. J. Heidenheimer(eds.), *The Development of Welfare State in European and America*. New Brunswick : Transaction Books, 1981.

Freeman, R., "The Rising Tide Lifts...?", in S. H. Danziger and R. H. Haveman(ed.), *Understanding Poverty*, Cambridge: Harvard University Press, 2001.

Freeman, R., B. Swedenberg, and R. Topel(eds.), *Reforming the Welfare State: the Swedish Model in Transition*, Chicago: Chicago University Press, 1997.

Friedman, L, "Public Housing and the Poor", D. M. Gordon(ed.), *Problems in Political Economy*. Lexington : D. C. Heath, 1977, 507-511.

Geiger, T., *Welfare and Efficiency*, Washington, D. C. : National Planning Association, 1978.

Gil, D. G., *Unravelling Social Policy*(5th. ed.), Rochester, Vermont Schenkman Books, 1992.

Glazer, N., "Education and Training Program and Poverty", in Danziger, S. H and D. H. Weinberg, *Fighting Poverty*. Cambridge : Harvard Univ. Press, 1988 : 152-179.

Goodin, R. E. *Reasons for Welfare : The Political Theory of the Welfare State*. Princeton : Princeton Univ. Press, 1988.

Haveman, R., *Starting Even*. New York : Simon and Schuster, 1988.

Heidenheimer, A. J., H. Heclo, and C. T. Adams, *Comparative Public Policy*, N. Y. : St. Martin's Press, 1983.

Hewitt, C., "The Effect of Political Democracy and Social Democracy on Equality in Industrial Societies", *American Sociological Review*, 1976: 450~64.

Hochschild, J. L., *What's Fair*. Cambridge : Harvard Univ. Press, 1981.

Jackman, R. W., *Politics and Social Equality: A Comparative Analysis*, New York: Wiley, 1975.

Jensen, A., "How Much Can We Boost I.Q. and Scholastic Achievement", *Harvard Education Review*. 39, 1969 : 1-123.

Jones, Charles O., *An Introduction to the Study of Public Policy*(3rd ed.), Monterey, California : Brooks/Cole Publishing Company, 1984.

Katz, M. B., *The Undeserving Poor*, N.Y.: Pantheon, 1989.

Knapp, M., *The Economic of Social Care*. London : Macmillan, 1984.

Kuttner, R., *The Economic Illusion: False Choices Between Prosperity and Social Justice*, Boston : Houghton Mifflin, 1984.

Kuznets, S., "Quantitative Aspects of the Economic Growth of Nations", *Economic Development and Cultural Change*, 1963: 1~80.

Lampman, R.J. and T.M. Smeeding, "Interfamily Transters as Alternatives to Government Transfers to Pensions", *The Review of Income and Wealth*, Vol. 21, 1983 : 45-66.

Lampman, R.J. and T.M. Smeeding, *Social Welfare Spending*. New York : Academic Press, 1984.

Le Grand, J., *The Strategy of Equality*. London : Allen and Unwin, 1982.

Levin, H. M., "A Decade of Development in Improving Education and Training for Low Income Population", in R. H. Haveman(ed.), *A Decade of Federal Antipoverty Program*, New York: Academic Press, 1977.

Lindblom, Charles E., "The Science of Muddling Through", *Public Administration Review*(Spring), 1959 : 79-88.

Mills, J. S., *On Liberty*, Harmondsworth: Penguin, 1974.

Moffitt, R., "Incentive Effects of the U.S. Welfare System : A Review", *JER*, Vol. 30, 1992 : 1-61.

Munnell, A.H., *The Future of Social Security*, Washington, D.C. : The Brookings Institution, 1977.

Murray, C.A., *Losing Ground: American Social Policy*, 1950~1980. N.Y. : Basic Books, 1984.

Musgrave, R.A. and P.B. Musgrave, *Public Finance in Theory and Practice*(3rd ed), N.Y. : Macmillan, 1980.

Niskanen, W.A., *Bureaucracy and Representative Government*. Chicago : Aldine, 1971.

Nozick, R., *Anarchy, State and Utopia*. Oxford. Basil Blackwell, 1974.

Okun, A. M., "Upward Mobility in a High Pressure Economy," *Brookings Papers on Economic Activity*, 1973: 207~52.

Okun, A., *Equality and Efficiency: The Big Trade Off*. Washington, D.C. : Brookings

Institution, 1975.

Olson, M., *The Logic of Collective Action : Public Goods and the Theory of Groups.* Cambridge : Harvard Univ. Press, 1982.

Ozawa, M., *Income Maintenance and Work Incentives.* N. Y. : Praeger, 1983.

Page, *Who Gets What from Government.* Berkeley : University of California Press, 1983.

Paglin, M., "The Measurement and Trend of Inequality", *American Economic Review*, Vol. 65, 1975 : 599-609.

Pechman, J. A., *The Rich, the Poor, and the Taxes They Pay.* Boulder, Colorado : Westview Press, 1986.

Piven, F. F. and R. A. Cloward, *Regulating the Poor*, N. Y : Vintage, 1991.

Pressman, S., "Child Exemptions or Child Allowance", *The American Journal of Economics and Sociology.* Vol. 51, 1992 : 257-272.

Rawls, J. A., *Theory of Justice*, Oxford: Clarendon, 1972.

Rehn, Gosta, "Swedish Active Labor Market Policy : Retrospect and Prospect", *Industrial Relations*, Vol. 24, 1985 : 62-89.

Sawhill, I. V., "Poverty in the U. S : Why is it So Persistent", *Journal of Economic Literature*, Vol. 25, 1988 : 1073-1119.

Slemrod, J., "What Do Cross-Country Studies Teach about Government Involvement, Prosperity, and Economic Growth", *Brookings Papers on Economic activity*, 1995: 373~431.

Smeeding, T. M. et al., *Poverty, Inequality, and Income Distribution in Comparative Perspective.* Washington, D. C. : Urban Institute Press, 1990.

Stiglitz, J. E., "The Theory of Screenings, Education, and the Distribution of Income", *American Economic Review*, 1975: 283~300.

Stone, D. A., *Policy Paradox and Political Reason*, Glenview: Scott, Foresman, and Company, 1988.

Taubman, P., "The Determinants of Earnings: Genetics, Family, and Other Environments: A Study of White Male Twins", *American Economic Review*, 1976: 858~70.

Terkel, S. *Working*, N.Y.: Pantheon, 1974.

Thurow, L. C., *Generating Inequality.* New York: Basic Books, 1975.

Titmuss, *Social Policy : An Introduction.* George Allen and Urwin, 1974.

Truman, David, *The Governmental Process.* New York : Knoff, 1964.

Tullock, G., *Economics of Income Redistribution.* Boston : Kluwer-Nijhoff, 1983.

Tumin, M. M., "Some Principles of Stratification : A Critical Analysis", *American Sociological Review*, 1953 : 387-394.

Weicher, J. C., *Housing-Federal Policies and Programs.* Washington, D. C. : American Enterprise Institute, 1980.

Witte, J. F., "The Growth and Distribution of Tax Expenditure", S. H. Danziger and K. E. Portney, *The Distrbution Impacts of Public Policies.* N. Y. : St. Martin's Press, 1988 : 171-201.

찾아보기

(ㅎ)

[저자 약력]

서울대학교 사회복지학과 교수
미국 Washington Univ.(사회복지학 박사)
미국 Ohio State Univ.(사회복지학 석사)
서울대학교 사회복지학과(문학 학·석사)

[저서]
『빈곤론』(공저, 2016, 형지사)
『사회보장론(제4판)』(공저, 2013, 청목출판사)
『사회복지조사론(개정판)』(공저, 2012, 청목출판사)
『사회복지개론(제2판)』(공저, 2010, 청목출판사)
『복지국가론』(공저, 2000, 나남)
『사회복지정책론』(공저, 1995, 나남)

사회복지정책입문(제3판)

2025년 2월 20일 제3중판 인쇄
2025년 2월 25일 제3중판 발행

저 자 김 태 성
발행인 유 성 열
발행처 **청목출판사**
서울특별시 영등포구 신길로 40길 20
전화 (02) 849-6157(代) · 2820 / 833-6091
FAX (02) 849-0817
등록 제318-1994-000090호

파본은 바꾸어 드립니다. 값 25,000원

http : //www.chongmok.co.kr

ISBN 978-89-5565-745-6